外来规则与固有习惯
祭田法制的近代转型

Imported Rules and Traditional Customs
the Modern Transformation of Chinese Law on Sacrificial Fields

李启成　著

图书在版编目(CIP)数据

外来规则与固有习惯:祭田法制的近代转型/李启成著.—北京:北京大学出版社,2014.7
ISBN 978-7-301-24528-6

Ⅰ.①外⋯ Ⅱ.①李⋯ Ⅲ.①法制史-研究-中国 Ⅳ.①D929

中国版本图书馆 CIP 数据核字(2014)第 158875 号

书　　　名：外来规则与固有习惯——祭田法制的近代转型
著作责任者：李启成　著
责任编辑：李　倩
标准书号：ISBN 978-7-301-24528-6/D·3625
出版发行：北京大学出版社
地　　　址：北京市海淀区成府路 205 号　100871
网　　　址：http://www.pup.cn
新浪微博：@北京大学出版社
电子信箱：law@pup.pku.edu.cn
电　　　话：邮购部 62752015　发行部 62750672　编辑部 62752027
　　　　　　出版部 62754962
印　刷　者：北京宏伟双华印刷有限公司
经　销　者：新华书店
　　　　　　730 毫米×1020 毫米　16 开本　22.75 印张　396 千字
　　　　　　2014 年 7 月第 1 版　2014 年 7 月第 1 次印刷
定　　　价：50.00 元

未经许可,不得以任何方式复制或抄袭本书之部分或全部内容。
版权所有,侵权必究
举报电话：010-62752024　电子信箱：fd@pup.pku.edu.cn

国家社科基金后期资助项目
出版说明

后期资助项目是国家社科基金设立的一类重要项目,旨在鼓励广大社科研究者潜心治学,支持基础研究多出优秀成果。它是经过严格评审,从接近完成的科研成果中遴选立项的。为扩大后期资助项目的影响,更好地推动学术发展,促进成果转化,全国哲学社会科学规划办公室按照"统一设计、统一标识、统一版式、形成系列"的总体要求,组织出版国家社科基金后期资助项目成果。

全国哲学社会科学规划办公室

献给北大法学院暨法科教育110周年

目 录 | Contents

导论 / 1

上篇　传统中国祭田法制及其思想依据

第一章　传统中国祭田制度之状况 / 21

- 21　第一节　义庄及义田
- 28　第二节　祭田与祠堂
- 60　第三节　传统中国祭田之分布
- 70　第四节　传统中国祭田之性质

第二章　对传统官府审理祭田案件的一般考察 / 79

- 79　第一节　与祭田案件相关的成文法律规条
- 95　第二节　关于清代审断祭田案件之实证考察
- 122　第三节　个案分析:从"新会田坦案"看"常识"之运用
- 137　第四节　对清代审理祭田案件之评析

下篇　祭田案件审理的近代转型

第三章　转型之肇端
——晚清民初新司法机构对祭田案件的审理 / 159

159　第一节　晚清新律中与"祭田"相关的法律规则

166　第二节　晚清各级审判厅对祭田案件的审理

172　第三节　民初地方新式司法审判机构对祭田案件的审理

第四章　祭田案件审理转型之关键
——民国大理院审理祭田案件概述 / 184

185　第一节　大理院在北洋时期司法体系中的重要地位

192　第二节　大理院对祭田案件的审理
　　　　　　——以判决要旨和判决书全文为中心

219　第三节　从解释例看大理院对祭田案件的答复

第五章　解析大理院确立的祭田案件规则 / 226

226　第一节　祭田性质在学术上的辨析与选择

236　第二节　对大理院"祭田分析"判例之分析

244　第三节　大理院关于"祭田典卖"判例之分析

第六章　祭田案件审理转型之初步完成
——国府时期的立法与司法 / 253

253　第一节　国府围绕祭田之立法

256　第二节　司法院关于祭田的判解和议决案

268　第三节　"误读"抑或"创造"——"公同共有"语词考

第七章　祭田及相关案件在中国大陆的消亡 / 275

275　第一节　中国共产党对祭田的定性

284　第二节　土地改革与祭田之消亡

第八章　台湾祭祀公业 / 292

292　第一节　台湾祭祀公业之沿革

296　第二节　台湾祭祀公业之特征

304　第三节　祭祀公业在法律上的性质

结语 / 311

参考文献 / 338

索引 / 347

后记 / 349

导　论

一、为何要关注法律继受中的外来规则和固有习惯

一个具有生命力的主体，面临危机状况，自然会导致自我意识的强化。个人如此，推之团体亦然。我中华民族自近代以来遭逢巨变，国族自我认同随着危机的加深逐渐强化。在法律领域，表现为"中华法系"这一概念由模糊而渐清晰。作为晚清政法变革的局中人，梁启超于1904年撰写了《中国法理学发达史论》一文，运用了比较法学中的"法系"概念来观察中国传统法制，希望能寻绎出它背后的理论根据。于该文开篇，梁氏即以激昂的文字断言我国有独立伟大的法系："近世法学者称世界四法系，而吾国与居一焉。其余诸法系，或发生蚤于我，而久已中绝；或方今盛行，而导源甚近。然则我之法系，其最足以自豪于世界也。夫深山大泽，龙蛇生焉，我以数万万神圣之国民，建数千年绵延之帝国，其能有独立伟大之法系，宜也。"①晚清礼法论争中，劳乃宣所提出的法律类型说即以我国传统法律自成一系来立论。进入民国，到20世纪二三十年代，一些著名的法史学者，如程树德、丁元普、杨鸿烈、陈顾远诸先生都撰写了专文，论证中华法系的独特性。到抗战前后，中国民族危机空前，司法当局为表彰法律中的民族精神，提出要"重建中华法系"，亦即"中国本位新法系"。② 自20世纪80年代以来，随着法律史教学和研究逐渐恢复和发展，以"中华法系"来概括传统中国的法制和思想，是学界较普遍的做法。③

时至近代，中国在帝制王朝的周期性衰败之时遭遇了西方，于是国族陷入了内忧外患之中从而危机深重，不得不开始艰难的近代大转型，法律和司

---

① 梁启超：《饮冰室文集》卷十五，中华书局1989年影印本，第42页。
② 参见居正：《为什么要重建中国法系》，载范忠信等编：《为什么要重建中华法系——居正法政文选》，中国政法大学出版社2009年版，第44—89页。该文撰写于1942—1944年间，1946年9月由上海大东书局首次刊印。关于"中国本位新法系"较为翔实的研究可参考江照信：《中国法律看不见"中国"》，清华大学出版社2010年版，第115—174页。
③ 在中国期刊网以"中华法系"为关键词进行检索，到2013年3月23日为止，共有854条结果。http://epub.cnki.net/kns/brief/default_result.aspx 中国政法大学法律史学研究院自2010年开始还创办了《中华法系》这一以书代刊的连续出版物。

法也不得不随之而转。按照李贵连教授的归纳,中国历史上发生过两次法转型,近代这第二次转型较之第一次更深刻、全面和困难,"法律法典要转,司法审判也要转;法学学术要转,法学教育也要转;有形的设施要转,无形的观念也要转。"为什么会如此呢?"因为这个'转型'所转的'型',大部分不是中国本土烧制的'型',而是西方贩来的洋'型'……让西方之'型'在中国扎根定'型',实在不是一件简单的事情。"①故自近代开始的法之转型,实因继受外来规则而起。中国传统法又自成"中华法系",已深深融入了中国人的生命和精神文化之中,长期以来形塑了中国人特有的看待人自身生存状态,处理人与自然、人际关系的习惯做法与准则。我将这些做法和准则统称为"固有习惯"。所以,中国法律自晚清以来的近代转型,最核心的问题就是要应对这个继受的外来规则与固有习惯之间的复杂微妙难题。即便时至今日,如何处理好这个问题,仍需立法者和司法者费心斟酌。

  自晚清以来的立法者出于"法教"之需要,希望能尽快地了解外来规则及其背后的法理,调查固有习惯,双管齐下,将之融会贯通,制定出妥当的规则体系,以规范中国人的生活世界。近代以来几乎所有的法典(草案)制定都或多或少受到了这种思路的影响。显然,立法者们在仓促之间,由于经验和理性知识的局限,是不可能像他们自己所设想的那样:在妥当斟酌外来规则和固有习惯的基础上建立合理的新规则体系。这些制定出来的规则体系毕竟不只是具有宣示意义,更重要的是要能落实下去,为中国人所普遍认可和遵从,成为真正的行为规范。这些成体系的规则,在内容上是由一个个具体规则所组成。当具体个案提交给法院裁决时,法院作出判决的过程就是这一个个具体规则接受检验的过程。在整个民国时期的司法体系设计中,作为最高司法审判机关、主要负责法律审的大理院、司法院或最高法院,其实际司法职能不仅仅体现在适用、检验既定的具体规则,而且通过个案审判所提供的机会,更为细密地斟酌、沟通外来规则和固有习惯,创制出一相对成熟且能被广泛接受的成文规范。这种经立法制定出来的具体规则,经过司法者的运用、检验和修正甚至是重新制定新规则,最后由立法者加以体系化,才是近代中国法律继受的一个完整过程。

  既然处理好继受的外来规则和固有习惯的重要前提是要有司法过程的经验累积;而具体经验又非能完全复制,在进行不同程度抽象的基础上推而广之。故我认为,不论是为了在学术上推进近代法研究,还是欲深入考察这

---

① 李贵连:《法治是什么:从贵族法治到民主法治》,广西师范大学出版社2013年版,第8—9页。

类具体经验(也包括法官因判断不当而产生的偏差乃至教训)之获得过程和相应的法律成果,以为后来者之鉴戒,法史学者选择某一类案件,考察立法和司法的互动过程,进而思考在法律继受过程中如何妥当处理外来规则和本土习惯之间的关系,应是必要和可行的。

二、为什么要探讨祭田法制及其近代转型

应选择哪类案件才可更好地进行深入挖掘,以小见大来反思在近代法转型中的外来规则与固有习惯间的关系呢?每个学者都会有自己的想法或思路。我将之锁定在祭田案件上。这主要有三方面的考虑:

第一是我自小生活在农村,对家族本身及其所发挥的功能有切己的体会。

第二是家族制度及其背后的经济基础——祭田制度在中国传统法制中极其重要。

如单纯将家族制度作为研究的题目,更多的属于社会史研究的范畴,且史学界和社会学界已有深入研究。法律史学界有选择与家族相关的某类案件进行考察的做法,如宗祧继承案件、分家析产案件等。① 这固然是重要的研究领域,但我以为,家族制度之所以在传统中国根深蒂固,除了制度和法律的直接保障、社会意识的强化和统制,更重要的可能还是其背后的经济力量。

中国传统家族背后的一个重要经济支撑就是广泛设立且规模较大的家族团体产业。自宋代以后,这些家族团体产业,是以义田和祭田等不动产为主。围绕这类家族团体产业所发生的纠纷多牵涉到族人之间、"房"际之间,有时甚至是族际之间的关系。其根源和表现形态之多样化,恰可以生动体现家族的内外复杂关系。以研究中国传统族产著称的日本学者清水盛光即认为要了解中国的宗族或家族生活,族产是最佳途径。在他看来,研究中国家族而忽视族产,难免贻人以画龙而未点睛之遗憾。②

鲁迅在一篇短文《即小见大》中有这么一句话,"凡有牺牲在祭坛前沥血之后,所留给大家的,实在只有'散胙'这一件事了。"③何谓"散胙",就是传统中国家族一般于祭祀祖宗之后由家族分给每位参与祭祀的族人生猪肉或

---

① 卢静仪:《清末民初家产制度的演变——从分家析产到遗产继承》,台湾元照出版公司2012年版。
② 〔日〕清水盛光:《中国族产制度考》,宋念慈译,台湾中国文化大学出版部1986年刊印本"作者原序"。
③ 鲁迅:《即小见大》,载《编年体鲁迅著作全集》,福建教育出版社2006年版,第456页。

腊猪肉,其来源即是祭田之收入。可见,尽管祭田对今天中国人已很陌生,但在鲁迅作文的那个"去古未远"之时,像"散胙"、"祭田"等名词尚是社会通行语词,其内涵一般能为人所熟知。

传统社会的祭田纠纷本身及官府的裁断可深刻反映中国传统法的家族主义特征。到了法律和司法发生重大变化的近代转型期,祭田纠纷也在发生变化,司法官在审理祭田案件时所坚持的理念、依据的法律规则亦有重大变更。因此,系统考察祭田纠纷从传统到近代的变迁,有助于我们在理解传统法家族特质的基础上审视法律近代化过程中所继受的外来规则与固有习惯之间的冲突与融合,进而会促使我们深入思考整个中华法系及其近代转型。

第三是我对法律史研究方法方面的一些思考。

作为界于法学和史学之间并沟通二者的法律史学科的产生,必定是在作为现代学科的法学和史学出现之后。中国新史学和法学的出现都受了西风东渐的影响形成于20世纪初,学科意义上的中国法律史的出现是20世纪之后的事情。中国法律史学界的主要成果大多是通过爬梳固有史料来证成或证伪中国有无西方法学的相关内容,以西方法概念框架为指导来建设"法律的中国史"。其思维逻辑简言之就是,"东方有圣人,西方有圣人,其心同,其理同"。其研究资料的重点是中国历代的成文法律典籍。在这一时期,方法上出现的一个突破是以社会学的视角来研究传统中国法,其代表作是瞿同祖先生在20世纪40年代出版的《中国法律与中国社会》。在研究方法上,作者强调"活动的""功能的"法律史研究,注意法律的实效问题,这样注意力就不局限于成文法条,将司法文书作为重要的研究素材。

这种结合成文法条和司法文书的法律史研究方法首先在日本有所发展,以滋贺秀三为代表的法史学者,在结合成文法、司法档案、调查资料、方志、野史笔记等多种材料的基础上,力图最大程度地探知清代基层司法、特别是民事司法的实情,从而达到对中国法和司法观念的深层认知。在美国,D. 布迪和C. 莫里斯合著的《中华帝国的法律》一书首先是为了在美国教学的需要,阐述了中国法律发展的一般历程,但对中国学者来说,该书的重点则在于它从《刑案汇览》中选取的190则司法案例,以此为基本资料来考察《大清律例》在清代司法中的实际运用。黄宗智的著作《清代的法律、社会与文化:民法的表达与实践》主要利用的是清代和民国的地方司法档案,在研究方法上主要是从这些司法档案中所获得的"法律实践"情形与成文法条所表现出来的官方表达进行比较,最后得出二者在内容上存在"背离"的结论并分析背后的原因。近几年来,这些海外学者的法史学著作在国内产生了很大影响。其原因固然与其海外背景有关,但更主要的还在于他们的问题意识和研究方法上面。

当代中国人普遍期待法治国家和社会的建成,但如何才能较顺利实现这一目标,答案之间分歧很大。影响较大的两种解释都直接跟传统的评估相关。一种观点认为法治之正统在西方社会,中国之所以至今还未建设成法治社会,主要原因是继受而来的支撑西方法治的各种制度未能在中国社会生根,深层原因是长期在专制体制下形成的思想意识方面的糟粕阻碍了作为法治根基的法意识之健康发展,简言之,是传统阻碍了法治思想和制度的真正继受。另一种观点则认为近百年来的法律近代化运动多致力于外来制度的引进,其主要表现形式是新机构的设置、新法规的制定以及其背后的西方法概念框架和分类体系的全面引入,而忽略了中国的基本国情,没能较好地发掘固有法中的精华,更谈不上对之进行现代转化以适用于当代社会,所产生的直接后果就是引进的外来制度始终是外来的,不能内化为中国人自己的东西。这两种观点看似对立,但其思维逻辑有共通之处,即中国法律近代化过程中出现了严重的继受的外来规则和固有习惯之间的冲突,这是法治至今不能建立起来的原因所在。二者的分歧在于解决此种冲突的思路,是改造固有习惯以迁就外来规则抑或相反。这些海外学者的论著直接回应了上述两种论点,国内主张这两种观点的学者都能够从中获得支持自己观点的证据。

在研究方法上,他们一方面利用了西方发展出来的社会科学理论来重新阐释了法律领域的"应然"与"实然"之关系,这也是瞿同祖先生在《中国法律与中国社会》一书中所重点关注的问题。这些理论既包括从黑格尔到韦伯一以贯之、视中国为比较中的"他者"的西方经典理论,也包括国家与社会的二元对立结构学说,以及为补充该学说之不足的公共领域(或者说第三领域)理论。另一方面,要将这些理论运用于中国法律史的研究中,必然要更多从功能的角度来认识法本身和观察法律现象,相应地也就拓宽了研究资料的范围,司法档案、地方志书、讼师秘本、习惯调查、司法经验辑录,乃至各类统计资料等成为法律史研究的重要资料,从而改变了以历代成文法规和思想家文集为中心的法史资料相对单一的状况。这些都是他们的主要学术贡献所在。

但这种研究方法也有值得反思的地方。首先,滋贺秀三的研究从行文上来看是从中国固有法的各种材料出发开论述,但其意图是要证明传统中国法秩序与西方法秩序恰好处于对立的两极,是西方中心论主导下的求异型方法论在法律史研究中的直接运用。黄宗智虽然声称要克服韦伯式的以中国为他者的中国研究思路,将研究目的设定在"阐明两者的内在逻辑与囿于文化的不同特性"①,为了能够更准确地在中西之间进行比较和参照,其研究的重心从清代延伸到民国,以寻求在这个时间段内,法的变化和延续之复杂关系。但他基础性的研究工作还是集中在清代②,不论是从他与滋贺秀三的争论,还是在《民法的表达与实践》一书"导论"部分所揭示的清代基层司法多是"明判是非""按律例规章行事"③,从而也就与西方中心论主导下的求同型方法论暗合。可见,在这一点上,他的研究也出现了"表达"和"实践"的背离。其次,不论是国家社会二元对立结构说,还是第三领域说,国家、社会和第三领域概念的内涵外延不明显,针对不同的对象,相同的行动者或者组织团体可能就会归于不同的领域。这种研究方法对于宏观论述可能有效,也是一个颇具启发的视角,但一落实到具体微观的研究对象中,还具有多大的指导意义实在值得怀疑。

我认为,尽管理论指导是重要的,但理论的运用必须内化于材料,是自觉的而不是刻意的。对法律史研究来说,首先必须坚持的是论从史出而不是反向的以论代史——即在结论已定的前提下片面运用甚或是有意曲解史料。其次,即便我们要对海外的研究思路进行反思,加强与他们的对话,恰当且充分利用各类基础资料进行法史研究,先把"是什么"这一问题尽可能厘清,则是一个最重要的前提。

近年来,海峡两岸有不少法律史学者意识到基础研究资料的重要性,为了嘉惠学界,身体力行,进行了艰苦的整理工作,并有大量的成果面世。④ 有了这种类繁富的基础史料,并不直接意味着法史研究就会自动走向深入。穿行在数量如此之多的材料中,如没有一些相对比较成熟的研究思路可循,研究者可能会在其中迷失方向,导致原来相对清楚的地方变得混乱,原本混淆

---

① 黄宗智:《法典、习俗与司法实践:清代与民国的比较》,上海书店出版社 2003 年版,第 5—7 页。

② 黄宗智先生近来将研究领域从民国又推进到现当代中国,即毛泽东时代的中国及其以后的时期,但不论是他阐述的"中国式法律思维模式"还是论述现当代中国盛行的调解和审判之关系方面的独特性,皆是在其关于清代司法的中心论点——"表达"和"实践"的背离——在时间段层面的延伸。他研究现当代中国司法实践所用的材料主要是来自北方 A 县和南方 B 县的 336 个民事抽样案件资料,受地域的限制和中国现当代审判所呈现出来的巨大地方性差异等因素的影响,他所论述的主题又是具有普遍性的"中国式的法律思维模式"和"调解"与"审判"之一般特性和关系,故其论断在多大程度上具有说服力,实在值得怀疑。即便有上述疑问,但他利用实际生活中发生的司法案件资料来进行现当代中国法的研究,此种研究思路无疑切中肯綮。参见黄宗智:《中国民事判决的过去和现在》《中国法庭调解的过去和现在》《中国法律的现代性》,载《清华法学》第十辑,清华大学出版社 2007 年版,第 1—110 页。

③ 黄宗智:《清代的法律、社会与文化:民法的表达与实践》,上海书店出版社 2001 年版,"代序",第 6 页。

④ 其最为卓著者,乃祖国大陆的杨一凡教授和台湾的黄源盛教授分别对传统和近代法史资料的整理。

不清的地方会变得更迷糊。

如何应对上述问题？我自己的做法是在确定研究主题后，先尽可能搜集跟该主题相关的各类资料，然后仔细研读，分别找出它们之间的相同和矛盾冲突之处。如各类资料关于该主题的记载大致相同，则可能表明它是一种在该主题范围内大致靠得住的"常识"，其内容本身可能很重要。如它们之间互相矛盾冲突，那就需要再做较深入的资料考订工作。在做这个考订工作时，须先承认各类资料价值位差，在此基础上灵活运用相关考订方法。① 如此一来，在综合考察各类资料基础上，精心选择所要引用的资料，作为论述证据，应更可靠。这就能较好地回答"是什么"的问题，接下来就可思考"为什么是什么"以及"是什么又如何"等问题。后面的这些问题属于解释性的，本是一个功力深浅、见仁见智的问题，关键是研究者如何在其中妥当拿捏分寸。但我还是以为，这种解释应当注意当时当地之具体情况，需尽可能警惕出现以今释古的情形。

我之所以选择祭田纠纷这类案件作为研究对象，一是因我自己从小对家族有切己体认；二是鉴于家族在中华法系中很重要，从作为家族经济基础的祭田法制切入，可望进入中国法的核心；同时还想充分尝试运用一下上述研究方法。我不敢奢望有什么建立在较满意解释基础上的理论创新，只是力图根据各类资料，把祭田纠纷这类案件在传统中国及其近代转型这一事实描述得较为符合历史之原貌即为满足，尽管在很多研究者看来，所谓历史之原貌原本就是无法探寻的、完全不具任何确定性。

三、研究状况评析

本选题从祭田纠纷这类案件之审理入手，描述其在传统中国及近代转型，进而分析在该领域所体现出来的外来规则与固有习惯间的冲突与融汇，直接的研究成果较少。但国内外既有的研究成果却为本课题提供了大量的背景知识，分类介绍如下：

（一）家族、家产及其法律相关的研究成果

这方面的研究成果特别多，以瞿同祖的《中国法律与中国社会》中的"家族"章、滋贺秀三的《中国家族法原理》最具代表性。法制史学界对传统中国家族和家族法给予了相当的重视。自杨鸿烈开始，家族问题即进入法史研究者的视野。杨氏在《中国法律思想史》中论述中国古代民法时，专题分析了

---

① 参见李启成：《"差等"还是"齐一"——浅谈法律史研究中研究资料之价值》，载《河南大学学报》2012年第3期。

别籍异财和亲子关系问题,特别注意到了家族对传统中国法的影响。① 真正明确赋予家族在中国法史中以重要地位,并在学术界产生较大影响的是瞿同祖。在《中国法律与中国社会》一书中,他首揭家族在中国法中的独特地位,指出"从家法与国法,家族秩序与社会秩序的联系中,我们可以说家族实为政治、法律的单位,政治、法律组织只是这些单位的组合而已。这是家族本位政治法律的理论的基础,也是齐家治国一套理论的基础,每一家族能维持其单位内之秩序而对国家负责,整个社会的秩序自可维持。"②

滋贺秀三的著作则从家族及其相关基本概念的辨析入手,以较大的篇幅讨论了传统中国的"家产",即一般意义上的家庭财产③,他将中国的"家产"制与罗马和日本的家产制进行对比,以确认其性质是"共有"抑或"共财",对于本书所考察的祭田、义田等祭田制度基本没有涉及。滋贺的研究对我最大的启发在于他对"共有"和"共财"的区分,尽管他的结论仅是针对家庭财产而言。④ 俞江则根据大量的文书资料,结合财产习惯,对滋贺秀三关于中国家父享有家产所有权的观点提出了质疑,认为中国家长从属于作为整体性的家,表现在财产法上,财产尚未成为个人财产,家长仅可以管理和增益家产,却不能随意处分。⑤

要讨论家产,必定涉及到家的结构和性质,陈其南先生从社会史进路展开的研究绝对绕不过去。陈先生富有洞见地指出:"过去中外学者对于传统汉人家族的研究一般都是从家、族、家族或宗族等概念入手,但……如果我们不先解明有关'房'的含意及其作用,那么上述的这些用语实际上并不能真正表现中国家族制度的特质及其内部结构,反而往往带来不少的混淆。'房'的观念才是厘清汉人家族制度的关键,主要原因是:(1) 家、族、家族或宗族的用语本身无法分辨系谱性的宗祧概念和功能性的团体概念,而'房'很清楚地显示出这两个概念的差别。房所指涉的语意范围可以是完全建立在系谱系上的成员资格,无须涉及诸如同居、共财、共爨或其他任何非系谱性的功能因素。(2) 房的核心观念,即儿子相对于父亲称为一房,直接明确地

---

① 杨鸿烈:《中国法律思想史》(下册),商务印书馆1998年影印版,第278—300页。
② 瞿同祖:《瞿同祖法学论著集》,中国政法大学出版社1998年版,第28页。
③ 以分家与否为准,传统中国的家族产业大致可分为家产和族产。家产是属于小家庭的产业,族产是同族下的多个房分共同的产业。本书即在这个意义上使用家产和族产概念,如此,祭田在多数情况下当然属于族产了。
④ 参见〔日〕滋贺秀三:《中国家族法原理》,张建国、李力译,法律出版社2003年版,第二章和第五章。
⑤ 俞江:《论分家习惯与家的整体性——对滋贺秀三〈中国家族法原理〉的批评》,载《政法论坛》2006年第1期。

解明了一个家族的内部关系和运作法则。(3)房所指涉的范围很清楚地不受世代的限制,二代之间可以成为房,跨越数十代的范围也可以称作房,不像家、族、家族或宗族等用语容易让人联想到像英文的 family, lineage 或 clan 等那样有清楚的系谱范围之分界。"①

上述学者关于家族的性质、结构乃至家产之处分的研究及其争鸣,在祭田性质认定方面,对我启发尤多。

(二) 与族产相关的研究成果

西方学界论述传统中国族产影响较大的,前有马克斯·韦伯,后有英国学者斯普林克尔。在韦伯的研究中,中国是作为西方中心论中的他者而出现的,且他本人接触的中国资料多是翻译文献,有时甚至是转引文献,因此其描述和分析,或多或少包含着想当然的成分。他在《儒教与道教》一书中关于传统中国家族公共财产的描述很笼统,有的则与事实根本相悖。② 如说韦伯仅仅是翻阅那些二手资料进行中国研究的"外行",那斯普林克尔则是一位久居中国,且对中国社会进行过调查,对中国情况有相当了解的外国学者了。他于 1962 年出版的关于清代法律的著作,是以社会学进路来进行法律史研究的,其中专门有一章探讨"宗族与行会的司法职能",涉及传统中国家族的公共财产问题。他的分析主要集中在此公共财产的形成、管理和用途等方面,尤以用途作为其论述的重点。③ 此外,弗雷德曼从社会学的角度,从家族组织结构的角度考察了南中国的族产。④ 日本学者清水盛光系统考察了在中国存在已有一千多年的族产,其内容涉及族产之种类、设置目的、起源、发展、分布、管理、特征和功用等方方面面⑤,是目前我所见对传统中国族产研究最深入的学术著作,但它主要是一本史

---

① 陈其南:《"房"与传统中国家族制度:兼论西方人类学的中国家族研究》,载陈其南:《家族与社会:台湾和中国社会研究的基础理念》,台湾联经出版事业公司 1990 年版,第 129—130 页。

② 韦伯的具体论述如下,"氏族拥有财产,尤其是地产("祖产",氏田 Schi tien),富裕的氏族往往拥有广大的捐助田(Stiftungsland)。氏族以出租的方式(通常三年开投一次)来利用这些族产,但变卖它们只有 3/4 的族人同意才得实行。利益所得则分配给各家之长。典型的分配方式是:所有的男子与寡妇各得一份;59 岁以上者两份;69 岁以上者三份。在氏族内部……管理委员会是由长老组成的,每人代表氏族里各个家族。不过长老由全体族人每年选举一次。长老的作用是收取年金、使族产增值、分配收入,最重要的是照管对祖先的供奉、祖宗祠堂与义学……迄今,经由买卖或租佃所获得的土地,是氏族的共同财产,依照惯例,他们被分配给各家的家长。"参见〔德〕马克斯·韦伯:《儒教与道教》,洪天富译,江苏人民出版社 2003 年版,第 76 页。

③ Sybille van der Sprenkel, *Legal Institution in Manchu China, A Sociological Analysis*, London: Athlone Press, 1962. 中译本见〔英〕S. 斯普林克尔:《清代法制导论——从社会学角度加以分析》,张守东译,中国政法大学出版社 2000 年版,第 99—100 页。

④ Freedman, Maurice, *Lineage Organization in Southeastern China*. London, 1958.

⑤ 〔日〕清水盛光:《中国族产制度考》,宋念慈译,台湾文化大学出版部 1986 年版。

学著作,而非法史学著作。

真正从法制的角度对族产进行了较深入分析的是戴炎辉的《中国法制史》和朱勇的《清代宗族法研究》两本著述,二者分别是海峡两岸学者对族产展开研究的代表性著述。戴炎辉教授于20世纪60年代出版的《中国法制史》,是较为成熟地利用西方法学范畴和分析方法来解释中国法制史的重要著作,在身份法史部分,他专开宗族一章,并以专节论述了"祭田和义庄"。在祭田部分,他考察了祭田的起源、名称之由来、目的、设立、机关、祭田团体与派下的关系、性质等多个方面。① 在我看来,最有价值的是他对祭田性质的认定。这一点在本书正文中会重点论及,兹不赘述。朱勇教授认为中国传统宗族法系统地调整了宗法性财产关系,即宗族内部的私人财产关系和宗族公产两个方面。关于宗族公产,他分析了包括义田、祀产、祠田、义庄、学田、墓田和尝产等公产的来源、宗族内部的管理和处分的大致情形。具体到清代,他还结合国家法,论述了国家统治者对宗族公产态度的变化及其背后的原因,最后认定宗族公产虽然促进了传统农业经济的发展,但却阻碍了资本主义萌芽。因为该书是清代的断代法史研究,对于祭田案件在传统社会的审理情形和它在近代社会的变迁则不在其论述范围之内。② 另外,刘广安教授也撰文论述了族产的性质及其在交易过程中所涉及的买卖、租赁、借贷等关系。③ 对大陆法史学界来说,这些研究都具有开创性。

(三) 关于台湾祭祀公业的研究成果

台湾受祖国大陆祭田制度影响,因为其特殊的地理、社会以及政治生态环境而发展出了独具特色的祭祀公业,且一直延续到今天。自日据时期开始,祭祀公业习惯和司法机构对此种案件的审理即引起了法学界的注意。在这方面有不少的研究成果问世,主要的资料有《台湾私法》《台湾民事习惯调查报告》《淡新档案》中有关祭祀公业习惯的调查,代表性的论著有戴炎辉教授的论文《祭田与祭祀公业》《香灯租——关于分支所有权,物的负担之若干

---

① 戴炎辉:《中国法制史》,台湾三民书局1966年版,第195—197页。
② 朱勇:《清代宗族法研究》,湖南教育出版社1987年版,第30—41,151—206页。
③ 刘广安:《论明清中国的家法族规》,载《中国法学》1988年第1期。该文后被收入刘广安:《中华法系的再认识》,法律出版社2002年版。

考察》以及日本学者姊齿松平的著作《祭祀公业与台湾特殊法律的研究》等。① 这些学界先进的研究成果，对台湾祭祀公业的起源、演变、法律规制历程及相关法律问题进行了详尽探讨，为本书所进行的祖国大陆祭田与台湾祭祀公业的比较研究提供了研究素材。

  需要说明的是，我于2005年开始本课题研究陆续发表了几篇关于祭田案件审理的论文后②，开始有学者进行了这方面的研究，举其要者，有李哲的《中国传统社会坟山的法律考察——以清代为中心》（中国人民大学法学院2008年博士学位论文）和尹伟琴的《民国祭田法律制度研究》（华东政法大学2010年博士论文）等。其中，李文所关注的对象是坟山，与我所研究的祭田尽管性质相近，同属家族公产，但仍存在不少差别。举其要者，比如说祭田之存在，不像坟山那样考虑风水，更多考虑的是收益；坟山不存在祭田那样的收益分配问题；在管理上亦不存在轮管和独管之别；在处理上，坟山牵涉到了祖坟之维护和修缮，较之祭田，更为棘手。另外，李文基本限定在传统法领域，没有涉及近代法转型的问题。尹文虽在第二章谈及了祭田制度在传统中国的历史，简略述及了围绕祭田设立、管理、受益和处分等方面的相关习惯，一则过于简略，再则主要是站在近代西方法的立场对其评述，其全文重点在于民国时期司法机构，尤其是以龙泉档案为基本资料来分析地方司法机构对祭田案件审理过程中所反映出来的一些法律转型问题，这部分的研究很深入，但我在此部分的研究侧重于最高司法机构是如何在斟酌固有习惯，借鉴外来规则的基础上创制祭田一般性规则，如何实现法律和司法从传统到近代的转型，故其研究与本书之内容和旨趣存在较大区别。

---

① 临时台湾旧惯调查会编：《台湾私法·物权编》，台湾大通书局有限公司1997年版；台湾"法务部"：《台湾民事习惯调查报告》，台湾法务通讯杂志社1995年第十版，《调查报告》完成时间在1966年前后；戴炎辉：《祭田与祭祀公业》，载台湾《法学协会杂志》第54卷第11号；《淡新档案》，"公业"，第23、24册，台湾大学图书馆2007年版；戴炎辉：《香灯租——关于分支所有权，物的负担之若干考察》，载戴炎辉：《传统中国社会的民刑法制——戴炎辉教授论文集》，戴炎辉文化教育基金会1998年版，第1—40页；[日]姊齿松平：《祭祀公业与台湾特殊法律的研究》，台湾众文图书股份有限公司1991年版。

② 本书之初稿是我于2005年6月正式提交的北京大学博士后出站报告《从民间细故到民事权利——以祭田案件司法判决为中心的研究》，前后陆续发表了《"常识"与传统中国州县司法——从一个疑难案件展开的思考》(《政法论坛》2007年第1期)、《法律近代化过程中的外来规则和固有习惯——以祭田案件为例》，(《中国社会科学》2008年第3期)、《功能视角下的传统"法"和"司法"观念解析——以祭田案件为例》(《政法论坛》2008年第4期)、《我国历代祭田的法史学考察》(载侯欣一主编：《南开法律史论集》第二辑，南开大学出版社2009年版)、《民事权利在近代中国的生成——以大理院审理祭田案件为中心的实证考察》(《比较法研究》2010年第6期)。

四、基本研究资料

本书是综合运用各类史料对祭田纠纷及其近代转型进行专题研究的一次尝试,我将大致按照各类资料的价值位差逐一说明。一般而言,在法制史研究所利用的各种资料中,按照可信度由大到小加以排列,大致可分为四个层级:(1)能较准确反映法制和司法全局状况的资料,包括律例典章、中央司法档案、中央司法机构案例汇编;(2)能较准确反映法制和司法状况之局部的资料,包括地方法规、地方司法档案和地方案例汇编、家法族规、乡约行规、方志、契据家谱、政书、讼师秘本、日用类书等;(3)能在一定程度上反映法制和司法状况的资料,包括正史、文集(包括官员和幕僚的公牍、日记)、对联、回忆性文字等;(4)不确定反映法制和司法状况的资料,主要包括野史笔记和文学作品。① 具体到本选题,关于祭田的律例典章甚少,仅见于《大清律例》之"盗卖祀产"例文,就不单独列出。研究资料主要是司法文书、民事习惯、宗族谱、家法族规和地方志书等,分别简要介绍如下:

(一)司法文书

1. 传统部分

由于祭田制度肇端于南宋,发达于明清,且主要分布于南中国各省;且祭田案件在传统司法体系中被归入民间细故范畴,主要由地方官府判决。有上述限制,故主要利用的判决书汇编在传统部分集中于清代南中国各省的地方司法文书上。

经以戴炎辉教授为首的团队辛苦整理的《淡新档案》,其行政和民事部分的整理本已然出版,民事"田房类"有"公业"部分,分别见于《淡新档案》整理本第 23、24 册。② 这是本书考察日据时期祭祀公业较重要参考资料。

由杨一凡、徐立志两先生主编的《历代判例判牍》③共 12 册,是迄今为止国内最为系统的关于传统地方司法判决书汇编,本选题传统部分司法判决书主要来自于第 8、9、10 和 12 册,具体而言,有卢崇兴的《守禾日纪》、张五纬的《未能信录》、沈衍庆的《槐卿政迹》、倪望重的《诸暨谕民纪要》、孙鼎烈的《四

---

① 李启成:《"差等"还是"齐一"——浅谈法律史研究中研究资料之价值》,载《河南大学学报》2012 年第 3 期。
② 关于《淡新档案》之整理和出版情况,请参考台湾大学图书馆的介绍,见 http://www.lib.ntu.edu.tw/CG/resources/Taiwan/taiwan_ds4.htm#anchoro01,2013 年 3 月 26 日访问。
③ 杨一凡、徐立志主编:《历代判例判牍》,中国社会科学出版社 2005 年版。

西斋决事》、熊宾的《三邑治略》和赵幼班的《历任判牍汇记》。① 除了《历代判例判牍》中的相关司法判决书之外，本书还利用了《聂亦峰先生为宰公牍》②和《徐公谳词——清代名吏徐士林判案手记》③中的祭田案件判决资料。

2. 近代部分

在近代司法转型过程中，自晚清伊始，即在司法独立思想的指导下，设立了新式审判厅。在晚清民国之交各级审判厅得到了保留，由于政权更迭所形成的中央权力真空，其法官裁判案件的自由裁量空间相对较大。也正因司法刚开始革新，关于祭田的定性以及裁决祭田案件的规则尚未确定下来，这些新式地方法院的推事们如何给祭田定性，尝试用什么样的新法理来裁判此类案件？要回答这些问题，需要从这些司法机构的司法判决书汇辑中所搜集的祭田案件来实证考察。我所借重的这一时期的判决书汇编主要是《各省审判厅判牍》④《最新司法判词》中的"民事部分"⑤。

在传统司法格局中，围绕祭田而产生的纠纷被视为"民间细故"，祭田案件属于州县自理词讼范围，正常情况下没有机会到达中央。只有当祭田纷争闹大演变成恶性命案，才有可能到达中央一级的司法机构。而在以模范西方为导向的新司法格局中，祭田案件被归于民事范畴，出于确认民事权利的需要，案件被上诉到最高法院已很正常。在三审制下，最高法院主要进行的是

---

① 《守禾日纪》是作者于康熙初年到康熙二十年（1681年）在嘉兴府任时的公文案牍汇编，康熙年间有初版，本汇辑乃根据乾隆四年重刻本；《未能信录》是作者于嘉庆年间出任江西各州县地方官时自录所判案件的心得体会以教化弟侄的选本，有其独到的价值，有嘉庆十二年（1807年）刻本，本汇辑根据的是嘉庆十八年北京琉璃厂龙文斋重刻本；《槐卿政迹》是著者于道光、咸丰年间（1842—1852年）在江西历任兴国、泰和、鄱阳等地知县时所集文牍汇编，本辑所据是同治元年刻本；《诸暨谕民纪要》是作者于光绪年间（1895—1897年）第二次出任诸暨知县时的判语汇编，本辑所据是光绪二十三年的官刊本；《四西斋决事》是作者于光绪年间出任浙江会稽、太平、临海等地知县时所辑文牍汇编，本辑所据是光绪三十年刊本；《三邑治略》是著者于光绪年间出任湖北利川、东湖、天门三地县令时的公牍和判牍，其堂判部分是未经增改的审判实录，本辑所据是光绪三十一年刻本；《历任判牍汇记》是赵幼班在江南县级衙门任职时的私人所辑判牍，本辑所依据的底本是馆藏于社科院法学所的手抄本。（参考《历代判例判牍》相应各册的"整理说明"）

② 1934年刊行，出版机构不详。聂亦峰，湖南衡山人，咸丰二年（1852）进士，历任广东冈州、廉江、梅关等多处知县和知府，在地方官任上判决了不少疑难案件，其人品为曾国藩所激赏，为晚清著名的地方官。该公牍由《廉江公牍》《冈州公牍》《梅关公牍》《冈州再牍》《高凉公牍》等部分组成，里面有一些关于祭田案件审理的记录。

③ 徐士林，字式儒，号雨峰，康熙五十二年（1713年）进士，历任刑、礼两部主事，雍正五年（1727年）任江南安庆知府，后任江苏按察使、福建汀彰道、河南布政使、江苏布政使、江苏巡抚。因福建省祭田制度发达，他在汀彰道任上有一些关于祭田案件的判决书，被搜集到本书中来。

④ 汪庆祺编：《各省审判厅判牍》，李启成点校，北京大学出版社2007年版。

⑤ 本书共辑录民初各级新式法院的法官们于1912—1914年间制作的判词（包括少量的决定）360则，按照法院设置的四个审级为标准，每个审级占一册，共4册。我所根据的本子是上海商务印书馆1932年刊印本。

法律审,承担了法律的统一解释和适用的职责。故本书所涉及的最高法院判决包括北洋时期的大理院和国民政府时期司法院(包括最高法院)的判例要旨、解释例和议决案等,所利用的主要材料是黄源盛先生纂辑的《大理院民事判例全文汇编》的"共有"、"总则"和"法人"三大部分①、郭卫编辑的《大理院判决例全书》和《大理院解释例全书》②、周东白和王醉乡编辑的《最新分类大理院判决解释例大全》③以及冯美学编辑的《司法院解释最高法院判例分类汇编》等。

(二) 民事习惯

先哲有云:"藏于官则为法,施于国则成俗。"④ "法"与"俗"从功能上说都对民众生活有规范、指引作用;且习俗乃主要由民间社会自动生成,是内化于民间社会的,和官府加之于民间社会的"法"相比,可能还具有较强的生命力和更实在的规范功能。鉴于此,本研究非常注意跟祭田相关的习惯。传统中国没有地方习惯调查的传统,即便是那些有可能反映各地特色的地方法规,也并不真正反映该地的民情土俗,而是更多地体现了各地方官员的利益和经验,反映着他们各自在管理中的主观差别。⑤ 中国有正式的习惯调查始于晚清,民国则集其成。

关于晚清民事习惯调查方面的资料,虽然在安徽、广西、四川、湖南等省当时都编辑、出版过本省的调查报告录,但现今查找起来却很难,因此,关于晚清民事习惯调查报告资料,我实际运用的主要是《安徽宪政调查局编呈民事习惯答案》⑥。民国时期民事习惯调查报告资料,学界先进已多整理出版,我所利用的主要是施沛生所编的《中国民事习惯大全》和原南京国民政府司

---

① 关于黄源盛先生整理编辑"大理院判例全文"的具体情况参考黄源盛:《大理院司法档案的典藏整理与研究》,载黄源盛:《民初法律变迁与裁判(1912—1928)》,台湾政治大学法学丛书编辑委员会 2000 年版。本书撰写时,判决书全文尚未正式刊出,感谢源盛老师允许我使用此重要资料,章一兄帮我从台湾复印过来。

② 郭卫所编辑的这两部书对民国时期的司法发生了重要的影响,这里所参照的是台湾成文出版社 1972 年的重刊本。

③ 该书所收为民初大理院制作的解释例,和郭卫所编辑的《大理院解释例大全》在内容上相同,但主要是编排体例的不同,郭卫是以解释例的号数为序编排的,该书是按照该解释例之具体内容在法律体系中的位置来编排的,为专题研究提供了检索上的便利,由上海大东书局 1925 年出版刊行。

④ 黎翔凤:《管子校注》(上册),中华书局 2004 年版,第 273 页。

⑤ 王志强:《清代的地方法规》,载王志强:《法律多元视角下的清代国家法》,北京大学出版社 2003 年版,第 41—44 页。

⑥ 北京图书馆藏。感谢俞江教授的整理同时为我提供电子版。全文登载于李贵连主编:《近代法研究》第 1 辑,北京大学出版社 2007 年版。从《答案》的编排体例来看,有上、中、下三卷,共分五编,编下分章,章下罗列问题和具体答案;有的问题较为宏大,还在下面分为数款,分别设问作答,对于了解清代安徽各地的祭田习惯甚有帮助。

法行政部所编的《民事习惯调查报告录》。①

关于台湾祭祀公业习惯,自日据台湾开始,殖民当局即进行了调查;及至台湾光复,为司法实务之参考,兼以便利立法及法学研究,国民政府司法行政部主持了台湾民事习惯调查。有关台湾祭祀公业的习惯,我主要参考的是这两次调查之成果,即临时台湾旧惯调查会编辑的《台湾私法》和司法行政部编辑的《台湾民事习惯调查报告》中的"祭祀公业"部分。②

(三) 宗族谱、家法族规和地方志书

传统中国既无系统的习惯调查,考虑到习惯演进的缓慢性,尽管可以从晚清民国时期的习惯调查中获得一些了解,但毕竟经历了剧烈的时代和社会变迁。具体到祭田习惯,因为晚清民国的民事习惯调查是服务于民法典制定工作的,其设问和相应的回答是仿照西方,尤其是德国的民法典框架来设计的,祭田习惯并不能与民法典的相关条文直接对号入座,故在这种目的性极强的习惯调查中大部"消失"了。考虑到祭田的(房)族性和地方性,因此宗族谱、家法族规和地方志书就成为我了解祭田惯例的重要资料。

本研究中所使用的宗族谱、家法族规主要是两套书,一是日本学者多贺秋五郎编辑的《宗谱の研究·资料篇》上、下两册③;二是《北京图书馆藏家谱丛刊·闽粤侨乡卷》前五册。④

关于地方志书,我主要参阅的是明清和民国时期浙江、江西、福建、广东等省的县志、府志和省志,其内容主要限于"舆地"中的"风俗"部分。因参阅的部数和版本较多,在此不一一赘述。

在晚清预备立宪期间,在学部的号召下,曾有大规模的乡土志编纂之举,以"搜集乡土资料,备学部编书局编辑乡土课本及参考书之采用"⑤。在今天所保留下来的乡土志中,相对于华北、华东地区,华南、华中各省乡土志目前所见甚少。尽管这些乡土志的编纂水平参差不齐,但根据学者的研究,江南地区的《乡土志》存世数量虽少,但编纂者之用心与内容之翔实,远过华北。

---

① 施沛生编:《中国民事习惯大全》,上海书店出版社影印本2002年版;南京国民政府司法行政部编:《民事习惯调查报告录》,胡旭晟等点校,中国政法大学出版社2000年版。

② 临时台湾旧惯调查会所编辑的《台湾私法·物权编》,初步完成于明治四十三年(1910年)前后,本研究所用的是由台湾大通书局有限公司的1997年本;《台湾民事习惯调查报告》完成于1966年前后,此处引用的是台湾法务通讯杂志社1995年版。

③ 〔日〕多贺秋五郎:《宗谱の研究·资料篇》,东洋文库论丛第四十五,日本东洋文库1960年刊印。

④ 该丛书由北京图书馆出版社2000年出版,共50册。因时间关系和内容上的相近,本研究参考了前五册近30份家谱。

⑤ 《新会乡土志辑稿例言》,载《新会乡土志》,粤东编译公司1908年铅印本。

这些乡土志,尤其是南中国的乡土志,地理类之下多设有宗族一项,是了解当时宗族习惯的重要资料。① 本书利用的乡土志,主要限于江南和华南,一是经台湾成文出版社影印出版的,一是北京大学图书馆的馆藏。②

五、问题意识和论证思路

问题意识是学术研究的关键。尽管它有其公共性的一面,但主要还是一个私人化的事情。不同的人基于各自的学术背景和兴趣偏好,对于同一个研究对象会产生旨意大异的问题意识。只有在问题意识确定了的基础上,才谈得到论证思路。在我看来,问题意识是论证思路的前提,论证思路则是问题意识的展开;反过来,随着论证思路的展开,又会有新的问题意识出现。正是二者的循环往复,才有学术研究的进展。鉴于问题意识的私人特性,因此,有必要先交待一下我关于本书之问题意识所在及其相应的论证思路。

本书的研究主题既然是以司法机构对祭田纠纷的审理入手,来考察实际运作的祭田法制及其近代转型,最后落脚到中国法律和司法近代化过程中如何处理外来规则和固有习惯的关系问题,那首先要搞清楚的是跟祭田制度相关的一些事实问题。这些事实问题包括祭田制度产生的思想根源、基本性质、演变过程、分布状况、围绕它而形成的惯例以及它所发挥的功效、随着时间的推移和社会变化所生的弊端等。只有搞清楚了这些基本的事实问题,才谈得上对祭田案件展开研究。

在初步理清传统社会跟祭田相关的一些基本事实之后,接下来要思考的问题是官府究竟如何看待祭田纷争?国家有无跟裁断祭田案件直接相关的成文规条?如有,官府是不是把它们当作裁断案件的主要依据?如它充当了裁判依据,则问题相对简单,只要分析其产生的影响即可,其原因倒可以很好

---

① 关于晚清乡土志的编纂、价值和学界的利用情况,可参看陈其南:《方志资料与中国宗族发展的研究》,载陈其南:《家族与社会:台湾和中国社会研究的基础理念》,台湾联经出版事业公司1990年版,第237—246页。

② 计我所利用的台湾成文出版社影印本共7种,分别为《安徽省婺源乡土志》(董钟祺撰,成文1985年影印版)、《湖南省永定县乡土志》(王树人等撰,成文1975年影印版)、《湖南省靖州乡土志》(金蓉镜撰,成文1975年影印版)、《湖南省醴陵乡土志》(傅熊湘撰,成文1975年影印版)、《福建省侯官县乡土志》(郑祖庚撰,成文1974年影印版)、《福建省闽县乡土志》(郑祖庚撰,成文1974年影印版)、《湖南省邵阳县乡土志》(上官廉撰,成文1970年影印版)。北京大学图书馆古籍部收藏的有14种,分别为《福安乡土志》(周祖颐撰,1905年铅印本)、《福鼎县乡土志》(黄鼎翰撰,1906年铅印本)、《侯官县乡土志》(胡之桢撰,1906年铅印本)、《湖北省襄阳府宣城县乡土志》(杨文勋撰,1906年刻本)、《黄冈乡土志》(胡铸鼎撰,民国抄本)、《江陵乡土志》(孚保修撰,民国抄本)、《耒阳乡土志》(刘德馨撰,1906年活字本)、《南通县乡土志》(民国抄本)、《上元江宁乡土合志》(陈作霖撰,1910年刻本)、《新会乡土志》(蔡垚烯撰,粤东编译公司1908年铅印本)、《萧山乡土志》(王铭恩撰,1922年铅印本)、《徐州府铜山县乡土志》(袁国钧撰,1904年刻本)、《永兴乡土志》(刘朝焜撰,1906年活字本)、《月山乡土志》(杨廷芳,稿本)。

的解释。因这恰恰符合近代从西方引进的司法观念,即司法者从作为规则体系的法条中找到最适合眼前具体案件的确切规则来进行裁断。如不是如此,问题就复杂了:因为还需要进一步回答官府裁判此类案件的真正依据所在,进而分析产生这种与成文法规背离的原因。如此这般的追问下去,就有可能深入到中国传统法和司法观念的一般性质问题。然后可望从这个元问题的解答入手,逆向回答前述问题。做好这些工作的前提是从历代的司法判决书中搜集整理出大量的祭田案件,进行实证分析。

分析了传统官府对祭田案件的审理后,自应关注近代以来在法律和司法领域所发生的巨大变革。关于此种变革在制度方面的表现和影响,学界已有充分的注意,且研究也相对深入。但在法意识层面,尤其是面向普通大众的法意识,学界注意较少。从宏观上来说,在民事司法领域,有寓教化于"民间细故"之中向确认民事权利演进的趋势。当然,这种教化既包括官府对涉讼者乃至普通民众的教化,也有涉讼者和普通民众的自教化在内。这个结论对于祭田案件的审理成立吗?如成立,这个过程又是如何发生、如何展开的?这个过程当然是包含剧烈变化的,这种变化在各个不同的司法层级如何分别展开,又是通过什么样的形式或程序来得到统一和确认的?要回答这一连串的问题,先要从近代以来的司法判决书中搜集整理祭田案件资料。

民初大理院面对新旧转型期法律不敷于用的窘境,通过创设判例要旨和解释例的方式来创建新规则,并有意识地形成一个系统,对国民政府的大规模立法产生了重要的作用。民初大理院作为最高司法审判机构,对于全国法律的统一适用具有举足轻重的意义;且这个时间段既承传统法律和晚清法律改革之上、又启国民政府立法和司法于下。正因如此,更有必要追问:大理院是如何在新法律体系中为祭田定性的?又是根据什么样的规则来处理祭田案件的?这种处理方式和传统司法比较起来,其异同之处何在?这需要对大理院判例要旨、判决书全文以及解释例中跟祭田案件相关的资料进行归纳和分析。

国民政府在宏观上继受了晚清北洋时期的法律近代化成果且有重大发展,那在祭田法制和祭田案件的审理中是否也是如此呢?如答案为肯定,那具体表现为何?这就要利用国民政府时期司法院判解和推事会议之议决,结合成文法规来展开分析。在此基础上来评估国民政府立法和司法当局对推进祭田法制近代化的贡献。

中国共产党在本质上与晚清、民国法统迥异,在唯物史观指导下,更重视经济基础对包括政法制度在内的上层建筑之决定作用。它是如何在其阶级斗争理论框架中给祭田定性的?在定性的基础上采取了什么样的政策来改变既有的祭田制度？这种政策对祭田制度及其案件之走势产生了什么样的影响？这些问题是我要考察祭田制度和法制之结局所要认真对待的。

大致与此同时，作为中国一部分的台湾在甲午之后被日本占据，在祖国大陆祭田基础上发展出来的祭祀公业原则上受日本法律的支配。此时日本的法律和司法体系已经基本近代化。在日据台湾时期，殖民当局对祭祀公业的定性以及他们对祭祀公业案件的审断情形，当然对我研究祖国大陆祭田案件有所帮助。因此，要深入考察近代中国祭田案件的审理所发生的变化，尤其是对之作出评估时，台湾祭祀公业的相关情形确是一个理想的参照对象。因此，就需要对台湾祭祀公业之起源、演变、司法定性及裁断办法等相关事实进行梳理，然后在此基础上与祖国大陆祭田案件的近代审理情形进行比较。当然，比较本身不是目的，其着眼点是考察祖国大陆祭田案件之审理从传统到近代转型过程中的得失。①

在前述研究的基础上，既有祭田案件审理的纵向认识，又有横向比较，因此可以集中考察祭田习惯在此类案件司法审断过程中所发生的变化，以及反过来对作为裁判根据的外来规则所施加的影响（这种影响同时也为外来法理的中国化所必需）。阐明祭田案件审理近代化过程中固有习惯与外来规则之互动关系，进而思考在这个转型过程中个人、家族与国家间关系所发生的变动，这种变动对于中国法律近代化施加了什么样的影响。回答这个问题，则是本书的结论所在。

以上就是本书研究主题逐层展开的问题意识和论证思路。集中到一点，就是在实证研究的基础上弄清楚祭田案件审理从传统到近代的演变历程，分析在这个过程中固有习惯与外来法理的交互影响，最后略微引申到家族在近代法转型过程中所发挥作用的评价。

---

① 在香港，尤其是新界，有祭田存在，但我对香港特别行政区的法制和祭田状况缺乏了解，不能将之纳入比较范围，是一个遗憾，希望以后能有机会弥补。

上 篇

传统中国祭田法制及其思想依据

第一章 传统中国祭田制度之状况

首先需指出，本书中所指的祭田，是家族组织所设立，能直接管理、分配收益和进行处分的民间祭田，朝廷及官府为特定人物所设置的祭田不在本书考察的范围之内。在传统中国，朝廷及各级官府为了倡导以忠孝仁义为核心的价值观念，为诸多先圣、乡贤、节烈、功臣拨出田地以祭祀，孔府祭田为其著者。

本书所考察的这类跟家族组织紧密相关的民间祭田，大致包括墓田和祠田两大类型，但因族人之间基于一本同源有互相周济之情感关怀，经有心人提倡，有义田的设置。渐渐地，同作为家族公产，义田和祭田间的界限逐渐模糊。有鉴于此，本章先分别考察主要作为家族互助的义田系统和为祭祀先祖的祭田系统，并指出要考察明清时期的民间祭田必须将义田系统纳入进来；在此基础上，归纳祭田的分布状况及其背后的原因，最后分析祭田之性质。

第一节 义庄及义田

在传统中国，族位于家与国之间，起着连接、沟通二者的作用。其"家国同构"得以实现并维持下来，就与"族"的中介作用分不开。家是指同居共财的亲属团体，一般而言仅包括三到四代，人数有限；而族则范围广得多，"凡是同一始祖的男性后裔，都属于同一宗族团体，概为族人"①，则一定人数众多。在这众多的成员当中，因血缘关系的远近形成了事实上的亲疏差异序列。这一点在官方的意识形态和法律规则层面都得到了承认，传统律典中的服制图即是其集中反映。简言之，宗族由多数之家构成，家之范围仅限于营共同生活的近亲者所构成的集团，在宗族内部的家与家之间，原则上并不需要营共同的经济生活，但较之与别的异姓家庭之间，还有程度不同的相互周济义务。在儒家的观念意识里，是需要将这种有差等的爱推己及人，最终达到"人不独亲其亲，不独子其子，使老有所终，壮有所用，幼有所长，鳏、寡、孤、独、废、

---

① 瞿同祖：《瞿同祖法学论著集》，中国政法大学出版社1998年版，第2页。

疾者皆有所养"①的理想境界。将爱推广所遵循的路径相应地也就是"家——族——国——天下"这个序列。

与"义田"之产生直接相关的观念是同宗通财之谊。到底同宗之间采取什么样的"通财"方法才合适？自周代宗法分封解体之后，历代先贤进行了较长时期的探索和试验。在历史上长期存在的累世同居的义门，将同居共财的范围从家扩大到族，家、族不分。虽然这种办法能够达到同宗通财之目的，但实行起来并要把它坚持下去仍然难度太大。既然要生活在一起，对孝悌等伦理意识的教育相当重要，至少要能达到绝大多数宗族成员的认同并践履的程度；在经济方面，必须保有大量的田产；在管理方面，需要公正的态度和高超的技巧。因为有这些困难存在，绝大多数家族不能通过累世同居的方式实现理想中的同宗通财之谊。

既然陈义较高的同宗通财之谊不易实行，那同宗之间的接济应较易实现，也是族人对宗族的合理要求。同宗之间的接济事例虽然几千年来史不绝书，但一直是基于富有族人的道德自觉。到宋代，范文正公仲淹创设"义田"和"义庄"制度，在赡养族人、保证宗族间互相接济等方面卓具成效，逐渐为其他家族所仿效而推行开来，事实上定型化为一种制度。

简言之，"义田"就是为赡养或救恤族人而设置的田产。这种田产一般采取出租的方式收取租谷，以租谷来赡养或救恤族人。"义庄"的本义则是收藏"义田"租谷的建筑物，同时也在这里将租谷分配于需要的族人。② 按照日本学者清水盛光的说法，由于"义庄之名特别被人重视，遂成为代表赡养宗族组织全体之名称"③。如此一来，"义田"成为"义庄"的重要组成部分。

"义田"和"义庄"的创立者是北宋名臣范文正公仲淹。④《宋史·范仲淹传》载：文正公"好施予，置义庄里中，以赡族人"。他早期未显贵之前，其

---

① 《礼记·礼运》。
② 对义田和义庄的研究成果不少，其中潘光旦和全蔚天于1951年在太湖流域实地考察土地改革的基础上所作的"义田"研究具有开创性，撇开其中带有强烈阶级斗争色彩的价值判断外，其关于义田制度的沿革、义田的分布规模等叙述乃基于详实的史料和实地考察，很可为后来者借鉴和参考。参见潘光旦、全蔚天：《苏南土地改革访问记》，三联书店1952年版，第46—87页。
③ 〔日〕清水盛光：《中国族产制度考》，宋念慈译，台湾中国文化大学出版部1986年刊印本，第5页。
④ 关于范仲淹的生平、学问和志业，可参见《宋元学案》卷三之"高平学案"，略云："范仲淹，字希文，唐宰相履冰之后。其先邠州人也，后徙江南道，遂为苏州吴县人。先生二岁而孤，母更适长山朱氏，从其姓，名说。少有志操：既长，知其家世，乃感泣辞母，去之应天府，依戚同文学。昼夜不息……先生泛通六经，尤长于《易》，学者多从质问，为执经讲解无所倦。而推其俸以食四方游士，士多出其门下。尝自诵其志曰：'先天下之忧而忧，后天下之乐而乐。'感论国事，时至泣下。一时士大夫矫厉尚风节，自先生倡之。史传称先生内刚外和，泛爱乐善。好施予，置义庄里中，以赡族人，里巷之人皆乐道其名字。死之日，闻者莫不叹息……后从祀孔子庙庭，称'先儒范子'。"参见黄宗羲、全祖望：《宋元学案》第一册，陈金生等点校，中华书局1986年版，第135—137页。

力所不逮达二十余年。在担任资政殿学士期间,他以禄赐所入置田千亩,称之为"义田",以养赡族人:

> 日有食,岁有衣,嫁娶凶葬皆有赡。择族之长而贤者主其计,而时其出纳焉。日食人一升,岁衣人一缣,嫁女者五十千,娶妇者三十千,再娶者十五千,葬者如再娶之数,葬幼者十千。族之聚者九十口,岁入给稻八百斛。以其所入,给其所聚,沛然有余而不穷。①

如此推行有年,文正公去世后,其次子范纯仁向朝廷上折:

> 父仲淹,先任资政殿学士日,于苏州吴长两邑置田十余顷,其所得租米,自远祖而下,诸房宗族计其口数,供给衣食及婚嫁丧葬之乏,谓之'义庄',即于诸房选择子弟一名管其勾,亦逐旋立定规矩,令诸房遵守。②

细绎文义,"义庄"乃范文正生前即命名,并"立定规矩",将其初步制度化。其后人多次续定规矩,使得这一制度更为完密。在范氏义庄之内,除了作为最核心的"义田"外,还有"义仓""义宅""义学""义塾"等,可以说,这基本涵盖了一个人在生、养、死、葬等方面的起码需求。

"义仓"是储存"义田"租谷的专门建筑物。在元符元年六月范纯仁等兄弟三人所修订的《续定规矩》中即有:"义仓内族人不得占居会聚,非出纳勿开"。"义宅"是在毗邻"义仓"之地建立的住宅,供那些无处容身的族人居住。《续定规矩》中,"义宅"一词多次出现:"义宅有疏漏,惟听居者自修,完即折移舍屋者,禁之……若义宅地内自添修者,听之。""族人不得以义宅舍屋私相对赁质当。"③

随着宗族人口数的增加,超过义田增长的速度,原先计口给予租米的做法渐难维持,义庄主事者将其重心逐渐转移到济贫和兴学等方面。"济贫"是周济族中鳏寡孤独,尤其是守节育孤的寡妇。所谓"兴学",一方面资助并奖励族中子弟参加科举和取得功名,另一方面延请先生、兴办"义学"。在主

---

① 《钱公辅义田记》,载余莲村辑:《得一录》卷一,近代中国史料丛刊三编第92辑,台湾文海出版公司2003年影印版,第13页。
② 《文正公初定规矩》,载同上书,第2页。
③ 《续定规矩》,载同上书,第5—7页。

奉范能浚的《增定规矩》中即设立专条规定对族中寡妇和读书子弟的资助。①设立"义学"之举,既与朝廷尊崇科举之意吻合,且为宗族的兴旺发达带来了更大的可能性,有助于增加族人对宗族的向心力。

虽朝代更迭,范氏义庄一直维持着较大规模,在宋代有4000余亩,到宣德七年巡抚周忱、郡守况钟的清查,实存1000余亩。后来陆续增置,到嘉庆二十年,新旧义田共4892亩。能长久保持这规模,实属不易,官府支持起了一定的作用:

> 查理先贤范文正公所置义田,原该四千余亩,今所存仅有一千三百余亩。其三千余亩,有因子孙得置而没官者;有因赋役难窘而典卖者;有被权豪恃势侵占者。其见在之数,又因族人违规耕种,不纳租米,及佃户庄干埋没欺隐,故每岁所收租利,止将输纳夏秋二税,供给马站等项支用,尚犹不敷,并无升合赡及宗族。当欲查考田地条段租米出纳,本庄并无簿籍可照,主奉、提管惟以片纸逐时私记,致起族人猜疑非议。若不重加清理,置立簿籍,着令收掌,窃恐文正公聚族之计,必将渐致废坏……敢有不才子孙,计私害公,毁坏簿籍,及豪强佃户,欺赖租田者,许赴府县告理。②

宋承晚唐五代之弊,士大夫"崇礼义,尊经术,欲回二帝三代",有重建治道之意,"范文正公虽有欲为之志,然也粗,不精密,失照管处多"③。朱文公之评,纯从学术立论。范文正公所建义庄,不仅大有三代封建之下宗族互助之遗意,且有切实可行之制度规范,加之他在朝野的巨大影响,经儒家士大夫的提倡和力行,范氏义庄遂为各巨家大族竞相效仿之典范。

据载广东大儒湛甘泉"常设义田,族人冠、婚、丧葬者,读书者,给谷有差。庞弼唐请分为三等,以田七十亩为上,五十亩为中,一二十亩为下,上者勿给,中者量给,下者全给。若田至三五顷以上,须每年量出租谷入于家庙,

---

① "寡妇守节满三年者,本房房长及亲支保明,批给本名一户米;五年以上加一户,十年以上加二户,十五年以上加三户,二十年以上加四户。过此不加给。三十岁以内守节至五十岁者,已合国家旌表例,优加五斗而止。如内有无子孙者,再加一户。加给之数,通不得过五户。""诸房读书子弟,书院春秋面课制艺成篇者,量给纸墨米五斗;二义粗通,与考者,给一石;补郡邑诸生者,给二石;贡监与大比试者,一体均给。遇赴省试时,给科举米五石。给而不赴试者,追缴。得贡入太学生者,给廪额米四石;乡试中式者五石,成进士者倍之,及第者再倍之。武选,自游庠至登第者,各照数减半。其有向系能文,曾在书院面课,屡试不售至年老者,仍准支匀年所给之数。如年少无故不与试,及出入衙门舞文弄法者,俱罢给。"参见《主奉能浚增定规矩》,载余莲村辑:《得一录》卷一,台湾文海出版公司2003年影印版,第9—11页。
② 《宣德间清理范氏义田记》,载《明清苏州农村经济资料》,江苏古籍出版社1988年版,第75—76页。
③ 黎靖德编:《朱子语类》第八册,王星贤点校,中华书局1986年版,第3085页。

以助周急之需,庶所积厚而施无穷"①。

根据赖惠敏的研究,自明中叶以后,巨家大族多设置义田。如长洲申氏可谓科举世家,曾任首辅的申时行相当重视家族组织,"建家祠以报宗功;立族约以垂后戒;济义田以赡族众;广赈施以惠闾右",更不时在亲友墓志铭中记载他们的善行②:姻亲董份"割上腴为义田,筑室一区为义宅,群子弟而教之为义塾,凡族之人皆仰给焉。已又积粟为义仓,方百里内贫民各以口率受粟,死丧者受敛具,荒岁耕者予赉,饿者予粥,疾者予药,殍者予椟及冢,凡乡之人皆仰给焉,其他姻娅交游,待公而举火者,不可胜数"③。申时行所带头为申氏宗族设立的义田,经历明清甲申、乙酉巨变,仍然延续下来,有碑文为证:

> 江南苏州府吴县正堂加二级杜,为遵宪具禀,恳赐叙案申详事……据进士举人生监申玮等禀词前事内称:族孽申振六等,侵伐赐茔树木,盗卖祭田,坑欠官粮等情,已明审明详府,转详司道。虽蒙严批,勒石永禁,振六等仍前顽抗,随衔叩宪一笔施恩,祖泽千年不朽事。公吁抚院大老爷宪辕奉批,赴县禀详核夺。为此具禀,并据抄录控院原词,内称:先曾祖太师文定公,前朝首辅,勋业彪炳,赐禄所存,设祭田以供祭祀,置义田以赡族姓。先大司马大参公恪遵遗训,设立规条,一如范文正法则。考祖制,凡主奉主管,择族内贤良等担任,米入义庄,总司出纳,原无分裂之例。迨至本朝,有不肖申乃迪,擅更旧制,乃创立东西分管,散漫难稽。后来不肖者亦乘间欺混。今年七月,为赐茔树木被伐,因得族孽申振六、申直公等,盗祭田及侵租抗粮等弊。县审确实,着通族公举贤能,遵照祖制,划一经管。至被盗之田,纬等而今子姓,念祖宗遗泽,不忍轻落外姓,协力捐资赎归,各遵县断。通族会议,公举年长一人为主奉,其主管司出司入等项,东西两支各议三人经管,收租则在文定公所建休休庵公所,复县给帖永遵;并申详司道府批勒石。讵料振六等不思悔过,跳梁习逛……伏乞特赐橡笔,以便勒石家庙,永奉仪型。等因……奉批:如详勒石永遵……为此示谕主奉、主管司入司出并通族子姓人等知悉,嗣后义祭两田,恪遵旧制,永为遵守,毋许纷更。④

---

① 屈大均:《广东新语》(上册),中华书局 1985 年版,第 54 页。
② 赖惠敏:《清代的皇权与世家》,北京大学出版社 2010 年版,第 10—12 页。
③ 《资善大夫礼部尚书兼翰林院学士董公合葬墓志铭》,载申时行:《赐闲堂集》卷二十九。
④ 《康熙五十四年吴县申氏义田祭田恪遵旧制碑》,载《明清苏州农村经济资料》,江苏古籍出版社 1988 年版,第 78—79 页。

据载,东林党重要领袖高攀龙的生父生母去世时,遗嘱将财产分为七份,其中有高攀龙一份,但他因自己另有嗣产(因高攀龙出生即过继给其叔高校),不肯接受,便把他所分得的那一份,设置"义田",以赡养亲族。① 可见,在江南这个人文渊薮之地,在士大夫的热情倡导下,"义庄"、"义田"之设,比比皆是。

在有些"义庄"中,还出现了"义冢"、"义祠"等名目。如对后代家法族规产生了重大影响、被朱元璋称为"江南第一家"的浦江郑氏,在其《义门规范》中即规定了"义冢"和"义祠"的设立。"立义冢一所。乡邻死亡委无子孙者,与给椁椟埋之。""祖父所建义祠,盖奉宗族之无后者。立春祭先祖毕,当令子弟设馔祭之。更为修理,毋致隳坏。"②

清代史家章学诚对其宏观制度演变之特征进行了归纳和评价:

> 井田废而有公恒产者曰义田,宗法废而后有世同居者曰义门,任恤赒救废而后同心备急者曰义仓,闾左余子之塾废而后有教无类者有义学,墓图族葬之法废而后掩骼者有义冢,兵农之法废而后自团练自守御者有义男,而上亦兢兢显章示之,以补王政之所穷,以联群情之所不属,岂非渊渊然有意于天地生人之本始而思复其朔者哉!③

综上所述,一般而言,"义庄"具有两种含义。一是狭义上的,仅指储藏"义田"所收租米的建筑物,与"义田"属于同一位阶的概念;更常用的,是"义庄"的广义内涵,即是整个家族互助组织的总称,是"义田"的上位概念,"义田"与"义仓""义宅""义冢""义祠"和"义学"等一样,只是"义庄"的构成部分。宣统三年《京江盛氏重修宗谱》"家范"部分的规定即是将"义田"与"义塾"等被视为平行的"义庄"下位概念,"义田可以济弱族,义冢可以恤贫丧,义宅可以聚族之流散,义塾可以广义方,义祠可以祀无后,此皆寅清公有志未遂者也。"④

没有"义田"的设置及其收入,"义仓"的存在即失去了意义,"义宅"和"义学"也就不能建立起来,也就没有"义庄"了。所以,实际上"义田"才是这

---

① 参见台湾中华文化总会主编:《中国历代思想家·宋明》第三册,九州出版社2011年版,第200页。
② 《浦江郑氏义门规范》,载费康成主编:《中国的家法族规》,上海社会科学院出版社2002年版,第278页。
③ 章学诚:《庐江章氏义庄记》,载贺长龄、魏源等编:《清经世文编》(中册),中华书局1992年版,第1478页。
④ 〔日〕多贺秋五郎:《宗谱の研究·资料篇》,东洋文库论丛第四十五,日本东洋文库1960年刊印,第607页。

个家族互助组织的最重要部分,按理说应该是以"义田"作为宗族救济组织的概称,比"义庄"更合适。但为什么最后却选择了"义庄"呢？我同意日本学者清水盛光的推测,这与"义庄"在赡养宗族方面给族人的直接观感分不开,"多半或因义庄不仅为收贮田租之建筑物,而在义庄之中实住有负责赡养普通宗族组织之人,对族人田租之配给亦在此建筑物中行之,视义庄方为赡养宗族组织之中心,而义田无非为附设于义庄之一种手段之故而发生者。"①

尽管"义庄""义田""义仓""义学"和"义宅"等词汇在家族互助系统中所指涉的对象有范围大小之别,但它们都共同致力于家族赡养和救济,以达到保族、收族和睦族之目的。其中,实际上真正占据最重要地位的是"义田"。故本书将"义田"作为家族互助系统内公共财产之代表,与主要为族人的先祖祭祀提供物质保障的另一类型的族内公产——"祭田"并列,共同构成了传统中国家族公产的主干。

"义田"在传统典籍里还有不少别名,如"族田""赡族田""润族田""赡族义田"等。这较好理解,因为"义田"的主要功能就是救济、赡养贫困族人,供全族之用,因此称为"族田";再在"族田"前面加上"赡"、"润",或者是"族"和"义"连用,无非是要更明确指称该田之用途和性质。

"义产"一词通常指的也是"义田"。因为传统中国主要是个农业社会,田地是最重要也是最能持久保存的财富。当然随着社会经济的变迁和各地风俗之不同,"义产"也有其他一些类型,如福建汀洲府,"民间族产（包含义产）包括土地、耕牛、山场、桥渡、沿海滩涂及水利工程、水碓、碾坊等生产生活设施。明代中期以后,随着工商业活动的增多,族产中又增添了诸如店屋、生息银两和墟集等项目。许多家族通过出租经商店屋和管理墟集来筹集家族经费,增殖家族财产。"②

以"义田"为核心的"义庄"制度之所以能够推行开来,一主要原因在于它既能保证家庭经济生活的独立性,又能在家庭经济遭遇困难之时得到所属宗族的补助,族人能从"族"那里得到直接的实惠,有助于收族理想的实现。清代官府对百姓的教化即注意了此点,官方的《圣谕广训》在"睦宗族"项下说"田力赋役不能供应,疾病患难不能支持,或代为谋虑、或代为经营,所赖出力周旋者惟有同族之人,或资以财物,或助以人力,必拯其陷溺,置之衽席之

---

① 〔日〕清水盛光:《中国族产制度考》,宋念慈译,台湾中国文化大学出版部1986年刊印本,第9页。
② 曾日瑛等修:《汀洲府志》,方志出版社2004年版,第123—125页。

上,方见实惠"①。相应地,族有之"义田"应在族中子孙之间永远传递下去,与宗族内某个具体家庭的兴衰存亡并无直接关系。从"义田"设置后的实际效果来看,它在同一家族的诸多家庭之间的互相救济和推行教化方面发挥了较大的作用,在一定程度上防止了贫富的极端分化,弥补了传统官府在这方面功能的不足。所以,自宋代以来,历代官府对"义田""义庄"的发展都持相对肯定和鼓励的态度,尤以清代最为明显。② 如影响甚大同时也是朝廷推行教化的主要资料——《圣谕广训》——即将"置义田以赡贫乏"作为重要的睦族之道,并辑录《大清律例》相关条文以为奖惩的标准。③ 清代诸多大臣,如许庚、徐用仪、邵友濂、张之洞等,皆因捐置田产,设立义庄,由朝廷御书匾额以示嘉奖。④ 有上述收族睦族观念、义田的实效以及官方的倡导和鼓励,以"义田"为核心的"义庄"制度自宋以后始终是中国传统民间社会的一项重要举措。

第二节 祭田与祠堂

一、"祭田"及其相近语词

从传统中国家族制度的功能来观察,一方面与祖先崇拜联系,有利于集合族人祭祀祖宗;另一方面团结族人,通过对内周济、对外一致行动,以获得更多供整个家族生存和发展的各种资源。这两个方面可以分开来理解,但实际上又是统一的:祭祀祖宗,按照传统中国人的理解,是"尊祖敬宗收族"的需要。所谓"收族",离不开为族人生存和繁衍之需提供必备的物质支持。

---

① 《〈圣谕广训〉集解与研究》,周振鹤撰集,上海书店出版社2006年版,第20页。
② 参见王日根:《义田及其在封建社会中后期的社会功能浅析》,载《明清民间社会的秩序》,岳麓书社2003年版,第109—129页。
③ "凡置义田以赡宗族者,许有司官详请旌表;其盗卖义田,应照盗卖官田律一体治罪。"参见《〈圣谕广训〉集解与研究》,周振鹤撰集,上海书店出版社2006年版,第22—23页。
④ 张之洞以宗支繁衍,贫乏不能自给者甚多,其父张锳曾立志效仿范仲淹遗规,设立义庄,以周宗族,然因力不从心而未果。张之洞秉承遗训,购地完成,凡族中贫苦之家,老疾孤幼节妇,及丧葬无措、幼学无力、科试无资者,俱于此项产内,分别帮助。时为直隶总督的李鸿章为此盛举有一《捐立义庄之妙批》,足见晚清朝廷和官僚集团对于义庄的积极赞助态度。该批文如下:"查现任湖广总督张之洞,克承先志,捐置田产,共值价银一万五千七百余两,以赡宗支。孝义之风,足励薄俗。定例:士民人等捐资赡族,值千金以上者,均请旨建坊。咸丰八年,吏部右侍郎张祥,捐田赡族,经部议以系二品大员,若仅照士民捐田之例,似无区别。奏奉谕准,加恩赏给御书匾额,以示嘉奖。自后原任兵部尚书许庚、现任吏部左侍郎徐用仪、现任福建台湾巡抚邵友濂,均以捐产赡族,经历浙江巡抚刘秉璋、崧骏先后奏请,蒙恩赏给匾额,钦遵在案。张之洞事同一律,自当援照成案,奏请赏赐御书匾额,以示嘉奖。"参见襟霞阁主编:《清代名吏判牍七种汇编》,台湾老古文化事业股份有限公司2000年版,第511—512页。

在周代实行的大宗法制下,主持祭祀的宗子通过分封制而获得相关资源。到"废封建、置郡县"的战国秦汉以后,大宗法制解体,小宗法制得以成长和发展。在小宗法制下,自宋代以后,家族主要通过祠堂、祠产和家谱等载体来实现收族等功能。

本来,在大宗法制下,祭祀祖宗的规格和礼仪具有严格的等级色彩,庶人没有祭祀祖宗的专门场所,这就是《礼记》所说的"庶人祭于寝"。① 随着大家族制度的破坏,普通平民和官员要求将原先各级贵族们祭祀祖宗方面的特权普遍化。这样一来,家族中就需要有专门的祭祖场所——祠堂。

家族成员定期到祠堂参加祖先祭祀活动,不用说这需要家族公产的支撑。多数家族在冬至大祭之后,一般要举行会餐、派发胙肉、演戏等活动,甚至还要周济贫困族人,以联络族人之间的情谊。故欲保证全体族人在祠堂定期祭祖,家族必须建立专门的公产制度,祭田即因此而生。

秦汉以后的整个帝制时期,朝廷一贯推行重农抑商政策,形成了士农工商的四民社会格局,耕读为本,工商为末,作为不动产的田地成为最重要的社会财产。《汉书·食货志》云:

> 士农工商,四民有业。学以居位曰士,辟土殖谷曰农,作巧成器曰工,通财鬻货曰商。圣王量能授事,四民陈力受职,故朝亡废官,地亡旷土。理民之道,地著为本。故必建步立晦,正其经界。②

中国的地理环境,决定了适合农耕的土地面积相对于不断繁衍的人口来说实在不多。在农业社会里,剩余金钱的投资渠道有限,在这些有限的投资渠道里,土地无疑是最稳妥同时也最能得到社会认可。考虑到中国的继承制度,即父亲的财产,特别是土地和房屋,在诸子之间平均分配,更加剧了土地的稀缺程度。因此,为保证家、族祭祀的顺利进行,这些家、族往往购买田地,然后将之租佃出去,以地租作为家、族中的公共财产,以支付定期祭祀的需要。地租按年支付,具有连续性,这就与祭祀所需家、族公共财产的定期支出适相吻合。家、族为此种用途而管有的田地就被通称为"祭田"。

家族成员对先祖的祭祀有墓祭和祠祭之别,与此相应,服务于此种祭祀的田地也有"墓田"和"祠田"名称的不同。鉴于二者都以供给先祖祭祀为目

---

① 李学勤主编:《礼记正义》,载《十三经注疏》(标点本)(上册),北京大学出版社1999年版,第382页。"正义"进一步释义曰:"此庶人祭寝,谓是庶人在官府史之属,及寻常庶人。此祭为荐物,以其无庙,故惟荐而已。荐献不可亵处,故知适寝也。"参见同前书,第385页。

② 班固:《汉书》第四册,中华书局1963年点校版,第1117—1119页。

的,亦被合称为"祭田"。① 按照各种相关文献中的诸多用法,"祭田"有时也被称为"祀田""尝田""公田""祭产""尝产""烝尝产"等。② 如明代万历年间制定的江西婺源溪南江氏家谱在"祠规"中有一项就是"守祀田",曰"祀田为祭祀之资,各处祀田,支下子孙宜勤加照管,其田租,自置祭品外有余赢,增置附近膏腴,以广孝思。毋许子孙侵克私鬻,重取罪罚。"③ "祀田"既明说"为祭祀之资",当然也就是"祭田"了。

各种相关文献中更经常出现"祠产"一词,传统中国最重要的财产是土地,因此"祠产"在多数情况下的实质含义等同于"祠田"。"祠田"又可归于"祭田"名下。总之,本书所指的"祭田",并不限于传统文献中所用的"祭田",而是重在其功能方面:凡是为家、族祭祀提供物质支持而专门设置的田亩,不管其具体名称的差异,皆归入"祭田"范畴,成为本书的研究对象。

二、祭田之(一):"墓田"

在祖先坟墓处祭祀祖先亡灵遗骸,传统中国人称为"墓祭",明代大儒丘濬简要追溯了墓祭之沿革及对中国人之重大意义,云:

> 礼经无墓祭之文,然自汉明帝时有上陵礼,自时厥后,遂以成俗。柳宗元谓近世礼重拜扫,每遇寒食,田野道路,士女遍满,皂隶庸丐,皆得上父母丘墓。马医夏畦之鬼,无不受子孙追养者。唐人亦有诗"坟上无新土,此中白骨应无主"之句,是寒食墓祭吾祖宗,父母其生时固已行之于其祖宗,父母而为祖宗之后,父母之嗣者乃舍其丘陇而不一展省,弃其留骨,而时不一奠荐,乃诿之曰墓祭非古也,可乎? 文公家礼附墓祭于时祭忌日之后,可谓顺人之情得礼之意矣。④

明代学者以心性辨析见长,在考据方面较两汉、清代为逊。⑤ 故丘濬对

---

① 〔日〕清水盛光:《中国族产制度考》,宋念慈译,台湾中国文化大学出版部1986年刊印本,第10页。
② 这些语词的含义尚有一些细微的差别,其具体内容将在下面论述祭田的演变和性质之时涉及。
③ 〔日〕多贺秋五郎:《宗谱の研究·资料篇》(下册),东洋文库论丛第四十五,日本东洋文库1960年刊印,第786页。
④ 丘濬:《大学衍义补》卷52第1册"治国平天下之要·明礼乐·家乡之礼",吉林出版集团有限公司2005年影印本,第650页。
⑤ 梨洲先生对明代学术有很精准的评价,云:"尝谓有明文章事功,皆不及前代,独于理学,前代之所不及也,牛毛茧丝,无不辨析,真能发先儒所未发。"参见黄宗羲:《明儒学案发凡》,载《明儒学案》(上册),中华书局1985年版,第14页。

墓祭沿革的追述未必准确①,但主张墓祭"顺人之情得礼之意",为族人之必尽义务,则点出了墓祭对传统中国人之重要性所在。族人既要按时墓祭,当然最好要有相应的物质基础。在宗法封建制下,这本不是问题。及至秦汉以降,封建制被废除,既有的物质保障不再,于是就要寻求新的经济来源。在没有正式形成制度之前,因有此客观需要,遂有特事特办的零星事例,即朝廷赐予功臣"墓田"。

"墓田"出现的时间很早,晋代即有赐予死亡功臣"墓田"的例子,以为褒奖,但规模不大,其广袤不过一顷。例如,有滕修、嵇绍死后,朝廷赐墓田一顷②,王沈死后赐葬田一顷③,贾充死后有赐茔田一顷④,鲁芝死后朝廷赐茔田百亩⑤的记载。但这些都限于朝廷对功臣的赏赐,民间有无墓田存在,则限于资料,无法悬揣。但可推测,即便有,也是少量和个别的,民间尚无普遍设置墓田的习惯。

到唐代,正式律令有了关于"墓田"的规定。"诸盗耕人墓田,杖一百;伤坟者,徒一年。即盗葬他人田者,笞五十;墓田,加一等。"同条律疏曰:"墓田广袤,令有制限。"⑥太宗时期,善阴阳方技之学的吕才在《〈葬书〉序》中言及当时有"量墓田远近"以预测吉凶祸福的风俗。⑦ 武周时苏味道因侵毁乡人墓田而被弹劾贬官。⑧ 可见在唐代,墓田不仅广泛存在,且由朝廷对大臣的特殊赏赐逐渐深入民间,乡人、耕人开始有了"墓田"。但有学者认为,此时及其之前典籍中所见的"墓田",是以其田的收益供修缮坟墓之用,完全不同于后代为祭祖而设立的"墓田"。⑨

---

① 古代有没有"墓祭",是个有争议的问题。从汉代以来,许多讲究礼制的学者都认为"古不墓祭"。清代学者则有不同看法,如顾炎武在《日知录》卷十五"墓祭"条即主张古不墓祭的,阎若璩则主张有,主要根据在于《周礼·春官·冢人》"凡墓祭为尸"的记载。根据杨宽先生的论证,是在墓旁祭祀地神,不是祭祀墓主,因此主张古代没有墓祭。到战国时代,由于社会变革,民间墓祭的风俗才开始出现。参见杨宽:《先秦史十讲》,高智群编,复旦大学出版社2006年版,第307—309页。吕思勉先生侧重义理层面的思考,亦很有道理:"礼家言古不墓祭,谓葬埋所以藏其形,祭祀所以事其神也。夫不以形魄为重,则可戒厚葬之风,不至殚财币以送死,而反使死者遭发掘之惨,其意则诚善矣,然谓古不墓祭,则非其实也……农耕之民,即起所耕之地以为葬……其距所居盖甚近,祭于墓与祭于家,无甚区别,故古无墓祭庐墓之事,而非其不重形魄,以形魄为无知也。户口日繁,耕地渐虞不足,度地居民之法亦稍详,则民居与墓地,不得不离,而墓祭庐墓之事,稍以起矣。"参见吕思勉:《读史札记》,上海古籍出版社2005年版,第300页。
② 《晋书》,"列传"第27、59页。
③ 《晋书》,"列传"第9页。
④ 《晋书》,"列传"第10页。
⑤ 《晋书》,"列传"第60页。
⑥ 《唐律疏议》,刘俊文点校,法律出版社1999年版,第269页。
⑦ 《旧唐书》,"列传"第29页。
⑧ 《旧唐书》,"列传"第44页。
⑨ 台湾"法务部":《台湾民事习惯调查报告》,台湾法务通讯杂志社1995年版,第702页。

北宋时期元佑六年闰八月十二日,刑部奏陈,"墓田及田内材木土石,不许典卖及非理毁伐,违者杖一百,不以荫论,仍改正从之。"① 宋仁宗即位初,下诏限田,规定官员置墓田不得过五顷,后不能推行。② 可见此时墓田规模已远过晋代赐功臣墓田一顷的数目。南宋时,内侍梁师成强买百姓墓田,以扩大其田地庄园。③ 可见墓田在南宋一朝已是相当普及。

墓田规模一大,牵涉的利益也就越丰厚,纠纷之生,亦在所难免。黄勉斋先生即记载了一对士大夫兄弟因墓田之纠纷而争讼之事:

> 祖父置立墓田,子孙封植林木,皆所以致奉先追远之意。今乃一变而为兴争起讼之端,不惟辱及祖父,亦且累及子孙。今张解元丑诋运乾,而运乾痛讼解元,曾不略思,吾二人者,自祖而观,本是一气,今乃相诋毁如此,是自毁其身何异?祖父生育子孙,一在仕途,一预乡荐,亦可以为门户之荣矣。今乃相诋毁如此,反为门户之辱……当职身为县令,于小民之愚顽者,则当推究情实,断之以法;于士大夫,则当以义理劝勉,不敢以愚民相待。请运乾、解元各归深思,翻然改悔。凡旧所雠隙,一切煎洗,勿置胸中,深思同气之义与门户之重,应愤闷事,一切从公,与族党共之,不必萌一毫私意。人家雍睦,天理昭著,它日应光大,不必计此区区也。④

在南宋的司法判决书《名公书判清明集》中有更多的"墓田"争讼案件。⑤ 范西堂所作的《漕司送下互争田产》中即揭示规条:"然律之以法,诸典卖田宅,具账开析四邻所至,有本宗缌麻以上亲,及墓田相去百步内者,以账取问"。范氏在深绎律文原意的基础上,指出"墓田之与亲邻两项,俱为当问,然以亲邻者,其意在产业;以墓田者,其意在祖宗。今舍墓田,而主亲邻,是重其所轻,而轻其所重,殊乖法意。"⑥从而肯定了在田产交易中,墓田较之亲邻更有优先承买权。胡石壁在《禁步内如非己业只不得再安坟墓起造垦种听从其便》判词内提到了四条关于临近墓田的田宅交易规则:"诸典卖田宅,四邻所至有本宗缌麻以上亲,其墓田相去百步内者,以账取问。""庶人墓

---

① 《宋会要辑稿·食货六十一·民产杂录》。
② 《宋史》,"志"第 126 页。
③ 《宋史》,"列传"第 131 页。
④ 《张运属兄弟互诉墓田》,载黄幹:《勉斋集》,元刻延祐二年重修本,卷三十九。
⑤ 相关研究参考郑铭德:《〈名公书判清明集〉中所见墓地相关问题》,载宋代官箴研读会编:《宋代社会与法律——〈名公书判清明集〉讨论》,台湾东大图书股份有限公司 2001 年版,第 251—265 页。
⑥ 《名公书判清明集》,中华书局 1987 年版,第 121—122 页。

田,依法置方十八步,若有已置坟墓步数元不及数,其禁步内有他人盖房舍,开成田园,种植桑果等类,如不愿卖,自从其便,止是不得于禁地内再安坟墓。""虽在禁步内,既非己业,惟日后不许安葬外,如不愿卖,自从其便,仍不许于步内取掘填垒。""只令地主不得于墓禁取掘填垒。"这类墓田优先承买规则根据典卖田宅业的普遍规则"典卖田宅满三年,而诉以应问邻而不问者,不得受理",其有效期限为三年,胡石壁即据此做出了本案判决。① 由此可见,在南宋时期,围绕墓田买卖,尤其是墓田所有人对于邻地优先承买权,发生了较多的争议,证明了墓田的普遍存在,且具有较大规模。并为防止纠纷,还产生了一系列具体的规则。可以说,墓田制度至此已相当成熟。

在朱熹创设祠堂祭祖之后,祖先祭祀有了墓祭和祠祭之别,故供祭祖之用的田产亦有"墓田"和"祠田"之分。这类附设于祖先坟墓的"墓田"和附设于祠堂的"祠田"都以祭祀先祖为目的,均可称为广义上的"祭田"。

"墓田"为墓祭某特定祖先而设立,具有鲜明的个别性。为父母墓祭设置的墓田,其所有者限于其子;为祖父母墓祭设立的祭田,其所有者限于其子、孙,余则可依此类推。这种"墓田"制度历经元明清各朝,没有太大的变化,一直保存下来,成为整个"祭田"系统的重要一支。如《元典章》中即有云:"庶人墓田,面去心各九步,即是四围相去十八步。"②《大清律例》亦有条例规定了"子孙将公共祖坟山地朦胧投献王府及内外官豪势要之家"的处罚,即"投献之人发边远充军,田地给还应得之人"③。历代族谱也不乏这方面的记载。如广东中山汤氏宗谱有言:"祖宗墓下,必有祭田……吾祖先世,每处各有祭田"。这里所说的"祭田"实际上就是"墓田"。嘉庆八年修订的浙江杭州《闻氏族谱》有"公听修费"一条,道出墓田的存在,"坟墓享堂树木之类,日久不无损塌,必待众派修培,多致因循堕废。今有附墓田八分,即听修理。公用不得取充私庖,每年当收者,除盘搅外,实余几斗,登记于簿,以听公支,不得欺匿,亦不得失管。"④可见,闻氏家族不仅有墓田存在,而且还有类似于轮管的墓田收支管理、分配用途的办法。同治七年修订的湖南新市《李氏宗谱》在"坟墓必修培"条下,指明该家族三处祖墓"前后左右置有墓田,原为永远保墓,供给祭祀之费",并规定由该族下五房轮管。⑤ 到民国时

---

① 《名公书判清明集》,中华书局1987年版,第322—324页。
② 《元典章·礼部·礼制·葬礼》。
③ 《大清律例》,田涛、郑秦点校,法律出版社1998年版,第196页。
④ 〔日〕多贺秋五郎:《宗谱の研究·资料篇》,东洋文库论丛第四十五,日本东洋文库1960年刊印,第686页。
⑤ 同上书,第708—709页。

期,尚有一些家、族购进田亩来设置"墓田"。如曹汝霖在其父故后,将其父在原籍安葬之时,除在墓地建立墓祠和小学校之外,"并置祭田百亩,以备修葺,并为后人祭扫之需。"① 此处的"祭田",系供墓祭之用,故实为"墓田"。

在近代以来的司法判决书里面,在江南地方,亦可发现因为墓田的管理处分而涉讼的案件。如浙江高等审判厅民一庭于1917年2月6日判决的胡言和诉胡远灏茔产纠葛案件就是一例。该案经鄞县地方审判厅第二审判决后,胡言和不服第二审关于否决其对成魁、成祖两公茔产的轮管权,而仅肯定其对成凤公茔地的轮管权。② 从中可以看出,这种"茔产"实际上是"墓田"的另一称谓,是为具体祖先的墓祭而设立,其所有者仅限于该被祭祖的直系男性后裔,仍保有明显的个别性。

"墓田"作为"祭田"的一重要种类,较早地出现于晋代,仅限于朝廷对于功臣的赏赐;真正有确切证据普及到民间是唐宋时期。至迟到南宋时期,政府已经制定了相当详密的规则来对与墓田相关的田土交易进行规范,墓田的创设更为普遍。墓田是为墓祭某一特定祖先而设定,其管业权仅限于该祭祀对象的直系男性后裔。墓田的普遍设定和保持以及它的这种个别化特征在元明清诸朝一直保存下来,并延续到了民国时期。墓田作为"祭田"的重要类型,一直长期广泛存在于中国社会。

三、祭田之(二):"祠田"

(一)《朱子家礼》中的"祠堂"和"祭田"的设置

《朱子家礼》(又名《文公家礼》)一书是否为朱熹本人所作,学界向存争议。包括朱熹季子朱在、弟子兼女婿黄勉斋及其他弟子在内的南宋诸家皆于传世《家礼》为朱熹所撰一事无异议,然而到了元至正间,却有武林应氏作《家礼辨》,疑《家礼》非朱子所作,从而挑起了有关《家礼》一书的真伪之争,明代丘濬作了反驳,否定说在明代影响不大。"真考亭功臣"③的清代学者王懋竑作《家礼考》,明确否定《家礼》为朱子之书,此说得到了四库馆臣之赞同,云"如……《家礼考》,皆反复研索,参互比较,定为后人所依托,为宋元以来儒者所未发"。④ 因《四库提要》在学术史上的权威地位,否定说大占上风。直到晚清咸同之际,李慈铭尚持此说不疑,"阅王予中《白田杂著》……于《纲

---

① 《曹汝霖一生之回忆》,台湾传记文学出版社1980年版,第193页。
② 《浙江高等审判厅民事判词辑录》,浙江省图书馆藏,第658—659页。
③ 焦循:《国史儒林文苑传议》,载《雕菰楼集》卷十二,苏州文学山房民国活字本。
④ 《钦定四库全书总目》(上册),中华书局1997年版,第1597—1598页。

目》亦多辨核,谓与《文公家礼》皆非新安手著之书,固乾隆以前诸儒所罕见者也。"①张舜徽以《家礼》内容"极其浅妄"为主要理由亦持否定说。② 到近代,经钱穆、上山春平、陈来等学者的再辨析,"应该说,《家礼》撰于朱子这一事实,在无一足以动摇其基础的确证的情况下,仅据王氏的一家之言,是无法推翻的。"③

但无论真伪如何,可以肯定的是,它对传统中国的家礼影响甚大。本来,家礼之名,原指家族内所用的礼仪,非特指《朱子家礼》,南北朝的世家望族每有家礼之作,但到《朱子家礼》流行开来,尤其是明代丘濬之八卷本《家礼仪节》④面世后,影响更大。传统中国人说到"家礼",如果没有特别注明,一般就指《朱子家礼》。要考察作为"祠田"在传统中国的发展,离不开《朱子家礼》。

南宋时《家礼》的出现,主要是古代的礼仪(以儒家经典《礼记》《周礼》和《仪礼》为主干)随着社会的演变已相当繁琐,除少数世家大族之外,基本上不适于用。古礼本就不易弄明白,加之北宋王安石在科举中废《仪礼》之后,繁琐的古礼难以为用的情形更加彰显。⑤ 将古礼与当时社会情势相结合,制定一部能为社会切实普遍遵行的家礼成为时代所需。关于编写初衷,朱子自己是这样说的:

> 三代之际,礼经备矣。然其存于今者,宫庐器服之制,出入起居之节,皆已不宜于世。世之君子,虽或酌以古今之变,更为一时之法,然亦或详或略,无所折衷。至或遗其本而务其末,缓于实而急于文,自有志好礼之士,犹或不能举其要,而用于贫窭者,尤患其终不能有以及于礼也。熹之愚盖两病焉,是以尝独究观古今之籍,因其大体之不可变者而少加

---

① 李慈铭:《越缦堂读书记》(下册),中华书局1963年版,第1204—1205页。
② 《张舜徽儒学论集》,周国林选编,四川大学出版社2010年版,第104页。
③ 王燕均、王光照:《校点说明》,载朱杰人等主编:《朱子全书》第七册,安徽教育出版社、浙江古籍出版社2002年版,第856—958页。本书所引《朱子家礼》即以点校本。
④ 即《性理大全》本。《家礼仪节》是在《朱子家礼》的内容之外加以杂录、仪节、相关考证和明代的礼俗。其实,《家礼》一书因其内容适应了当时社会的需要,自其成书不久,即产生了较大影响。在《大元通制条格》"婚姻礼制"条下即有"据汉儿人旧来体例,照得朱文公《家礼》内'婚礼',酌古准今,拟到各项事理。都省议得:登车乘马设次之礼,贫家不能办者,从其所欲外,据其余事理,依准所拟"之文,即是《家礼》在元代已产生重大影响之明证。参见《大元通制条格》,郭成伟点校,法律出版社2000年版,第36页。
⑤ 《仪礼》一书以"仪"为名,内容全是仪节度数,是通过仪文来间接呈现礼意,汉初传自高堂生,称《礼》,是礼之本经,但因其文奥义古,难行于世,隋唐后其学渐衰。注释者代不数人,写刻讹误,纸漏至不能卒读。唐时韩愈也苦难读。至王安石熙宁变法,崇《周礼》、罢《仪礼》,从此科举中再无"仪礼房",至此仪礼学几致废弃。直至清代因崇尚考证学风,才略有起色。参见张寿安:《十八世纪礼学考证的思想活力——礼教论争与礼秩重省》,北京大学出版社2005年版,第49—55页。

损益于其间，以为一家之书。大抵谨名分、崇爱敬以为之本，至其施行之际，则又略浮文、敦本实，以窃自附于孔子从先进之遗意。诚愿得与同志之士熟讲而勉行之，庶几古人所以修身齐家之道，谨终追远之心犹可以复见，而于国家所以敦化导民之意，亦或有小补云。①

按照宋儒杨复的说法，朱熹撰写《家礼》，是在儒家经典《仪礼》、司马氏（司马光）礼、韩魏公礼、二程礼和张横渠礼的基础上斟酌损益、创造而成。②因其于古有征且简约易行，成为名符其实的"庶民之礼"，很快即在社会上流传开来，至宋元以降，即成为一般家庭公认的治家礼仪和行为准则，可说是像《四书章句集注》一样，乃朱子影响面甚广的著作。颜元34岁时居养母丧，一尊《朱子家礼》，后来觉得与古礼不合，遂渐认识到程朱理学非学脉之正，而自创其以"习"为中心观念的颜李学派③，于此可见《家礼》影响之大。清儒朱彝尊即指出，宋元以来，凡要参加科举之士，"以言《礼》，非朱子之《家礼》，弗敢行也"。④

《家礼》首篇为"通礼"，何谓"通礼"？《家礼》注云："此篇所著，皆所谓有家日用之常经，不可一日而不修者。"⑤其第一章即为"祠堂"。作者如此安排，有其深意。一是突出家礼之本，一是用来规范社会全体成员，特别重要，以此区别于传统"庙"制：

> 此章本合在祭礼篇，今以报本反始之心，尊祖敬宗之意，实有家名分之守，所以开业传世之本也，故特著此冠于篇端，使览者知所以先立乎其大者，而凡后篇所以周旋升降、出入向背之曲折，亦有所据以考焉。然古之庙制不见于经，且今士庶人之贱亦有所不得为者，故特以祠堂名之，而其制度亦多用俗礼云。⑥

古代祭礼中有"家庙"制度，后专为皇帝和孔子所用。到宋仁宗始允许

---

① 朱熹:《家礼序》，载朱杰人等主编:《朱子全书》第七册，安徽教育出版社、浙江古籍出版社2002年版，第873页。
② 《家礼序注》，载丘濬:《性理大全》卷十九。
③ 钱穆先生在记述颜习斋生平云："初，先生居朱媪丧，时年三十四，守《朱子家礼》惟谨。古礼：'初丧，朝一溢米，夕一溢米，食之无算。'家礼删去'无算'句，先生遵之，过朝夕不敢食；当朝夕，遇哀至，又不能食，病几殆。又丧服传曰：'既练，舍外寝，始食菜果，饭素食，哭无时。'家礼改为'练后止朝夕哭，惟朔望未除服者会哭'。先生亦遵之，凡哀至皆制不哭。既觉其过抑情，校以古礼，非是。自是遂悟静坐读书乃程、朱、陆、王为禅学俗学所浸淫，非正务。周公之六德、六行、六艺，孔子之四教，乃正学也。"参见钱穆:《中国近三百年学术史》，九州出版社2011年版，第173—174页。
④ 朱彝尊:《传道录序》，载《曝书亭集》卷三十五。
⑤ 朱杰人等主编:《朱子全书》第七册，安徽教育出版社、浙江古籍出版社2002年版，第875页。
⑥ 同上。

一定级别的大臣建立家庙祭祖,并将之称为"影堂"。司马光追溯这一沿革云:

> 先王之制,自天子至于官师皆有庙,及秦非笑圣人,荡灭典礼,务尊君卑臣,天子之外,无敢营宗庙者。汉世公卿贵人,多建祠堂于墓所,在都邑则鲜焉。魏晋以降,渐复庙制……唐世贵臣皆有庙。及五代荡析,士民求生有所未遑,礼颓教坠,庙制遂绝。宋兴,夷乱苏疲,久而未讲,仁宗皇帝悯群臣贵及公相,而祖祢食于寝,侪于庶人。庆历元年……听文武官依旧式,立家庙……于是翰林承旨而下共奏请自平章事以上立四庙,东宫少保以上三庙……诏如其请。既而在职者违慢相仗,迄今庙制卒不立。公卿亦安故习常,得诿以为辞,无肯唱众为之者。独平章事文公首奏乞立庙河南,明年七月有诏可之。①

由于程颐认为祭时用"影"字不妥,朱熹遂将这种适用于所有人的家庙改称为"祠堂"。《家礼·祠堂》附注云:"伊川先生云,古者庶人祭于寝,士大夫祭于庙,庶人无庙,可立影堂,今文公先生乃曰祠堂者,盖以伊川先生谓祭时不可用影,故改影堂曰祠堂云。"②本来,西汉中期以后,豪强大族纷纷在坟墓之前建立祠堂,把"上墓"、祭祀祠堂作为团结大族成员的一种手段。③但这限于特定的等级,并没有普及到民间。朱子于《家礼》中规定祠堂制度,就是要它走进寻常百姓家。

设立祠堂以祭祀祖宗,通过特定的仪式,可达到族人自觉"守礼",尤其是"家礼"之目的。有学者以为要理解中国文化,先要认识中国文化的独特性,其中"礼"和"(家)族"都是西文没有的概念,标志着中国的特殊性。④而《家礼》所创设的祠堂制度正好可以把"礼"和"(家)族"联系起来。

明儒吕坤云:"祠以奉神魂,茔以藏体魄,皆祖宗所以寄没于不没者也,皆子孙所以见不没于没者也。"⑤王士晋《宗规》"祠墓当展"条亦云:

> 祠乃祖宗神灵所依,墓乃祖宗体魄所藏,子孙思祖宗不可见,见所

---

① 司马光:《文潞公家庙碑》,载《温国文正公文集》卷七十九,四部丛刊本。
② 日本学者室直清认为,祠堂即古之家庙,但他也指出了二者的区别,"古之庙,后有寝前有庙,而祠堂有堂无寝;古之家庙,分为房室,藏主于室,奉一世为一庙,而祠堂为四龛室,祭四主于一堂。"参见〔日〕室直清:《文公家礼通考》,载《丛书集成续编》第66册,台湾新文丰出版公司1988年版,第699页。
③ 杨宽:《先秦史十讲》,高智群编,复旦大学出版社2006年版,第309页;包伟民:《唐宋家族制度嬗变原因试析》,载包伟民:《传统国家与社会(960—1279)》,商务印书馆2009年版,第246—252页。
④ 〔美〕邓尔麟:《钱穆与七房桥世界》,蓝桦译,社会科学文献出版社1995年版,第7页。
⑤ 《叙吕氏祠茔志》,载《吕坤全集》(上册),中华书局2008年版,第115页。

依所藏之处,即如见祖宗一般,时而祠祭,时而墓祭,皆展视大礼,必加敬谨。凡栋宇有坏,则葺之;蟫漏则补之;垣砌碑石有损,则重整之;蓬棘则剪之;树木什器,则爱惜之。或被人侵害,盗卖盗葬,则同心合力复之。患无忽小,视无逾时。若使缓延,所费愈大。此事死如事生,事亡如事存之道,族人所宜首讲者。①

家族既要建立祠堂,祠堂又是"祖宗神灵所依",与"祖宗体魄所藏"之墓在一起,才有可能对先祖尽"事亡如事存"之孝思。②

因祠堂和在此举行的各类仪式必需随家族的繁衍而延续,就要家族公产以提供物质支撑。《家礼》遂于"祠堂"下创设了"祭田"制度。《家礼》注云:

> 初立祠堂,则计见田,每龛取其二十之一以为祭田,亲尽则以为墓田。后凡正位祔位,皆放此,宗子主之,以给祭用。上世初未置田,则合墓下子孙之田,计数而割之,皆立约闻官,不得典卖。③

这种"祭田",其收益专用于族人在祠堂祭祀先祖,准确说是"祠田"。凡初建祠堂,必按照宗法原则,从有祭祀资格的直系男性后裔提取一定比例的田产作为"祠田",以备祠祭所需。在此,需要对"亲尽"做出阐释:依照朱熹祠堂祭祖之设想,在祠堂享受祭祀的祖先,至高祖而止,在祠堂只供有高祖、曾祖、祖和祢四代神主的龛位。所谓"亲尽",指的是高祖以上的祖先,这些远代先祖,其龛位从祠堂中撤出去之日,在祠堂中的祭祀亦停止,之后子孙对该先祖的祭祀就要到坟墓附近进行墓祭,相应地,原先的供祭祀所需的"祠田"就顺理成章地转变为"墓田"。于此可见朱熹所主张设置的"祠田"和先已存在的"墓田"之间的紧密关系:从性质上看,都是为祭祀该特定祖先而设立,由该祭祀对象的所有直系男性后裔共同管业;按照《家礼》,祭田是在家

---

① 王士晋:《宗规》,载陈宏谋辑:《五种遗规》,中国华侨出版社2012年版,第237—238页。陈氏对《宗规》评价甚高,云:"自家庭乡党,以至涉世应务之道,均列于宗规……愿有宗祠者,三复此规也",将之收入《五种遗规》,得以广泛流传。

② 针对余英时先生在"魂兮归来"一文(O. Soul, Comeback! A Study in the Changing Conceptions of the Soul and Afterlife in Pre-Buddhist China, Harvard Journal of Asiatic Studies, Vol. 47, 1987)里所提出的古代中国南北两方关于灵魂的不同观念,即南方重魂、北方重魄,到了东周时代才混合到一个思想系统之内的观点,张光直先生根据上古墓葬之考古情况指出:既然人死之后魂魄分离,魂气升天,形魄归地,古代的埋葬制度与习俗具有双重目的与性格,既要帮助魂气升天,又要好好伺候形魄在地下宫室里继续维持人间的生活,但这两方面的考虑在不同的时间各有所侧重,大致以西汉为界,之前葬俗与魂的关系更为密切,之后对形魄的安顿更为重视,但不论南北早晚,中国古代葬俗对魂魄二者都是加以照顾的。参见张光直:《〈中国著名古墓发掘记〉序》,载张光直:《考古人类学随笔》,台湾联经出版事业公司1995年版,第19—20页。既然葬俗兼重魂魄,那祭祀相应地亦是魂魄兼祀、祠墓兼重了。

③ 朱杰人等主编:《朱子全书》第七册,安徽教育出版社、浙江古籍出版社2002年版,第876页。

族祠堂初建之际,由家族成员从其田产中提取1/20,作为家族祭田。后嗣子孙,不管是正出、庶出,大宗还是小宗,皆参照这个比例提取田产,作为祭田。此种祭田一经设定,其管业权(包括管理、处分和收益权)不再专属于具体个人。

朱熹设置的祠堂,本意是仿照周代之家庙。而在周代,庙数多寡又直接与特定等级直接相关。① 按照周代宗法制,"别子为祖。继别为宗。继祢者为小宗。有百世不迁之宗。有五世则迁之宗。宗其继别子者,百世不迁者也。宗其继高祖者,五世则迁者也。"②小宗五世则迁,以明等级之尊卑。在上诸侯不敢以天子为祖,卿大夫不敢以诸侯为祖,士不敢以卿大夫为祖。公子不得祢先君,因而别为小宗,乃宗法应有之义。往下传到第四代而至缌麻,"服之穷矣"③,故五世而迁。周代宗法制度虽在秦以后遭到破坏,但宗法精神却保留下来。亦即宗法制度在国家治理层面上淡出,但在家庭、宗族生活中却依然存活下来。到宋代,庶民无庙但允许设立祠堂祭祀先祖。尽管庙和祠堂在称谓上有别,功能却相同,即供祭祖所用的专门场所,原先反映尊卑等级的庙数多寡在祠堂中就代之以龛数。就宗法精神而言,对于君上,所有臣民皆是小宗,五世而迁,方不违反上下尊卑等级之义。故朱熹在其祠堂中仅有四龛,分别祭祢、祖、曾祖和高祖。其所设祭田也是分龛设立,当"亲尽"之时,该祖先在祠堂中的龛位要迁出去,相应地其名下的祭田也就转化成墓田而继续存在,只是与祠堂脱离了直接关系。

为祠堂中的祖先龛位设置祭田,以祭田之收入作为其子孙祭祀之用。祭田常出租以获取租谷收入。设立祭田需要专门的契约文书,而且要向官府报告,即"立约闻官"。为了防止"祭田"不为家族成员所侵吞,保证祖宗祭祀的顺利进行,《家礼》特为禁止性规定:家族成员不得以祖宗祭产自肥甚至勾结外人,典卖祭田。

《家礼》中所规定的祭田分龛设立制度,是否真正可行,其中的某些细节不无怀疑之余地。王懋竑即有过这方面的考误辩证,认为它有三处可疑:

> 盖初立祠堂置祭田,自为义举,以合族可矣,乃计见田每龛割其二十之一,宗子主之以为祭用,是宗子得分割族人之田以为己用,可乎不可乎?且每龛之子孙多寡不一,贫富不齐,何以总计而分割之乎?又谓亲尽则以为墓田,是每龛各有一定之数,不知又如何区之也?其可疑一也。

---

① 《礼记正义》(下册),北京大学出版社1999年版,第1300页。
② 《礼记正义》(中册),北京大学出版社1999年版,第1008页。
③ 同上书,第1004页。

又曰上世初未置墓田,则合墓下子孙之田计数而割之。今世士大夫家,远墓有七八世者,有十余世者,墓下子孙有不相往来者矣,孰得而割其田?又孰有听其割者?又谓立约闻官不得典卖,是徒启无穷之争,而卒亦不可行也。其可疑二也。

且祭田必继高祖之宗主之矣,自高祖以下,有继曾祖之宗若而人,有继祖之宗若而人,有继祢之宗若而人,各有祠堂,则各有祭。其遍置祭田乎,抑不置而使继高祖之宗分给之乎?不知何说以处此也。其可疑三也。

其或初立祠堂之人,自计其田而割若干以为祭用,命其后子孙世世仿此,则尚有可行者。若立祠堂而遍割族人之田,是万万不可行之事,曾谓朱子所著之书而妄为此虚谈也。①

即便有如王懋竑所质疑的制度细节,但朱子主张在祠堂之内设置祭田的大思路对后世的确产生了深远影响。

朱子虽"仕于外者仅九考,立于朝者四十日"②,不能及身行道,但他通过讲学著述,身前即成一代儒宗,士林领袖,其言行在当时及后世影响甚大。他关于设置祭田以承祖先之祭祀的制度规划亦不例外。《名公书判清明集》有两则判词:

孤女赎父田(吴恕斋)

俞梁有田九亩三步,开禧二年典与戴士壬,计钱八十七贯。俞梁死于绍定二年,并无子孙,仅有女俞百六娘,赘陈应龙为夫,当是之时,阿俞夫妇亦未知此田为或典或卖。至嘉熙二年二月,始经县陈诉取赎。而戴士壬者称于绍定元年内,俞梁续将上件田作价钱四十五贯,已行断卖,坚不伏退赎。展转五年,互诉于县,两经县判,谓士壬执出俞梁典卖契字分明,应龙夫妇不应取赎。今应龙复经府番诉不已,准台判,金厅点对,寻引两词盘问,及索俞梁先典卖契字辨验看详。切惟官司理断典卖田地之讼,法当以契书爲主,而所执契书又当明辨其真伪,则无遁情。惟本县但以契书爲可凭,而不知契之真偽尤当辨,此所以固士壬执留之心,而激应龙纷纭之争也。今索到戴士壬原典卖俞梁田契,唤上书铺,当厅辨验,典于开禧,卖于绍定,俞梁书押,夐出两手,笔迹显然,典契是真,卖契是偽,

---

① 王懋竑:《祠堂考误四则》,载贺长龄、魏源等编:《清经世文编》,中华书局1992年版,第1366—1367页。

② 黄幹:《朝奉大夫文华阁待制赠宝谟阁直学士通议大夫谥文朱先生行状》,载王懋竑撰:《朱熹年谱》,中华书局1998年版,第516页。

三尺童子不可欺也。作伪心劳,手足俱露。又有可证者,俞百六娘诉取赎于嘉熙二年二月,而士壬乃旋印卖契于嘉熙三年十二月,又尝于嘉熙三年三月内,将钱说诱应龙立契断卖四亩,以俞百六娘不从,而牙保人骆元主者,尝献其钱于官。使其委曾断买,契字真实,何必再令应龙立断卖契,又何为旋投印卖契于俞百六娘有词一年之后耶?此其因阿俞有词取赎,旋造伪契,以为欺罔昏赖之计,益不容掩。切原士壬之心,自得此田,历年已深,盖已认为己物,一旦退赎与业主之婿,有所不甘,故出此计。照得诸妇人随嫁资及承户绝财产,并同夫为主。准令:户绝财产尽给在室诸女,而归宗女减半。今俞梁身后既别无男女,仅有俞百六娘一人在家,坐当招应龙为夫,此外又别无财产,此田合听俞百六娘夫妇照典契取赎,庶合理法。所有假伪卖契,当官毁抹。但应龙既欲取赎此田,当念士壬培壅之功,盖已年深,亦有当参酌人情者。开禧田价,律今倍有所增;开禧会价,较今不无所损。观应龙为人,破落浇浮,亦岂真有钱赎田,必有一等欲炙之徒资给之,所以兴连年之讼。欲监陈应龙当官备十八界官会八十七贯,还戴士壬,却与给还一宗契字照业。俞梁既别无子孙,仰以续祭祀者惟俞百六娘而已,赎回此田,所当永远存留,充岁时祭祀之用,责状在官,不许卖与外人。如应龙辄敢出卖,许士壬陈首,即与拘籍入官,庶可存继绝之美意,又可杜应龙贱赎贵卖之私谋,士壬愤嫉之心,亦少平矣!①

在本案中,鉴于陈应龙为人"破落浇浮",法官担心他将田产赎回后受人怂恿变卖,以致荡然无存,故在法律之外,参酌人情,将该田"永远存留,充岁时祭祀之用"。法官吴革,号恕斋,理宗景定四年(1263年)知临安府,度宗咸淳五年(1269年)宣抚江东,兼知建康府,后转知福州,《咸淳临安志》有其小传,乃南宋朱子一系之学者。②

嫂讼其叔用意立继夺业(邓运管拟姚立斋判)

瓯宁县寡妇张氏论叔范遇争立继夺业事。看详诸处断由,见得范通一有子四人,长曰熙甫,次二曰子敬(即监税),次三曰遇(即达甫),次四曰述(即善甫)。熙甫已娶妻生子,未几,夫妻与子俱亡,以理言之,当为立继。在法,立继由族长,为其皆无亲人也。若父母存,当由父母之

---

① 《名公书判清明集》,中华书局1987年版,第315—317页。
② 元代学者陈栎曾云:"吴恕斋讲义于朱学尽不差,亦无大过人者,皆不肖所能知能言。"参见陈栎:《定宇集》卷十,文渊阁四库全书本。

命。当熙甫死时，其父母俱存，皆无立继之意，非不爱其子也，盖谓藐尔田业，分与见存三子，则其力均，立一孙为熙甫后，则一房独分之业已割其半矣，割其一半，使二子分受之，则三子中立有厚薄之分，此通一之本意也。故宁均与三子，而以熙甫私置之田爲烝尝田，使三房轮收，以奉其祭祀。三房之子皆其犹子，虽不立嗣，而祭祀不绝矣。故绍定二年十月，立砧基簿，簿首言长男熙甫既亡，不愿分产，其存日将妻妆奁置到田业等，拨充烝尝。簿尾系通一、母陈氏着押，兄弟同签，是有父命明矣。砧基文书，皆已印押讫。熙甫死已一十五年，而春秋祭祀无缺者，以所立范熙甫十五年烝尝田在故也。为三子者，遵父之命，轮年时祀，则范氏之鬼不馁矣。夫何范遇者，独于父母亡，分业八年之后，兄子敬亦亡，遂抑逼其弟善甫、姪余庆签押立继文字，以己子文孙为熙甫后，此岂诚念其兄之未立后哉，不过欲夺其一兄一弟已分之业尔。提举司判，送县结绝申上，谓若立文孙，则已分之业，又厘而爲四，一则不出父母之命，二则难以强兄弟之从，辞理明甚。签厅忽略不看，乃谓无父母之命，今照范善甫、范余庆等约，以文孙为熙甫后。谓烝尝田不以与文孙，恐违背父母之美意，则割削兄弟之产，以与文孙，独不伤父母之本意乎？此于理不通，特眩惑于继绝之美名耳。今参考断由，范遇系曾经徒断之人，不孝于其父与母，不敬于其姊与兄，又不友其弟，每操刃赶杀，持杖殴打，傍人救者，至遭其折齿。又其甚者，乘其兄子敬之死，突入其室，将嫂拖打，赶散工作人，不许入殓，勒取钱三百贯，米数百石。又抑逼其弟与姪，为此私约。于嫂张氏既论之后，旋计会县吏，印押除附公据，又经丞厅改正户账。此文约不正，何可照用？况其用意甚恶，金厅官合用诛心之法。逼胁而盟，谓之要盟，要尽与厘正则可，乃谓既已堕其计中，虽悔何及，容奸若此，则弱之肉，强之食，人之类不能自立于天地之间矣！愚见谓熙甫既有烝尝田，自不乏祀，若于产业已分之后，骤立一人为嗣，则从前父母所立砧基支书，皆不足为据，必将尽取田业分过。八年之久，田业岂无变易，一兄一弟岂肯俛首听从割产，以益文孙，必将扰乱一家，愈增仇怨，词诉纷然，何由了绝。非惟遂凶人吞并之谋，抑且无益死者，反有害于生者矣。不若各照砧基支书管业，追毁文约公据，庶几一家得以安迹。如必欲立继，则范遇设计吞并，其子文孙亦不当立。欲帖县照应。奉都运检详姚立斋判，照所拟行。欲立继，难动其已分之业，只当就烝尝田内，于无碍房分中推立。范遇既如此凶暴，用意吞谋，其子却不可立。帖县照应。①

---

① 《名公书判清明集》，中华书局1987年版，第260—262页。

此案范家长子去世,长房遂绝,父母未为其立继,而将其家产由余下的二、三、四三房均分,以长子私置田亩为祭田,由三房轮收轮祭。后第三房为夺产而争立继,法官主张维持原有轮收轮祭之做法,彻底否定了第三房的诉求。该案法官为检详姚立斋,判词实际为邓云管所拟。姚立斋,即姚瑶,字贵叔,号立斋,"南剑州顺昌县人,嘉定四年赵建大榜进士及第,治诗赋。元年七月除,二年五月除直秘阁,知建宁府。"①邓云管,生平资料不详,但可推测,其代姚立斋拟判,一般而言与姚立斋的见解无多大差异。从该判决可知,在南宋末年,民间已有为逝者设立蒸尝祭田之做法,作为法官的姚立斋肯定此一做法,在这点上与朱子之主张相同。《名公书判清明集》所辑共473篇名公书判,其中未注明作者名号的107篇,注明作者名号的366篇,作者共49人,其中事迹可考的19人。② 就姓名可考知的19人观之,多半为受理学薰陶的士大夫,朱子的影响于斯可见。

(二)祭田广布——祭始祖或始迁祖观念的流行

朱文公所创设的祠堂制度,规定祭祖范围仅限于高祖,因为他将祠堂里的龛数看成是宗法制下祭祖的庙数,而这种庙数又与等级紧密相连。庙数越规即是僭越,乃"非礼"行为。但人们在祠堂每年定期祭祖,基于报本追始之自然情感,进而达到睦族收族之目的。要报本追始,就要祭祀自本族始祖以下的历代祖先才说得通。如果将祠堂祭祀仅限于高祖,最多也只能达到睦家、睦房的作用,而不可能"睦族",因能够在祠堂参加祭祀的只能是那些血缘关系较近的族人,即限于三从兄弟。故严格执行朱熹所立的祠堂祭祀限于高祖之制,不能完全满足族人通过祭祖要达到的报本追始、收族、睦族之目的。

早在朱文公之前,伊川先生即主张普通臣民在相当于祠堂的"影堂"内祭祀自始祖以降的历代先祖。

> 物有自得天理者,如蜂蚁之卫其君,豺獭知祭。礼亦出于人情而已。
> 祭先之礼,不可得而推者,无可奈何;其可知者,无远近多少,犹当尽祭之。祖又岂可不报?又岂可厌多?盖根本在彼,虽远,岂得无报?③

尽管朱子认为这种主张不完全合于礼、"近于逼上",在设立祠堂制度时废弃了,但它却能满足普通人祭祀先祖的"报本追始"情感,只要机会成熟,

---

① 《南宋馆阁续录》卷七,文渊阁四库全书本。
② 陈智超:《宋史研究的珍贵史料——明刻本〈名公书判清明集〉介绍》,载《名公书判清明集》,中华书局1987年版,第681页。
③ 《二程集》,中华书局1981年版,第180页。

就可能被付诸实践。湖南长沙《谢氏族谱》在"祖先宜虔奉"条下即揭明此点,"万物本乎天,人本乎祖,人之所以能传家守业、世泽绵长者,无不由于祖宗积累所致。故为子孙者,不可一日忘祖先也。程伊川先生云:豺獭皆知报本,今士大夫家多忽此,厚于自奉而薄于祖先,甚不可也。欲求阀阅昌大,必先培养根源。祖宗虽远,祭祀不可不诚。"①

被朱元璋称为"江南第一家"的"义门"浦江郑氏,其家法族规于宋元时期基本成型,到明初经过一代大儒宋濂帮助系统整理,名为《郑氏规范》。它规定"立祠堂一所,以奉先世神主……祠堂所以报本……祭祀务在孝敬,以尽报本之诚……四月一日,系初迁之祖遂阳府君降生之朝。宗子当奉神主于有序堂,集家众行一献礼。"②在这里,既有"奉先世神主",且明揭祭初迁祖的仪式,考虑到《郑氏规范》对传统中国家法族规的巨大影响,那可推断,至迟在元明之际,民间逐渐突破了《朱子家礼》中所规定的参与祠祭族人之范围。

因朱子认为允许民间祭祀始祖有"僭越"之嫌,专制皇权对"僭越"又极其敏感,故《大明会典》有专门法条,规定庶民不许祖父母以上之祭,官吏在祠堂的祭祀范围仅限于高祖:

> 国初,品官庙制未定,《大明集礼》权仿宋儒家礼祠堂之制,奉高曾祖祢四世之主,亦以四仲之月祭之,又加腊日忌日之祭,与夫岁时俗节之荐享。至若庶人,得奉其祖父母、父母之祀,已有著令,而其时享于寝之礼,大概与品官略同。③

法律规定如此,民间却广泛存在祭祀始祖或始迁祖的事实。面对这种困境,需寻求一解决之道。嘉靖年间,首辅夏言上奏,重新阐释了祭始祖说,力图消除"祭始祖"与"僭越"之间的紧张关系,使得民间本已广泛存在的祭始祖或始迁祖行为大致获得了庙堂的认可。夏言奏疏略云:

> 天下臣民,冬至日得祭始祖。臣按:宋儒程颐尝修《六礼大略》,家必有庙,庶人立影堂,庙必有主,月朔必荐新,时祭用仲月,冬至祭始祖,立春祭先祖。至朱熹纂集《家礼》,则以为始祖之祭近于逼上,乃删去之。自是士庶家,无复有祭始祖者。臣愚以为,三代而下,礼教衰,风俗敝,衣冠之族尚忘报本,况匹庶乎?程颐为是缘情而为权宜以设教,事逆

---

① 〔日〕多贺秋五郎:《宗谱の研究·资料篇》,东洋文库论丛第四十五,日本东洋文库1960年刊印,第669页。
② 《浦江郑氏义门规范》,载费成康主编:《中国的家法族规》,上海社会科学院出版社2002年版,第269—270页。
③ (明)申时行撰:《大明会典》卷九十五,"品官家庙"。

而意顺者也。故曰：人家能存得此等事，虽幼者可使渐知礼义也。且禘五年一举，其礼最大。此所谓冬至祭始祖者，乃一年一行，酌不过三，物不过鱼黍羊豕，随力所及，特时祭常礼等耳。礼不与禘同，朱熹以为僭而废，亦过矣。迩者面奏前事，伏蒙圣谕，人皆有所本之祖，情无不同，此礼当通于天下。惟礼乐名物不可僭，拟是为有嫌，奈何不令人各得报本追远耶？大哉皇言，至哉皇心，非以天下父母为王道者，不及此也。伏望皇上诏令天下臣民，得如程子之议，冬至祭厥初生民之始祖，立春祭始祖以下高祖以上之先祖，皆设两位于其席，但不许立庙以逾分。庶皇上广锡类之孝，臣下无禘祫之嫌，愚夫愚妇得尽追远报本之诚矣。①

夏言该意见为嘉靖所接受，从此所有臣民皆可以合法祭祀始祖及其以下历代祖先。"禘"者，王者之大祭。"王者既立始祖之庙，又推始祖所自出之帝，祀之于始祖之庙，而以始祖配之也。"②可见，禘是王者，也就是后来的天子祭祀天帝和始祖所用的礼仪。夏言从禘礼和民间祭始祖礼的区别入手，解释民间祭始祖没有朱子所说的"逼上""僭越"之嫌；帝王应推恩泽于四海，以天下之心为心，既然帝王要祭始祖以报本追远，那当然也应让"愚夫愚妇"能报本追远。夏氏奏疏言之成理，也符合人们报本追远的普遍心理，但尚有一个难题要解决，即具体到某个宗族，如何来确定始祖。

始祖制度实际上与宗法分封制直接相联系，专为小宗而设。秦以后废封建立郡县，在国家层面再无大宗小宗之别；且年湮代远，追溯始祖十分困难。其实，早在明初，方孝孺认为人与禽兽的重要分别在于人能报本追始，但因祭祖上的代数限制，导致族人之间形同路人，易起纷争，主张宗族设立祠堂，按期召集族人，以祭祀自始祖以下的历代祖先，达到敬宗睦族之目的。③ 丘濬进一步根据古代宗法的精神将宗法制下的始祖概念随社会演进进行了变通：

> 礼经别子法，乃是三代封建诸侯之制，而为诸侯庶子设也，与今人家不相合，今以人家始迁及初有封爵、仕宦起家者为始祖，以准古之别子。又以其继世之长子，准古之继别者，世世相继，以为大宗，统族人主始祖立春之祭及墓祭。其余以次递分为继高祖、继曾祖、继祖、继祢小宗。④

---

① （明）王圻撰：《续文献通考》卷一一五，"宗庙考·大臣家庙"。
② 朱熹：《四书章句集注》，中华书局1983年版，第64页。
③ 方孝孺：《逊志斋集》，徐光大点校，宁波出版社1996年版，第37—41、257页。
④ 丘濬：《大学衍义补》卷五十二，吉林出版集团2005年版，第651页，"治国平天下之要·明礼乐·家乡之礼"。

针对明代士民之家的实际情况，丘濬更提出了具体操作方案：

> 欲行宗子之法，必自世胄始。今世文臣无世袭法，惟勋戚及武臣世世相承，以有爵禄，此法断然可行。若夫见任文臣及仕宦人家子孙与夫乡里称为大族巨姓自谓为士大夫者，朝廷宜立定制，俾其家各为谱系，孰为始迁于此者，孰为始有封爵者，推其正嫡一人以为大宗；又就其中分别某与某同高祖，推其一人最长者为继高祖小宗；某与某同曾祖，推其一人为继曾祖小宗；某与某同祖，某与某同祢，各推最长者一人以为小宗。其分析疏远者，虽不能合于一处，然其所以聚会于一处，缀列于谱牒者，则粲然而明白也……如此，虽不能尽如三代之制，亦礼废羊存之意。①

经学者们的反复研究，参酌民间祭祖实际做法，到清代，著名礼学家秦蕙田总结了封建废除之后民间关于始祖、始迁祖的确立标准：

> 古今异宜，其礼当以义起。程子所云厥初生民之祖者，理属渺茫，于经无据。若今人家之始祖，其义与宗法之别子同者，固当祭也。何则？古之所谓始祖者，在诸侯则始封者也，在大夫、士则别子也。别子有三，后世封建不行，则为有国之始祖者寡矣；然有大功勋爵至王公者，虽无土地，宜与古诸侯等，则其子孙宜奉为始祖而祭之矣；又后世天下一家，仕宦迁徙，其有子孙繁衍而成族者，则始至之人，宜为始迁之祖，与古别子之公子，自他国而来者无异，是亦宜奉为祖而祭之矣。若崛起而为公卿者，虽不可同于诸侯，亦宜与古之九命、八命、七命者等，其子孙奉为始祖，亦与古人别子之义相合。②

上述学者之论述，多赞同依照宗法精神，参酌时代和社会变化，将宗法制下的"始祖"赋予新的含义：既承认封建制下有国之始祖，又肯定有王公勋爵的人可被视为始祖，但这两者多玄邈不可考，因此重点则在于仕宦于异地、以白衣为公卿且有据可考的始迁祖，在宗法意义上相当于"别子"，将之作为始祖来祭祀。所以，"始祖"多为"始迁祖"所代替。③

民间因报本追远之情感需要而大量存在祭祀远代先祖的事实，朝廷大臣

---

① 丘濬：《大学衍义补》卷五二，吉林出版集团2005年版，第652页，"治国平天下之要·明礼乐·家乡之礼"。
② （清）秦蕙田：《五礼通考》卷一○九，"吉礼·大夫士庙祭"。
③ 实际上，自北宋欧阳修鉴于"族大，散者必多"的现状，倡导撰写家谱体例需要"纪迁徙"，并且得到以后修家谱的尊重，使得后世家谱"侨居"一门记载甚详。这给明清两朝的人们在追溯始迁祖时提供了不少方便，也是祭祀始迁祖的风气得以推及开来的重要原因。参见陈捷先：《中国的族谱》，台湾"行政院"文化建设委员会1984年印行，第11页。

和学者一方面对"僭越"做出新的阐释,指陈"僭越"论的不妥之处;另一方面则将"始祖"赋予"始迁祖"的新含义,使得原本邈远难追的"始祖"祭祀具有了可操作性。官方和学者对民间祭祀远代先祖行为的认可、规范和引导,使得原本广泛存在的祭祀远代先祖之行为更加普遍。在明清两朝很多地方,尤其是文化繁盛的江南、两湖、闽粤等省份,逐渐形成了祭祀"始迁祖"或"始祖"的民间习俗。

自夏言上疏解除官民祭祖的代数限制之后,尽管《大明会典》中关于限定民间祭祖代数的禁止性规定依然存在,《大清通礼》也将庶民与官吏对祖先的祭祀限制在高祖范围之内①,但它在相当程度上因为夏言对"僭越"说的重新诠释和民间祭祀始迁祖习俗的形成而仅具象征意义。简言之,政府已经默认了民间的祭祀习俗而不再强制干涉,诸多宗族通过大规模建祠堂、修宗谱的方式,使得原本模糊的远祖在谱系中得以澄清,祭祀对象逐渐向上推移,直至其宗族的始迁祖或始祖,多达十几代乃至几十代。如萧山《管氏宗谱》载,该族祠堂原先亦只祭祀高曾祖考四代,考虑到该族是友义府君始迁于此,遂"以友义府君为始祖,居中堂一间之中,其下则以源一、源二、源三三府君以下八世神主祔之,不忘本也;其堂左右二间,左则祔以世次之支者,如九世、十一世之类是也;又则祔世次之双者,如十世、十二世之类是也。"②尽管该族宗祠祭祀牌位和祖先代数很多,但与"义门"尚不能相比,族人以此为憾事。乾嘉学者李兆洛观察当时祠堂祭祀情形,曾有描述:"今士庶家宗祠,动辄数十世,族之繁者,木主几无所容。"③到了民国时期,此类现象依然普遍。据《民国山东通志》记载:"大姓的村庄,一定建有像样的祠堂,作为供奉祖先牌位的固定场所。代系族繁的姓氏,牌位搁不下,即购买一种绘有祠堂形式的挂图,在空白处依代写上祖先的名讳,支多则各立一幅,称为'轴子',平时恭藏在祠堂内。"④《福安乡土志》有"氏族门",所载上杭陈氏家族于明末、阳头李氏家族于万历六年建立宗家祠。⑤ 可见,自明清以降,在祠堂祭祀始迁祖及其历代先祖,并不仅仅是江南和东南沿海的习俗,而几乎是整个中国社会的普遍情形。

祠祭对象上溯至始迁祖或始祖,供奉龛位势必大增,因此祠堂规模迅速

---

① 《钦定大清通礼》,吉林出版集团有限公司2005年影印本,第250—259页。
② 〔日〕多贺秋五郎:《宗谱の研究·资料篇》,东洋文库论丛第四十五,日本东洋文库1960年刊印,第821页。
③ 张惠言:《茗柯文四编·嘉善陈氏祠堂记》,中华书局"四部备要"本,第52页。
④ 《民国山东通志》第四册,台湾山东文献杂志社2002年版,第2172页。
⑤ 《福安乡土志》卷一,1905年京师铅印本,第15页。

扩大,使得祠堂的修建和维护成为宗族的大事。这一时期很多族规、族训都极力强调修建、维护祠宇的重要性。江苏润东大港赵氏在迁居驻驾庄之后的《重修族谱》特揭"建祠宇"一项,曰:"古人祠宇未建,不为宫室,仁孝之必也。若乃以建祠为不急之务,甚或有祠而不为修葺者,无论祖先有灵,降罚其身,即族内相传,语曰:宗祠之事,兴于某某,坏于某某,有不赧然汗下者乎?愿我子孙各存仁孝之思,务宜勤于修葺,勿使颓坏。昔人有云:若使先灵妥,必当修祖庙。诚哉,是言也。"①修于康熙年间的浙江会稽《顾氏族谱》在"立祠堂"项下也说"古人将营居室,先立祠堂,以奉先世神主,所以尽报本之诚也。"②其实,祠堂制度并非自古有之,古人建居室必先建祠这一说法更未必准确,但这些话语无非是向族人强调修建和维护祠堂的重要性。

这一时期的祠堂有宗祠和家祠之别。在家法族规里面,有的明白说明是"家祠"或"宗祠";有的冠以"祠堂"之名,但通过阅读具体内容,也能辨明此种性质。如修于崇祯年间的江苏润州的《赵氏宗谱》即明示"建家祠"③;《顾氏族谱》有"立祠堂"条云:"吾家于正寝之东,建祠三楹。"④细绎该文,知为"家祠"。对普通人而言,拜祭家祖则在家祠与家人进行,祭祀族祖则与全族人在宗祠进行,家祠祭祀和宗祠祭祀并行不悖。

祭始迁祖或始祖风俗的形成,扩大了共同祭祀的范围。在祭祖被限制于高祖之下的朱子祭法那里,祭祀是家庭或家族(房)的事情,最多只能是与自己的三从兄弟一起参与祭祀。到了祭祀始迁祖或始祖的场合,祭祀参与人的范围就不再限于某一家庭或房份,而是扩大到全体宗族成员。虽然家祭依然进行,但更大范围的族祭亦成为常事,浸为风俗。

祭祀祖宗本为报本追远,子孙一定要保持虔敬之诚心。虽参与祖宗祭祀的范围有家、族广狭之别,但总需要一定的仪式和规矩。尤其是祭祀始迁祖或始祖的场合,参与者为整个族人,人数众多,如果没有严格细密的仪式和规矩加以规范,是难以保持祭祖时应有的庄严肃穆的氛围,达不到敬宗收族的效果。

所以在明清时期的家法族规当中,多有较为详明的祭礼规定。且此种祭礼经过历代文人学士的参与制定和修正而更加成文化和细化,使得祭礼更有现实的规范性和可操作性。如清代学者太仓陆世仪编纂的《家祭礼》,虽然

---

① 〔日〕多贺秋五郎:《宗谱の研究・资料篇》,东洋文库论丛第四十五,日本东洋文库1960年刊印,第662页。
② 同上书,第617页。
③ 同上书,第692页。
④ 同上书,第617页。

文字不太多,但规定相当细致,影响较大。① 反过来,这类规范祭礼的条文又强化了人们的家祭、族祭意识。

综上所述,到明清时期,人们逐渐突破了朱熹原先设定的祠堂祭祀限于高祖的规定,朝廷也对这种现象予以默认,在很多地区形成了祭祀始迁祖或始祖的风俗,人们通过重修家谱改变了原来邈远模糊的祖先谱系,大致可弄明白祭祀的对象;通过新建、重建祠堂,制定包括祭礼在内的家法族规来对此种祖宗祭祀加以规范。修谱、建祠以祭始迁祖或始祖成为很多地区与寻常百姓生活密切相关的事情。

(三)"宗祠"和"宗祠田"

自明清以来,祭祀始迁祖或始祖成为整个宗族的事情,于是有修建宗祠之举。为保证宗祠的修建、维护以及祭祀的进行,出现了附设于宗祠的祭田。随着宗祠设置的普及,宗祠田大量出现。于是,祭田的设置、性质和管理皆发生了相应地变化。要对这种"宗祠田"进行分析,必定离不开对它所附着的主体——"宗祠"的考察。

宗祠的设置大致有两种形式:一是由全体族人出资设立;一是由某一位或数位族人捐资设立。江西黄氏于道光四年的宗祠公议规条首先追述了祠堂设置之大致情形,"本祠建自乾隆丙子,坐落杏花村,房屋狭窄,地址低洼,历久毁坏。至嘉庆丙子,合省同宗酌议重新创建。"②黄氏宗祠乾隆年间的旧祠堂如何创设尚不得而知,但新祠即由省内全体族人出资设立无疑。浙江会稽登荣张氏宗祠则属于单个族人捐资创设,据该族《宗祠条规》记载,"祠宇系老廿二房念斋公捐置,景寿等承志建造。"福州通贤龚氏宗祠,其中的三牧坊、敦本堂乃其先祖容溪公所置。③

在江苏、浙江、广东等沿海地区,因为潮势的涨落不定,形成了数量不菲的沙田。④ 这些沙田,按照清代的惯例,由清理机关丈放,业户承领。承领之时,由业户缴纳地价,清理机关在收价完毕之后,给予执照,交由业户收执管业。这种制度,称为沙田的放领制度。在此种放领制度下,由于沙田一般来说规模较大,分割起来不便,且土地肥沃,收益较厚,相应地价较高,单个家庭很难成为放领的业户。在通常情形下,尤其是那些聚族而居的地方,通常是

---

① (清)陆世仪:《家祭礼》,载《丛书集成三编》,社会科学类第 25 册,台湾新文丰出版公司 1996 年版,第 771—780 页。

② 〔日〕多贺秋五郎:《宗谱の研究·资料篇》,东洋文库论丛第四十五,日本东洋文库 1960 年刊印,第 801 页。

③ 同上书,第 826 页。

④ 关于广东沙田之介绍,参见屈大均:《广东新语》(上册),中华书局 1985 年版,第 51—54 页。

以整个宗族为单位来向清理机关承领，在官府那里，一般是以宗祠的名义来注册。如江苏沙田，因主权系属之不同，大致可以分为官有、共有和民有三大类。共有沙田，主权属于私人团体，其中有一种就是祠堂沙田。祠堂沙田，大都系由同一宗族之人，合向各县沙田管理机关报领，故其主权，属于同一宗族之人所共有。① 在浙江，也有这样的宗祠沙田。民国时期地政研究所潘万里的调查记录说："此项地亩，系属于各姓宗祠所有，各县多有之。在余姚县沙田区内之宗祠地，约共五万余亩，占全沙面积之百分之七。每姓自数百亩到数千亩不等。盖在余姚沙地，颇多同姓聚族而居。此项祠地，即其祖先遗下之共有财产也。宗祠沙地，大部分租于阖族耕种，按丁匀摊，每口得地自一二亩至五六亩不等，租金每亩约二元左右，由族姓中推出董事负收租并经管祠地之责。所收租金，充作每年清明、冬至两节祭扫祖宗坟墓及给领福胙并修理祖坟宗祠等经费。"② 从性质上看，这类宗祠沙田也可看作是宗祠出钱购买的祠田，兼有祭田和义田之职能。

一般而言，宗祠既经设立，不管设立方式为族人共同出资还是某位或某几位族人捐资设立，皆被视为全族公产，为全族人共同管业。但也有一些特殊情形，如有的祠堂由某位族人修建，出于敬宗收族的需要，允许其他房分的族人与祭，但一般不得参与宗祠事务的管理。如浙江会稽登荣张氏宗祠："其外房子孙有来谒者，准其助祭，一同散胙，亦准其身后奉主入祠，惟不得值年承办祀事。如有捐赀至钱十千以上者，宗子、宗老准会同族人公议，酌量准其一体按房承值。"③既然允许外房子孙助祭和奉主入祠，那此种祠堂为宗祠无疑。这种情形可以被视为由捐资修建人倡议设立的宗祠。虽然在规条里无法直接证明其族产性质，但需注意：宗祠本为祭祀宗族祖先而设，就族人而言，当存之永久，不应当有分析情形出现，族人对宗祠的管理（包括承值祀事）从理论上说是为了保证祭祀的顺利进行，不应从中受益。尽管管理权可能会带来实际的收益，但此种事实上的收益并不能形成包含于近代所有权中的收益权。所以由特定的宗族成员对宗祠进行管理，尽管因管理可能会带来实际收益，但并不影响该宗祠的族产性质。另外，该宗祠的管理人员即便全体同意，也不能对该宗祠进行实际上的处分，这也证实了此类宗祠的族产

---

① 朱福成：《江苏沙田之研究》，载萧铮主编：《中国地政研究所丛刊：民国二十年代中国大陆土地问题资料》，台湾成文出版社、美国中文资料中心1977年影印本，第35966—35968页。
② 潘万里：《浙江沙田之研究》，载萧铮主编：《中国地政研究所丛刊：民国二十年代中国大陆土地问题资料》，台湾成文出版社、美国中文资料中心1977年影印本，第36327—36328页。
③ 〔日〕多贺秋五郎：《宗谱の研究·资料篇》，东洋文库论丛第四十五，日本东洋文库1960年刊印，第814页。

性质。

宗祠不论其设立情形为何,皆是作为族产而存在。为保证宗族祭祀的顺利进行和维持久远,在很多宗祠规条里面都能发现宗祠有其管理机构和附属财产。在这些附属财产里面,"宗祠田"是最重要的一类。

先来看宗祠的管理机构。宗祠一般都有自己的管理者,其产生方式、名称、数量等方面虽因具体宗祠而不同,但其职责皆在管理范围内。江苏润州赵氏宗祠设祠正、祠副各一人,由各房按年轮任,其职责为管理祠中钱粮租税及一应大小诸务。职责有怠,如没有清理租税、因公浪费、肆意侵吞等,由宗长、分长(房长)审察弊端,见一罚十;如公正无私、任劳任怨,尚可连任。① 江苏江都卞氏宗祠则设立宗相一人,总理祠内事务,设立度支以管理账目。宗相一职直接关系宗祠之兴废,由全族人推举产生。② 山西平定石氏宗祠则公举族中一名公正之人担任总管,族内六股各举一位公正识字之人担任经理,具体规定了其职责:祠中有应办事件,经理人请总管并族人到祠商酌,总管有意见不到之处,许经理人拨正;倘经理人中有不公不法者,听总管申斥。祠中诸务,一应当办之事以及银钱账簿,经理六人秉公商酌而行。总之,总管和六名经理人互相协助、互相制约,以有利于宗祠管理为原则。③ 广西桂林张氏宗祠设祠总一人、祠正五人、祠副五人,祠总由族中有力者为之。在管理上,祠总、祠正副也是互相配合和制约,以达到妥善管理之目的。④ 有的宗祠,管理机构则显得疏略。如仅有轮值之人管理宗祠收支账目,到来年办理移交。福州龚氏宗祠将此轮值之人名为"司年",从轮值房中选择明白事理且家境充裕的人担任。⑤ 除此之外,一般而言,宗族族长、支长(房长)对这些直接管理人员都有监督权,属于宗祠的间接管理人员。

这类宗祠,除少数境况较差者之外,其建筑一般都较为壮观。如福州龚氏宗祠,则有三牧坊、敦本堂、恩锡堂等;江西黄氏由省内族人合资新建宗祠,观其祠规所述,规模可见一斑:"添造先儒黄子祠、尚义堂一大栋,前临大街,靠后接造试馆三进居中,重修老祠一大栋,接后新造节孝祠一进,靠东新买地

---

① 〔日〕多贺秋五郎:《宗谱の研究·资料篇》,东洋文库论丛第四十五,日本东洋文库1960年刊印,第814页。
② 同上书,第808页。
③ 同上书,第832页。
④ 其互相制约主要体现在银钱的收支上,其规条曰:"(祠总)收存钱谷,置簿二本,一收存,一支发,某日收谷若干,卖谷若干。祠正副共为经理,眼同祠总看明登簿,收贮支用则向祠总领出。每年秋祭毕轮派祠正副各五人,一年一换,算明交代,不得亏缺。"参见同上书,第837页。
⑤ 参见同上书,第827页。

基一大片,坐后新造试馆一进,前空有基地一片,俟后再添造。"①同治《宜黄县志》载:"宗族必有祖祠……规模必宏整,过于邸宅。"光绪《青田县志》载:"青田士庶之家,建祠务求宏阔。"同治《番禺县志》载:"缙绅之家,多建祠堂,以壮丽相高。每千人之族,祠数十所,小姓单宗,族人不满百户者,亦有祠数所。"②观江西巡抚辅德在奏疏中的叙述,更可明了该地宗祠的规模,"江西民人,有合族建祠之习,本籍城乡及其郭郡并省会地方,但系同省同府之同姓,即纠敛金钱,修建祠堂,率皆栋宇辉煌,规模宏敞。"③屈大均则描述了明清之际广州"祖祠"之繁盛情形,云:

> 岭南之著姓右族,于广州为盛。广之世,于乡为盛。其土沃而人繁,或一乡一姓,或一乡二三姓,自唐宋以来蝉连而居,安其土,乐其谣俗,鲜有迁徙他邦者。其大小宗祖祢皆有祠,代为堂构,以壮丽相高。每千人之族祠数十所,小姓单家族人不满百者亦有祠数所。其曰大宗祠者,始祖之庙也。庶人而有始祖之庙,追远也,收族也。追远,孝也;收族,仁也。匪谱也,匪诒也。岁冬至举宗行礼,主鬯者必推宗子或支子,祭告则其祝文,必云裔孙某谨因宗子某敢昭告于某祖某考不敢专也。其族长以朔望读祖训于祠,养老尊贤、赏善罚恶之典一出于祠。祭田之入,有羡则以均分。其子姓贵富,则又为祖祢增置祭田,名曰蒸尝,世世相守。惟士无田不祭,未尽然也。今天下宗子之制不可复,大率有族而无宗。宗废故宜重族,族乱故宜重祠,有祠而子姓以为归,一家以为根本。仁孝之道,由之而生。吾粤其庶几近古者也。④

如此壮观的宗祠,一方面固体现了宗族的庞大势力,另一方面也与宗祠的多重功能分不开。在很多情况下,宗祠不单单是祭祀宗族祖先的场所,也有接济贫寒鳏寡孤幼宗族成员、教育宗族子弟等多重功能。宗祠内试馆的存在,即是宗祠有教育子弟功能在内的证据。如修于康熙年间的江苏润州《柳氏宗谱》规定祠堂为敦本睦族设立义田义租,赡养宗族之贫乏;祠堂屋宇允许本族人在内读书。

宗祠建筑规模之宏大,又要承担除祭祀之外的多种睦族功能,一般有较为正式的管理人员或机构,更能以自己的名义拥有财产。在宗祠拥有的财产

---

① 〔日〕多贺秋五郎:《宗谱の研究·资料篇》,东洋文库论丛第四十五,日本东洋文库1960年刊印,第801页。
② 参见各该志书的"风俗"卷。
③ 辅德:《请禁祠宇流弊疏》(1764年),载《皇清奏议》卷五十五,台湾文海出版社1967年影印本。
④ 屈大均:《广东新语》(下册),"祖祠",中华书局1985年版,第464页。

当中，最主要的是"宗祠田"。鉴于"宗祠田"与"宗祠"之间的密切关系，欲对"宗祠田"的设立和性质等诸问题有较为妥当的阐释，当然离不开对"宗祠"的考察。

"宗祠田"的设立主要有三种方式：一是个别族人的自愿捐献；二是从族人田地中拨充；三是用宗祠自身的款项来购置。

个别族人的捐献，即有些通过经商或做官致富的族人捐献私产或购买田产，作为"宗祠田"，以供宗祠之公用。据浙江山阴《胡氏宗谱》载："吾宗向赖前人创始捐田。"类似情况在明清时期的宗谱、祠规中常见，限于篇幅，不予赘举。所要关注的是宗族成员将私有田产捐出作为"宗祠田"，该田产的性质遂发生重大变化，即由家庭私产变成了宗祠公产。一般而言，捐献者的后代子孙因其先祖的"捐献"行为意欲获得关于该土地的特殊权利，与"宗祠田"作为族产对所有族人一视同仁的一般性权利容易发生或明或暗的龃龉。在此种情况下，诸多的宗祠规约都强调了该"捐献"行为的不可逆转性，即申明"捐献"土地从家产向族产性质演变的不可逆转和更改。如《胡氏宗谱》明确规定："田亩既捐在宗祠，即系祖宗之产也。相应每年听执事召佃收花。近有田捐入宗祠，其子孙仍管业自种，短少租额，拖欠不完，甚至将田私行转租，而冒名自种，侵蚀渔利，殊失祖父义捐至意，可谓不肖已极。嗣后如有不经执事主持召佃，仍蹈前辙者，轻则停胙馂余，重则鸣官追究。"①润州《柳氏宗谱》亦规定："建立宗祠，置买田产，乃义举也。一经入祠，即系祠中公物，日后子孙不得借言某田某产系我祖我父所入，该我值管；更不得云我今贫乏，仍归于我。"接着还苦口婆心地讲道理："若然，是祖、父倡议于前，而子孙蔑义于后也，罪孰甚焉！曷思祖、父以田产入祠时，岂一无所蓄以遗汝？汝不善经营，纵收回此田产，亦必同归于尽。孰若存之于祠，令汝不致冻馁乎？"②既经认定所捐之田产乃"祖宗之产""祠中公物"，不再是个别族人的私产，则该财产不可分析自不待言。

如有族人将一定田地捐给宗祠，很多宗族将之视为"义举"，并允许其后代子孙在宗祠堂内特设席位以享祀。如浙江鄞县甬上雷公桥《吴氏家谱》规定："族人如有田产房屋或现银，其数在千元以上，愿助祀内尊作公产者，其人好义足式。凡祠内春秋祭祖，准于堂上右首特设一席袝享，以示优异。"③这种由宗祠或整个宗族给予捐献人及其后代子孙的"优异"之处，虽然作为"捐

---

① 〔日〕多贺秋五郎：《宗谱の研究·资料篇》，东洋文库论丛第四十五，日本东洋文库1960年刊印，第793页。
② 同上书，第792页。
③ 同上书，第836页。

献"行为的"对价"或"凭证"并非完全妥当,但足以证明通过这种田亩"捐献"行为,该田亩的性质,尤其是产权归属发生了变化。因此,个别族人自愿捐献的田产因"捐献"行为使得该田亩从私产变成了附属于宗祠的族产——"宗祠田"。

从所有族人的田地中按一定比例划拨出来以充族产,是宗祠田设立的又一方式。如江苏昆陵《承氏宗谱》规定,"族中捐置祭田,凡殷实之家,照《朱子家礼》二十捐一;其遇继嗣之产,九归嗣子,一分入祠。"并说这种比例是"凡族大例也"。① 既然是"凡族大例",那即可合理推测,当时有不少宗族都借助过这种方式来设定"宗祠田"。对后世家族影响甚大的浦江郑氏的祭田设置方法,也可以归入这种"拨充"方式之中,"拨常稔之田一百五十亩(世远逐增),别蓄其租,专充祭祀之费。其田券印'义门郑氏祭田'六字。字号步亩,亦当勒石祠堂之左,俾子孙永远保守。有言质鬻者,以不孝论。"② 由于郑氏一族是累世同居共财的"义门"③,祭田是从宗族共有的田亩中拨出一部分,其收益专供祭祀所用。这里自然看不到祭田设置前后该田亩性质上的变化,都是作为全宗族人共有的族产而存在。像郑氏这样的累世同居共财的"义门"在中国的宗族中毕竟是少数,绝大多数宗族只是在家、房等小范围内同居共财,在整个宗族层面上则以分居异财的形态出现。在这样的宗族中,附属于宗祠的"宗祠田"设置前后,该田地在性质上所发生的变化则显而易见。在前引承氏祭田的设定方式中可看出:不管是通过"捐置"还是因"继嗣",在该特定行为发生之前,其土地属于家庭私产无疑,否则谈不到"捐"和"继";一旦捐出或者有"继嗣"行为发生,特定比例的田地从私产变成"入祠"的"祠田",成为族产。

以宗祠公款购买田地是"宗祠田"设定最重要的一种方式,在宗祠规条里面最为常见。先要考察宗祠公款从何而来,其性质为何。因为只有弄清楚宗祠公款的来源和性质,才能准确认定经买卖而来的"宗祠田"的性质。

一般而言,宗祠公款多系族人捐赠或筹集而来。富裕族人对宗祠的捐献行为,有些是以田亩等实物方式,更多的还是捐献银钱给宗祠,由宗祠通过其

---

① 〔日〕多贺秋五郎:《宗谱の研究·资料篇》,东洋文库论丛第四十五,日本东洋文库1960年刊印,第824页。
② 《浦江郑氏义门规范》,载费成康主编:《中国的家法族规》,上海社会科学院出版社2002年版,第269页。
③ 《浦江郑氏义门规范》禁止族人蓄私财,规定"子孙倘有私置产业、私积货泉,事迹显然彰著,众得言之家长",还规定了较为耻辱且严厉的处罚,"家长率众告于祠堂,击鼓声罪而榜于壁。更邀其所与亲朋,告语之所私,即便拘纳公堂。有不服者告官,以不孝论。"参见费成康主编:《中国的家法族规》,上海社会科学院出版社2002年版,第271页。

管理人员斟酌决定是否购买以及在何处购买田亩。这一点较易理解：有能力自愿向宗祠捐献的，多为仕宦或经商的族人，其所入多是银钱。虽然他们可以用银钱买得土地后再捐给宗祠，但人情之常，皆愿省事；就是对那些为达到祭祀睦族目的而不惮烦劳的捐助人来说，他们对宗祠及其周围环境的了解程度，比如说应该在何处买田、买什么样的田合适等问题皆不如宗祠经理人员熟悉。因此，与其自己亲劳，反不如将银钱捐给宗祠，由宗祠经理人员斟酌情形购买为妥当。如是普通族人的筹集，事先也要宗祠（主要是宗祠的经理人员）拟订出一个具体标准和方法，出于便利的考虑，宗祠经理人员一般也更倾向于筹集银钱而非实物。

族人给宗祠的银钱，考察祠堂规条，种类繁多：有自愿捐赠，也有程度不同的强制捐献；有特定身份族人捐赠，也有普通族人均摊。如江苏润州《赵氏族谱》规定：参加科举的宗族子弟先由宗祠按照科考的层次给予数额不等的盘费、花银等以示宗族之资助，但他们在出仕之后，就要按照文武官职和官位品级给宗祠捐献数额较大、但多寡不等的银两助祭。① 贵州平越杨氏小宗鉴于"现存祭产不过百石"，假以时日，子孙繁衍，必定不敷，如此即不能达族人报本追远之思，因此明定章程，规定自咸丰元年开始，"凡我祠中子孙，不拘男妇老幼，该得应行捐助"，捐助标准为普通男丁每年捐银一两、女五钱；秀才、贡生、进士、出仕官员按其所入递增。可以想见，这个数目不小，且贵州素称贫瘠，征收不易，为保证能将款项落实，该祠规明确讲："过期不交，祠中专人取讨。"② 广西桂林张氏鉴于祠中租息无多，除祭祀外少有赢余，遂规定："族中子孙，嗣后有出仕者，有产息饶裕者，均宜笃亲亲之谊，愿捐多寡，随其本心，附入祠中登簿，交祠总收存，以资公费。"③

宗祠在收到这些款项后，将之作为祠中"公款"或"公费"，由经理人员统筹安排，最后决定是置买"宗祠田"还是作别的公用。一般而言，在传统观念里，认为田亩较其他财产更能传之久远，宗祠经理人员尽可能会用这些公费来置办"宗祠田"，以其租息作为祭祀之资。江都《卞氏族谱》预为规定："祭田当置常稔。此后或有贤族输金增置祭田，族长宗相务必通集长老计议，于附近公共老坟旁购置常稔之田，租息既可无缺，祖茔又有照应，一举两得，不可率买瘠田图便，不顾老坟，有辜义举。"④ 贵州平越杨氏小宗因要求族中捐

---

① 〔日〕多贺秋五郎：《宗谱の研究·资料篇》，东洋文库论丛第四十五，日本东洋文库1960年刊印，第796—797页。
② 同上书，第816—817页。
③ 同上书，第838页。
④ 同上书，第810页。

资的数量较大,其祠中公费的管理也相对严格:"管祠之人收到各前项银两,必须另立号簿,登载明白。有银若干,即请示祠长并主祭者随时置买田亩,不许放债,亦不许有意存留,暗自生息,违者听罚。所立文契,即注明'卖归杨氏小宗祠堂'字样,如此日积月累,经费何患不充?诸事何患不举耶?"①福州通贤龚氏祠堂在其祠规里面更明白记载了以祠中公款之"喜金"置"宗祠田"的具体情况,曰:"乾隆十六年以前,积喜金典得允怜田二号,佃户林世通等,载租谷三百六十五斛,十八年洪山桥地换得天起田二号,佃户杨奶送等,载租谷八十一觔,租银九钱……可以供所用矣,司年者收之。"②

以宗祠公款购买的"宗祠田",当然归宗祠管业。如贵州平越杨氏小宗在其买契中注明"卖归杨氏小宗祠堂"字样即是明证。另外,一些宗族规约规定禁止将这类"宗祠田"佃与本宗族人耕种,亦可证明该田亩的族产性质。如江都卞氏族谱即规定族人不许领宗祠田耕种,并说明了理由:"领田耕种者,原系食力之贫族,能不欠租,诚为两得,然贫者未必能廉,设有抗欠情事,或不善经营,贫窭日甚,积欠日深,蠲之误公,追之愈困,岂不两难?与其悔之于终,不若慎之于始。"③如果该田亩具有族人私产性质,该贫困族人何得不能耕种?

不论"宗祠田"是由个别族人私人捐助、还是族人田地的直接划拨、抑或以族中公款购买而设置,"宗祠田"皆归宗祠所有,由其管理人员(有时是名目不同的经理人,有的是按房轮管)将其租佃出去,以其租佃所入来维持宗祠的修缮维护和祭祀费用所需。如有盈余,即可资助贫困族人和读书人、兴办义学以教育子弟等全宗族的公益事业。从很多祠堂规约中可见,一些宗祠拥有较为完善的管理机构,并详细规定了管理机构的职责,并能以宗祠自己的名义拥有财产(最重要的是"宗祠田"和祠堂建筑本身),虽然在国家成文法领域没有发展出近代意义上的法人制度,但此种事实的存在和国家政权在多数情况下对此种事实的尊重似可证明存在此种事实上的法人样态。④ 没有法人制度,并不意味着没有法人事实,理论的自觉仅与制度建设存在必然关联,而与事实存在本身并无因果关系。据此,应可断定"宗祠田"属宗祠专有。

---

① 〔日〕多贺秋五郎:《宗谱の研究·资料篇》,东洋文库论丛第四十五,日本东洋文库1960年刊印,第817页。
② 同上书,第827页。
③ 同上书,第812页。
④ 很多宗祠规约都规定了其买进的宗祠田"立约闻官",也就是到官方进行登记,以确定其管业。像贵州平越杨氏小宗在其买契中明确注明"卖归杨氏小宗祠堂"字样,当可明了契据主体之一方为抽象实体"杨氏小宗祠堂",另一方则为具体的出卖人。此种契据的有效性足以证明宗祠在事实上能够拥有自己的财产。

日本学者多贺秋五郎先生所辑录的宗祠规条中共收录该类规条将近30篇,其中能从文字里面看到宗祠有比较完备的管理机构的约12篇,由于有些祠规只是节略,故实际上拥有较为完备管理机构的宗祠数目会更大一些,但仍有很大一部分宗祠规约里并无较为完备管理机构的记载。可进一步推测,这些留传下来并能保存至今的祠规一般而言是较大且规划相对完善的宗族,其他没有祠规留传下来的宗祠,有的可能存在,有的可能根本没有较为系统详明的规约,当然也谈不到较为完备的管理机构。据此可知,并非所有的宗祠都有相对完备的管理机构,只有那些庞大、族内读书人众多且热心族益的宗族才制定了详明的祠规,发展出较为完备的管理机构。

宗祠如没有明确的管理机构和人员经理其财产,那将"宗祠田"断定为归宗祠所有难免会与事实本身相悖。虽然不能遽然断定"宗祠田"为"宗祠"所有,但却不能否定该宗族通过修建宗祠、设立祠田而拥有宗族公产。事实上,有些宗族通过各房轮管的方式确认了该田产的全宗族"公产"的性质。如浙江会稽张氏宗族所拥有的祠田则规定"按房承值"①;江西婺源溪南江氏则规定各处祀田,由其支下子孙照管,除祭祀开销外,如有赢余,不许私自侵扣,需要置买附近膏腴之田,以广孝思。② 既然不许私用,其宗族公有性质显明。

既然设置"宗祠田"是为了报本追远,一般情况下不允许分析,应该使其长存。随着宗族的繁衍,不但不应使既有的"宗祠田"分析,还应该不断扩大其规模。虽然从理论上看不能分析,作为个体的族人不能从此类公有族产中得到事实上的私有份额,但相对于族外人而言,他通过祭祀的参与而能从"宗祠田"受益。用现代话语来讲,他作为宗族的一分子,享有"宗祠田"的受益权。也就是说,个体宗族成员对"宗祠田"保有私有份额,只不过这种私有份额是潜在的,他作为宗族成员所享有的受益权就是这种潜在私有份额的外在表现。所以,在这个意义上,"宗祠田"可以被视作全宗族共有的"族产"。

不管宗祠有无完善的管理机构,有无独立拥有财产的能力和事实,宗祠田是族产这个判断都能成立。相对于将宗祠田视为附属于宗祠的财产而言,具有更广的解释力和更精确的概括力。我认为,将宗祠田归为族产是一种相对妥当的定性。

(四)"家祠"和"家祠田"

《家礼》自流行开来,对中国社会产生了巨大的持续性影响。建祠堂逐

---

① 〔日〕多贺秋五郎:《宗谱の研究·资料篇》,东洋文库论丛第四十五,日本东洋文库1960年刊印,第814页。

② 同上书,第787页。

渐成为各个家族的通行做法,并逐渐正规化。在祠堂的祭祀对象仅限于高曾祖祢时,参与祭祀的人就相应限定在玄孙、曾孙、孙和子这个范围内,也即是说这种祠堂仅仅是家庭或某房的祠堂,而非全宗族的祠堂,是"家祠"而非"宗祠"。

自明清两朝祭祀始迁祖或始祖的观念得到遵奉并且在实际中施行之后,为全宗族祭祀先祖的"宗祠"陆续兴建并在很多地方蔚为风气,但"家祠"依然存在,随着祭祖习俗的发达,且还在不断普及当中。① "家祠"并没有因"宗祠"在明清两朝的兴盛而趋于萎缩。②

从理论上来讲,"宗祠"是全宗族成员祭祀始祖或始迁祖的场所③,"家祠"是某个房份或家庭祭祀特定直系先祖的场所。也就是说,"宗祠"祭祀的先祖是全宗族共同性的,"家祠"的祭祀对象是属于某房、某家个别性的。"宗祠"和"家祠"的祭祀对象合在一起在理论上就构成了宗族先祖的全貌。对一个具体的族人而言,仅有"宗祠"之祭或仅有"家祠"之祭都不能完全达到尊祖敬宗之目的,"宗祠""家祠"都不可或缺。所以,"家祠"不但不会因"宗祠"的发达而萎缩,反而会随之更发达。

作为与部分宗族成员相关的祠堂概称为"家祠",又常被称为"小宗祠"④,而与此相对,将全族的"宗祠"称为"大宗祠"。如嘉庆《增城县志》载:"族必有祠,其始祖谓之大宗祠,其支派所自谓之小宗祠,或谓之几世祖祠"⑤

和"宗祠"相比,与"家祠"相关的族人仅限宗内的某个支(房),其人数较少,公共事务相对单纯,因此在管理机构和人员方面较为疏简。"宗祠"的管

---

① 据学者考证,在明代,在族谱里面才有祠堂的记录,之后,很多族谱都有"祠宇"一章。参见陈捷先:《中国的族谱》,台湾"行政院"文化建设委员会1984年印行,第42页。于此可见,祠堂包括宗祠和家祠的普遍化。

② 如修于同治年间的《番禺县志》记载:"俗最重祭,缙绅之家,多建祠堂,以壮丽相高。每千人之族,祠数十所;小姓单宗,族人不满百户者,又有祠数所。置祭田、书田,岁祀外,余给支嗣膏火、应试卷金。清明、重九行墓祭礼,二分及冬至则庙祭。即僻境荒村,亦有祖厅昭札,岁时荐新。"这些数十所或数所的祠堂,当然是既有宗祠,也有支祠或家祠,可能还是后者更多。参见《番禺县志》卷六,"舆地四",台湾成文出版社1967年影印本,第45页。

③ 当然,由于地域和具体宗族的差异,有的宗祠则将历代先祖的牌位都供奉在宗祠里加以祭祀,导致神主牌位多至无法堆放的情形。

④ 修于光绪年间的《广州府志》还详细记载了小宗祠的具体设置,曰:"……尝有小宗祠之制……为夹室二,以藏祧主。正堂为龛三,每龛又分为三:上重为始祖,次重为继始之宗,有功德而不迁者;又次重为宗子之祭者,同祀其四代之主,亲尽则祧。左一龛为崇德,凡支子隐而有德,能周给族人,表正乡里,解讼息争者,秀才学行醇正,出而仕,有德泽于民者,得入祀不祧。又一龛为报功。凡支子能大修祠堂,振兴废坠,或置祭田、义田者,得入祀不祧。不在此者,设主于长子之室,岁时轮祭。"参见《广州府志》,台湾成文出版社1967年影印本,第278页。这段内容与屈大均《广东新语》"祖祠"条内容基本相同,应是修志者认可屈氏所撰著之内容而将之辑入。参见屈大均:《广东新语》(下册),中华书局1985年版,第464—465页。

⑤ (清)赵俊修:《增城县志》,嘉庆25年(1820)修,卷一,"风俗"。

理机构和人员都只有一部分相对完备,能够以自己的名义拥有族产,那"家祠"的比例可能就更低。

"家祠"设置的祭田,以供支(房)或家庭祭祀之需。考虑到在同居共财的家庭中,随着子孙的繁衍和尊长的过世,经过分家析产之后,也必定会分出新的支和房。所以,即便存在同居共财的家庭内单独拨出的祭田,也可将之视为支、房所有的祭田类型在时间延续上的变异。① 考虑到祭田与单独管业田产的根本特性在于它不同程度地包含"公共"性质,即是说祭田是在宗族之内且独立于单个同居共财家庭而设置的专供祭祀先祖之用的田产。故宗族内同支或同房的多个同居共财家庭共同设置的祭田,才是"家祠田"的基本类型。对"家祠田"的考察,可望从支(房)祠田那里获得基本的了解。

支(房)祠田的设置方式,大致可分为以下两种:该支(房)中某个人或几个人的捐置;全支(房)成员按照一定的比例共同设置。与"宗祠田"的设置方式相比,用祠堂公款以自己的名义置买祭田的情形相对少见,因"家祠"一般没有较为完备的管理机构。

传统中国的宗族结构,随着子孙的不断繁衍,支下有支,房下有房,呈树状结构伸展开来。与此相应的是,支(房)祠田的管理,一般采取的是轮祭轮收轮管的方式。即是按照次一级的支(房)数按年轮流操办祭祀。轮到某一次级的支(房)操办,该房祭田即由其管理和收益;轮值完毕,因祭祀操办义务的移转,祭田的管理和收益权也随之移转。在轮值的年份,如从该祭田获得的收益不足以承办祭祀,就需该次级的"支(房)"全体人员贴补足数;相反如有赢余,则在上述人员中进行分配。如荣登张氏老廿二房下,即是奉行其下支房轮流承办祀事的规矩。一般而言,祭田的收益都会高于操办祭祀的收入。前述荣登张氏族谱将"捐赀至钱十千以上"作为享有轮流承办祭祀权利

---

① 与此紧密相关,陈其南先生将"房"作为中国传统家族的中心概念对我很有启发,据我所见,法史学者尚未重视陈先生的研究,兹简要摘录如下:过去中外学者对于传统汉人家族的研究一般都是从家、族、家族或宗族等概念入手,但……如果我们不先阐明有关"房"的含意及其作用,那么上述的这些用语实际上并不能真正表现中国家族制度的特质及其内部结构,反而往往带来不少的混淆。"房"的观念才是厘清汉人家族制度的关键……"房"的中心概念是儿子相对于父亲的身份,由此所含蕴或延伸出来的相关语意范围可以简单地归类为以下的几个原则:(1)男系的原则:只有男子才称房,女子不论如何皆不构成一房。(2)世代的原则:只有儿子对父亲才构成房的关系。孙子对祖父,或其他非相邻世代者皆不得相对称为房。(3)兄弟分化的原则:每一个儿子只能单独构成一房,而与其他兄弟分化出来。(4)从属的原则:诸子所构成的"房"绝对从属于以其父亲为主的"家族",所以房永远是家族的次级单位。(5)扩展的原则:房在系谱上的扩展性是连续的,"房"可以指一个儿子也可以指包含属于同一祖先之男性后代及其妻所构成的父系团体。(6)分房的原则:每一父系团体在每一世代均根据诸子均分的原则于系谱上不断分裂成房。参见陈其南:《"房"与传统中国家族制度:兼论西方人类学的中国家族研究》,载《家族与社会:台湾和中国社会研究的基础理念》,台湾联经出版事业公司1990年版,第129—132页。

必备条件的理由即在于此。① 轮管权纠纷就成为祭田案件的一个重要类别。

从上述支(房)祠田的设置来看,不管是全支(房)成员按照一定的比例共同设置还是为该支(房)中某一个或几个人所捐置,该祠田当为全支(房)成员共同管业乃理所当然;其轮管轮收就是它最明显的外在表现。

支(房)祠田和宗祠田比较,虽都属共同管业之范畴,但其最重要的区别在于其范围之大小。宗祠田为全宗族成员所共同管业,为族产;支(房)祠田仅为该支(房)成员所共同管业,一般而言与同宗的其他支(房)没有管业、管理和收益等方面的关系,只能算作支(房)产。

尽管支(房)祠田和宗祠田在共同管业范围大小有所不同,但在处分方面却是高度一致。它们的主要功能都是为了给先祖祭祀提供物质支撑,服务于宗族或家族尊祖敬宗收族之需要。只要该宗族或家族有子孙存在,这种祭祀就需要继续下去,故不能允许子孙对祭田有分析和盗卖等实质性处分行为。

第三节 传统中国祭田之分布

一、祭田分布之概况

祭田作为自南宋以后传统中国一重要的土地类型,在全国的分布并不均衡,撇开少数民族聚居区不论,就是在汉人聚居区,这种不均衡也表现得非常明显。一般而言,明清时期祭田集中分布在长江中下游、华南、闽越地区,尤以江南(主要包括苏浙皖赣)和珠三角为最。

以淮河为界,北方中国祭田较少,据我阅读所及,不能说绝对没有,但只是零星存在。如清代一名乡间塾师欧苏所撰的《霭楼逸志》一书,主要描写社会中下层的社会情状以达到劝惩之效果,其"凌浩"条载:凌浩至中牟,在旅店认得同宗凌氏。凌氏云:"太祖尝田百顷,为豪强所并,历讼不得直,若得赵公莅予邑,宗兄于内主持,何愁冤屈不伸乎?"……不二月,凌浩的朋友赵公"果委署中牟……赵公下车之初,首获接凌家尝田之控,亲勘严鞫,判归凌族,申详上司,皆依议。凌族竖碑立表,成铁案矣。"②明儒吕坤乃河南宁陵人,曾在宁陵老家设置了孝睦田,该田兼具祭田和义田之功能,吕氏立田碑文云:

---

① 〔日〕多贺秋五郎:《宗谱の研究·资料篇》,东洋文库论丛第四十五,日本东洋文库1960年刊印,第814页。
② 《明清广东稀见笔记七种》,李龙潜等点校,广东人民出版社2012年版,第167页。

田名"孝睦"者何？祀先人，恤同姓也。孝睦以田名者何？可常继也……先君呼百待与坤，命之曰："……每读范文正公《义田记》，吾甚愧之。夫八门福气钟汝两人，幸富贵无专余庆以自封，愿以吾宗相属。"余两人唯唯不敢忘……买常稔田五百亩。自两税外，祖墓祭扫、宗祠营建、家学馆谷、宗族贫者之婚丧衣食，咸取给焉。不足，先急者，甚不足，间佐之以家资，必无使因。择宗族子弟之廉而干者主催科，富而有心计者主出纳，庶几乎少竟父兄未竟之志哉！遂以券闻于邑而藏之宗祠，俾吕氏子孙世守焉。①

根据民国时期的习惯调查，陕西扶风县有香火地："兄弟析产，多由家产内，先为其父母提出若干地亩，以作生养死葬之资。其父母故后，其地多归长房耕种，每年所有出息，作为祭扫之费，名曰香火地。"②在直隶高阳县：同族中之祭田，即为同族中之公产。每届清明祭扫，由族人轮流管理，不许一二人擅行处分。③

江南、华南则不同，祭田（包括义田在内）广布，规模庞大。成书于明代晚期的白话小说《今古奇观》，在"俞伯牙摔琴谢知音"这一回中即有关于"祭田"设置的记载：当俞伯牙按约访子期，闻得知音死讯，对其父钟公言"下官伤感在心，不敢随老伯登堂了，随身带得有黄金十镒，一半代令郎甘旨之奉，那一半买几亩祭田，为令郎春秋扫墓之费。"④该故事虽发生在春秋战国时代，但成书却在晚明，编者抱瓮老人为姑苏人，遂将当时当地的社会习惯或风俗——普遍设置祭田——来作为写作构思故事情节的资料。盖春秋战国时期本无祭田之名称和制度，因此该故事中所言及的"祭田"恰是晚明江南社会习俗的反映。

江南、华南地区祭田广布这一现象，在一些清人笔记中即有明确记载。除了广为人知的屈大均之《广东新语》外，如张心泰的《粤游小志》载："俗祭田谓之蒸尝田，无论巨姓大族，即私房小户，亦多有之。"⑤众多的社会史和经济史研究成果也证明了这一点。孙晓村即将清代全国地权形态分为九类，其中一类是氏族财产，"大都为祭祀之产，长江流域很盛。"⑥我这里只列举几项

---

① 吕坤：《宁陵吕氏孝睦田碑》，载《吕坤全集》（上册），中华书局2008年版，第470页。
② 施沛生编：《中国民事习惯大全》，上海书店出版社2002年影印版，"第三编第一类"第4页。
③ 施沛生编：《中国民事习惯大全》，上海书店出版社2002年影印版，"第二编第八类"，第41页。
④ 《增订本今古奇观》，林冠夫评选，迟赵娥等注释，河南人民出版社1998年版，第372页。
⑤ 转引自来新夏：《清人笔记随录》，中华书局2005年版，第528页。
⑥ 孙晓村：《现代中国的土地问题》，载中国农村经济研究会编：《中国土地问题和商业高利贷》，上海黎明书局1937年版，第94页。

统计数据,以说明其一斑。

中国幅员广大,举行一次全国性的土地清丈,是一件大事。一来工作量大,地方行政人员知识水平低,不易掌握土地丈量的技术与计算;二来严格而彻底的清丈工作将杜绝巨室大户隐田逃税之可能,于是往往会受到既得利益者之阻挠。故历代帝王多认为全国性的土地清丈是扰民之举,尽量避免举行。整个明代只有洪武和万历年间举行过两次全国田地普查,有清一代则一次都没有,只有各地零星清丈。① 江南、华南祭田之土地,有的是以"某某祠""某某祀"等名义登记,有的则以某个在世或过世的族人名字登记②,在官方的土地册中难以清晰辨认出来。除了这些地区的方志中有概括性记载外,已有学者根据现存下来的少数资料进行了研究统计,虽不全面,也不尽准确,但仍能看出大概。据赵冈先生根据苏州、嘉兴和松江三府地主的收租簿和置产簿所列统计表中,可以根据名称判断其为某族(房)祭田出租的重新列表如下③:

祭田登记姓名	积立堂	鼎公清明祀	德公及义记	守经堂二房	郑最公祠	某姓三房	某姓大宗祠	某氏二房	团拜祠	上敦祠	承训长房
出佃田地坵块数	91	17	40	57	19	16	118	15	83	149	18

洪焕椿先生曾根据苏州地区的地方志书,列了清代苏州府下辖各县巨家大族所设义庄的面积统计表,我根据该表进行了再统计,得知:截至道光二十年,苏州地区共有义庄 37 座,拥有义田 44492.1 亩。嘉庆二十五年整个苏州府共有耕地 6256186 亩。④ 可以大致估计,在苏州府,义庄占总田亩的 0.7%。初一看,比例不大,如考虑到苏州人口之密集,大致同一时期人均田地占有 1.05 亩;而平均每座义庄面积在 1202 亩左右,这个数据就不一般了。还有一般家族所设立的更多祠田、墓田还没有计算进来,其规模当更可观。

国民政府统一全国后,为了推行作为"总理遗教"的"耕者有其田"政策,曾在全国进行了土地调查。其最著者为萧铮先生所主持的中央政治学校之

---

① 参见赵冈、陈钟毅:《中国土地制度史》,台湾联经出版事业公司 1982 年版,第 71、104—107 页。
② 如据李待问编纂的《李氏族谱》卷七"祀业"记载:李岐庵之子即将捐资创设的祭田载入李广忠户头下以杜纷争:"余罢漕事归里,与族老谋言,图所以贻永者。余复捐资以益之,合之得一顷九十八亩零。余复虑户籍滋混,开李广忠一户,载其税亩。一岁之内,祭有尝期,礼有尝式……又置书田八十五亩零,以作子孙之力学者,愿循循勿失也。"参见《明清佛山碑刻文献经济资料》,广东人民出版社 1987 年版,第 361—362 页。
③ 参见赵冈、陈钟毅:《中国土地制度史》,台湾联经出版事业公司 1982 年版,第 213—215 页。
④ 参见洪焕椿编:《明清苏州农村经济资料》,江苏古籍出版社 1988 年版,第 56、81—83 页。

地政学院学员之调查。① 在此基础上,南京国民政府土地委员会进一步调查统计,山东每县平均有族田 2449 亩,山西有 3554 亩,陕西 1149 亩,甘肃 145 亩,青海 1000 亩,以上 5 省每县平均族田面积为 1383 亩。河南豫北 6 县共有族田 6900 亩,豫中 6 县共 800 亩,豫南及豫西有些县竟无族田之设。南方各省族田数量高于北方,如浙、皖、湘、鄂、川、贵 6 省平均每县有族田 18274 亩,其中最高者为湖南,平均每县有 59905 亩,最少者为四川,平均每县有 1966 亩。

在南方各省中,广东族田制度极为发达,一般称族田为"太公田"。20 世纪 20 年代末,以共产国际对中国社会性质认定为肇端,为了探索中国的出路和前途,中国思想理论界围绕着中国社会性质问题展开了大论战。为了弄清楚当时中国的社会性质,在此基础上确定中国的改造方案,该论战势必向时空两个方向延伸,即中国社会史的研究和对当时中国社会的实地调查。② 时在共产国际农运所任职的陈翰笙即不满意共产国际将中国认定为资本主义社会的主流判断,而加入到这一论战中来。在他看来,因缺乏关于中国农村经济的慎密调查研究,在讨论问题时没有确切有力的证据,故必须进行实地调查研究。1933—1934 年间,他组织人员对广东 16 个县的农村情况进行了调查,尽管我对其调查研究的结论持保留意见,但他通过调查所得到的数据应是较可靠的。据陈翰笙等调查组的统计,"大致说来,太公田占耕地的成数在南路是 23%,在北江是 25%;在东江和韩江是 35%;在西江是 40%。珠江的三角洲各县平均有 50%。全省耕地的 30% 是太公田。"根据陈翰笙统计出的数字推算,广东省共有太公田 1260 余万亩,当时国民政府可收田租约 12600 万元。当时国省两库每年收入共计 7000 余万,只占太公田田租收入的 56%。③ 据 1941 年国民政府的调查统计:广东当时的太公田,以珠江三角洲各县最多最广,约占全省太公田的 50% 以上;西江一带次之,约占 20%;东江、韩江一带再次之,约占 15%;北江一带为最少,约占 5%。④ 据 1931 年中

---

① 于 1932—1940 年间,该学院共派出调查学员 168 人,成论文 166 篇,其中各省县市田赋研究者 36 篇,土地整理者 22 篇,农村经济者 30 篇,租佃制度及房租问题者 19 篇,土地制度者 19 篇,地价地税者 20 篇,农业金融者 8 篇,市地问题及土地征收者 12 篇。调查报告 178 篇,涉足所及者凡 19 省,180 多个县市,且均收取其当地实际情形及其重要文书,存之于报告中。1976 年台湾中国地质研究所与斯坦福胡佛研究所合作,于 1977 年开始由台湾成文出版事业公司和美国中文资料中心联合影印出版,对当代学人研究中国传统、近代的经济、社会、土地等问题提供了宝贵资料。参见萧铮主编:《中国地政研究所丛刊·民国二十年代大陆土地问题资料》,台湾成文出版事业公司、美国中文资料中心 1977 年影印本,总序。
② 参见陶希圣:《潮流与点滴》,中国大百科全书出版社 2009 年版,第 123—125 页。
③ 参见中国社科院科研局编选:《陈翰笙集》,中国社会科学出版社 2002 年版,第 73—75 页。
④ 参见《广东省志·国土志》,广东人民出版社 2004 年版,第 112—116 页。

央研究院社会科学研究所的调查,江苏无锡县的祭田则只占整个土地面积的7.81%,较广东为少。①

在明清两朝,乃至在民国时期,长江、珠江流域祭田较多,江南、华南更为集中,尤以广东为最。其他地区虽也有祭田存在,但在数量和规模上皆不及前述地区。祭田是南中国一种特别重要的土地类型。

二、江南、华南祭田广布之原因

为什么江南、华南较之传统中国其他地区祭田数量更多,规模也更大?有以下几方面的原因:

(1)是自宋以后儒家士大夫力图在民间"化民成俗",以求建设"小康"社会而坚持不懈的结果。一种由官方主导的制度之形成背后都有一定的思想依据,更何况像祭田这种由儒家士大夫在民间倡导,进而逐渐形成习俗,最后为官府所承认的制度呢!在祭田形成习俗的过程中,作为创始人的范文正公和朱子功不可没。他二人皆为中国史上有名的儒者。据余英时先生的研究,视回向三代为理想,以天下为己任是宋代士大夫的集体意识,并不是极少数理想特别高远的士大夫所独有。② 文正公于元祐元年(1049年)前后创办范氏义庄,是士大夫先"验之一族"进而重建天下秩序的努力。被他"导入圣域"的张载"慨然有意三代之治",受现实牵绊,乃立志"纵不能行之天下,犹可验之一乡",尽管最终"有志未就"③,但其弟子吕氏兄弟继承其师遗志,于1077年在蓝田建立以"德业相劝、过失相规、礼俗相交、患难相恤"为主要内容的乡约。④ 基于这些史实及其背景,余英时先生进而指出,"'义庄'与'乡约'同是地方性制度,也同具有以'礼'化'俗'的功能。它们同时出现于11世纪中叶,表明士大夫已明确认识到:'治天下'必须从建立稳定的地方制度开始。"⑤朱子对这两种地方制度的建设都倾注了心力。他取吕氏乡约与其他书,"参附己意,稍增损之,以通于今",成《增损吕氏乡约》一册。⑥ 关于朱子在这方面的贡献,有学者对之进行了充分的表彰,"吕氏乡约在北宋自然

---

① 参见孙晓村:《现代中国的土地问题》,载中国农村经济研究会编:《中国土地问题和商业高利贷》,上海黎明书局1937年版,第96页。
② 参见余英时:《朱熹的历史世界》(上册),三联书店2004年版,第184—219页。
③ 吕大临:《横渠先生行状》,引自陈俊民辑校:《蓝田吕氏遗著辑校》,中华书局1993年版,第586—589页。
④ 参见吕大钧:《吕氏乡约乡仪》,载同上书,第563—584页。
⑤ 余英时:《朱熹的历史世界》(上册),三联书店2004年版,第219页。
⑥ 朱熹:《增损吕氏乡约》,载《晦庵先生朱文公文集》卷七十四,载朱杰人等编:《朱子全书》第24册,安徽教育出版社、浙江古籍出版社2002年版,第3601页。

是名重一时,不过怀疑的人很多,反对的人也不少。康王南渡以后,关中文化根本消失,乡约制度自然也是扫地无余。假如没有朱子出来大事整理,恐怕以后的发展也是没有的。"对于家族内部治理,朱子的贡献已于前章详细论列,他对祠田、祠堂制度的贡献,都是他人所不可比拟的,"中国农村组织的进展,一直到了朱子手里,才有一点相当的把握。"①一方面因为这类由士大夫所设计的地方制度能"合于人心",及以朱子为代表的历代大儒之表彰和力行,故能深深影响后世。到明朝,君主专制在制度上越来越强化,且诸多君主荒淫无耻,难以理喻,王阳明先生在专制政体下几经生死,经龙场证悟,他找到了"行道"的新路线,即由传统的"得君行道"转到"觉民行道",他决定对下层老百姓说法,掀起一个由下而上的社会改造的大运动。阳明先生之学,经泰州学派王艮诸人的宣传而日渐风行天下,影响所及,遂成风潮。宗族组织的加强、乡约制度的再兴等就是这一思潮的重要表现。②随后,首辅夏言上疏,阐释了民间祭祀始祖并不与等级制度矛盾,民间所主动进行的收族睦族行为与专制朝廷在理论方面的紧张关系得到缓解。大乱之后人心思治,庙堂有所不能行不妨碍民间自我行之,国家层面的宗法封建制度自秦汉之后虽不可恢复,但社会各阶层的尊祖敬宗情感却不因此而消失,睦族收族亦有其现实需要,因此士大夫倡率各家族设立祭田以为尊祖敬宗、睦族收族提供物质支撑的做法能够获得一般民众响应和追随,其道理即在于此。

自两汉确立儒家作为朝廷治理天下的意识形态以来,虽历经五胡乱华、晚唐藩镇割据和五代动乱以及佛道两家学说的思想冲击,儒家的统治地位依旧没有根本性的动摇。尽管在不同的时期儒学有其差异,但不论是先秦原始儒家、两汉的董仲舒新儒学还是宋明理学,都承认忠、孝伦理对于维护天下国家秩序的重要性,皆认可修齐治平之道一以贯之。尽管民间自主设置祭田,于特定时间集合族人在祠堂或坟茔祭祖,于朝廷所强调的等级差别和专制权力之向下延伸有所妨碍,但二者在以"忠孝""化民成俗"这一点上是一致的。尽管自明清以来,君主专制不断强化乃至登峰造极,皇帝不再承认士大夫能与之"共治天下",但实际上他们也不可能独立完成对天下的治理,还是需要从士大夫中选贤与能,充当各级官吏,来帮助其治理天下。设置祭田以祭祀先祖本就是这些士大夫所提倡的,且这些儒家士大夫的"根"还在民间,绝大多数并非以"出仕"为终身事业,短暂的"入仕"并不能根本改变他们对设置祭田之忠诚。由于朝廷一直在褒奖忠孝节义,他们在各级官员任上,非但没

---

① 杨开道:《中国乡约制度》,山东省乡村服务人员训练处1937年刊印,第16页。
② 参见余英时:《史学研究经验谈》,上海文艺出版社2010年版,第74—75页。

根本改变，反而会尽可能对祭田之设置和管理进行保护，对祭田之征税加以适当优减，惩罚那些盗卖和分割祭田之行为。如道光二年江南、江苏布政使发帖严禁盗卖义田、祭田，云：

> 江苏江南承宣布政使司，为请定盗卖盗买祖产义田之例，以厚风俗事。（该文先引盗卖祀产条例，接着说）查江省各项祭田，先奉户部咨查，业经通饬造册，详咨载入会典。并奉部复，河南省银米系属豁除。江省各祠祭田，是否免课，抑仍征收，现在查详咨复外，今据长、元等县详，据各裔呈称：祭、义田亩，旧例编立图后，应办赋税。秋成，同学田十月起征，优免差徭。请赐给帖昭垂等情前来。复查祀产之设，往哲祠基攸赖。或官为拨给，或后裔自置，均应世守，以昭崇德报功之典。至义田为赡给同族贫乏，则效文正遗规，亦宜垂久勿替，庶得蒸尝永荐，惇睦成风。每有不肖子徒，恃无稽察，盗卖盗买，以致祠墓颓芜，岁祀陵替。故奉抚宪折奏，申严定例。兹据前情，除经呈详督抚二宪批饬遵行在案，合准给帖。为此帖，仰该裔遵照帖开缘由，勒石永遵，循例编立图后，秋成输赋，优免差徭，余子以供俎豆赒给。倘有奸徒捏冒诡寄，及不肖子孙私行盗卖，富室强宗谋吞受买，许即执帖首告，按律惩治。如非帖内田产，亦不得藉端控争。①

祭田之设置符合人们普遍的尊祖敬宗、收族睦族之心理，有士大夫的提倡和不懈努力，与朝廷用"忠孝""化民成俗"的目标一致，故祭田制度能快速成长起来，并没有随着改朝换代而转瞬消失，反而因其所创造的民间自治空间而给予一般民众稍微免于动荡流离之苦和朝廷暴政之摧残的可能而获得更大的成长机会。

祭田制度是士大夫在民间倡导而最后为朝廷所默许的，本质上是一种民间行为，这就决定了它不像朝廷政令由各级官府从上而下及于民间的，由于中国民间社会的分散性和地区间的巨大差异性，决定了它在不同的空间环境中有不同的命运，有的地方分布广、规模大，有的地方则不是那么显著。这在很大程度上取决于有无士大夫的倡率和力行。自北宋中期，尤其是宋室南渡之后，中国文化中心南移至长江流域，随着蒙元时期中原长期战乱，长江流域随着经济重心随之南移而更巩固了其文化优势地位，并逐渐辐射到闽粤之地。南宋以后的大儒多出自于南中国，士大夫文化相应地以这些地方为盛，这是江南闽粤祭田制度较淮河以北地区远为发达的主要原因。

---

① 洪焕椿：《明清苏州农村经济资料》，江苏古籍出版社1988年版，第79—80页。

(2) 江南闽粤的民间社会环境更有助于祭田制度的发达。这可分三点略加分析：

其一，自中唐开始，中国经济重心已开始南移至长江流域，儒家又有藏富于民之理念，只要社会大致平安稳定，自易在这些经济重心区域产生一些民间富人。南宋如此，整个明清两朝亦是如此。尤其是明代中后期，江南士商之间的联系更为紧密，其间的等级界限逐渐突破，为家、族购置祭田的资金来源渠道更多，如说以前儒家士大夫靠仕宦所得俸禄是购置祭田的主要资金来源，那这时就有了用经商所得钱财来购置祭田的另一重要资金来源，且这一来源不像俸禄那样有较明显的数量和金额限制。这是南中国祭田数量和规模大幅度增长的重要经济原因。

其二，江南闽粤的居民基本上是因中原战乱而举家、举族南迁而聚居下来的。中原战乱未已，居民继续南迁，有的家族经多次长距离迁徙，越往南家族聚居化程度越高，尤以闽粤为甚。如在广东新会，有资料显示，在清末，"男口逾万者十余族，千口以上，指不胜数矣。"①聚族而居的人们，具有更强的敬宗追远、收族睦族意识。宗族自为一封闭性和排他性很强团体，为争夺有限的资源，导致不同的家族之间的械斗经常发生，祭田则为这种大规模的宗族械斗提供了物质支持。这种械斗，反过来又强化了既有的宗族意识，使得祭田的规模越来越大。明清时期很多任职闽粤的地方官都为此家族械斗头疼不已。这方面的史料很多，姑举一例，于1841—1842年间任职福建汀漳龙道的张集馨根据自己的闻见有过这样历历如绘的描述：

> 漳州毗连粤省潮州、本省泉州，风气大约相仿，其俗专以械斗为强，而龙溪、漳浦、云霄三属为尤甚。大姓则立红旗，小姓则植白旗，掳人勒赎，纠众残杀，习以为常。此风起于明永乐年间，相寻干戈，至今愈烈。其先由于控诉到官，不能伸理，遂自相报。彼杀其兄，此杀其父，并迁怒杀其同社，以致结成不解之仇。订日互斗，大姓则合族相帮，小姓则合帮相助，本村壮丁不足，则于外间招募，总以必死为能。凡出斗者，妻孥喜笑相送，不望生还。或父子二人，父受大姓雇募，子受小姓雇募，及至临场，父子各忠所事，若不相识。每受雇者死一人，则雇者给洋银三十元，祠堂设立忠勇牌位，妻孥俱有养赡。斗以金进，以火退，呼噪一声，则枪声齐放。斗毕，两家计数死者若干，除相抵外，余再控官索偿。斗之时，营县不敢过问。若亲往阻挠，矢石立至；惟俟两姓收场后，差役前往收械

---

① （清）蔡垚燨修：《新会乡土志》卷七，粤东编译公司1908年铅印本。

斗费……当真别有天地,王化所不及也! 漳州城外不数里,即闻枪炮声,听其相斗而已。昔朱文公为郡守,三年不治,自劾而去。吾辈之德,去文公远甚,何以胜任!①

有些家族针对特定事件,事先还订立了与人争竞之合同,如安徽祁门县于1881年元熿公支下光梓等祖堂诉讼前盟约合同即规定:

  ……是以支下人等不得已而聚众商议共立章程,与他争讼。设使对垒交击,伤其他或出人命,正坚、重河二人当堂,所用资费等到底,派光梓认三股之一,派光泉认三股之一,派光荣认六股之一,派重河、瑞佳二人认六股之一。当众立此,各身自愿,不得反悔。倘有反悔者,将此人家私听凭变卖先用,物的阻执。②

族际,乃至支派间的械斗愈演愈烈,有些地方官为了制止械斗,试图釜底抽薪,通过制定地方性法规,控制祭田的规模。如广东巡抚王检于乾隆三十一年(1776年)上疏,略云:

  ……广东人民率多聚族而居,每族皆建宗祠,随祠置有祭田,名为尝租。大户之田多至数千亩,小户亦有数百亩不等,递年租谷按支轮收,除祭祀完粮之外,又复变价生息,日积月累,竟至数百千万。凡系大族之人,资财丰厚,无不倚强凌弱,恃众暴寡,如遇势均力敌之户,恐其不能取胜,则聚族于宗祠之内,纠约出门,先行定议,凡族中斗伤之人,厚给尝租,以供药饵;因伤身故,令其木主入祠,分给尝田以养妻孥;如伤毙他姓,有肯顶凶认抵者,亦照因伤之人入祠给田。因而亡命奸徒,视此械斗之风以为牟利之具;遇有雀角,各攘臂争先,连毙多命,迨经拿讯,而两造顶凶各有其人,承审之员据供问拟正法,正犯又多漏网。奸徒愈无顾忌,种种刁恶,皆由于尝租之为厉。前经广东按察使潘思矩奏请为粤省尝租仿照宋臣范仲淹义田之例设立,族正、族副经管,仍饬地方官稽查,令其敦本睦族,毋得倚恃争斗。今奉行多年,而该省聚众械斗之风,全未悛改。臣查检卷宗,前犯之案凶徒多人,执持器械,更有鸟枪刀箭各项军器,藐法逞凶,莫此为甚,且犯案之后,其所举之族正、族副,该地方官并未声明究处。臣悉心体访,盖缘地方官习尚玩忽,其族正、族副曾否举报,素不经心。在未经举报者,固自因循锢习;即间或举报,而承充之人

---

① (清)张集馨撰:《道咸宦海见闻录》,杜春和等点校,中华书局1981年版,第61—62页。
② 转引自田涛:《徽州民间契约中的稀见文本研究》,载《中国法律史学会成立30周年暨2009年会会议论文集》,山东人民出版社2010年版,第88—89页。

又多系狡诈之徒,往往肇谋首祸,藉端渔利,是以锢弊日深而习风愈炽也。臣愚以为,聚此资财,适以济其凶恶,不如散彼田产,可以息其斗争。请将所有尝租饬交地方官查封,村庄户族据实开报,除零星小户田亩无几者毋庸查办外,其自百亩以上者,传集族姓公议。凡本处城乡之祠,每年祭祀所需,酌留尝田数十亩,即于该族择一安分之人承充族正,经理其事。嗣后严禁添积,其余所存之田有近年捐置者,仍归本人收管。如系久远流传以及递年租息所置,即按其合族支派均匀散给,仍严饬该地方官督同族户亲自查办,不得假手胥役,致滋纷扰。俾贫民有田以资生,凶徒无财以滋事,庶几地方风俗归淳厚矣。①

但地方官的这种限制性努力却成效不彰,盖因中国地方官任期短暂,政策也缺乏连续性,同时官府对民间社会的实际控制很有限,鞭长莫及是一种常态。械斗却有愈演愈烈之势,如在咸丰同治年间更爆发了宗族械斗的升级版——广东土客大械斗,其规模之大,影响之深,在中国历史上都属罕见。②宗族械斗直到民国时期依然十分严重,1933年广东省民政长林翼中视察所属县份,调查各县风俗,发现兴宁、佛冈等很多地方因宗族而生的械斗长期存在,曰:兴宁县"县民宗法观念甚深,各乡聚族而居,族姓之间,往往因小故酿成械斗。近年此风少息";佛冈县"全县风气闭塞,民智未开,蛮悍之习,末由变化。姓氏与房份之界甚严,械斗之风颇盛。"③械斗使得聚居在一起的族人更依赖宗族和族产;为了吸引同宗族人参与械斗,发起械斗的人往往承诺将其私产或争执的产业变为公产。这都会导致宗族公产规模的扩大。

其三,在广东沿海地区,存在"分租不分田"的地方习惯。所谓"分租不分田",指的是在传统中国诸子均分家产的继承原则下,本来对父亲遗留的田亩应由诸子均分,但在广东沿海的沙田地区,土地狭窄,人均可利用的耕地很少,一旦无限制的分割下去,必定是越分越小,不仅收益越来越低,而且不利于族(房)的维系,因此采取了不分土地,只由诸子均分土地的租息。这些不分割的田亩,为了管理上的便利,有的就直接并入了太公田(公尝田)。

正是这两个因素在其间发挥作用,如果没有外在的强制力,"祭田"的规模还将继续扩大。

---

① 王检:《请除尝租锢弊疏》卷五十七,载《皇清奏议》,台湾文海出版社1967年版。
② 参见刘平:《被遗忘的战争——咸丰同治年间广东土客大械斗研究》,商务印书馆2003年版。
③ 广东民政厅编:《广东全省地方纪要》第二册,广州东明印书局1934年版,第57、211页。

第四节　传统中国祭田之性质

一、"义田""义庄"与"祭田"

如将"祭田"与"义田"的原初制度进行比较,可知：

第一,设立"祭田"是为家、族的祭祀活动提供物质基础,以保证族人或家人对祖先的祭祀活动得以按照常规维持下去;而"义田"主要是通过救济贫困族人和资助奖励读书族人,以现实的物质利益让族人感到宗族存续的重要意义。简言之,"祭田"和"义田"都是为了保持宗族繁盛和永存、实现收族、睦族之最终目的,其不同在于达到该目的所采取途径方面。

第二,"祭田"由于其祭祀的具体祖先有所不同,其管理和收益范围也因之而异。如是为祭祀始祖而设立的祭田,其管理和收益的范围及于全族;如果是为祭祀某一房的祖先而设立的,其管理和收益范围就非全族,而是限于该房族人,他房不与焉;如祭祀对象是家内同居的祖父母或父母,其管理和收益范围就限于同居的直系亲属。与此相对,一般而言,"义田"潜在的受益人和管理者扩及于全族,是名副其实的"族产"。

第三,与第二点相关联的是,"祭田"以祭祖为目的,且祭祀对象没有硬性规定,故祭田的管理和收益范围可以是全族、全房乃至全家,服务目的单一加上管理和收益范围相对狭小,导致"祭田"规模一般远较"义田"为小。"义田"虽说其主要功能是赡养宗族、资助贫穷族人和鼓励族人读书和科举,但也有不少"义庄"还兴建"义宅"和"义学"等,这都要靠"义田"的收入加以维持。一方面是收益分配范围遍及全体族人,另一方面要维持的事业又不像"祭田"那么单纯,即功能的多样化,故从规模论,"义田"较"祭田"为大。

尽管"祭田"和"义田"有上述重要差别,但它们同属家、族公共财产,最终都是要达到收族、睦族之目的,因此二者的界限并非那么严格。早在南宋时期,二者就出现了融合的情况。如刘克庄在《安抚殿撰赵公墓志铭》中即有"仿范文正公遗意,买田为义庄,命僧出纳,以享先赡族",既然是"享先赡族",说明该"义田"、"义庄"兼有"祭田"的功能;又如南宋《黄文肃公集》中有一段曾为日本学者注目的史料就是这方面的例子：

> 榦愚不肖,无以振祖宗之遗绪,每念丘垄之重,则为之沧然以悲,今年已七十,恐一旦溘然填沟壑,无以为子孙祭祀之计,则将抱终天无穷之恨。惟是从官以来,生理微薄,平日志愿,迄莫之遂。坟墓之近者,尚赖子孙相与维持。独同庆先祖坟共四所,已三百年,虽族人春秋醵金祭享,

其间贫困者亦颇以为苦,世代既远,人情易怠,自祭享之外,亦罕有至墓下者,大非孝子顺孙……缘所入甚微,未足以供诸房轮收,今欲每年于内拨六石充祭享,及输租外,公交族长掌管,以备不测支遣,加无支遣,即将所余之谷积累增置,俟十年以后,即以增置益厚,轮赡宗族之贫者。①

明清以后,"义田"兼具"祭田"功能和"祭田"兼具"义田"功能的现象越来越常见,在家法族谱和地方志中多有这类记录。如浙江海宁查氏在赡养宗族规条下首揭义庄设立之本旨,较为间接地说出"义庄"的祭祀功能,"义庄之设,意在敦本,自应以尊祖为先。"②荨门陆氏义庄规条则说得更为明白,"义庄之设,所以专祭祀,而恤宗族也"。③ 从这类规条观察,"义田"实已兼有"祭田"功能。有些兴旺发达的宗族,其祭田规模较大,其所入在负担祭祀之外颇有盈余,遂将此盈余作为族内周济之资,从而兼具"义田"功能。明代沈鲤在《家政》中所称呼的"族田"指的就是兼具"义田"功能的"祭田"或"祠田"。"出禄赐之积,购常稔田六百余亩于先垄接壤之处,以备蒸尝,而又推其馀,以赈宗族落魄者,盖意欲联而通之也。惟蒸尝之所需十二,而赈给居十七八,其多寡则有殊矣,故不曰祀田,而曰族田。"④修订于道光年间的江苏丹徒京江《柳氏宗谱》限定"祭田"余利仅充周济族人,发挥"义田"功能,曰:"祭田余利只以赡养宗族之贫乏,若非宗族,不得擅支,即有女出嫁穷乏,亦不得借言来支。"⑤由清代学者阮元主持修纂的《广东通志》中也多有记载⑥,更说明了两种宗族公产功能重叠的普遍情形。

尽管"义田"和"祭田"制度设立之时,二者在规模、用途、所达成的具体目标等方面有别,但随着世代的推移,同作为家族公产,所要达成的收族睦族这个终极目标的一致,导致其界限越来越模糊。正因如此,民初大理院即将"义田"归入"祭田"范畴,以公同共有的法理来对它进行规范和整合。

---

① 《始祖祭田关约》,载《勉斋集》卷三十四,元刻延佑二年重修本。
② 《海宁查氏族谱》卷十六,上海书画出版社2006年版。
③ 《陆氏荨门支谱》卷十三,1888年丰裕义庄木刻活字印本。
④ 《沈公家政》卷下,四库全书本。
⑤ 〔日〕多贺秋五郎:《宗谱の研究·资料篇》,东洋文库论丛第四十五,日本东洋文库1960年刊印,第805页。
⑥ 如在新宁县"民重建祠,多置祭田,岁收其入。祭祀之外,其用有三:朔日进子弟于祠,以课文;试童子者,助以卷金;列胶庠者,助以膏火及科岁用度;捷秋榜赴礼闱者,助以路费。年登六十者,祭则颁以肉,岁给以米;有贫困残疾者,论其家口给给。无力婚丧葬者,亦量给焉。遇大荒,则又计丁发粟。可谓敦睦宗族矣";在增城县"族必有祠。祭田所入,蒸尝之外,子孙应试者给其资斧,余则赈凶饥恤孤寡"。参见《广东通志》,同治三年重刊本,第1790页。

二、"祭田"性质之分析

(一)"家祠田"和"墓田"之关系

南宋以后,设立祠堂祭祖的风气开始在民间普及,中国人的祖先祭祀,大致可分为祠祭和墓祭两系统。祠祭一般在祠堂(包括宗祠和家祠)举行,一般于新春元旦前后集合所有族人于宗祠祭祀始迁祖或始祖,于清明、中元、每月朔望、祖宗忌辰集合被祭对象的支(房)直系子孙于家祠祭祀该支(房)祖先。大体而言,宗祠祭祀和家祠祭祀相比,规模更大、更为隆重和正规。墓祭一般分春秋两祭,春季多在清明前后,冬祭多在十月朔或望,祭祀在墓前或附近进行,参与祭祀人员的范围则限于该祭祀对象的直系子孙。① 正因如此,一些宗族规约里面往往"祠墓"并举,作为祭祀先祖的重地。修于光绪十六年(1890年)的河南安阳马氏祠堂规条中有一款是"敬守祠墓",曰"祠墓,祖宗神灵体魄依藏之所,春秋祭扫理宜敬谨。若盗卖祠物、砍伐墓树以及平除墓冢皆为犯规。"②

祭祀既分祠祭和墓祭两大系统,为祭祀提供物质支持的祭田,尽管有的宗族是祠墓祭田合一,但分别设置"祠田"和"墓田"更常见。"祠田"又可分为"宗祠田"和"家祠田"。

到明清两朝,实际上民间祭祀先祖的代数限制取消了之后,后代在祠堂祭祀先祖即不存在"亲尽"问题,也就没有必要将"祠田"转化成"墓田"。虽然这种直接转化不再有必要,但"祠田",尤其是"家祠田",都是为祭祀某位特定祖先提供物质上的支持,如祠田收入不敷祠祭之用,可以从墓田收入中划拨一部分,反之亦然。如浙江萧山沈氏的一支在光绪十九年续修宗谱时即将部分墓田的收入拨归家祠堂祠祭之需,变相成为"家祠田"的收益。③

需要注意的是,此种拨划在祭祀规约、关于地方风俗的志书等资料里并不常见,因这种"划拨"至少要满足下述两个前提才有可能:一是"家祠田"和

---

① 祠祭、墓祭的具体时间则因宗族而略有差异。如江苏昆陵承氏则规定"新正元旦为一岁之履端,各支后裔理应入祠行香谒祖,但居有远近不同,难以划一,统以正月望日为断";山西平定石氏则以冬至日在宗祠祭始祖,清明、十月朔两节祭扫始祖坟茔;广西桂林张氏则规定每年春秋二祭到祠堂祭祖,春祭于春分前后三日,秋祭于霜降前后三日,则吉时进行祭祀。参见〔日〕多贺秋五郎:《宗谱の研究·资料篇》,东洋文库论丛第四十五,日本东洋文库1960年刊印,第824、832、837页。
② 同上书,第830页。
③ "祠内捐主酒胙逐年增多,值年家租息恐有不敷。今将石灞头草字号田二亩一分五厘六毫又张家溧名字号田二亩三分七厘……归入值年收花完粮当祭,其山下王木字号田……留起,以作载山陪当之费,其粮仍归每年值祭者宗。"参见〔日〕多贺秋五郎:《宗谱の研究·资料篇》,东洋文库论丛第四十五,日本东洋文库1960年刊印,第701页。

"墓田"二者必有一个收益不敷其用途而另一个则收入和支出相比有所盈余;二是该"家祠田"和"墓田"所服务的祭祀对象严格说来应该相同,实际上由于"族"的存在并得到族人的认同("族"的观念在理论上即蕴含了"视族人为己"、在一定程度上要克服亲疏等差格局),祭祀对象大体相近,这种拨划亦可。

存在这种"拨划"的现象,已经暗示了"家祠田"和"墓田"在性质方面的相似性:二者都是为祭祀特定祖先而存在,其管理、收益和实质上的处分权都仅限于该祭祀对象的直系子孙,而非全体族人。也就是说,"家祠田"和"墓田"是宗族某个支派、房份甚或家庭所管理和支配,一般而言不具有族产的性质。但随着时间的推移和子孙的繁衍,其子孙自成为一宗族,该祭祀对象成为了该宗族的始祖或始迁祖,为该祭祀对象设置的"家祠田"和"墓田"就转变成了全族所有的公产,即"族产"。因此,不能说"家祠田"和"墓田"与族产本身毫无关系,实际上二者都有成为族产的潜在可能。

综上所述,"家祠田"和"墓田"尽管分属于祭田内的祠田系统和墓田系统,但它们在性质上相近,即现实地归属于宗族内的某个支(房),潜在地有成为族产的可能。在这一点上,与作为族产的"宗祠田"的性质有别。正是因为二者在性质上相近,当祭祖仅限于高曾祖祢范围内,当"亲尽"之日,"家祠田"即自然转化为"墓田"。到明清两代,祭祖的代数限制被突破之后,"家祠田"不再有转化成"墓田"的必要,但因二者性质相近,还存在调剂的事例。

(二)"祭田"性质的复杂性

一般而言,"墓田"和"家祠田"多是为特定祖先的祭祀而设立,其管理、收益和实质上的处分等权限皆掌握在该祭祀对象的直系子孙手里,实际上不具有族产之性质。但也有一特殊情况,即那些为始祖或始迁祖的墓祭而设置的"墓田"和"宗祠田"之间的关系则类似于普通"墓田"和"家祠田"之间的关系。很显然,那些为祭祀始祖或始迁祖而设置的墓田,全宗族成员都与之相关,在其管理、收益和处分方面都有发言权,故此种祭祀始祖或始迁祖的墓田,和"宗祠田"一样,可被视为族产。

按照祖先祭祀的场所,祭田大致具有如下结构:

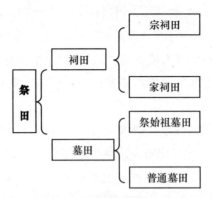

图 1　祭田结构图之一

按照祭田的主要性质,即是与该祭田的管理、收益和处分发生直接关系的族人范围的大小,也就是是否具有族产性质来划分,祭田又具有如下结构:

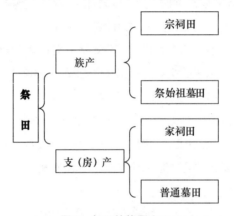

图 2　祭田结构图之二

祭田组织结构的繁杂决定了祭田性质的复杂性。本来,认定祭田性质最好也是最直接的方法是考察祭田设置的实际情形,但它多数情况下又因年湮代远而无法准确呈现其面貌,不足以认定该祭田之性质。自明清之后祠祭和墓祭没有了代数限制,更增加了祭田性质认定的复杂性。祭田性质认定的复杂性并不意味着它不能被认定。通过对祭田的一般设置情形和祭祀对象,可望抽出一般性的规则,作为认定其性质的较准确依据。

从认定祭田性质的抽象规则层面上来加以考察,我认为,相对于祭田结构图1,图2更加重要。盖确定它是祠田还是墓田并不具有根本的重要性,因为单从此并不能确定它在实际上的管理、收益、处分权限的归属问题,不能精确认定与上述权限有直接关系的族人范围,从而也不能清晰断定族人对于该祭田的管理、收益和处分行为是否符合具体家法族规和一般性国法的相关规定。这种划分更多着眼于其发生性,也即是其设置的历史沿革问题。但应注意,这种划分对于认定祭田性质亦非毫无意义,因为如本书曾经论及的那样,对普通"墓田"而言,除了极少量的为祭祀始祖或始迁祖而设置的外,一般不是族产而是支(房)产。

祭田结构图 2 对于认定特定祭田性质的重要性在于根据该祭田所服务的祭祀对象即可准确断定与该祭田的管理、收益和进行实质性处分的直接关系人。如该祭田所服务的祭祀对象是该宗族的始祖或始迁祖,其直接关系人则及于所有的宗族成员,则该祭田当然就是族产,不是宗祠田就是祭祀始祖或始迁祖的墓田;如该祭田所服务的祭祀对象仅为某支(房)的祖先,则直接关系人仅为该祖先的直系后裔,该祭田就不会是族产,只能是支(房)产,它不是家祠田就是普通墓田。这是认定某特定祭田之性质理应有效的普遍规则(一)。

关于确定祭祀对象,实际情形往往比抽象规则更复杂。在特定祭田的祭祀对象上,始祖或始迁祖与特定祖先之间并非总是截然分开的。就祠田而言,在明清之前祭祖尚限于高祖范围内,尚无祭祀始祖或始迁祖的情况出现。随着祭祀对象代数限制的松弛,不只是在宗祠,很多家祠也祭祀始祖或始迁祖。就墓田而言,也有类似情形,即在同一墓地,既埋葬了始祖或始迁祖,也葬了其他特定祖先。① 在这种情况下,单凭始祖或始迁祖的存在,认定其为族产;或单凭某特定祖先的存在,认定其为支(房)产皆不能与实际情形吻合,规则(一)显然不适于用。是否可以据此即否定规则(一)的有效性,尚须进一步分析。

要确定该种祭田的性质,分清它是祠田还是墓田并不具有特别的意义。因为就其祭祀对象而言,一为神主牌,一为坟墓,都是保存先祖魂魄之地,对后裔而言,具有同样的神圣性,其差别只在表现形式上的不同。基于这个理由,不管该祭田是墓田还是祠田,应当可以推导出另一较为普遍的规则(二):如在该祭田所服务于的祭祀对象群里,存在辈份相同的神主牌位或坟墓,那该祭田的直接关系人就是这牌位或坟墓上一辈祖先的所有直系后裔;如有许多组辈份相同的神主牌位或坟墓,那就以辈份最尊的为准。为方便起

---

① 这种情况在家法族规里即有所反映,如江苏昆陵承氏在规约里即规定:"附葬祖墓应挨房,照昭穆位置,勿得越次乱葬,以违祖宗成例。"参见〔日〕多贺秋五郎:《宗谱の研究资料篇》,东洋文库论丛第四十五,日本东洋文库 1960 年刊印,第 824 页。按照该"附葬"规定,即明显存在始祖或始迁祖墓同其后辈的墓在一起的情形。

见,该宗族祖先序列可以一般性符号表示如下①:

a(0)

a(1)、b(1)……

a(2)、b(2)、c(2)、d(2)……

…… ……

a(n)、b(n)、c(n)、d(n)、e(n)……

下面试举例来分析规则(二)的运用问题:

例一: 假定该特定祭田的祭祀对象有 a(0)、a(2)、a(3) 和 c(3) 等四位先祖,那根据规则(二),可以推出其该祭田的直接关系人为 a(3) 和 c(3) 的上一辈祖先,也就是 a(2) 房的所有直系后裔。

例二: 假定该特定祭田的祭祀对象有 a(0)、a(1)、a(2)、b(2)、a(3) 和 c(3) 等六位先祖,辈份相同的有两组,即 a(2)、b(2) 和 a(3)、c(3),前一组的辈份为尊。那根据规则(二),该祭田的直接关系人为 a(2) 和 b(2) 的上一辈,即 a(1) 房下的所有直系后裔。如果 a(1) 为独子,那该祭田的直接关系人就是全族,该祭田也就成为族产了。

有了上述规则(一)和(二),一般来说,特定祭田的直接关系人即可确定,那该祭田的性质(族产还是支、房产,哪个具体层面上的支房产)遂因之而定。但诚如荷拉修(Horatio)对哈姆雷特所说:"天地间的事物要比你那哲学所梦想的,要多得多。"同样的道理,社会生活中千变万化的祭田设置、管理、收益情形,非任何一种概念体系、架构或一般性规则所能完全限定和规范。比如说,在例二里面,一般而言,a(2) 和 b(2) 应该是同父兄弟。因为假如他们不是同父兄弟,那 a(2) 或 b(2) 的直系后裔则不可能将其父亲排斥在该祭祀对象之外。如此一来,a(2) 和 b(2) 就不再是辈份最尊的同辈族人,规则(二)仍然可以适用。但家法族规里面也常规定了一些因族人严重违反该族规约而被斥革的情形,如江苏梁津孙氏在规约里即明确规定:"尊卑长幼良贱,不问有服无服,互相奸淫,灭乱伦理。此系犬豕。果情迹真显,难以议罚,通户公定,永不许入祠认祖,死后不许载入家谱宗支。"②有的宗族或支族规定,只有捐助一定数量的银钱才可入祠,对于那些同父兄弟来说,未必都会

---

① 在这个序列里,a(0) 表示该宗族的始祖或始迁祖,括号内的数字表示其与始祖或始迁祖的辈份相差辈数,数字越小,辈份越尊;数字相同,则昭穆相当。因此,这个具有相当弹性的序列表足以概括一般宗族祖先之全貌。

② 〔日〕多贺秋五郎:《宗谱の研究·资料篇》,东洋文库论丛第四十五,日本东洋文库 1960 年刊印,第 798 页。

如此富有和慷慨;有的宗族或支族规定,要有一定的功名或功勋才可入祠。这些情况都会导致在同父兄弟中,有的能入祠作为祭祀对象,有的则不能。如在这些同父兄弟中,仅有一人或少数人满足该条件,无疑会增加规则(二)的适用难度。故要准确认定某特定祭田的直接关系人,是需要结合家法族规、家谱以及该田产买卖、租佃等契据来加以综合认定的。

经以上分析,要确定某特定祭田的性质,需要先确定其直接关系人。尽管直接关系人的确定是个相当困难的工作,但并非不能找出某些相对普遍抽象的规则作为遵循的准据。在不能从家法族规、家谱和相关契据中找到反证的情况下,如果该祭田的祭祀对象仅限于单纯的始迁祖(始祖)或某位特定祖先,则优先适用规则(一);如果其祭祀对象是多位,则适用规则(二)来确定直接关系人的范围。在家法族规、家谱和相关契据中发现了反证的情况下,则要根据此种反证材料来对祭祀对象的祖先序列进行修正复原,然后适用规则(二)来加以确定。对于此种修正复原情形,试举例说明:

例三:在例二的相同背景下,通过对该宗族的家谱进行考察发现,a(2)和b(2)并非同父兄弟,那就要进一步考察。假定b(2)的父亲b(1)没有成为该祭田的祭祀对象,如能够证明b(1)因为犯规或者达不到族中规定的要件而没有资格入祠。b(1)的犯规并不能因此即否定其直系后裔作为该祭田直接关系人的资格。因此,需要对祭祀对象系列进行修正,将b(1)添进去,再适用规则(二),则该祭田的直接关系人为a(0)的所有直系后裔,即全体族人,该祭田也就成了族产。如不能发现b(1)没有进入祭祀对象群的原因,就要考虑这些参照资料是否误导了我们,那直接适用规则(二)就比较稳妥。

也许,一些祭田的直接关系人认定并没有如此复杂,比如说有直接证据证明其为宗祠和家祠所有,或者有明确记载该祭田的设置意图和情形。但在族内围绕祭田案件的争议中,一般而言其直接关系人并非如此显而易见,因此,本书所述的规则(一)和规则(二)就具有相当的重要性。当然如本书所分析的那样,在运用这两条规则时,有必要参考家法族规、宗谱家谱和与该田亩相关的契据。实际上,因为随着时间的流逝,这些证据不同程度被湮灭,欲准确认定该祭田的直接关系人在诸多情况下会是一个很复杂的问题,上述两条规则至少能给我们以引导。

上述两条规则仅仅是我根据历史材料对祭田的共同管业性质有所了解的基础上抽象出来的,但实际上,不论是传统还是近代社会,司法官员在裁断祭田管业权团体争执之案件时,都没有运用此种抽象规则或类似一般性规则作为查清案情的依据。在传统社会,其间的原因尚可这样部分解释:官府将这类案件视为细故,其裁决案件的主要着眼点是维持族内和睦,且族人之间原本都是祖宗一脉，有互相周济之道德要求，因此不需利用这种冷冰冰的抽象规则来把这一切分得清清楚楚。但到新法律和司法框架下，司法就是要确认权利，权利在一般情况下是建立在明确的是非基础上，按理说这两条规则应有其用武之地。但为什么还是没有发现其影踪？在我看来，这两条规则成立要有一个前提，即祠堂内的祖先牌位或祖宗坟墓是准确可靠的。但这在年湮代远之后仅仅是一种理想状况，在多数情况下不是社会的现实。虽然这两条规则仅仅属于理想状态，不太有事实上的可操作性，在实践中没有运用，但该规则却充分体现了祭田的共同管业性质。

由于祭田由范围不定的族人共同管业，不同于家庭私产，自然禁止个别族人将其私自典卖；且对祖先的祭祀是其后嗣子孙的永恒义务，是子孙对先祖克尽孝思所不可或缺的，故无正当理由，亦不可随便对祭田进行分割，使之变成私产。尽管事实上有族人因生计艰难、居住迁徙等原因，典卖、分析祭田的现象时有发生，但不论是从一般社会舆论，还是国法族规皆禁止族人典卖、分割祭田。关于国法部分，后文将具体分析。关于家法族规，如设有祭田，一般都有这类禁止性规定。如撰修于明万历三十八年的广东五华缪氏宗谱明文规定禁约"蓄尝房屋田地池塘不许分析及变卖，有故违者，声大义攻之，摈斥不许入祠堂"①。撰于乾隆年间的豫章黄城《魏氏宗谱》有"禁侵食醮产"一条，认为，"醮产之设，原以供祖宗之祭祀，并非恣子孙之浪用，近有不肖之徒，将所值祭价预先侵食，至临祭期，草率塞责"，而作为子孙，"丧心害理，莫此为甚。"因此规定，"嗣后如有将醮产自肥者，一经发觉，俱赴祠重责三十，追价；赛禁引诱张网者，追租入祠，仍加责罚；如卖与他姓，将本支责罚外，并受主一同呈官重处。"②

在传统中国，出于尊祖敬宗睦族之需，自宋以后确立了祭田制度，在南中国，祭田颇具规模，成为一重要的土地类型。祭田在性质上属家族公产，长期以来形成了诸多惯例，不准典卖分析是其著者。

---

① 〔日〕多贺秋五郎：《宗谱の研究·资料篇》，东洋文库论丛第四十五，日本东洋文库1960年刊印，第607页。
② 同上书，第705页。

第二章 对传统官府审理祭田案件的一般考察

祭田在传统社会发挥了重要功能,但很复杂,主要体现在其设立、管理、收益和处分方面容易发生纠纷,甚至被提交到官府进行裁断。在官府的档案资料、地方官员辑录的判词、方志和家法族规里,都有一些记载。本章即以这些资料中关于祭田案件的记录,从宏观层面上来分析官府如何审理祭田案件,并进而将此种审断方式与当时整个社会习俗相结合来考虑其得失。

第一节 与祭田案件相关的成文法律规条

一、以祭田为系争对象的纠纷类型

明清以降,受祭始迁祖或始祖以下历代祖先习俗的影响,族、房,甚至普通家庭设置祭田的数量和规模都在增长,围绕祭田的设立、管理、收益分配和实质性处分很容易发生纠纷。此种纠纷,大致可分为两类:

第一大类是发生在族或房内部,即是说发生纠纷所涉及的利益影响人群仅限于祭田所属的族或房。为了叙述的方便,我将这种纠纷称为"祭田内部纠纷",将提交到官府进行审断的这类案件相应地称为"团体内部案件"。这类案件的常见形态大致包括:(1)围绕祭田的管理而产生。如管理人私自吞没祭田的收益;在祭田的管理人和轮祀者并非一人之时,管理人并不将祭田所入全部或部分交与轮祀者;轮祀者仅拿取祭田收益而并不办理祭祀或办理祭祀不符合该族(房)的成文规定或习惯等等。(2)围绕祭田的收益而产生。如祭田实行轮管轮收,依次轮祀的族下各房、房下各家违反既定顺序,或者对既定顺序进行有歧义的解释。这种情况在祭田规模较大,除供祭祀之需尚有相当赢余,且该祭田兼具某种超越单纯祭祀功能而有某种与其设立者意愿密切相关的其他功能时更容易引发纠纷。如有些祭田具有奖励科举的职能,在其家法族规里面明确规定了族中子弟中秀才、举人或进士即可以享受该祭田一年的轮收权。当该年有数位子弟同时中举时,中举子弟所属的房份,与顺次轮值的其他房份之间,很容易引起纠纷。又如南方省份,如广东、福建等省,宗族械斗盛行,往往有一些不成文的规则,不管称其为潜规则还是陋俗,规定因械斗而死亡或受伤的族人,其家属可以从祭祀所入中获得生活来源,这种对祭祀所入进行的复杂分割也使得族内纠纷更易发生。且一般而言,祭田之收益是按照房份而非具体的男丁数量来进行分配的,房份之间因为年代的久远而渐疏离,其人丁数量、强弱兴衰以及在族中所处地位都会产生很大差别。即有可能导致实际的祭田收入分配违反按房均分之原则,成为纠纷的直接根源。(3) 围绕祭田的处分而产生。按照宗族的结构,族下有支,支下有支,房下有房,按照时间的递嬗,形成一个无限的层级结构,在外形上类似于金字塔。如图 3 所示,本来祭田是甲乙两房为祭祀其直系祖先而设立,当然属于 A 支派下子孙所共同管业,甲房子孙出来主张该祭田为该房所单独管业,而与乙房无关,乙房子孙不服,出来主张其对祭田的管业权,由此引发了关于祭田处分方面的纠纷。

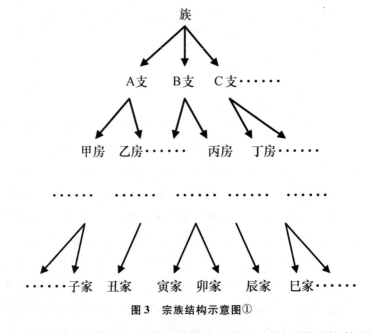

图 3　宗族结构示意图①

另一大类祭田纠纷发生在族或房外部,即发生纠纷所涉及的利益相关人群不限于祭田所属族或房。换言之,此类祭田纠纷直接与该族或房外之人直接相关。相应地,我将这种纠纷称为"祭田外部纠纷",将提交到官府进行审断的这类案件称为"团体外部案件"。同"祭田内部纠纷"不同的是,"祭田外

---

① 横向代表支(房)之别,纵向代表辈份的差异。

部纠纷"更多地集中在祭田的实质性处分方面,也即是围绕祭田的管业权所引起的纠纷。这类案件的常见形态大致包括两种:一是最常见的因"盗卖"行为引发的祭田纠纷;另一类是在族(房)与族(房)之间发生的祭田管业权纠纷。

关于盗卖祭田纠纷,首先需指出,在传统中国,祭祀先祖对那些活着的后世子孙来讲,既是一种永恒强制义务,又是一种情感上的自觉要求。《礼记》有言:"君子反古复始,不忘其所由生也。是以致其敬,发其情,竭力从事,以报其亲,不敢弗敬也","祭者,所以追养继孝也","凡治人之道,莫急于礼。礼有五经,莫重于祭"。① 对祖先的祭祀与礼、孝联系在一起,而且还是守礼、践履孝行的重要表现。在儒家经典里面,反映这种观念的语句经常可见。经过长时期的宣教,这种外在观念逐渐成为人们内在的道德自觉和朴素的情感追求,到明清两朝,民间祭祀始迁祖或始祖的做法普及之后更是如此。对祖先的祭祀既然是神圣的,那从理论上来讲,不论何种情况,只要该族(房)还有子孙活着,为保证此种祭祀顺利进行的祭田也应长久保存下去,不应私自进行分析、典卖等实质性处分。当然,为了祭祀先祖的方便或扩大祭田的收益,将偏远贫瘠的祭田通过直接的置换或间接的买卖等行为换取临近肥沃的新祭田,应该是这种观念所允许甚至是鼓励的。一般而言,子孙不应当以典卖、分割等方式对祭田进行实质性处分而使祖先祭祀受损,但总有一些不肖、不孝子孙,或因贫穷、或基于利欲而将祭田进行实质性处分。这种由子孙(不论子孙同意进行此种处分人数的多寡)处分祭田的行为皆可以归入广义的"盗卖"范畴。② 因为一般情况下"盗卖"只是享有管业权的部分子孙所为,不仅损害了其他有管业权子孙的利益,而且伤及了对先祖祭祀之孝思情感,纠纷势必因此而起。

关于族(房)间的祭田管业权纠纷,一般而言可分为下述两块:一是发生在宗族内部的支(房)之间。为了叙述的方便,以前述宗族结构图的代号为例试作说明。与前述族(房)内因为祭田实质性处分而引发的那类纠纷相反,本来祭田是甲、乙两房为祭祀其直系祖先而设立的,当然属于 A 支派下子孙所共同管业,同族的 B 支派则认为该祭田属于全族的族产,要求其派下

---

① 《礼记正义》,北京大学出版社 1999 年版,第 1329、1346、1345 页。
② 这里需要进一步深究的是:在清代,如是后世子孙全体同意对祭田进行典卖等实质性处分行为时,是不是一种"盗卖"行为? 清律中只有禁止性的"盗卖"规定,细绎文义"凡子孙盗卖祖遗祀产"中的"凡"字,似可理解为属于"盗卖"范畴;在一些家法族规里,由于肯定了祭田的永久存立性质,实际上也间接认为这种处分属于"盗卖"性质,是不肖子孙所为。在事实上,要达到子孙全体同意处分祭田,在敬宗追远的社会大氛围之中,一般也不会出现。这个问题在现实生活中可能只是个伪问题,清律和家法族规才没有正面规定。

子孙与 A 支派下子孙同样享有管业权。这就是宗族内部不同支派之间因为管业权范围而发生的纠纷。另一种是宗族之间因为祭田的族际归属问题而发生的纠纷。这类纠纷实际上与普通的田亩管业权争执在根本性质上没什么不同。但需指出,族际之间的祭田管业权之争也有其特殊性。一般而言,祭田规模较大,且属于宗族公产,和族人群体利益直接相关,纠纷双方虽然出面的只是双方宗族的代表,但其背后却是整个宗族,容易酝酿成严重纠纷,民间调解的可能性较小。如官府处理不当,易引发宗族间的械斗,酿成重大命案。

可见,祭田纠纷很容易发生,这种纠纷大致包括族(房)内部纠纷和族(房)际纠纷。内部纠纷一般围绕祭田的管理、收益而展开,也有一些是跟祭田的实质处分相关联。外部纠纷多围绕以管业权为核心的实质处分而发生,即是因管业权主体范围大小或管业权主体归属问题而起。这些跟祭田相关的纠纷,如是内部纠纷和房际之间的外部纠纷,一般先通过族内调解,如果调解不成功,这类纠纷就会被提交到基层官府来裁决,成为正式司法案件;如果是族际纠纷,也会有一个民间自发调解的过程,这种调解一般是建立在宗族之间的妥协上面。如陈宏谋在治理江西时,为了更好地发挥宗族的纠纷调解功能,有意加强与官方裁断的联系,将境内祠堂及族长姓名造册具报,谕令其属员发官方牌照给族长,假以事权,专司化导约束族众,将族长们的应管之事一一注明。不仅族内如此,还规定"与外姓争斗者,两造族长、房长,秉公会议,应劝释者劝释。如经官司,两造族长、房长当堂公言,偏袒者分别罚戒"。① 据陈宏谋夫子自道,认为这是他施政之得意举措。② 由于利益的严重对立,这种调解生效的可能性很小,所以一般都会作为司法案件而提交给官府进行审断。族内调解也并非可随意进行,它大致还要遵循一些准据,这些准据一般都或具体或较为抽象地存在于家法族规当中。由于有调解和审判两种不同的纠纷解决办法,相应地,跟调解或裁断祭田案件相关的法律规则也大致包括两大块,即家法族规和国家律例等成文法规范。

二、与处理祭田案件相关的清代成文律例

乾隆五年颁行的钦定《大清律例》中没有专门的关于盗卖祭田的律例条文,仅有一般性的关于"盗卖田宅"之规定。在"盗卖田宅"条文下,律文分四

---

① 陈宏谋:《选举族正族约檄》,载贺长龄、魏源等辑:《清经世文编》,中华书局 1992 年影印本,第 1480 页。
② 参见同上书,第 1482 页。

款,例文有五条,其中与"盗卖祭田"可能发生关系的仅两款律文、一条例文:

"盗卖田宅"律文第一款:凡盗(他人田宅)卖、(将已不堪田宅)换易,及冒认(他人田宅作自己者),若虚(写价)钱实(立文)契典买,及侵占他人田宅者,田一亩、屋一间以下,笞五十。每田五亩、屋三间,加一等。罪止杖八十、徒二年。系官(田宅)者,各加二等。①

"盗卖田宅"律文第三款:若将互争不明及他人田产,妄作己业,朦胧投献官豪势要之人,与者、受者,各杖一百、徒三年。(盗卖与投献等项)田产及盗卖过田价,并(各项田产中)递年所得花利,各(应还官者)还官;(应给主者)给主。

例文一:军民人等将争竞不明并卖过及民间起科,僧道将寺观各田地,若子孙将公共祖坟山地朦胧投献王府及内外官豪势要之家,私捏文契典卖者,投献之人问发边远充军,田地给还应得之人。其受投献家长,并管庄人参究治罪。②

《大清会典事例》中仅有一条订立于乾隆二十一年(1756年)的例文,规定了盗卖祭田、义田和宗祠的处罚:

凡子孙盗卖祖遗祀产至五十亩者,照投献捏卖祖坟山地例,发边远充军。不及前数及盗卖义田,应照盗卖官田律治罪;其盗卖历久宗祠,一间以下杖七十,每三间加一等,罪止杖一百徒三年。以上知情谋买之人,各与犯人同罪;房产收回,给族长收管;卖价入官。不知者不坐。

考虑到其处罚之严重,而且处罚之后破坏了民间之和睦,官方既要保护"祭田"不被盗卖,又要维持宗族的和睦,理应尽量设法减少祭田案件出现的可能性。因此该例文接着规定:

其祀产义田,令勒石报官,或族党自立议单公据,方准按例治罪。如无公私确据,藉端生事者,照诬告律治罪。③

分析此规定之意图,主要是增加证据的确定性来遏止此类争讼之滋长。在官方看来,盗卖祭田最重要的证据是那些能充分证明涉讼祭田管业权归属的资料,主要包括经官方认可、不易毁坏和改变的石刻记录("勒石报官")和

---

① 据清代律学大家吴坛的考证,"此条唐律内系冒认、盗卖、侵夺三条,明始并为盗卖田宅一条,其律内换易及虚钱实契、典卖等项俱系明律内增入,各小注悉从顺治初年律内集入。"参见吴坛:《大清律例通考》,1886年刻本,卷九"户律田宅·盗卖田宅"。
② 《大清律例》,田涛、郑秦点校,法律出版社1999年版,第195—196页。
③ 《钦定大清会典事例(嘉庆朝)》,载沈云龙主编:《近代中国史料丛刊三编》第69辑,台湾文海出版社1992年影印本,第1154—1155页。

得到族人广泛认可的凭据("议单公据");如没有上述证据或无法从中得到支持,系争一方系被告则要受到该例文所规定的处罚;系原告,即属于"藉端生事",受诬告反坐之制裁。

该例文是乾隆二十一年(1756年)六月刑部议覆江苏巡抚庄有恭①条奏定例,同年被法律馆纂修入律。② 庄氏所上奏折为"请定盗卖盗买祀产义田之例以厚风俗疏",为方便分析,摘引全文如下:

> 江苏巡抚臣庄有恭奏为请定盗卖盗买祀产义田之例以厚风俗事。窃照直省士庶之家,其笃念亲支者,每立祀产以供先世蒸尝、立义田以赡同宗贫乏。其祀产义田,岁所收获,除完纳条漕及春秋祭扫赡给支销外,所有赢余俱储积以备饥年之用。江省上年歉收亿万,穷黎无不仰给天府。间有故家大族,凡经议立祀产义田者,该族贫民即系各动积存田租赡养。虽所养无多,亦于荒政不无小补。惟是祀产义田系属合族公业,近岁粮价增昂,田土日贵,即间有为富不仁之徒,设谋诱买,贿嘱族中一二不肖子孙,将所欲得田产私立卖契,给与半价,即令远飏。买者遂恃强占据,硬收租利。及控告到官,每因得价者不能缉获,审结无期,听盗买者执业。即缉获审明,又以例无治罪专条,随意拟结,以致富黠棍徒无所顾忌,犯者往往不少。夫以子孙而私卖祖宗祀先赡族之产,以豪富而谋买他族祀先赡族之产,即属不仁不孝,皆不可以不重治其罪。伏查乾隆二十年十二月内提督衙门议奏:嗣后如有不肖子孙将祖父坟园树木砍伐私卖,一株至十株者杖一百,加枷号三个月;十株以上即行充发;奴仆盗卖者罪同。盗他人坟园树木者,杖一百加枷号一个月。其盗卖坟茔房屋碑石砖瓦木植者,亦照此例治罪。至于私买之人,若不严行惩创,则市井无赖贪利引诱,盗卖弊端仍难杜绝。嗣后有犯者,请亦照盗他人坟园树木例治罪,其私砍树木等物,分别入官给主等因。奉旨依议,钦此。现准刑部移咨内外划一办理。臣查砍伐树木固已攸关风木观瞻,若盗卖祀产义田,则既绝其先世之蒸尝,复绝其族中之生计,其情更为较重。应请嗣后凡有不肖子孙私卖祀产义田者即照私卖坟园树木例,一亩至十亩者杖一百,加枷号三个月;十亩以上,即行充发。但无私买之人,则虽有不肖子孙,无从觅售,凡私买者皆由富室强宗呲诱谋买而起,以同乡共井之

---

① 《清史稿》卷三二三"列传110"有"庄有恭"传记。庄有恭乃广东番禺人,其地祖尝最盛行,于乾隆四年状元及第,长期任官于苏浙。从其生活环境及教育背景来考察,他对盗卖祭田之密切关注,实在意料之中。

② 吴坛:《大清律例通考》,1886年刻本,卷九"户律田宅·盗卖田宅"。

人,于他族祀产义田,诱为不知,乃忍心贪利图谋,若仅照盗他人坟园树木例治罪,不足蔽辜,应与私卖者同罪,田产仍交原族收回,卖价照追入官。其有盗卖盗买宗祠者,亦照此例办理。并饬地方官出示晓谕,令各族将所有之祀产义田坐落丘段,各勒石。宗祠、义庄并呈报地方立案。如此,庶不孝者知所惩儆,而不仁者亦无所逃罪,凡系祀产义田可以世守弗替。偶遇歉岁,贫族皆有所赈贷而不至于流移,似于兴仁教孝维风厚俗之道稍有裨益耳。①

该奏折先从民间多拥有祀产这个事实出发,指出祀产供先世蒸尝之重要功能。鉴于民间多有不肖子孙图利盗卖此种"祀先赡族之产",而朝廷却没有专门的成文规条来处理此类行为,既给此类案件的审判带来不便,更严重的是不能抑止此种盗卖盗买之风。② 考虑到朝廷有盗他人坟园树木例文,且盗卖坟茔房屋碑石等亦准此治罪,而盗卖祀产义田,较之盗卖坟茔房屋碑石,情节更重,按照轻重相举原则,盗卖祀产义田可比照适用此条例文。为了将处罚盗卖祀产义田明确化,使得宗族不肖子孙有所警惕,庄有恭希望朝廷能明定关于盗卖盗买祀产义田的例文。在庄有恭的奏折里,有以下两点值得注意:

一是"祀产"之含义。庄始在奏疏里将祀产和义田并称,明确指出祀产的用途是"供先世蒸尝",且其性质和"义田"一样,都是"合族公产"。

二是庄氏就此条例文的具体内容给朝廷的建议,最突出的有两个方面:(1)关于盗卖祀产义田达到何种规模即予以治罪。在庄氏那里,一亩以上十亩以下处以杖一百,十亩以上即行充发,十亩是将犯者处于杖刑还是流刑的临界点。(2)盗买之人和盗卖之人同罪,这一点即与盗卖坟园树木例有所区别。在盗卖坟园树木例里,虽然盗买者也要受罚,但和盗卖者的处罚相比,要轻一些。庄氏主张盗买者和卖者同罪的原因主要在于盗买者一般和卖方都是"同乡共井"之人,换言之,即是共处于熟人社会之中,一般都是知情者,是有意盗买。因此,只有严厉处罚盗买者,也能使盗卖者因没有买主而无法盗

---

① 仁和琴川居士编辑:《皇清名臣奏议》卷五十,1902 年石印本。
② 根据日本学者井上徹先生的研究,庄有恭上奏的背景与前一年即乾隆二十年遍及江苏的歉收有关。导致当年歉收的原因是六月后席卷长江下游南北地区的暴雨,在江南,暴雨之后发生了虫灾、风灾和霜灾,结果导致米价暴涨,达到平时的两倍以上(即从每石一两四钱到了三两左右)。岸本美绪经研究发现,米价暴涨促进了人们的农业经营投资,掀起了争相购买土地的热潮。在这样的情况下,祀产、义田等成为人们土地投机生意的对象,出现了严重的盗买盗卖现象。在庄有恭看来,祀产、义田的收入除了缴纳税粮、支出祭祀和宗族救济等开销之外,剩余部分还可以储藏起来以备歉收时救济灾民之用,因此,祀产、义田等宗族共同财产的积极作用不容低估,也就是说国家要采取措施对盗买盗卖行为进行打击以保护之。参见〔日〕井上徹:《中国的宗族与国家礼制——从宗法主义角度所作的分析》,钱杭译,上海书店出版社 2008 年,第 186—189 页。

卖,从而达到禁绝盗卖祀产义田之目的。

将庄氏建议和朝廷正式例文比较,可知:朝廷将对盗卖者是处以杖刑还是流刑的临界点从十亩提高到五十亩,盗卖宗祠的最高刑是杖一百徒三年,而不会处以流刑或充发。朝廷例文将买者明确分为知情者和不知情者,知情者和盗卖者同罪,不知情者无罪。总的来说,较之庄氏的建议,朝廷正式例文对罪犯的处罚为轻。

自1756年朝廷颁行了关于盗卖祭田、义田和宗祠的例文,传统中国的成文法中终于有了处理盗卖祭田案件的明确法律规定。单纯从国家成文法的角度来看,这理应是清代官方处理祭田案件最重要规则。

除了这条"盗卖祀产"的例文外,清代还有一条跟祭田有关系的例文:"凡亏空入官房地内,如有坟地,及坟园内房屋、看坟人口、祭祀田产,俱给还本人,免其入官变价。"①此条例文是乾隆元年(1736年)刑部议复侍读学士积德条奏所定,薛允升认为它乃"良法美意"。与之相类似的法律条文是《户部则例·田赋门》中的"存留坟地"条,规定"凡八旗及汉员应行入官地内,有坟园祭田数在三顷以下者,免其入官。若在三顷以上,除给还三顷外,余地悉行入官。"②从乾隆元年的例文可以看出,政府对于祭田赋予了较之一般民田的特殊重要性:即便祭田管业者因罪要没收其财产,但祭田仍不包括在内,因为祭田是为了祭祀犯罪者的先祖,隐含了"后裔纵不肖,亦不能祸及祖宗"的祖先崇拜观念在内。③ 而《户部则例》中的"存留坟地"条则主要是为了防止犯罪者以祭田为名来规避田产的抄没。这两条成文法律规定主要涉及的是官府对待祭田的特殊态度和特殊处理情形,与实际生活中发生的祭田纠纷并无直接关联。但是从这两个条文似乎可一般性的推断出债权人不能扣押、变卖或查封债务人的祭田来达到还债之目的。

这是我在传统中国成文法体系中所能见到的跟祭田相关的所有法律规条。其数量之少、涵盖面之窄、且主要以刑罚处分为后盾,很明显不能单独依靠它来裁断祭田纠纷。

三、在家法族规基础上形成的惯例

明清两朝,尤其是清代,是传统中国家法族规最为兴盛的时期。家法族

---

① 《大清律例》,田涛、郑秦点校,法律出版社1999年版,第248页。
② 薛允升:《读例存疑重刊本》第二册,黄静嘉编校,台湾成文出版公司1970年版,第369页。
③ 该条例文是在"隐瞒入官家产"律条之下,很明显,在这里所指的"祭田"是作为"家产"的"祭田",而非作为族内公产或房内公产的"祭田",所以,此条例文的本意是为了保证祭祀之进行,是尊祖敬宗观念的产物,而非出于祭田在一般情况下属于团体管业之考虑。

规所调整的范围极其广泛,既包括个人的行为准则,也包括宗族、家族之内的人际关系,甚至包含了个人、家族、宗族与朝廷的关系。传统中国人作为家族、宗族中的一员,最重要的身份是家人或族人,当然要受家法族规的规范和约束。

作为血缘团体的家族或宗族,无一例外都希望能永远延续下去,以便履行其敬宗收族的职能。在南中国绝大多数地区,普遍设立了祭田,以维持对先祖的祭祀性活动。所以,采取措施将祭田维持下来,甚或尽可能地增加,对于家族或宗族的维系来说具有特别重大的意义。鉴于在传统中国,家法族规具有准法律规范的性质,与国法之间存在明显的互补关系:除了家法族规的规定与国法明显抵触,朝廷和官府一般都对家法族规持肯定的态度,一些家法族规的制定者和施行者还是在任或卸职的朝廷官员。[①]

关于祭田的设立、管理和处分,直到1765年前,国法里尚不存在专门的法条对此类事件进行规范。即便在这条关于处理盗卖盗买祀产例文颁行之后,关于祭田纠纷的国家成文规则仍然相当疏阔,这就为家法族规提供了广大的规范空间。祭田的维系对宗族、家族本身意义重大,且官方正式法规的简略使得家法族规关于祭田问题的规定不大可能与之发生冲突,故诸多的家法族规里,存在大量关于祭田设立、管理、收益和处分的规定。

家法族规作为家族法的通称,一般与国法相对应,其种类繁多。本来"家法"一词,始于汉儒对儒家章句的训诂,与"师法"同义,到南北朝时,才具有现今通用的"家法"含义,与"家训"、"家规"的含义大致类似。到了清代,由于朝廷的大力提倡,很多家族、宗族订立了家法族规。一般而言,"家"在此具有两个层面上的含义,即狭义的家和广义的家。狭义的家指的是同居共财的小家庭,相应地,"家规"的约束对象限于本家庭中的成员;广义的家有时与族相通,有时指涉族下的"支(房)",因此广义上的"家规"约束的对象也相应地扩大到支(房),甚至是族。所以,广义上的"家规"在约束对象上具有了和"族规"类似的性质。所以,规范祭田的家法族规所指的"家",是广义上的"家"。这类家法族规,指的是族规、宗规、支(房)规,单纯规范小家庭内部的"家法"则不包括在内。在清代,这种规范有不同的名称,如家规、族规、祠规、规约、各族禁条等。在一些家谱里面,如其中的凡例、祠堂部分,通常存在祭田规条。

在祭田的设立方面,家法族规制定者考虑到祭田设立和保有之艰难,为

[①] 参见刘广安:《论明清的家法族规》,载《中华法系的再认识》,法律出版社2002年版,第3—19页。

预防不肖子孙见利忘义而私自将其分析、典卖,很多族(房)族在规约里都要求妥善保存祭田买卖的契据,勒石为凭,甚至直接到官方登记,获得官方的认可。如刊刻于光绪十七年(1891年)的山西平定石氏《宗祠规条》即规定:"凡捐到田产房屋者,除登账簿外,随时勒石存记,永禁典卖,并注明原分(沙实)粮银若干,红契几章,捐资者同。"①这里所说的"田产房屋",当然包括祭田在内。《云程林氏家乘》不仅在"凡例"部分明确指出,"祭田产业年久失掌,旧谱所载仍逐一照录,以俟查考。现管者另行列举。后之子孙有力者应随时增置添注。"②在"世纪"卷更详细列名了每份祭田的四至和地契。③ 这类关于祭田设立的规定,大多属于确定性规范,即是通过契据、勒石等方法,努力将祭田的位置和性质确定下来,严正预防于先,以减少日后可能发生的纠纷。

在祭田的管理和收益方面,家法族规里存在大量的确定性和禁止性规定。先来分析一下这类确定性规定。

一般而言,这类确定性规定的意图主要在于将特定祭田的管理方式确定下来:是各房轮管还是选任专人管理? 如是前者,那还要进一步规定轮管人的范围、轮管的期限和交接的办法等;如是后者,则要规定专人的选择、管理的具体办法、管理出现问题时的处置办法等诸多问题。在轮管情形下,收益与管理合一,一般没有单独的关于收益的规定;如专人管理,管理人和收益人有别,必有单独的收益分配条款。如《云程林氏家乘》在这方面做得非常细致。该族的祀产(祭田)实行轮管制度,除完粮、祭品之外,所余归轮管人收益。对于某位祖先名下的祭田,它都具体规定了轮管的范围和次序:如寿房思彦公祭产,由道德仁义四房轮流祭扫,除完粮祭品分丁丙④丁饼外,余归轮值者收益;克金公祭产,以永礼、永彪二公派下轮流祭扫,除完粮外,余归轮值者收益;永彪公祭产以宗怀、宗贻二公仁义两房轮流祭扫,除完粮、祭品,分丁肉丁饼外,余归轮值者收益……⑤规定如此细密,当能在很大程度上降低族(支、房)内因管理和收益发生纠纷的可能性。江苏丹徒京江柳氏宗族用的

---

① 《石氏族谱——别册石氏宗祠规条》,载〔日〕多贺秋五郎:《宗谱の研究・资料篇》,东洋文库论丛第四十五,日本东洋文库1960年刊印,第833页。
② 《续修家乘凡例》,载《北京图书馆藏家谱丛刊・闽粤侨乡卷》第二册,北京图书馆出版社2000年版,第160—161页。
③ 《北京图书馆藏家谱丛刊・闽粤侨乡卷》第三册,北京图书馆出版社2000年版,第1615—1620页。
④ 按:"丙"字当为"肉"字所误。
⑤ 《北京图书馆藏家谱丛刊・闽粤侨乡卷》第三册,北京图书馆出版社2000年版,第1615—1620页。

是专人管理祭田（祀田）的办法,其《宗祠条例》规定:"宗祠有祀田,采租经营,不论尊卑老幼,止论殷实老成,每年公派一人,承值料理祠中一应事务。其出入账目开算清楚,定限冬至之日,新旧交代。"关于其收益分配,该宗族并非将余利平均分发给宗族子孙,而是规定"仅赡养宗族之贫乏"。① 广东黄氏家族的祭田也由专人管理,《尝业章程》具体规定如下:"众议举公慎值事管理香山插口沙田及省垣铺屋各尝业。除每年公用外,存银交值事生息。所存至一百两以上者,按月每两壹分算。收支数目于冬至日在祠清算标贴,每年值事酬金十二员。"②关于尝业收益的分配问题,黄氏宗族的规定较之柳氏宗族详细得多。在道光年间所修的宗谱里,对尝业收益仅作了原则性规定,"香山插口沙文裕祖尝田一顷,向系上期批佃所得期价,半分半贮。分则丁、房各半;其所贮之项,首以修书、次修祠墓,盈余置业,不得妄议再分。其余铺屋租业及新置之业不得议分,以致办公有阙。"③到光绪年间的续修《家乘》里,则将前述规定再加细化,"旧谱云:尝田批佃所得期价银,半分半贮。兹议每期分银,每房分银壹拾贰两,每丁银壹两。批尝田门用银分一十股,计族老一股,值事三股,正途绅衿二股,顶戴一股,五房房尊二股,杂差人数一股,核人数多寡均给。"④综观诸多家法族规,这类关于祭田管理和收益方面的确定性规定,占了关于祭田规范的很大部分,无疑是家法族规的制定者们考虑到了在管理和收益方面的不清不楚是祭田族内纠纷产生的主要根源所在,与其等到纠纷发生以后,在族内解决,不如预防于事前,将祭田的管理和收益的分配作细密规定为好。

在祭田的管理和收益分配方面,那些确定性规定尽管可以减少纠纷可能性,但难免有些不肖子弟将此视为具文,因此也需要相应的禁止性规定,一则当纷争发生时,作为宗族处罚的依据;另外也可对那些不肖子弟起一定的威慑作用。故这类禁止性规定在家法族规里也较常见,一般都在那些确定性条款的后面紧接出现。有些规定比较简略,有些则较详细和具体。江都卞氏规定,如有私自挪用尝业收益,需要公同议罚。⑤ 具体应该由哪些人来执行什么样的处罚,则不甚了了。浙江萧山胡氏于康熙五十四年(1715年)撰修的

---

① 〔日〕多贺秋五郎:《宗谱の研究・资料篇》,东洋文库论丛第四十五,日本东洋文库1960年刊印,第804—805页。
② 《北京图书馆藏家谱丛刊・闽粤侨乡卷》第五册,北京图书出版社2000年版,第85—86页。按:引文中"十二员"之"员"字,当为"圆"字所误。
③ 同上书,第82页。
④ 同上书,第901页。
⑤ 〔日〕多贺秋五郎:《宗谱の研究・资料篇》,东洋文库论丛第四十五,日本东洋文库1960年刊印,第811页。

《大宗祠祭祀规例》规定,如有子孙"不经执事主持召佃",私行转租,"轻则停胙馂余,重则鸣官追究。"①京江柳氏《宗祠条例》则规定:"倘有不肖肥己干没、开账不实,察出,当祖宗前惩治,仍责其加利补偿。而贫乏者亦不得垂涎经营,妄生诽议。如指陈不实,扰乱祠规,致非任事者之心,当照肥己干没例一体惩治。"②广东《黄氏家乘·尝业章程》有云:(祭田经理人员)"如有不公不慎,拖累祖尝,系值事赔垫,并行革胙。尝银既交值事管理生息,责有专归,族众亦不得藉端勒借。"③广东石湾《太原霍氏崇本堂族谱》则有"两房凡为值年首事之人,到地收租,务宜和睦,取与公平。但亦不得徇情致欠,更不许冒混肥私,违者以吞尝论究。迩来有等狼心之辈,倡言欲将窑地变卖,以图瓜分,不思此乃万世之祖尝。倘后复敢倡言曰卖者,则石湾、低田、大岸集众,即以不孝呈究,并攻出族毋贷。"④这类关于祭田管理和收益方面的禁止性规条,其着重点在于规定有违规情况出现时,族(房)要给以惩治,从而起到威慑作用。这类规定和确定性条款交相为用,互相配合,共同致力于减少此类祭田在管理和收益方面的族内纷争。

在祭田的实质处分方面,由于祭田之性质决定了其应和(家)族本身一样维持久远,原则上不允许典卖和盗卖,因此家法族规在这方面的规条大多为禁止性的,且有相应的处罚措施。有所区别的是,有的家法族规将这种典卖和盗卖的处罚订得抽象一些、灵活一些;有的则规定得较为具体,如发生盗卖和典卖事宜,其处罚没有太大的回旋余地。如《云程林氏家乘》在"永彪公祭产"项下即作了较为抽象的规定:"此项祭产,无论本房下何人,不得私行抵押情事。如有此情,一经查出,公同议罚。"⑤又如婺源江氏规定不允许子孙对祀田"私鬻,重取罪罚"。从这类"公同议罚""重取罪罚"的规定中,难以推测如子弟有犯,将会受到什么样的处断。此种规定,固然一方面给(家)族对子弟的处罚上有较大的裁量空间,但也有可能这类规定之目的,重点在于潜在的威慑和教育,而非仅着眼于具体的惩治上。也有诸多(家)族对此类处罚规定得较为详明。如修于光绪年间的《吴氏家谱》即在"凡例"中规定:"盗卖祖祭田、坟穴、山场树木及侵犯祖宗,悖逆乱伦者,但书一名于所生之下,并不得图,惩不孝也。"⑥所谓"图",是该族人在族中地位之表征。所谓

---

① 〔日〕多贺秋五郎:《宗谱の研究·资料篇》,东洋文库论丛第四十五,日本东洋文库1960年刊印,第793页。
② 同上书,第804页。
③ 《北京图书馆藏家谱丛刊·闽粤侨乡卷》第五册,第86页。
④ 《明清佛山碑刻文献经济资料》,广东人民出版社1987年版,第321页。
⑤ 《北京图书馆藏家谱丛刊·闽粤侨乡卷》第三册,北京图书馆出版社2000年版,第1618页。
⑥ 《北京图书馆藏家谱丛刊·闽粤侨乡卷》第一册,北京图书馆出版社2000年版,第627—628页。

"五世为图,取五服之义。再提则六世至十世,推而至于百世,系派不紊也。"①也就是说,如有不肖子孙盗买祭田,诚属不孝,只在家谱里保留该族人的名姓而实际剥夺他在家族中的地位。

在当时民众的一般心理上,不仅本族的祭田、坟山等不能私自典卖,作为正人君子,就是别人家的,也不应将之买入或典入,使得他们的祖先魂魄无所归依,自然心有所不安。《南海县志》记载了这样一个坟山交易事件:

> 壶山古里有岑某将祖父葬地卖与石压楼陈某。交易毕,是夜有一老人诣陈,陈问其何来。老人曰:吾姓岑,子孙不肖,将吾屋卖与君家,使吾无所栖止。陈曰:安有此,公误耳。老人曰:非误也。吾乃壶山古里人,君今日所交易者,即其事也。陈遂悟,即应曰:公可无忧,吾明日定将屋送回。老人遂不见。明日陈以告卖主,且责之曰:汝何弃先人遗骸而售地与我乎?可即安葬原处,因出己资以毕其功,亦不取回原值。②

买主陈某的做法得到了该地方志编撰者之褒扬,被认为是"义举",可见社会对于处分坟山、祭田之一般心理和观感。

为了增加这类祭田管理、收益分配和处分条款的确当性,有将其进一步细致化之必要,故一些家族内部还订立了相关的合同。这些合同条款,在争讼的时候当然就成为可呈堂的重要证据。刚过世的著名收藏家、法史学者田涛先生即藏有不少这方面的契据,我与田涛先生有数次较深入的学术交流,从中颇受教益。这里特转引他收藏的两份合同,从学术上以为永久的纪念!

嘉靖二十五年(1546年)琳公支下子孙洪澜等三房共议合同族规(歙县):

> ……(以下陈明订立该族规的目的,间接也可反映该族规之功能)悉载详明,一使便知分法;二则遵例奉行;三以有定法度,畏守而不敢肆犯;四得保全先志而力愈供承;五治无妄移易,犯之坐以罪刑……
>
> 计开
>
> ……
>
> ——众先今遗置膳莹田地山塘产业,及火佃住屋应有等项,其间遇有更易,必众公相酌议,多众明决,然后敢可更易,不许少人私擅主为致起争端,内相情愿交易,容可也必明言处,否亦不许,投献外人,图得挟众。如有此等者,经公是减膳祀,以不孝治罪,分下子孙,不许为之代赎,

---

① 《北京图书馆藏家谱丛刊·闽粤侨乡卷》第一册,北京图书馆出版社2000年版,第623页。
② (清)郑荣等修,桂坫等纂:《南海县志》卷二十六"杂录",台湾成文出版公司1967年影印,第56页。

则必尽力攻敌,杜此。则外人焉肯谋得而致争于人乎？

光绪二十九年(1903年)陈维海祖后裔族众保祖产族规合同(歙县)

立免费立章以保祖产以正族规合同字人陈维海祖后裔孙、值年新旧房管等,请凭各房户长及族众等情,因祖积空虚,负债难还,兼之费用浩繁,难保祖产。因请族众商议,可免者免之,可少者少之,以兴祖积,众皆乐从。谨将公议章程书列于后：

——已有大禁则春秋小禁免之。

——中元节祭孤,只许值年房管四人聊备酒水。

——祖债还完,霜降节开大祭,祭费仍照旧章。

——清明霜降,十月十五小祭,只许值年房管及六十以上之老者,及有功名者皆与祭焉,此宗庙之礼,爵齿自古必序也,其余人皆不祭。

——霜降宿祠祀祖算账,由房管请凭各坞老者共八人,又请前界交账旧管事二人,写算祖账,饮福酒在内,族众不得有说。宿祠夜用素席。

——童生考费。应县试,帮钱五百文,未应者免用。应府试者帮钱二串整,未应者免用。府县未应,而独应院试者,只帮钱二串整,童生毋得有说。

——庠生大小考费以及童生入学之礼钱,率由旧章。

——先生馆谷四石,不减不加。

——房管四人,三年更换……管事执掌钱账等项,退管事日如有钱账不清,或亏欠钱谷不交,尽在管事二人责任……房管如有此弊,任凭族众议罚,毋得辞其责耳。如房管理事清俭公平,族众公议留馆方可,如无人留而恋馆不退,显有吞祖等情,族众革斥,毋得有说。

——有公事入祠商议,概由房管所请,然后入祠附席,不准不请自来,亦不准众人办酒以作公费。

——凡设筵席俱宜简约,不准奢华。

以上公议公立章程,凡我族人永远遵守,不得违抗有说,如有违抗者,轻则入祠议罚,重则经公首究。一应费用概归祖上东西二坞,彼此书立保祖合同字二纸,各坞管事执守为据。其有遗漏赏罚等章未列合同字者,嗣后公议立之。①

总之,至迟到清代,南中国绝大多数(家)族出于长久保持祭田以达成祭

---

① 田涛:《徽州民间契约中的稀见文本研究》,载《中国法律史学会成立30周年暨2009年会会议论文集》,山东人民出版社2010年版,第81—89页。

祀先祖、敬宗收族之目的,围绕祭田的设立、管理、收益和处分制定了很多确定性和禁止性的规则。这些规则,从文本上看,一方面通过劝导和威慑,从而可望在事前预防不肖族人作出对祭田有损的事;另一方面也给(家)族惩治不肖子孙提供了依据和理由。这些规则,既有政权和族权的强制力支持,也与绝大多数族人的道德自觉相吻合,久而久之,成为一般性的祭田惯例。简言之,这类惯例大致包括:祭田在性质上是家族公产,具有神圣性;在管理上既可以实行轮管,也可以是专人管理;如其收益供祭祀或其他公用之外,应在派下各房公平分配,分配的原则同管理相适应,既可轮分,亦可均分;祭田不能分析和典卖,以永久维持对祖先的祭祀;如有不肖子孙私自分析、典卖祭田,要按照族内规定,受到相应的处罚。

四、官府对家族祭田规约之态度

关于家法族规与朝廷法令之一般关系,研究者进行了这样的归纳:"家法族规与国法的差异是客观存在的,其中部分的差异还会导致较为激烈的冲突。不过,因家法族规的制定者们订立这些规范的根本目的是为了藉以维持家内、族内的秩序,并使得本家庭、本家族得以繁荣、兴盛,因而大多以尽可能地避免与国法冲突为制定这些规范的基本方针。而在成文的家法族规问世以来,特别是在清代,从中央政府到地方官府都要利用家法族规来作为国法的补充,对家法族规中与国法不符的内容多取宽容态度。因此,在一千多年间,相符与互补是家法族规与国法之间关系的主要方面,而差异与冲突则是两者关系的次要方面。"①关于二者抽象关系的描述和分析,征之于祭田规范,亦较准确。朝廷法令中的祭田规范与家法族规中的祭田规定这二者之关系,互补是常态,冲突只在某时某地偶有发生。关于它们之间互补关系的具体内容,可分两层:一是家法族规之规定弥补了朝廷法令规范之疏漏,这在前面已多有论述,兹不复赘;二是朝廷各级官府运用其更高的权威来肯定家法族规关于祭田之规定或确认家族关于祭田之特殊要求。这方面的事例不少,略举二例:

明朝嘉靖年间,广东南海县冼氏家族设立了大宗祠一所,并有祭田十五亩,为免子孙日后为收益和管业而起纷争,失去敬宗睦族之美意,冼氏家族中的几名士绅联名向广东布政司请求赐予官方执照,后由广东布政司分守岭南道左参政给予冼氏家族照帖,云:

---

① 费成康主编:《中国的家法族规》,上海社会科学院出版社2002年版,第199页。

看得冼主政桂齐先生,居乡不干势利,处家能守宗祊,捐己地,立宗祠,拨田以遗大宗宗子宗信供祀,著家训以谕之。又恐其后子姓族众或争也,托官府以重其守,此其孝友之风足为则,于乡党敬宗之,实有大益于朝廷也。使家家皆能如此,官刑不几于措乎?仰广州府照依所请,给帖付宗子宗信执照,以祀其祖,以统其宗。故违者,许宗子及梦松、梦竹秀才,具呈于官,以凭重治其罪。梦松、梦竹学成行立,即许为宗正,以辅宗子,庶无负主政创始之初心,本道激扬之意也。仍备大书告示,悬其祠壁,使冼氏其世守之,毋得视为泛常,取咎不便……即将前项祠宇田地查照,俱付宗子宗信掌管,永为遵守。届期置办祭祀之物,统族人齐赴祠内致祭。其税亩,递年粮务,俱于祭祀余租办纳,毋致独累……嘉靖三十一年四月二十七日给。①

道光二年(1822年),因民间祭田应否减免赋税,给予优惠,应长洲、元和等地士绅之请求,江苏、江宁布政司据此赏给照帖,且重申盗卖祀产定例,以制止不肖子孙盗卖。为保证该照帖的有效性,官府还要求民间"勒石"。②

当然,二者的关系在特定的地域和时间亦有相互冲突的一面。祭田之存在无疑会强化族人的宗族意识,族本身是一个相对封闭的血缘团体。族人宗族意识的过度强化,势必增加对族外人的排斥性。小则诉讼因之而滋长,大则出现族际械斗,有时会引起某些官员的警惕,要求设法革除其流弊。乾隆二十九年江西巡抚辅德即上"请禁祠宇流弊疏"③和乾隆三十一年广东巡抚王检上"请除尝租锢弊疏"④就是这样的例子。

尽管在广东、江西等地因为祭田规模之过大,有这类兴讼、乃至引发宗族械斗之流弊,有些地方官员亦力图控制祭田规模,减轻其弊端,但与当时当地民情风俗相悖,收效甚微,久而久之,这些官员们或其继任者也就心灰意冷,或根本就不赞成此种举措而不了了之。故关于祭田的规则,尽管有朝廷法令与家法族规之别,在总体而言,二者的互补是主要的,虽也有冲突,但毕竟只是次要的。家法族规一定程度上弥补了朝廷律令之疏阔,朝廷律令则赋予家法族规以更大的权威,两者互相配合,共同构成了家族、乃至官府裁断祭田纠纷的主要依据。

---

① 《家庙照帖》,载《岭南冼氏家谱》卷三之二广居堂稿附刻,载《明清佛山碑刻文献经济资料》,广东人民出版社1987年版,第456—458页。

② 《道光二年严禁盗卖盗买长洲、元和等县义田祭田帖》,载《明清苏州农村经济资料》,江苏古籍出版社1988年版,第79—80页。

③ 贺长龄、魏源等编:《清经世文编》,中华书局1992年版,第1482页。

④ 《皇清奏议》卷五十七,台湾文海出版社1967年影印本。

第二节　关于清代审断祭田案件之实证考察

官府如何处理被提交上来的祭田纠纷？清代的正式律例和家法族规中存在的相关规条及二者之间的关系既如上述,考虑到成文规条和它们在司法审判中的实际运用间的复杂关系,下述问题尚需重点思考:这些成文规条在国家正式司法中的适用情形到底为何？如果适用的话,适用的是哪些具体规条？哪些具体规条较为常用？哪些规条成为具文？那些被常用的规条之所以被常用的理由何在？为什么一些规条又成了具文？这些成文规条能否应付实际的司法审判？如不能应付,司法官又是按照什么样的理由来裁判案件的？他们有没有发展出另一套不成文的规则？如果有,这套不成文规则背后的根据又何在？欲解答诸如此类的问题,则需要考察司法实践中的祭田案件。

在清代,有大量的司法档案和判决保留下来。围绕祭田的管理、收益和处分而提交给官府的案件,在《刑案汇览》及其续编、三编等中央司法档案文书中基本没有发现①,大致可断定,大多数祭田案件在地方司法层级中已获得解决。因祭田只是在南中国普遍且较大数量存在着,才有祭田案件纠纷被提交到官府之可能,故南中国的地方司法档案和判决才成为本节研究的基本资料来源。②

被提交到官府的祭田案件,既可以按照其设定、管理、收益和处分来分类,也可以按照祭田管业权主体来分类。我试图将对祭田享有管业权的主体视为一个团体,姑且先不评判该团体的性质如何,从而和近代新法律和司法体系以共有或法人等理论来规范祭田的做法取得关联,本节对祭田案件所进行的分类采用后面这个标准,即将祭田案件分为家族"团体内部案件"和"团体外部案件"。其实,对祭田案件以不同的标准进行分类,在我看来,只是为了叙事和分析的便利而选择的,对分析祭田案件所得出的结论不会产生决定性影响。

---

①　我曾见过少量的因为祭田管业、受益分配、租佃争议而导致命案,到达内阁的刑科题本。其关于祭田部分的审断结果,大致不占重要地位,只是在解决命案、清理讼源时附带解决,一般也是按照祭田的通行惯例来裁断,零星也有适用朝廷律例的情形,总体说来与本书下文的实证统计结果无甚大的差异。再则考虑到我所阅览过的刑科题本数量有限,跟祭田相关的案件更少,难以达到进行统计分析的数据要求,因此从略。参见李龙潜等点校:《明清广东稀见笔记七种》,广东人民出版社2010年版,"刑科题本",其中编号4595、4497、4381、4343 等为因祭田纠纷引发命案之案件。

②　尽管也有资料发现北方的一些省份存在设置祭田的情形,但远不如南中国普遍,在一些反映北方地区司法实况的批词和判语里面少有因祭田而发生争议的案件,如樊增祥在关中任上所作批、判汇集之《樊山判牍》(樊增祥:《樊山判牍正编》《樊山判牍续编》《樊山公牍》,上海大达图书供应社1934年版)中很少有祭田案件,就是一例。

一、家族"团体内部案件"

下面是我从上述判例、判牍中找到的"团体内部案件"。为了叙述的简明和清晰起见,我将以表格的形式加以辑录,同时对案情不予详述,仅指明其案件性质。

表1 "团体内部案件"一览表

案件编号	案件名称	案件两造之关系	案件性质	裁断之官府	裁判依据	审理结果	资料来源
1	吞产指继事	从堂兄弟	祭田之设定	因上控由巡抚下发至知县	情理	无子袝食之例立绝户之叔父为祭户,将其一半田亩设为祭田,由其侄子永远奉祀	槐卿政迹
2	冒领僭充事	同宗族人	争执充当奉祀生,实际是祀产管理之争	反复上控,案经三十年未决,发交知县审断	成例和情理①	另立奉祀生,已革奉祀生杖责三十	槐卿政迹
3	负罪求均事	同父异母兄弟	祭产管理权	知县	祭产应轮管的原则	由长子的单独管理祭产变为轮管	槐卿政迹
4	吞会灭祭事	同族之人	祭田管理涉讼	知县	祭费账目凭族每年清算的原则;管理人因水患等特殊原因致祀事偶缺,情有可原	祖祠公议修复,会祭公同经理,每年清算一次,不得互相挟抵健讼	槐卿政迹
5	何文朝控何佳明拆毁香火祠堂擅除丁钱由	同族之人	祀产收益分配争执	知县	情理:事出因公,彼此年近古稀,理宜和睦	查祀簿,租息微薄,仅供祭祀,考虑到一造年老无依,着祀产管理人(即另造)从祀内垫出洋银,助以度日	诸暨谕民纪要
6	屠福成等与屠茂松互争晒场由	同族之人	祀产管业权和管理权的争执	知县	"捐产入祀,即为祀产"以及"祀产由派下子孙轮管"的原则	仍将系争对象交由祀内管业,由其下三房共同利用,祀产轮管得到支持	诸暨谕民纪要
7	何行东控何镇邦侵蚀由	同房之族人	祀产管理权之争	知县	"祀产由派下子孙轮管"的原则	将祀产独管变为轮管,存款与管理分离,以杜绝管理人侵蚀祀内钱文之弊	诸暨谕民纪要
8	赵金氏控赵锡泰争田逞凶由	同族之人	设立祀产	知县	习惯:该地有普遍设立祀业的习惯	两造按房各出数量相同的银钱,设立新祀产,置买田租,以资祭扫	诸暨谕民纪要

---

① 按照"判牍"的说法,该成例为"奉祀生一项,以现充祀生之嫡长子孙承祀;有故,始准以嫡次子孙充补;如再有故,始准以近支同曾祖以下之人充补。"该情理为"是奉祀生一项,本隆崇德报功之典,反滋觊觎纷争之媒,伊祖有灵,应亦伤心于地下"。参见杨一凡、徐立志主编:《历代判例判牍》第十册,中国社会科学出版社2005年版,第194—195页。

（续表）

案件编号	案件名称	案件两造之关系	案件性质	裁断之官府	裁判依据	审理结果	资料来源
9	周宝玉控周庚扣胙由	同族之人	祀产收益之争	知县	家法族规：周姓子孙凡祭祖必分胙肉	虽然一造是教民，但仍应分胙，折合银钱支付	诸暨谕民纪要
10	阮家型控阮家者等侵蚀暴露各情由	同族不同房的堂兄弟之间	祀产管理、处分之争执	知县	情理："以全亲亲之谊"祀田由各房轮管的原则	再次确立轮管原则，祀田租簿上交下接，公同眼算登记	诸暨谕民纪要
11	郭应辰又以郭玉五即宛生违断霸产由	不同房的族人之间	祀产管业权的争议	知县	"四子应将继产平分"的遗嘱、议单精神的阐明和祀产轮管的原则	再次确立祀产公共性质，实行公同轮管	诸暨谕民纪要
12	魏赵氏与魏树贤互争祀产各情由	不同房的族人之间	祀产管业权的争议	知县	分单所载的诸暨"堂流祀捐"之习惯和情理①	确立四房轮管	诸暨谕民纪要
13	徐之权等控徐之图等强收庤产由	不同房的族人之间	祀产管理、收益方面的争执	知县	祖训族规：祠内管理人员不许徇私坏规	革除徐之图的祀产管理权，由各房共议公正人接办，以免弊端	诸暨谕民纪要
14	何祥茂等控何咸定管祀盗卖等情由	不同房的族人之间	祀产管理和盗卖方面的争执	知县	宗谱是查明祀产管业权范围的重要证据；清算账目是查清是否存在管理问题之前提的原则	照旧由两房轮管；加强祀产账目的管理，以图减少纠纷；盗卖祀产着盗卖人于廿日内备价回赎归祀	诸暨谕民纪要
15	吴金松等控吴长春浮卖浮销等情由	不同房的族人之间	是否盗卖祭田和管理中是否存在徇私的争议	知县	既卖复买，易脊田为腴田，不是盗卖；祀账虚浮，由管祀人理赔	管理人赔偿买卖之间的差价；祀账虚浮数额责令赔偿交与新管祠人	诸暨谕民纪要
16	严以能等控追严国祥侵蚀祀款由	同房族人之间	祀产管理是否有侵蚀的争议	知县	欠债还钱的常识；祀产管理人有侵蚀情况必须撤销其管理人资格	撤销严国祥的祀产管理人资格，偿欠数归祀	诸暨谕民纪要
17	孟宝富与孟保华等争管祀产由	不同房的族人之间	祀产管理权争执	知县	《宗谱》里的"祀规"：完钱粮，给考费，且议及五房轮收祀租	否定独管，肯定五房轮管的正当性，并将轮管的决定出示，使各佃户得以周知	诸暨谕民纪要

---

① 该判词解释了诸暨的地方习惯，即所谓的分单所载"堂流祀捐"之"俗"，"必指存留轮流各祀会而言，是祀会仍作四股轮管。"该判决进而指出分产和祀产管业的不同，更佐证其主张，"若分产，则增福仅得劳字田四亩有零，余系三房搭分而已。且下文有'堂流挨次轮管'之语，不明明四房挨管耶？"该判语接着还从情和理两个方面剖析，"子出继而不分家则可，子出继而不管祀产，几一逐出祀外，不可为子孙矣，何不度情理若是？"参见杨一凡、徐立志主编：《历代判例判牍》第十册，中国社会科学出版社2005年版，第389页。正是在习惯、分单和情理共同作用下，该知县才作出这个较有说服力的判决。

(续表)

案件编号	案件名称	案件两造之关系	案件性质	裁断之官府	裁判依据	审理结果	资料来源
18	戴洪熙批	不同房的族人之间	祀产管理权之争	知县	祭产分书和各房之"初议"	确定轮管祀产，以符原议	四西斋决事
19	毛芝灵批	嗣子与母亲	祀产设立之争	知县	分书（草分书不足为凭，要求将正分书呈验）	证据不足，暂时否定设立祀产的要求	四西斋决事
20	徐继铣等判	不同房的族人之间	墓田是否盗卖之争	知县	情理（此案徐姓以祖坟前陡落一丈数尺之余地得价契卖，情尚可原，且价已得三房公同分用）	确认墓田非盗卖，买卖行为有效	四西斋决事
21	讯覃长荣一案	不同房的族人之间	祀田管业权之争	东湖知县	情理（如不将祀田作价分开，有伤一本）	将祭田作价，三房均分，各房自行祭祀	三邑治略
22	讯郭兆祖一案	族人之间	祭田管理纠纷	东湖知县	欠债还钱的情理	从原先施入宗祠的田亩中拨出一部分还债，然后由官府就剩下的田亩重新设立	三邑治略
23	判王成宇等堂词	族人之间	祀田的收益分配和是否盗卖的问题	照例注销之案，因府宪批示而由知县重审	赞书	祀田应归捐出人之妻收益，死后归还祠。官方不承认有盗卖情事	历任判牍汇记
24	判黄少符等堂词	族人之间	包括祭田在内的祠产的管理问题	知县	祠产作为公产，管理权不应独揽的原则	黄祝山在凭族核算之后交出祠产的管理权	历任判牍汇记
25	林景福等批	族人之间	祭田的管理和处分问题	新会知县	情理："一茕弱无告之孀妇，敢以列祖列宗之公产攘为己有，而撄阖族伯叔子侄之众怒，有是理乎？"	格外从宽免予追究诬告责任；驳回呈词	聂亦峰为宰公牍之冈州公牍
26	张升禀催集讯究追批和李容氏控职官李令仪欺尊侮寡毁抢霸占批	族人之间	祭田的管理和收益问题	新会知县	情理："论理则彼系蔑众吞尝，得罪阖族，而为阖族所不容，此则更为众保尝，施德阖族，而为阖族所戴，是曲直又相悬矣。"	要求职官李令仪到案，着令李令仪交出侵吞尝银的李有常，以赔偿尝银	聂亦峰为宰公牍之冈州公牍
27	袁德修一案谳语	族人之间	祭田的盗卖问题和田亩性质属于私田还是祭田的争议	南雄州知州	情理："垂念汝等一家骨肉之亲，不欲重为惩处，以全宗谊"；勘契分关	盗卖祭田赎回，归还私田，私田惟有管业之人有处分权	聂亦峰为宰公牍之梅关公牍

（续表）

案件编号	案件名称	案件两造之关系	案件性质	裁断之官府	裁判依据	审理结果	资料来源
28	张言万张含万占弟妇租谷案	兄弟之间	田亩性质属于私田还是祭田的争议	安庆知府	情理："狡称以此庄为祭田，诩可以仗义自鸣。天下有不仁于同体，而反仗义于族姓者乎？"	田乃弟妇私田，归弟妇管业，他人不得侵占	徐公谳词
29	永定县生员谢润堂占蒸税案	族人之间	祭田可否成为私产	汀彰道	情理：对读书者酌予帮助，令其收租一二年，"情理当然。若因族人入学，竟将祀产拨给，永远管业，情理之所不顺，即为族众之所必争"	祭田由各房轮管，毋许不肖子弟自变卖	徐公谳词
30	龙溪县民涂锡人告涂右文等案	族人之间	祭田和典卖与转典的问题	汀彰道。此案先经龙溪县令审理	原则："先人祀产，子孙典而复增，且增添不一而足，其非肖子可知。""田土细事，议拟必当扼其要害，直穷到底，使两造帖然心服，案情毫无疑窦。"	发交该县查清案情，确凿研讯，追验明白，取具确供，分别	徐公谳词
31	朱继铨等控朱金玉等盗卖祀田各情由	不同房之族人之间	盗卖祀田	知县	情理："朱正开卖田分价，情殊可恶"案情：被告朱金玉已经赎回祀田	朱正开着予责惩、朱金玉应毋庸议	诸暨谕民纪要

以我搜集到的有关团体内部案件31件为基本材料来进行实证分析，是否具有一般意义上的可靠性呢？这是首先要回答的问题。我在搜集资料的过程中并没有刻意选择特定的判决资料汇编，而且这类判决资料汇编的作者和编者虽然有所择取，但其择取的标准与我所选择的以祭田案件进行研究的角度是不同的。进而言之，判决资料的作者和编者常常考虑的是他们所选择的批词和判语的可读性、说理性、教谕性等对读者有所兴味、借鉴和思考的方面；而我则是将这些判决汇编资料中所有与祭田相关的案件摘录出来，然后按照案件本身的特点对之进行概括和归类。判决资料汇编的作者和编者一般而言不会想到若干年之后有我这么一个感兴趣的研究者会对其写作或编辑的某类案件展开研究，因此也就大体上排除了他们刻意专门修订此类材料的可能；我选择的团体内部案件虽然只有31则，看似不足以说明祭田案件的一般性，但它们却是从大量的清代地方判决中"被动"选择出来的，从而间接提高了这些祭田案件的代表性。所以，从判决的作者和编者以及我作为选择者的角度来看，对上述31则案件进行相关的实证分析，就此类案件来说，具有相当的客观性和普遍性。这种方法上的分析同样适用于下面的团体外部

案件。

下面试从几个方面略作分析：

(一) 引发团体内部案件的主要因素

团体内部案件，按照我在前面对它所下定义可知，实际上是祭田管业权团体内部发生的司法纠纷。如祭田属于族产，那涉讼当事人相应地限制在族内；如祭田属于族下的某支(房)，那该纠纷则属于该支(房)内的纠纷。不论如何，这类纷争都是发生在族内各房分之间，一般跟族外不直接发生利益上的牵连。所以，这类纠纷，在被提交给官府裁断之前，一般都要先在族内进行调解。这种调解不仅为宗族习惯或规则所要求，也为国家所承认和鼓励，甚至被国家认为是必经步骤；从实际来看，效果也较好。① 有必需的且效果还是较为理想的族内调解在先，尚见如许数量的祭田纠纷被提交给官府裁断，说明：在那些祭田设置比较普遍且规模较大的地方，围绕它发生各种各样的纠纷是一较常见的社会现象。所以，提交给官府的团体内部案件只是所发生的祭田内部纠纷的一部分，从数量上来推测，可能还不是其主要部分，但下文对引发此类案件主要因素进行的分析，无疑对于思考所有的祭田内部纠纷具有参考价值。

我将所搜集到的 31 则团体内部案件进行统计，发现：在祭田的设定、管理、收益和处分方面皆有纠纷发生，其中和祭田设定有关的案件 3 起；跟祭田管理相关的案件有 15 起；直接因祭田的收益而生的案件有 5 起②；关于祭田实质处分案件，如因盗卖、典押等作为案因的，有 12 起；另外还有 2 起是利用祭田的"公产"性质而作普通田亩争议的手段或证据，因此涉及到了该田亩的性质问题，即系争田产是属于祭田还是私田。③ 从这些统计数据来分析，围绕祭田的管理和处分所发生的争议在团体内部案件中占了绝大部分，其他的，如关于祭田的设立、直接的收益方面以及将祭田的"公产"性质作为诉讼策略来强化或混淆私人普通田亩管业权之手段而引起的纠纷虽然也程度不

---

① 如康熙年间开始向全国宣讲的"圣谕十六条"和雍正年间编辑的《圣谕广训》中规定了"笃宗族以昭雍睦"、"训子弟以禁非为"等，如父兄训之不改，"小则宗法惩治，大则送官拘禁，自不致祸及家门矣"，实际上朝廷已将宗族内部的一些细故纠纷的惩罚权交给了族内的尊长。族内尊长如怠于这方面的职责，朝廷还会加以惩治。

② 实际上，不管是祭田的设立、管理还是处分，都不可避免地关系到族人从祭田中获得的收益，从这个意义上来讲，所有的祭田案件无一例外地都和收益相关，但这种广义上的"收益"对于本书的分析并无什么实际的学术意义。这里所说的"收益"，指的是当事人直接针对祭田的收益分配问题而提出了明确的诉讼请求，比如说该分配收益的没有分配、不该享有收益的却被分配了收益份额、或者是收益的分配不公等。

③ 由于有些案件的性质较为复杂，同时涉及到了祭田的设立、管理、收益、处分等多个方面，因此，按照上述几个方面对祭田案件进行的分类数量，在总数上超过了 31 个。

同地存在,但在团体内部案件中,就数量而言,并不特别突出。

为什么会如此呢? 首先,就族内祭田设立而言,大致不出特定族人的捐赠、从族人的田地中按比例拨给和动用族内公共款项购买这三种办法。不论采取哪种办法,设定祭田的行为一般都为族众所知晓,且有一定的文书为据。换言之,祭田的设定多是一种族内公共性和确定性的行为,加之受敬宗收族观念的影响,设立祭田在族内是一种"荣誉"的事体,设定人较愿意做此事,故在设定方面发生纠纷的可能性不大。即便有纠纷发生,如祭田捐赠人的后裔否认其先辈有过捐赠行为而主张该田亩的私人管业性质时,一方面宗族和其他族人握有切实的证据,且该否认者轻则会受到族人的谴责和蔑视,重则受到宗族的责罚。种种压力的存在,就降低了关于祭田设定出现纠纷的可能。观察上述3个(第1、8、19三案)跟祭田设立相关的案件,第1案是某人仅有一女,本人外出多年未归,族人不能肯定是否为绝户的情况下,发生了管理人侵蚀田产的问题,经官府裁断,确定其为绝户,但考虑到有族人抚养幼女的功劳,将其田亩一半设为祭田,一半归该有功族人及幼女;第8案是官方考虑到赵国均的后代因田亩细故涉讼而赵国均却没有专门的祀产,且当地有设立祀产的习惯,主动让其后代出钱为赵国均置办祭田,官府有尊重当地习惯、提倡孝道和礼让的考虑;第19案是原告欲将管业权纠葛不清的田产设定为祭田,为官府否决。前两个案件是官府为杜绝眼前的纷争而主动设置祭田,后一个案件是官府着眼于减少今后的纷争而否认当事人提出的设立祭田之请求。这与宗族内部设立祭田的三种主要方式没有直接的关联。也就是说,族内设立祭田的主要方式没有成为兴讼的直接根源,从而大大降低了因祭田的设定直接发生纠纷提交给官府进行裁断的可能性。

因祭田的直接收益分配引起的案件,其发生频率较低的原因与祭田设定相似。从理论上来说,祭田所入供祖先祭祀之用,原不应该让后人从中获得物质上的利益;但实际上,有些宗族祭田规模较大,参与祭祀的族人不算特别多,祭田所入在祭祀之外尚有或多或少的盈余,遂发生祭田的收益分配问题。祭田的收益分配原则相对比较明确,即按照祭田管业团体内所有房份平均分配。具体分配方法有的按年轮收,有的每年按房均分。一般而言,这种分配原则和方法在族内成为惯例,为族人所知晓和认可,降低了发生纠纷的可能性。更重要的是,在多数情况下,祭田实行轮管轮收,祭田收益分配与管理合一,收益争议行为被管理纠葛所吸收。在搜集到的5个与祭产收益分配直接相关的案例里,有3个与管理和处分联系在一起,只有2个(第5案和第9案)是单纯的收益之争。第5案是原告因老迈无依而挑战族内祭产分配惯例,最后官府在肯定其无理的前提下要求被告在祭产项下进行权宜救济;第

9案是本应分享祭田收益的族人因入教问题而被宗族剥夺收益分配权而引发的争议。这两个案件都与通常的祭田收益分配原则无直接关系,属于特殊情况,最后由官府确定了具体解决办法;相对于已被广泛认可的分配原则来说,只是一种特殊的例外情形,不足以因此引起普遍性的司法纠纷。

为什么围绕祭田的管理而引发的司法纠纷数量最多呢?从祭田性质来看,祭田一经设立,应垂之久远,需长期为子孙祭祀先祖提供物质支持。其永久性决定了其管理的难度,增加了其复杂性。一些宗族祭田规模较大,管理难度和复杂性亦会随之增加。有鉴于此,宗族力图制定较为详明的规条来加以规范。规条越详明,就意味着它越复杂,相应地解释歧异的可能性增加。详明的规条固然一方面促进了管理的规范和制度化,但同时也为规条的准确适用带来了困难,祭田管理人利用此种规条的复杂性来营私舞弊的机会和隐蔽度亦会增加。举例来说,在专人管理祭田的场合,一些宗族为了防止管理人对祭田收益的侵蚀,规定每年特定时候由公正族人清算账目。但在两次清算的一年间,管理人完全有可能利用祭田之收益去获得个人的好处,只要到清算之前把亏空填补回来就行。在轮管的场合,有些宗族出于奖励科举的考虑,有子弟在科举路上达到一定的层次可以轮收一年的规定。这类似的规条本身就有其含糊性:科举的含义为何?是专指文举还是包括武举?从哪一年开始轮收?如中举的人太多,次一轮管之人有没有这个等待的耐心?本来,这些问题在理想中"视族人如己身"的观念看来,都不成为问题。但这种修养对绝大多数族人来说是不现实的,因此,围绕祭田轮管问题,在族人之间很容易引发纠纷。

祭田管理事务的艰巨和规条的复杂性,孕育了纠纷发生的巨大可能性。官府对祭田管理纠纷的介入和裁断反过来又增加了此类纠纷发生的潜在可能。官府要裁断此类纠纷的一个前提是要尽可能地查清管理方面的事实。官府对事实的调查范围完全不受原告指控的限制,而是全面查究。如此一来,绝大多数管理人都会被发现存在或大或小的问题。有了问题,当然会撤销现任管理人的管理资格,原告就成为当然的受益人了。在15个祭田管理案件中,有8个案件撤销了原任管理人的资格,有的还要求赔偿;有3个案件虽然维持了管理人的资格,但官方要求加强宗族对管理人的监督,间接缩小了管理人的权限;有2个案件没有明确的结果;只有2个案件(第18案和第

25案)官方完全认可管理人有理,但也未对原告加以责罚。① 原告只要兴讼,本来失败的几率就很低;就算万一失败,官府基于睦族、无讼考虑,一般也不会痛加责罚。如原告又属贫窘、年迈、女性等弱势群体,官府有时还会综合原被两造的情形给予适当的救济,如第5案就是这样一例。尽管我在这里所进行的实证分析得出的结论,不会直接成为影响当事人选择围绕祭田管理而兴讼的因素,但无论如何,官府的介入和裁断不会有效地防止此类纠纷的发生。正是祭田管理事务的长期性、艰巨性和规条的复杂性,加上官方对此类案件的介入和处理的特征,共同促成了祭田管理案件在团体内部案件中所占的较大比例。

再来分析一下祭田实质处分案件占团体内部案件比例较高的原因。对祭田进行实质性处分,主要包括祭田的私自盗卖、典押和分析等方面。在12个祭田处分案件中,官方确认分析的只有1个(第21案),因兴讼涉及祭田处分而在判决中没有提及的有4个(第6、10、12、25案),确认有盗卖行为要求赎回的有3个(第14、27、31案),否认盗卖行为的有3个(第15、20、23案),以转押、转典兴讼而官府并无裁断结论的1个(第30案)。这些数据并无太大的悬殊,即便有一些微小的差别,可能这些差别属于实证分析的误差范围,不具有充分的说服力。在此情况下,建立在常识基础上的推理和个案结合起来分析可能更有效。

有统治者在上倡导无讼,如民间要兴讼,一个比较自然的选择就是对案情夸大其词以引起官方的重视②;有原告兴讼的夸大其词,相应也会有被告为辩诬而采取类似做法的可能。具体到祭田案件,清代国家成文法对祭田的盗卖盗买规定了相当严厉的处罚。因此,对祭田问题有争议的当事人为了引起官方的重视并在审理中处于有利地位,指控对方盗卖祭田就是一自然的选择。前述因兴讼涉及祭田处分而判决中没有提及的4个案件和官方在判决

---

① 在官府看来,一个是"尚属以公济公"(杨一凡、徐立志主编:《历代判例判牍》第十册,中国社会科学出版社2005年版,第527页),另一个是"格外从宽,免予追究诬告责任"。参见聂亦峰:《聂亦峰先生为宰公牍·冈州公牍》1934年刊行,第36页。

② 学界关于讼学和讼师的研究以及一些地方官员所发布的告示里面都充分证明了此点。如日本学者夫马进在《明清时代的讼师与诉讼制度》一文中所引的《崇祯外冈志》里面的一段话即是一个较好的说明,"小民有冤抑不申者,借词以达之……然其词质而不文,不能耸观,多置勿理。民乃不得不谋之讼师,田土而诬人命,斗殴而诬盗劫。"(滋贺秀三等著:《明清时期的民事审判与民间契约》,王亚新、梁治平编,法律出版社1998年版,第405页)久任广东地方官的聂亦峰在告示中也陈述了这种情形,在兴讼理由上,"以假为真,以无为有,颠倒黑白,变乱是非……往往以睚眦细故,动辄控架大题,或指为掳掠奸淫,或诬为谋反叛逆,或以善良为盗伙,或以殷户为窝家,或云挖冢毁骸,或云谋财害命。官中见此情节,不得不批准差拘。"(《聂亦峰先生为宰公牍·冈州再牍》,1934年刊行,第1页)另外,《大清律例》中关于"教唆词讼"的条文更反证此种情况的广泛存在。

中否认祭田盗卖行为的3个案件似乎都可归入这种诉讼策略中来。如第6案的主要争点是学田收入分配之争,被告为防御起见,指责原告盗卖田亩,经官府查明:"至上宣门前田亩,本非屠庚盗卖,均毋庸议。"①在这些指控对方有"盗卖"、"典押"情事,而最后经官府调查不实的案件,指控人基本上没受到什么实质性的处罚②,更刺激了以后的祭田案件当事人采取这种指控对方有盗卖、典押情事的发生,以便在审理中处于有利位置。

  关于盗卖、典押祭田案件发生比例较高的另一重要原因是盗卖者、典押者能够从中获得巨大的好处。祭田盗卖、典押者一旦钱物到手,立即远走高飞,在传统中国缉捕系统远非如今日这般发达的情况下,有时连官府也没办法,只好长时间地案悬莫结,让犯罪者逍遥法外。乾隆二十一年江苏巡抚庄有恭请求朝廷订立盗卖盗买祀产专条时即指出江苏广泛存在这类现象。③我在所搜集到的案例中发现,这种族内不肖子弟盗卖祭产即远走高飞的情况不止发生在江苏一省。可合理推测,只要是祭田普遍存在且规模较大的地区,这种盗卖现象和盗卖人为逃避罪责、花销赃款而远飏的行为即所在多有。庄有恭之所以建议朝廷加强对盗买人的处罚,无疑是考虑到"跑得了和尚跑不了庙"的社会现实,盗买人买了地亩,虽然人可以跑,但地跑不了,这就可以达到保护祭田、减低盗卖祭田的概率。如在一个发生在湖北天门的案件中,张之才将族内公田盗卖给族外的董开江等后即得钱逃走,到族人呈控,要求买受人退田。但买受人数十家,每家种田一二亩不等,显属贫民,按照情理,需要追回或者部分追回田价方显公平。由于张之才久未缉获,买受人拒不退田,案件久拖不决。直到熊宾任内,才斟情酌理,考虑到买受人也有责任,让买受人按亩出价八串,交给张氏族内,另外置办祭田。④ 盗卖人得了钱,长时间逍遥法外,却让族人和盗买人争讼不已。这种情形无疑助长了族中不肖子弟盗卖祭田的可能性。

---

  ① 杨一凡、徐立志主编:《历代判例判牍》第十册,中国社会科学出版社2005年版,第306页。
  ② 关于官方对于这种"诬告"行为不加以处罚的原因,在我看来,固然一方面是基于建立在族内和睦基础上的"无讼"考虑;但更重要的是,在那些确实有盗卖情事发生的场合,官方一般也没有按照律令加以刑事上的责罚。清律中的"诬告反坐"律条适用的最重要前提是,如诬告之罪名成立,诬告者受到的处罚与被诬告者得实所受处罚大致相当,如被诬告者实际上没有受到处罚,诬告者当然也不应受到相应的处罚。参见沈之奇:《大清律辑注》(下册),法律出版社2000年版,第808—829页。在盗卖祭田案件中,发现很多盗卖坐实的案件,盗卖者并没有按例处罚,诬告者当然也就从宽了。
  ③ 庄有恭:《请定盗卖盗买祀产义田之例以厚风俗疏》,载《皇清奏议》卷五十,台湾文海出版社1967年影印本。
  ④ 杨一凡、徐立志主编:《历代判例判牍》第十二册,中国社会科学出版社2005年版,第90—91页。

因祭田设立的短时间性且证据比较确凿、祭田的收益分配自有长期形成并为族众所信守的惯例可遵循且常常和管理关联在一起,因此这两类纠纷在团体内部案件中所占比例较低;由于祭田管理的长期性和规则的复杂性,盗卖祭田可望获得巨大的物质利益,指控对方盗卖、典押祭田乃引起官方注意的重要策略以及官方对这两类案件处理的实际情形,这些因素共同作用,使得因管理和处分祭田而发生的案件占团体内部案件的绝大多数。

(二)官府裁断的依据

清代可用来规范祭田案件的条文,既有国家正式法条,也有大量的家法族规。按照学界通常的说法,两者之间在通常情况下是一种互补关系,在二者发生冲突的时候,国家正式律例的效力高于家法族规的效力。这种宏大的规律性的"意见"是否具有普遍性的解释力?司法官员对案件的实际审理是否或有意或无意地遵循着这个"意见"?根据我对团体内部案件所搜集到的判决来说,至少在团体内部案件中,该"意见"基本不成立。

在搜集到的31则团体内部案件中,官府判决的依据主要集中在情理(14个)、跟祭田相关的原则(10个)、例(2个)、族规(3个)和习惯(2个)等几个方面;另外还有4个案件不能准确判断官府的裁断依据。① 从该统计数据可见,官府判决的主要依据是情理和跟祭田相关的原则这两部分,也即是说官府对约80%的团体内部案件的裁断依据都包括了这两者或两者之一。而根据我的预想,可能主要适用的是成文规条(国家律例和家法族规)。但实际上,它并不占重要位置,只有大约1/10的案件,官府才将之作为判决的主要依据或依据之一,另外还有少量的习惯也被官府偶尔用来作为裁判案件的根据。为什么会存在这种审判实际情形与预想的巨大背离呢?下面先一一检视实际审判中所运用的各种法源。

首先来观察作为团体内部案件裁断依据官府适用最多的"情理"。"情理"在传统中国司法审判中占据了重要位置,尤其是在州县自理词讼的审理中更是如此。但究竟什么是"情理",学者的理解或者说理解的重点存在一些差别。影响较大的,如滋贺秀三认为"情理"的含义"通过实际事例的体会"更能准确把握,在对各类实际事例进行分析的基础上,他对"情理"作出这样的概括,"情理大约只能理解为一种社会生活中健全的价值判断,"他借用普通法术语,认为它"特别是一种衡平的感觉"。② 张伟仁先生则认为"情

---

① 官府对一个案件的裁判依据有时不止一个,故各类统计数据之和超过了案件总数。
② 〔日〕滋贺秀三:《清代诉讼制度之民事法源的概括性考察》,载王亚新、梁治平编:《明清时期的民事审判与民间契约》,法律出版社1998年版,第29—34页。

理"是"为多数人公同认可的,可以由一般有常识、理智的人加以验证确认"的某种准则。① 与此理解有差别的是黄宗智,他将"情"、"理"二字分开来解,认为"情"则"意味着通过妥协互让来解决争端";"理"是"道理",是"一般人的是非对错意识"。② 汪雄涛则沿着黄宗智的思路进一步展开分析,认为"'情'具有四个义项,分别是感情、性情、人情世故以及案情,'理'就是广义上的事理,除了事物之理外,还包括人伦之理。义项合并之后,'情理'的含义应为案情和事理,同时包含事实和法律两个维度。"他进而指出,"对'情理'一词事实之维与法律之维的混淆……后果,中国古代诉讼中的事实层面在研究中经常被忽视,而法律层面也因为没有与事实层面作合理区分从而显得模糊。"③尽管上述诸位学者对"情理"之具体内容及其表述有差别,但有一个最起码的共同点,即它一定是传统中国社会中能得到普遍认可的"常识"。

在这14个将"情理"作为裁判依据或依据之一的案件中,更常见的情形是"情"和"理"连用,如"情理所不原"、"准情酌理"等;即便是单用"情"或"理"的场合,两者在意思上一般可以互换,之所以用"情"或"理",更多的是对语言表达习惯的尊重和文句的通顺与典雅,如"情所不堪"等。

在这里,如要将官方作为判决依据的"情理"加以具体化,发现有以下几项稍微特定的内涵:特殊情况,情有可原(第4、20案);事出因公,理宜和睦(第5案);族人入学即拨归祀产,于理不顺(第29案);全亲亲之谊(第10案);以全宗谊(第27案);不能有伤一本(第21案);欠债还钱(第16、22案);不仁于同体即不可能仗义于宗族(第28案)。观察这些不同种类的"情理"内涵,将它抽象来看,确实是传统中国社会中能得到普遍认可的"常识";但这种作为社会普遍认可的具有"常识"性的"情理",适用到具体案件中又需一定"艺术"。在这个意义上,汪雄涛所指出的研究中国古代诉讼,对事实层面要引起足够的重视,是很有见地之论。一个理想的地方司法官,既要合理区分事实层面与法律层面,更要善加融汇,最好是水乳交融,相得益彰。这就是"艺术",绝不是抽象的教条,而是在把握"常识"的基础上合理拿捏"分寸"。

曾在江西长期担任地方官的张五纬,根据断案的亲身体验,在其判牍汇编《未能信录》开篇《原起总论》中即对"情理"的具体运用做了很好的解说,地方官"惟论事之常情、常理,而不能察民间之各有其情、各有其理,皆不免有

---

① 张伟仁:《中国传统的司法和法学》,载《现代法学》2006年第5期。
② 黄宗智:《清代的法律、社会与文化:民法的表达与实践》,上海书店出版社2001年版,第13页。
③ 汪雄涛:《明清判牍中的"情理"》,载《法学评论》2010年第1期。

负父母斯民之任。理之所无,事则恒有,即愚民之所谓情理也。入国问禁,采访风俗,其风俗各有不同处,即其情理各有所在也。挽其非情、非理之风俗,导其至情、至理之王道,条教频颁,示以禁规、戒约,是为法语之先声。"①其实,"情理"要获得具体意义,离不开实际的运用。尽管"情理"有其抽象的"常识"内涵,但在具体事例中,并不总是那么显明。针对某个具体案件,是否符合"情理"并非总是泾渭分明。尤其是对案件当事人、乃至普通百姓来说更是如此,他们对"情理"的体会、尤其是对当下案件如何妥当运用可能差别很大。在传统中国的差序社会格局里,受朝廷派遣来治理地方的官员,被认为比其治下的百姓在体认、运用"情理"方面更精确,事实上也更具权威。因此,如张五纬所说,官员能够在体认、鉴别"情理"的基础上颁布条教、禁规之类的东西,教化民众把握正确的"情理";张五纬没有明说,但很多官员包括张五纬自己在内,通过自己对案件的审断,实际上也是在向百姓宣示正确的"情理"是什么以及如何在具体事例中斟情酌理。不管是颁布反映"情理"的条教、禁规,还是通过具体案件对"情理"的把握示例,都是地方官员在教导百姓如何才能做到"通情达理"。在这里,情理法三者获得了一种和谐的关系,而这恰恰是传统司法所要追求的理想境界,这是地方官在处理祭田案件时乐意以"情理"作为裁判根据的原因之一。另外,借"情理"来阐释法意,法意以具体适用"情理"的方式来表达,既有其灵活性的一面,更能得到包括当事人在内的普通民众的遵从和信服,这也是地方官乐意运用"情理"裁断祭田案件的原因之二。这两个原因合在一起,在相当程度上能够解释官府裁断祭田案件的依据中"情理"所占的重大比例。

接着来观察作为官府裁断祭田案件依据的"原则"。它涉及祭田的设立、管理、收益分配和处分等方面。具体说来,大致如下:(1) 捐产入祀,即为祀产(第6案);(2) 管理权在一般情况下不应由某房独揽(第24案);(3) 祭田在没有单独的管理机构和人员时应由各房轮管(第3、6、7、10、11案);(4) 关于祭田的账目应每年凭族清算(第4案);(5) 清算账目是判定管理人是否存在侵蚀公产问题的前提(第14案);(6) 祭田不允许分析、盗卖和典押(第15、29、30、31案)。这些原则实际上是大多数族规、祠规中关于祭田的设立、管理、收益和处分的"公同"认可的一般性规定。

一般而言,家法族规的规范对象仅限于特定的族(房),不具有普遍性,但所有的族(房)都处于传统中国社会之中,共享着以儒家思想为指导的精神资源,在族规、祠规的制定过程中还相互借鉴、相互影响;且族(房)设立祭

---

① 杨一凡、徐立志主编:《历代判例判牍》第九册,中国社会科学出版社2005年版,第503页。

田之目的主要是为了给祭祀祖先提供物质支撑。所以,各个家法族规里关于祭田的规定从内容上看有其较大共性。而国家一般不直接干预像祭田这样的族(房)内部事务,除非因此而发生严重纠纷在族内无法得到妥当解决,或者案件危及到地方的安宁与基本秩序,官府不得已才介入,故国家正式成文法规在这方面没必要详加规定。这就是通观整个《大清律例》,跟祭田直接相关的条文为什么只有乾隆年间订立的"盗卖盗买祀产"例文的主要原因。既然国家正式律例缺乏关于祭田案件所能直接适用的规条,官府有时又不得不审断那些被提交上来的在族内无法获得解决的祭田纠纷,运用这类跟祭田相关的"公同"原则就是一个恰当的选择:既弥补了国家正式规条的不完备,且能为包括当事人在内的所有民众的信服,还能避免直接适用个别性家法族规的相关条款,从而有损官府的权威。可以设想,如官府在审断这类案件时直接适用家法族规中的相关条款,一方面需要特别注意这些规条的族别性特征,另一方面在观念上也有混淆朝廷律条与家法族规之间的等级界限,从而有损作为朝廷代表之官府,凌驾于宗族家庭之上的尊严。

再来看祭田案件中实际适用的"例"。按照通常的理解,清代判词中所引用的"例"当然是"律例"中的"例文"。在我的统计中,这两个例分别是无子袝食之例(见第1案)和充奉祀生之例(见第2案)。这两条例文到底来自何处?我先后查阅乾隆五年正式颁布的《大清律例》和晚清薛允升所著的《读例存疑》,皆未能找到相关例文。

在第1案里,判词中仅有"援无子袝食之例"几个字,根本没有谈及具体内容,说明这个"例文"一定为众所周知。既然在通用的《律例》中没有相关条文,那这里的"例"就不一定是作为国家正式法律规条的"例文"了,"例"本义为"事类、事例"之意,跟儒家经典密切相关,如晋代杜预《春秋序》即有"故发传之体有三,而为例之情有五。"①"律例"之"例"是引伸义,如杜预所云:"法者,盖绳墨之断例,非穷理尽性之书也。"② 据杨一凡在详细考释基础上的总结,在中国古代的法律文献中,例的含义有四:法律代称、名例的简称、单个事例、条例则例之类的单行法规。③ 观察这所指的"例",皆不属于这四类之范围。查《礼记·丧服小记》有"庶子不祭殇与无后者,殇与无后者从祖袝食"④之文,大致即可明了该判词中所引之"例"来自儒家经典。所谓的"无子袝食之例",换一种说法就是"绝产归祀",私产变成祀产,私田变成祭田。

---

① 《王力古汉语字典》,中华书局2000年版,第26页。
② 《晋书》卷三十四,"杜预传"。
③ 参见杨一凡、刘笃才:《历代例考》,社会科学文献出版社2012年版,第3—4页。
④ 《礼记正义》(中册),北京大学出版社1999年版,第965页。

这给该官员引用此经义作为裁决祭田案件提供了可能性。以儒家经义作为裁判案件的根据,在两汉之后即因法律的逐渐儒家化而趋于衰落。① 因此以经义中的"例"作为判决根据的办法不会经常运用,更多的只是一种因官员的个人偏好而生的偶然现象。

第2案则较为详细地阐释了此例文,"查照成例,奉祀生一项,以现充祀生之嫡长子孙承祀;有故,始准以嫡次子孙充补;如再有故,始准以近支同曾祖以下之人充补等因"。虽然我不能找到其确切出处,但从其内容来看,是宗法精神的直接运用;从其形式上看,乃非常见的国家律例条文。运用"充奉祀生之例"是因为奉祀生的职位和祭产的管理、收益分配有密切关系,所以审判官员才将之拿来作为审断祭田案件的判决依据。一般情况下,祭田的收益分配采取的是按房均分原则,宗子或祀生享有祭田收入分配方面特殊利益的毕竟是少数,故这类"例",即便是国家正式规条,也不可能作为官府的判决依据被频繁引用。

关于"族规"和"习惯"作为官府的判决依据被引用的事例也较少。在上述案例中,只有第9、13、17三案官方引用了具体族规条文。就家法族规中关于祭田的规定而言,从整体上来说,有其"公同"性的一面,即上面所说的祭田一般原则;也有其特殊性,即体现在那些与其他族(房)关于祭田之规定不同之处。如争议之点恰在这些特殊性上,而当事人在呈上的证据里又有族规在内,那官府参照这些得到两造认可的族规作为裁判依据也是顺理成章之事了。如第9案就是原告要求分胙,而被告以其成为教民而拒绝②,官府根据族规关于分胙的规定,"捐租入祀,祀内凭其租数分给胙肉",判决被告给付胙肉给原告。③ 这种争点集中在族规特殊性方面的案件毕竟不多,因此适用这些族规中的具体条文作为判决依据的情况也非常见。

在我所搜集到的祭田案件中,官府援用习惯的仅有第8和12两案,其引用的习惯分别为诸暨普遍设立祀产和"堂流祀捐"习惯。地方习惯具有强烈的地域性特征,当时又无采用习惯使之成为习惯法的标准,利用它作为官府裁断案件的依据必定是极度不方便和不确定的,因此其运用不会太多。即便偶然有,也是跟特定的官员个人和案件本身的特殊性分不开的。在我搜集的祭田案件里,只有这两个由诸暨知县倪望重判决的案件运用了诸暨的地方习

---

① 关于经义折狱之权威研究,参见黄源盛:《汉唐法制与儒家传统》,台湾元照出版公司2009年版,第1—173页。

② 自西方势力进入中国后,教民问题逐渐成为一个比较严重的社会问题,也是当时司法棘手处之一。详见李启成:《领事裁判权与晚清司法改革之肇端》,载《比较法研究》2003年第4期。

③ 杨一凡、徐立志主编:《历代判例判牍》第十册,中国社会科学出版社2005年版,第335页。

惯,一是因为两造争执本与其父祀产有关(第8案),一是为了准确解释作为重要证据的分书之内容(第12案)。正是案件本身相对于其他祭田案件的特殊性和官员个人的偏好才使得习惯成为各自判决的依据之一。所以,和具体的族规条文类似,"习惯"成为判决依据的比例在祭田案件中很低。

综合考虑官府在裁断团体内部案件时的判决依据可发现,他们更倾向于适用那些更具灵活性和概括性的"情理"和"原则",只有在特殊情况下不得已才适用"族规"和"习惯"。至于国家的正式律条,在我搜集的团体内部案件中,基本上没有作为判决依据加以直接适用。

(三) 官府裁断的策略和方法

官府裁断案件的策略和方法在很大程度上取决于它所要达到的目的。就传统中国司法而言,在当前案件中能定分止争固然是其目的之一,但它更高层次的追求还在于通过眼前的"折狱"将引起纷争的潜在因素消弭于无形,亦即是向儒家所倡导的"无讼"境界靠近。官府裁断团体内部案件所追求的目的也不例外。但祭田团体内部案件有其自身的特殊性。官府要达到其预期的目的,必然要照顾或考虑到这一点。这种特殊性在什么地方呢?简言之,祭田是为了祭祀族中先祖而设立的,并要能垂之久远,固然一方面是要满足族人敬宗追远的孝思,然另一方面也是为了实现族内和睦;由祭田的设立、管理、收益和处分而发生内部案件本身即破坏了族内和睦。而族内和睦是官方所要追求的"无讼"境界所必需,没有族内和睦就不可能接近或达到"无讼"的理想。

从一般意义上来说,族内和睦与跟祭田相关的原则是统一的。这些原则涉及祭田的设立、管理、分配收益和处分等方方面面。比较重要的,如在没有选任或推举专门管理人的情况下应由各房轮管祭田;祭田的收益应在各房之间平均分配;祭田不能分析、盗卖和典押。但在具体情况下,这些一般性原则却与族(房)内和睦存在这样那样的紧张关系。比如,在一个因祭田的管理过程中出现了侵蚀祭田收入的问题,管理人却是贫窭难以度日之人,他房则比较富裕。在这种情况下,如坚持祭田管理的一般性原则,那恰恰有违族人之间应互相周济这个保持族内和睦的前提。

家法族规中关于祭田问题的规定,通常来说都是这些祭田原则的条文化和具体化。官府裁判团体内部案件将祭田一般性原则作为判决的依据在很大程度上也可理解为已将家法族规间接适用于案件审理中。而国家正式律例中关于"盗卖祀产"的条文更是以国家权力来保护祭田永久存续、不被盗卖这个祭田一般性原则,并以此来威慑和教化那些蠢蠢欲动的不肖族(房)

内成员。

盗卖祀产专条规定盗卖祖遗祀产至五十亩者,证据确凿,即发边远充军;如盗卖数额不及五十亩者,参照盗卖官田律治罪。盗卖官田的处罚是在盗卖民田的处罚上加二等。盗卖民田的处罚是:田一亩以下,笞五十,每五亩加一等,罪止杖八十,徒二年。① 相应地,盗卖官田,亦即是盗卖祭田不足五十亩的处罚是:田一亩以下,杖七十,每五亩加一等,罪止徒三年,杖一百。综合律例关于盗卖祭田的规定,可直接表述为:其处罚严重程度与盗卖数量成正比;所有的盗卖祭田行为都要处罚,最低杖七十,每增加五亩处罚加一等,五十亩以下最高处罚是徒三年、杖一百,五十亩以上充军发配。事实上,在我搜集到的30个团体内部案件中,都发生在乾隆二十一年"盗卖祀产"例文生效以后。有5个案件涉及盗卖祭田,经官方确认盗卖属实的有两个(第14、27案),不存在盗卖行为的有3案(第15、20和23案)。这两个盗卖属实的案件,官方并没有适用盗卖祀产的例文进行处罚,只是要求被告备钱赎回;在3个诬告祭田盗卖案中,作为诬告者的原告,按照清律诬告反坐原则,应处以"盗卖祀产例"的相应处罚,但官府对诬告者也未加以责罚。② 也就是说,在我所掌握的关于盗卖祭田涉讼的内部案件中,官府根本没有适用过国家正式律例中的"盗卖祀产"例,仿佛这一例文根本不存在似的。此一例文在实际审断中成为具文的原因何在呢?

是不是该例文本身制定得有问题?晚清律学大家薛允升和沈家本虽然没有考察过关于祭田案件的实际审理情形,却从立法本身应有的公平和技巧方面提出了疑问。在该条按语中,薛允升指出:"与子孙盗卖坟树条例参看。苏州巡抚原奏,三者并无区别。部议以祀田较义田为重,已不可通,而宗祠又较祀田为轻,尤不解其故。"③薛允升的主要疑问是同样作为族(房)公产,国家对盗卖行为的处罚不应该有轻重之别。其实,"部议"所定的处罚轻重自有其道理在里面。就祀田和义田来说,一般义田的规模比祀田大,义田是为照顾生者(族人)而设,祀田是因祭祀死者(祖先)而设。在传统中国讲究祖

---

① 薛允升:《读例存疑重刊本》第二册,黄静嘉编校,台湾成文出版有限公司1970年版,第277页。

② "盗卖祀产"例文明确规定:"其祀产义田令勒石报官,或族党自立议单公据,方准按例治罪。如无公私确据藉端生事者,照诬告律治罪。"参见同上书,第277页。

③ 同上书,第277页。嘉庆十四年改定的"子孙盗卖坟树"例文为:"凡子孙将祖父坟茔前列成行树木,及坟旁散树高大株颗,私自砍卖者,一株至五株,杖一百,枷号一个月;六株至十株,杖一百,枷号两个月;十一株至二十株,杖一百,徒三年。计赃重者,准窃盗加一等,从其重者论。二十一株以上者,发边远充军。若系枯干树木,不行报官,私自砍卖者,照不应重律,杖八十。"(见上书,第574页。)

先崇拜的氛围中,去世祖先对于族的密切关系或者说象征意义较之在世的个别族人相比更为重要。考虑到这些因素,如对盗卖义田和盗卖祀田处于同样的刑罚,也就是说盗卖同样数目的祀田和义田处罚相等,那朝廷实际上是给予了义田更大的保护力度。①

沈家本在《律例偶笺》中对该条例文有下述评断,"祖产究系子孙自有之物,与卑幼私擅用财情节相似,未便遽与真盗同科。盗卖多由贫苦,与投献、捏卖者迥不相同,遽照彼例拟军,未免过重。夫祖父母、父母生存而奉养有缺,律止满杖。祀产以奉祀已故之亲,盗卖则奉祀有缺,与奉养有缺者何异?而轻重若此悬殊。宗祠为祖宗神灵陟降之所,无宗祠即无以奉祀,与祀产有何区别?而一徒、一军,相去数等,何也?律内盗卖官田、宅者加二等,罪止满徒,是田、宅本同一罪名,宗(祀)[祠]既照官田之律,而祀产则又加重,又何也?任意轻重,真不可解。似应将祀产、宗祠改为一例,以示平允。在当时创此等条例,不过一不孝之大题目耳。何以古人竟无此条例,岂古人之智真不若今人?"②沈家本的评断一方面是薛允升对该条例文所作评论的进一步引申,如沈氏对盗卖祀产和宗祠所作的比较;另一方面也提出了新的理由,如将盗卖祀产与卑幼私擅用财进行比较,盗卖发生的根源以及盗卖田和宅罪应同科等。沈氏所提出的新理由多是从罪刑相应这个立法技术角度提出的,以例文能够真正在司法审判实际中得以施行这个假定为前提,此其一。其二,尽管我承认沈氏从立法技术上对盗卖祀产例文的质疑有一定的道理,但也有些值得深入思考的地方,如盗卖祀产与卑幼私擅用财的相似性问题。在这里,卑幼私擅用财之"财"是限于同居共财的家庭范围内,是家庭财产;而包括祀产在内的祖产则是族(房)产。按照亲属相盗的处罚原则(即处罚严重程度与盗者和被盗者的亲属关系之密切程度成反比例关系),故盗卖祀产之处罚应比卑幼私擅用财的处罚为重。

退一步说,即便认同薛允升、沈家本诸人对该例文的质疑,但这种质疑显然不是这条例文在实际案件中根本没有运用的主要原因。试设想将盗卖祀产的处罚减轻到盗卖义田的处罚程度,即准照盗卖官田律治罪,地方官也不会打算将之变为实际生效的规条。因为这同样会破坏族内和睦这个地方官

---

① 这也可以解释与本条例文制定时间大致同时,对它的制定背景更为了解的吴坛为什么没有类似的疑问。吴坛,乾隆二十六年(1761年)进士,官刑部郎中,明决如老吏,总理十八司,历办秋审,出入平允。奉命按狱外省十余次,多所平反。乾隆四十五年(1780年)去世。参见张伟仁主编:《中国法制史书目》,台湾"中央研究院"历史语言研究所专刊之六十七,1976年,第39页。吴坛对于此条例文在按语中仅注明"系乾隆二十一年六月内刑部议覆苏州巡抚庄有恭条奏定例,乾隆二十一年馆修入律。"见吴坛:《大清律例通考》卷九"户律田宅·盗卖田宅",吴重熹辑,光绪十二年刊印本。

② 《沈家本未刻书集纂》,中国社会科学出版社1996年版,第286—287页。

所追求的裁断案件之目的。

那些规范祭田处分的条文,不管是国家成文规条,还是家法族规,其主要目的都是要永久性地维持祭田的现状。要达到这个目的,其方法却并非唯一。对盗卖者施以严厉的处罚是国家律例所采用的方法,但它仅仅是方法之一,还不一定是最有效的方法。从地方官裁判盗卖祭田案件所选择的裁判依据来看,他们事实上否认了这种刑罚处罚方法相对于其他方法的优越性。他们通常采用的裁判根据是"情理"或跟祭田相关的一般性原则。具体来说,如真有盗卖情事,则要求盗卖者备价赎回,以恢复祭田的原状,同时指出其行为"本应严惩",但考虑到盗卖者的态度,"姑予从宽";如查明无盗卖情事,则要求原告赔礼道歉,并保证不再为此兴讼,同时威胁其诬告"本应严惩",鉴于族内和睦、同气连枝而加以宽免。

反之,如地方官在裁断此类祭田盗卖案件时严格适用国家成文律例,按照其盗卖数量的大小,分别处以杖、徒、充发等刑,盗卖者固然受到了严重的处罚,但这种严重的处罚真能更好地保护祭田不被盗卖吗?贝卡里亚基于对人性和刑罚的考虑所提出的论断"对人类心灵发生较大影响的,不是刑罚的强烈性,而是刑罚的延续性"①,至少能引发我们思考。盗卖者本因盗卖行为承受了巨大的内外道德压力②,再加上这种严峻的官方处罚,盗卖者更容易自暴自弃,当所受处罚结束之后,在报复心的驱使下,更肆无忌惮地盗卖祭田。另外,盗卖者作为家族中的一员,对盗卖者的处罚势必影响到与之有密切关系的其他族人。由于处罚的严厉,他们势必对控告者充满怨怼之情,直接对宗族和睦构成了挑战。再则,族之所以为族,在于其成员源出一本,尽管只是盗卖者行为不肖而受罚,但毕竟还是先祖的后代,流淌着先祖的血液。对盗卖者的处罚,既是对祖先的侮辱,也使祖先不安地下。

从控告者一方来说,"盗卖祭田"之所以为"盗卖",在于其隐秘性,找到确切凭证并非总是那么容易。贸然兴讼,一旦查证不实,即要承担"诬告反坐"的责任。既然控告得实,被告要严惩,与此相应,控告子虚,反坐也当得实。即便告发得实,盗卖者受到严厉处罚,控告者一方面要担心来自盗卖者

---

① 〔意〕贝卡里亚:《论犯罪与刑罚》,黄风译,中国大百科全书出版社1993年版,第46页。
② 在清代,从朝廷到乡间,对祖先的崇奉已成为一种"共识",并内化为一种自觉的道德追求。为保证祭祀先祖顺利进行而设置的祭田应永远保持下去也成为这种道德观念的一部分,对祭田有盗卖行为的族人显然是祖宗的不肖子孙这一点已是毋庸质疑。不管是基于什么原因,是贫穷难以度日抑或是利欲熏心,甚且二者兼而有之,盗卖者必然承受来自族内、乡党的巨大道德压力。如果盗卖者尚有几分良知,还要承受那些来自己身的良心谴责。

及其近亲族人的报复,另一方面还可能要承担来自族人的指责①和愧对先祖和宗族的道德压力。所以,控告者一般不会轻易选择告发族人的盗卖祭田行为。

不管是从盗卖者还是控告者的角度来分析,如严格依照官方关于"盗卖祭田"的例文来裁判案件,可能产生上述种种问题,不仅不能最有效地达到保护祭田长期维续之目的,且轻易破坏了族内和睦,埋下今后讼争的根源。也许这种基于"常识"和逻辑的推理不能为地方官所自觉意识到,但他们通过自己的宗族生活经历和服官之后的阅历,以及他们所膺服的"睦族"、"无讼"等价值追求,共同驱使他们自觉不自觉地以"情理"和祭田一般性"原则"这类更具灵活性、更能有效保有祭田、维持族内和睦的法则作为依据来裁判祭田盗卖案件。

在传统中国社会格局之中,尽管法律已儒家化,但直接运用它们来规范民众的行为,仍是不得已而为之。在这种语境中,"儒家化的法典主要是用来承担教化任务和实现威慑作用的,统治者常常以少用法律或不用法律就能维持社会安定来评价各级官吏的政绩,并以此来标榜政治清明和治国有方"。② 故地方官在祭田盗卖判决中指出盗卖行为或诬告行为为"本应严惩",能充分发挥律例的教化和威慑作用即为已足。在现代西方法律观念中,非常强调"有法必依",即法律规则在司法实践中的运用,"具文"是不配称为真正法律规则的。以这种现代西方法律观念来观察传统中国的成文规条在司法案件中的运用,很多情况下,这种规条只能被定性为"具文"。殊不知在传统中国,这种"具文"恰恰是官方所要追求的。清代地方官在祭田盗卖案件的审理中对待"盗卖祀产"例文的态度即说明了此点。

清代的团体内部案件涉及祭田的设立、管理、收益分配和处分诸领域。地方官在审理过程中更经常性的适用"情理"和从家法族规中抽象出来的祭田一般"原则"作为判决依据,而只是让国家正式律条在判决背后发挥其威慑和教化功能,并非作为直接的判案根据。这在宏观层面上与中国传统礼治社会下的法律儒家化相吻合,在微观层面上与地方官看重族内和睦、进而消除诉讼之源的价值取向相关联。

二、家族"团体外部案件"

下面是我从上述判例、判牍中找到的家族"团体外部案件",制作表格的

---

① 官方对盗卖者的严厉处罚倒反过来使得盗卖者及其近亲得到同情,族人和乡党会倾向于将此种处罚产生的原因归之于控告者的小题大做。

② 刘广安:《儒家法律特点的再认识》,载《比较法研究》2005 年第 3 期。

注意事项与前面相同。

表 2 "团体外部案件"一览表

案件编号	案件名称	案件两造之关系	案件性质	裁断之官府	裁判依据	审理结果	资料来源
32	盗卖灭祭事	两不同宗派的僧人	以诬告盗卖为名,而夺寺庙祭田管业权	知县	"业各有主、主应有据"的情理	诬告僧人当棒喝	槐卿政迹
33	戕害无休事	普通人之间①	侵占墓田管业权	臬司批府委员知县同勘	准情酌理,揆势审形;"族谱与异姓兴事不足为凭"的原则只有在对方有确凿可凭的情形下才能适用	确立一造管业,出于清讼源的考虑,两造免予责罚	槐卿政迹
34	冒祭图占事	普通人之间	争执墓田管业权	案经三载,多次上控,发还知县审理	情理:"程族自有宗祠,何难致蒸尝而展拜祭,奚必借无凭之坏土?"	确立一造管业,着令理屈一造修复其砸毁的墓碑	槐卿政迹
35	黄金煊与黄海生等互争田亩各情由	不同房之族人之间	争夺祀田的管业权	知县	同族情谊"本应责惩,姑因谊属周亲。"	从宽申斥,维持祀田原先的管业权,黄海生赔酒,以为和解	诸暨谕民纪要
36	蔡奎邦等控蔡观澜等骗价抗推由	普通人之间	转押祀田是否可以赎回的争执	知县	条理:赎田应有次第	退回取赎款项;蔡奎邦向左川氏取赎,左川氏向蔡观澜取赎	诸暨谕民纪要
37	周全金等与周元臣等互控强占由	普通人之间	按期出顶祀田是否可以提前赎回之争	知县	族际纠纷中,顶票比祀簿更有证据力②;祀田应到期回赎的原则;情理	为免争端,且不关涉巨大的利益,当下赎回	诸暨谕民纪要
38	杨邦朝翻控赵武斌争田由	普通人之间	盗卖盗买祀田	经前任知县断结后的翻控	对前任判断尊重的情理③	盗卖人和盗买人皆不加刑责,着盗卖人赎回归祀,盗买人认罚银	诸暨谕民纪要
39	杨志校控陈鹤元等阻继勒捐由	普通人之间	祀产的设立	知县	异姓不得乱宗之例;绝后之产入祀之原则	陈国章如有继子,祀会归其管业;如无,财产入祀,为祭扫坟茔之需	诸暨谕民纪要

① 这里所说的"普通人",指的是他们分别属于不同宗族。
② 关于这个证据适用原则,该知县是这样证明的,"不知祀簿一家私物,可以埋好,少写年限,抑或事后记忆不明,出于董事一时之误……应以顶票为凭。"参见杨一凡、徐立志主编:《历代判例判牍》第十册,中国社会科学出版社 2005 年版,第 411 页。
③ 该知县对作为判决根据的情理在我看来十分模糊,难以准确把握。"赵槐生私卖祀田,本应责惩,姑因周前县并未责杨邦朝,加以杨邦佃种是田,知情故受,案又翻控受累,姑予从宽,断令杨邦朝……认罚肆元五角。"参见杨一凡、徐立志主编:《历代判例判牍》第十册,中国社会科学出版社 2005 年版,第 412 页。

（续表）

案件编号	案件名称	案件两造之关系	案件性质	裁断之官府	裁判依据	审理结果	资料来源
40	张雅高等控张继袁占管祀地等情由	不同房的族人之间	田亩是否祀产的争执和祀产的设立问题	知县	祀簿和买契；尊祖睦族的情理	系争对象为张继袁私田，令张继袁将该田一部分捐入祀内，充作祀产	诸暨谕民纪要
41	袁秉海等控袁高丰等串卖祖田理阻被凶殴由	不同房的族人之间	出卖田亩是否祀产的争执	知县	查明案情基础上的常识	田亩既属私人，可以买卖；惟双方争殴出于买受人的撺掇，谕令买受人承交罚银	诸暨谕民纪要
42	胡翼轩批	普通人之间	是否朋串盗卖祭田和可否自卖祭田之争	知县	祭产应该保有的原则；免于讼累的情理	着邀请公正族人妥议保持祭田之办法，呈候该知县核夺	四西斋决事
43	陈凤图判	普通人之间	朋串盗卖祭田	知县	祭产不准盗卖的原则；情理"本应追缴陈嘉余父子卖价，赎田归祭，惟据称教读为生，家计窘迫，一经押追，案将延宕，姑从宽断。"	盗买人不予责罚，盗卖人和朋串之人罚款，以罚款恢复祭产原状。重新确认轮管祭产	四西斋决事
44	讯张训钦一案	普通人之间	盗卖祭田之后祭田的回赎问题	天门知县	人情："伊等不应私买，然错在当先，以人情论，似不能勒令伊等退田，全不给价。"	由祭田承买人按亩出钱若干，给张氏家族另置祭田①	三邑治略
45	判毕述勤等堂词和堂讯	普通人之间	是否盗卖盗买公产的争执	知县	情理："本应各予惩责，以示儆戒，姑念聚讼日久，该被告中人情虚知悔，概免深究。"	盗卖盗买人免予责惩，公产恢复原状	历任判牍汇记

---

① 该案判决反映了回赎祭田之困难，尤其当盗卖人匿不露面的情况下，"此案牵累七年，拖毙数命，乃彼此不遵，屡次上控，以致案悬莫结。细查情形，始终坏在张之才一人，不应将公田私卖于董开江等，得钱逃走。及张训钦等呈控，经梁前县断令伊等退田，而伊等合计数十家，均种一亩二亩不等。田既断回，理应退价，乃张之浩贫苦，卡追无出，张之才又避匿不面，田价两空。无怪各户拒死相抗。唯伊等不应私买，然错在当先，以人情论，似不能勒令伊等退田，全不给价。再三酌夺，董开江与其穷追此田，不能收租，不如仍令各买户再出钱若干，交付尔自行置田，以作公产。断令每亩出钱八串……向各户收讫，交于张训钦等领收，收字送县备案。"参见杨一凡、徐立志主编：《历代判例判牍》第十二册，中国社会科学出版社2005年版，第90—91页。

（续表）

案件编号	案件名称	案件两造之关系	案件性质	裁断之官府	裁判依据	审理结果	资料来源
46	判秦修祺等堂词	族人之间、主佃之间	祭田的管业权争执	知县	原则：前经作绝产入祠的祭田，后有人承继，该祭田转为私田，归承继之人管业	人情①祭田成为私田，归应继之人管业，并给予原佃户一定补偿，以全族谊	历任判牍汇记
47	判陈齐申等堂词	族人之间	祭田的设立	知县	绝产入祠，成为阖族祭田的原则	绝产入祠，不得再典再卖	历任判牍汇记
48	查明赵莫两姓田坦一案禀等	两族之间	祭田的管业权争执	历经翻控上控，由督抚下发给新会知县审理	情理：以田偿命，大事化小	莫姓已经捐出的祖遗尝田断归遭受人命伤亡的赵姓	聂亦峰为宰公牍之冈州公牍
49	邓钟霖控蓝南妹案判	主佃之间，亦即普通人之间	田亩性质之争：是祭田还是私田	历经前任多次审理，南雄州知州	情理：系争地亩为祭田，为防日后纠纷，酌予从宽	蓝姓候新官到来，对该知州两种解决方案皆不肯具结	聂亦峰为宰公牍之梅关公牍
50	陈日驹告陈长人案	族人之间	田亩性质之争：是祭田还是私田	历经知县多次审理，案悬莫结，上控于汀彰道	查清案件事实，"密授冒公为私之计，阴与之合。"	祭田、尝产只是纷争的借口，按照普通田亩争执解决	徐公谳词

（一）引发团体外部案件的原因分析

按照我对祭田案件的分类标准，"团体外部案件"指的是祭田管业权团体或团体中的某个别人与团体外发生纠纷的案件。我所搜集到的这19则团体外部案件，大致包括围绕祭田盗卖盗买、典押引起的回赎问题发生的争议案件、祭田管业权归属问题引起的案件、私田还是祭田这个围绕田产性质争议案件等三类。

永久保存祭田是传统中国社会普遍承认的一个基本原则，即便是管业权团体要对祭田进行分析，一般而言不会得到官府的承认，所以对祭田进行实质处分，除了官府和族规承认的"易瘠为腴"、"易远为近"等便宜处分外，一

---

① 此种"人情"主要是基于无讼、杜绝今后纠纷的考虑而作出的调和。如判词所说，"似此贪利忘义，谬妄糊涂，殊属可恶。本应加以惩儆，姑念原被一本之亲，连支同气，事关家务，常略理而言情。且其人穷极无赖，若遽绳之以法，日后难保不另生枝节，转非息事宁人之道，是以委屈从权。"参见杨一凡、徐立志主编：《历代判例判牍》第十二册，中国社会科学出版社2005年版，第252页。

般都属于不应为之范畴。这种处分的效力得不到官府和祭田管业权团体的承认和尊重。而买受方和典(押)入方又实实在在支付了金钱上的代价,而且还有预期的收益在内,对此种鸡飞蛋打的情形当然不甘心。如该祭田属于族内支房产,买受人与集体管业权团体还可能是同族不同房,当然也有可能不同族;如该祭田是族产,那买受人和祭田管业权团体当属不同族。所以这种争议一旦发生,族内和乡里之间的调解奏效可能性不如团体内部案件。民间调解的可能性降低,这类纠纷一旦发生,当事人就有更大的动力将此类案件提交给官府进行裁断。这是围绕祭田盗卖盗买、典押引起的回赎问题在团体外部案件中占有一定比例的主要原因。

由于祭田一般而言规模较大,收益较丰;且年湮代远,能证明其管业权的证据不易保存,土地四至难以确定清楚;在传统中国这个农业社会,土地又是人们赖以生存的最重要财富。因此围绕祭田管业权归属问题容易发生争执。这种争执可能在族内房与房之间展开,也可能在族内某房与外族之间展开,甚至可能在族际之间展开。这种纠纷一旦发生,因为祭田为祭祀祖先所必需,且作为族(房)公产,其收益、使用与每个族人利害相关,一旦发生管业权归属方面的纠纷,很难通过民间调解达成基于妥协互让基础上的和解。就是到了官府,这种纠纷都难以解决,如第33、47案。围绕祭田管业权归属问题的纠纷构成团体外部案件一个重要组成部分的原因即在于此。

祭田和私田在性质上存在明显的差别:一个属于管业权团体所有,一个为私人所有。如有人将包括其在内的管业权团体所有的祭田认定为一己之私产,无疑是侵犯了管业权团体其他成员的利益,在我对祭田纠纷的分类体系中,当然属于祭田内部纠纷,在这里兹不赘述。反之,如将别个管业权团体所有的祭田当成是自己的私产(如第38、44、46、48案),或把别人的私田认定为自己族(房)所有的祭田(如第39、40、45、49案),由此而发生的田亩性质认定上的纠纷,当然属于祭田外部纠纷。将特定田亩的性质在祭田和私田之间引起变动,无疑涉及利益归属的根本改变。这是田亩性质认定上属于祭田还是私田的争议在团体外部案件中占有较高比例的原因所在。

(二)官府裁断团体外部案件的主要依据

根据我所搜集到的团体外部案件,发现官府在裁断时的主要依据大致包括:(1)"情理"(包括"条理"在内)①,官府以之作为判决依据占整个团体外部案件的绝大多数,有 16 个案件;(2)祭田一般原则(第 41、42 案);(3)正式律例(第 38 案)。(4)经义(第 38、45、46 案)。

和官府审理团体内部案件所运用的依据相比,相同点在于国家正式律例和经义作为判决依据的比例很低。第 38 案所适用的例文为"异姓不得乱宗"。官府以该例文证明原告属于异姓,不能承继,所继之人即属绝祀,遗产归属族内成为祭产。在这里需要注意的是官府在判决中仅指出"异姓不得乱宗,定例所垂,本于礼经",并没有详细引证该例文,虽强调其禁止性质,但没有点出相应的惩罚之具体规定,只是笼统指出该例文的精神和其来源的权威性,着重强调其教化性的一面。也就是说,官府引用该例文的重点并不在于确认"异姓乱宗"这个违法行为,然后施加刑罚制裁。该例文在此仅起一个"桥梁"的作用,是为论证将私产转化为祀产的合理性和正当性。第 38、45、46 案三案所运用的"经义"即是我在团体内部案件所提及的来自《礼记·丧服小记》中的"绝产归祀"。其在判决中的功用与该例文相近,也是为了更充分地论证将私产转化为祀产的合理性和正当性。

和官府审理团体内部案件所运用的依据相比,其不同点在于适用祭田一般原则作为判决依据的事例减少了很多,而更多地适用了情理作为判决的依据。这一点很容易理解:祭田的一般原则,是从诸多的家法族规中将那些共通的东西抽象归纳出来所形成的,一般而言,是为了约束祭田管业权团体的内部成员而存在的。如祭田在没有专门管理人情况下应由派下各房轮管,禁止不肖子孙盗卖祭田,盗卖了的祭田应由该不肖子孙回赎等等。这些祭田一般原则并不直接规范祭田管业权团体之外的人,事实上也难以规范这些"圈外人",亦即是说它欠缺对"圈外人"的规范力和约束力。因此官府将这些祭田一般原则当作裁断根据时一般而言比较慎重,其运用频率当然不会太高。在第 41 案是官府查明系争田亩是祭田之后,当事人认为与其被人盗卖,不如自己将之处分为好,向官府提出买卖的要求,官府根据"祭田应永久维续"的原则而驳斥其要求。官府之所以适用了这条祭田一般性原则,是因为案件的这个部分只牵涉到管业权团体以内的人。第 42 案是官府在查明确有祭田盗卖情事之后,运用"祭田不应盗卖"这个原则来说明盗卖人行为本应受到处

---

① 在我看来,虽然地方官在判词和批词中有的地方用"情理",有的地方用"条理",甚至有时用"情"或"理",只是为了行文的顺畅,避免文字的重复,其内涵并不存在太大的差别。如第 35 案,知县倪望重在说明已盗典的祭田,经过多次转典,其回赎应按照次第进行,不能直接向最后的转典人回赎,因为"事有条理,可免后言"。参见杨一凡、徐立志主编:《历代判例判牍》第十册,中国社会科学出版社 2005 年版,第 380—381 页。这里,"条理"替换成"情理"、"情"或者"理"都是可以的。

罚,因其这一部分的论述并没有直接涉及盗买人,因此也限于管业权团体内部。实际上,团体外部案件之所以不同于团体内部案件,是因为其当事两造并不限于管业权团体之内。故即便官府在判决中适用祭田一般原则作为依据,来裁断那些"圈内人"的不当行为,但这并不是团体外部案件的核心所在,毋宁说只是团体外部案件所附带的团体内部案件部分。

既然官府通常不能以祭田一般性原则为根据来裁量团体外部案件,正式律例和经义也不能给他们以太多的帮助,他们最后只能主要运用"情理"来作为判决依据。据我搜集到的案件资料来看,地方官裁断团体外部案件所运用的"情理",大致包括"业应有主、主应有据"、不要为讼所累、尊祖睦族、体恤贫困、赎田应按部就班进行、理虽直但也要替对方考虑等情理。这些"情理"无一例外是当时社会生活的人情常理,亦即是一个人或一个团体在当时的社会里为人处世的"常识"。从内容上看具有普遍意义,但在具体适用中又具有特别的针对性,因此地方官在裁断团体外部案件时可以灵活地选择和运用这些"情理"中的某条或某几条来作为判决根据。这是"情理"在团体外部案件的依据中所占比重较大的关键原因所在。

(三) 官府裁断团体外部案件的思路和方法

官府在裁断团体外部案件时和裁断其他案件一样,一个主要的追求是保持人与人之间的和睦。具体到团体外部案件,一般而言,在传统中国这个流动性不大的农耕社会,祭田和管业权团体外部发生的争执一般限于族内的不同房份之间或不同族的邻里之间。要保持族内和邻里之间的和睦,不应该事实上也不能仅依靠那些强制性的条文,尽管这类强制性条文在特殊情形下也是必要的,更重要的是遵守一个人或一个团体在当时的社会里为人处世的"常识"。

团体外部案件由于直接牵涉到祭田管业权团体之外的人,关于祭田的那些一般性原则难以像在团体内部案件里那般较为普遍地适用,而且朝廷规范"细故"案件的少数正式成文规条,其主要功能在于威慑和教化莠民,其重点并不是要将相应处罚实现于具体案件之中,故这些成文规条在表达形式上,一般而言是以列举违规行为并加以相应处罚,而不是从正面直接指出应该如何作为才是正当的和合法的。因此,地方官即便想直接适用这些成文规条在很多情况下也不太现实。虽然成文规条中并不存在直接肯定何种或何限度之内的行为才是正当的,但这方面的内容并非不存在,只是换了一种否定式的表达方式而已。它们以一个人或一个团体在当时社会里为人处世的"常识"方式而存活着,这种"常识"在时人看来是准情酌理的,因此也就是通常所谓的"情理"。在此种大背景之下,官府自然地更多选择了"常识"作为判决团体外部案件的主要依据。但地方官毕竟与普通百姓所处的位置不一样,他们能否相对准确地体认这种"常识",并妥当地将之作为判决主要依据呢?

团体外部案件和其他一般的细故案件相比,具有自身的独特性:即系争对象是祭田的管业权归属问题、典押回赎问题等,由于祭田相对于私田的较大规模,且祭田管业权一般属于团体而非个人,很不容易达成互谅互让基础上的和解。这就要求地方官在裁断这类案件时在运用"常识"或"情理"方面更具高超的技巧,才能达到"止争息讼"之目的。在闽粤一带,聚族而居的现象较为普遍,祭田规模较大,其收入除保证祭祀之外,尚服务于其他很多宗族或家族的公共事务。围绕祭田管业权之间的争执,很容易形成大案,甚或是宗族之间的械斗。如在这类案件中,地方官是利用这种"常识"来裁判案件的,那更可以说明官府裁判团体外部案件——以"常识"或"情理"作为判决依据追求息讼——的思路和特点。下节我还会以第47案——赵莫两姓田坦案为例来分析此问题。

像赵莫两姓田坦案这样极为严重的团体外部案件,官府经过努力都能够以"常识"或"情理"为依据来妥当地裁决,可以合理推断:那些不太严重的一般团体外部案件,官府以它们为依据,一般说来能够进行判决,亦可望得到当事人和一般民众的信服和尊重,进而达到息讼之目的。

一方面因为团体外部案件在通常情况下不能直接适用祭田一般原则,清代成文规条也并没有从正面直接规定某种行为的正当性及其限度,因此官府倾向于在将国家律条象征性地作为一种教化和威慑手段,直接利用"常识"或"情理"为主要依据来裁断此类案件;另一方面,"常识"或"情理"本身具有的灵活性和包容性,如官府能妥当运用,即可保证它们充当官府裁断团体外部案件主要依据。正是"常识"或"情理"的灵活性和包容性,用得好,使得官府在判案的时候游刃有余,当事人也乐于遵从,民众也愿意信服,从而能够更好地达到息讼之目的。这就是官府在团体外部案件判决中以"常识"或"情理"作为主要依据的重要原因。

在本节中,我以原被两造属于祭田管业权团体之内或之外为标准,将祭田案件分为团体内部案件和团体外部案件,具体分析了这些案件发生的原因,官府裁判的主要依据,以及官府裁断案件所采用的思路和方法等诸多方面。在分析过程中,将诸多案件的统计数据和个案分析结合起来进行考察,发现:在官府对团体内部案件的审理中,祭田一般原则是判决的重要依据,更集中地体现了祭田案件的特殊性。在团体外部案件中,"常识"或者"情理"充当了判决的主要依据,祭田一般原则不再占有重要位置,祭田的特殊性只是官府在选择和运用"常识"或"情理"时所要考虑的因素之一。从这个角度来观察,团体外部案件与普通的田土之争并不存在本质差别,亦即是说官府裁断团体外部案件,是按照普通田土争议之通常办法来予以解决的。因此,要考察祭田案件相对于其他田土纠纷案件,官府在审断方面的特殊性,重点应集中在团体内部案件上。

尽管团体内部案件和外部案件在表现形态和官府审断等方面存在上述差别,但一般而言,二者都属于祭田案件范畴,具有下述共通性:官府在裁断祭田案件时,较多的以"常识"或"情理"作为裁判的依据①,尽量将之限定在"细故"案件的范围内加以解决,族内和族际间的和睦是他们考虑的一个重要因素,他们不仅着眼于眼前纠纷的解决,更力图消除那些潜在的纠纷之源,力图向"息讼"、甚至是"无讼"的方向努力。在这里,那些为数不多的国家正式律例等成文规条,主要是在案件背后对当事两造和普通民众发挥其教化和威慑的功能,并不构成官方裁判祭田案件的主要依据。

第三节 个案分析:从"新会田坦案"看"常识"之运用

从个案入手来分析法律史问题,其长处是能深入下去,能见着一些微观层面上的东西,但要注意如何能证明所选择案件的代表性。确实就个案本身而言,一定是特定的诉讼参与者在特定时空所为之一系列特定活动所构成。从这个维度来观察,只是一种特殊,难与具有普遍性格的"代表性"直接关联。其实,这种代表性也就是个案与其论证主题的相关性。既然是相关性,没有,也不可能有一个通用的标准。本节我选择了发生在广东新会的一个疑难案件。我之所以做如此选择,主要是基于两个方面的考虑:第一,本案的系争对象是族田,尽管从表面上看来似乎不是专用于或主要用于祭祀先祖的祭田。在广东这个高度聚族而居的地方,这种狭义上的祭田只是族田的一部分,但其基本原理却与祭田大致相近。第二,本案乃一疑难案件。如在疑难案件的审理中,是"常识"作为判决的主要依据,那些相对简单的案件就更能通过"常识"的运用而获得妥当的处理。

---

① 其实,祭田一般原则从广义上来说是"常识"或"情理"的一部分,亦可从"常识"或"情理"中推导出来。

一、"新会田坦案"之原委及其审理

明清时代的广东沿海有句俗语"沙田之利甲天下"。所谓"沙田",指的是那些沿江濒海,因水浪冲击而淤积的土地。之所以"利甲天下",一是因为在传统社会里,土地是最重要的财富,整个广东多山,惟有沙田地势平坦,土地集中,有潮水灌溉,土质特别肥沃,适于种植水稻、甘蔗等农作物;二是沙田因筑堤围垦而产生,因水势涨落不定而面积不时变化,官方在当时的技术条件下难以准确地在作为土地登记簿的鳞册上记载并进行征税,漏税的可能性较大。① 官方难以准确登记,导致沙田归属纠纷频繁发生。按照陈翰笙先生于20世纪30年代的调查,"沙区农作极其粗放,盛行'挣藁'方法。早稻插秧后20天内在秧的行里间再插入晚稻的秧。早稻收割后晚稻方续渐长大。如此可省去一次翻土的工作,俗称为'挣藁'。'挣藁'不需施肥,且省人力,但收获则较两造分种的少去二三成。普通农户非租种六七十亩不能维持他们最低限度的生活。换言之,沙区的农业经营必须以六七十亩为一个单位,不便再行分割。况且沙区交通既不便利,地主足迹也从不到那里,对于大批的田亩的界限向来不能十分清楚。所以分家的时候,往往不分田而分租。有论房数而分租的,如番禺的南村;也有按人口而分租的,如在沙湾镇。凡不分家的田亩就并入太公田。这种分租而不分田的习惯,当然必使沙田区域的太公田成数特别地增高。沙湾5000余家有宗祠百三十余,每年所收沙区太公田田租在90万元以上。全省沙区中太公田大约要占到耕地80%。"② 故广东沿海的沙田纠纷一般是族际间的土地归属之争,系争地亩最终也成为族田。在这个意义上,本案即为一较常见的族田归属之纠纷。③

在本案发生的这个村庄,赵姓是一个人多势众的大姓,莫姓人丁较少,但因其族人中有功名在身,故也有一定势力。本案肇端于赵、莫两姓争夺数百亩沙田。莫姓从康熙年间即管有沙田A。④ 赵姓颇思据为己有。道光八年(1828年),赵姓指使余姓向官方申报另外一块沙田C,并由当时的张县令发

---

① 《广东省志·国土志》,广东人民出版社2004年版,第229—234页。
② 中国社科院科研局编选:《陈翰笙集》,中国社会科学出版社2002年版,第72—73页。
③ 下面对本案的介绍,主要资料来源于《聂亦峰先生为宰公牍》(1934年刊行)中的八份关于赵莫两姓田坦案的司法文书。
④ 为叙述案情方便起见,本书以代号沙田A、B、C来指称两造所争议的沙田。

给县照,也是当时有效的土地所有凭证。① 沙田 C 在 A 之北,中间隔着莫姓祖田 B。1830 年,余姓将其地亩转让给李姓,但作为李姓的佃户继续耕种。1834 年,受赵姓的指使,余姓控告莫姓妄图占据其田亩②,县令再次确认了莫姓的管业权。1836 年,李姓向南海县呈明其县照丢失,请求官府补发。1840 年,余姓以担心土匪意图霸占其田亩为由,请求官府派人保护其收割庄稼,同年,莫姓在县控告余姓抢割其庄稼,余姓未到案。1843 年,余姓与李姓先后到县、省两级官府控告莫姓勾结匪类、抢割庄稼,最后由陈县令审断。审理结果是沙田 A 归莫姓管业。而李姓过了三个月还不到官府具结,陈县令只能按照律条做销案处理。这是本案第一次的审理情形。

由于李姓没有具结,遂以审断不公为由,寻机翻控。1849 年 9 月,邱县令重新传集两造人证,并进行了简单的勘丈工作,鉴于实际勘丈情形与两造在官方的登记(税收凭证)都不符合,判令各自按照官方的登记范围管业,随后正式补发给李姓沙田 A 的新县照。这是本案第二次审断情形。

1850 年初,也就是李姓领到官方管业文书之日,即将该系争田亩让与赵姓,并到官府进行了登记。从此,余姓、李姓置身事外。原本长期管业沙田 A 的莫姓对邱县令判决不服,到省城翻控;赵姓则到县控告莫姓仗势强占沙田 A。等到官府要求两造到知府衙门进行审断的时候,两造均不到案。莫姓为免于讼累,而且考虑到赵姓现时持有沙田 A 的"县照",官司不一定能赢,但平白让给赵姓又心有不甘,就将系争地亩捐给了该县的义学,并到官府立案。到 1857 年,义学为收割庄稼,呈准县派兵丁保护。结果护卫兵丁和赵姓族人在黑夜之中发生冲突,赵姓族人五名因此而死,八名重伤。赵姓遂到省城鸣冤。省级官府对该命案相当重视,要求该县确查事实并初步审理。

此时新会县令为聂亦峰。聂亦峰,湖南衡山人,咸丰二年进士,历任广东冈州、廉江、梅关等多处知县和知府,在地方官任上判决了不少疑难案件,其人品为曾国藩所激赏,为晚清著名的地方官。在他看来,要彻底解决好这个命案,不让更大的纠纷发生,必须正本清源。仅究命案而忽略前此的"细故"

---

① 在明代,广东农民在围垦沙坦方面大大超过前朝,到清代,珠江三角洲围垦开发沙坦事业发展更快,不仅围垦大量新成的沙坦,未成之沙也筑堤围垦。政府也力图将之纳入国家的正式管理轨道上来。康熙年间,州县要求将垦单报县勘明给照,谓之县照,这是沙田有官颁执照之始;乾隆十八年(1753 年),定由藩司发给司照;到嘉庆二十三年(1818 年),政府统计经登记发照的沙田达 5300 余顷。在这段时期内,直到光绪十二年(1886 年)换部照之前,县照和司照皆为沙田管业凭证。参见《历年整理沙田换发执照考察表》,载《广东省志·国土志》,广东人民出版社 2004 年版,第 234 页。关于沙田的契据和官方执照之沿革和内容,可参谭棣华:《清代珠江三角洲的沙田》,广东人民出版社 1993 年版,第 29—48 页。

② 该田亩到底是沙田 A 还是沙田 C,丙没有说明白。联系案情后面的发展,可推断余姓是有意含糊其词,把水搅混,为日后占据沙田 A 埋下伏笔。

纠纷,是舍本求末。如能查清楚田产纠葛,命案之是非亦得因此而确定。在这种办案思路支配下,聂亦峰先行实地调查、勘验,以解决系争田亩的归属问题。他在仔细阅读相关卷宗的基础上,经过数天的实地调查。查清了关于本案系争田亩的关键事实,即李姓谎称丢失土地执照,要求官府补发,从而利用官府对地界时常变动的沙田没能确切登记的空子,将执照中所记载的土地四至偷天换日,改"北"为"南",其有权管业的土地 C 因此就变成了土地 A。

明白了这个关键事实,就能更好理解上述案件发展中的一些情节:赵姓为达到霸占莫姓管业的沙田 A 的目的,必要使改易极为隐秘,既要让莫姓看不出问题所在,更要官方难以觉察。因此才有本案余姓、李姓诸人的介入。余姓在1840年之前迭控,无非给官方造成并强化其有田管业的印象。1830年余姓将田坦转给李姓以及李姓捏称其印照被窃要求补照,都是为了改易"南"、"北"字样不留痕迹。当经过邱县令讯断之后,李姓重新领照,达到该目的之后,立即将田亩转给赵姓,从此余姓和李姓置身案外。聂亦峰掌握了这个关键事实,大出两造之意外,尤其是自觉相当隐秘的赵姓。惊诧之余,赵姓在"抵命"原则支持下的强硬态度有所软化,不敢再肆意鸣冤上控。在此情况下,聂亦峰遂向上司条分缕析地上报了案情。到1865年前后,聂亦峰重回新会县令任上,作出了"以财偿命"的判决。这是本案在州县官府所进行的第三次判决,由于两造皆能接受,故成为本案的最终判决。

该案在我看来之所以是疑难案件,一是因为该案缠讼达三十多年,历经道咸同三朝;二是该案由田土系属争议的"细故"恶化为五命八伤的重大"命案",其间原因耐人寻味;三是其案情迷离,牵涉面广①;四是该案先后经过陈、邱、聂三位县太爷的多次审理,案件当事人出于种种原因,多次或翻控、或上控,且案情还在不断恶化之中。为什么陈、邱两位县太爷不能通过对案件的审理达到"定分止争"的效果,反而导致案情的严重化,而聂亦峰却能彻底解决延续多年的纠纷?导致这种极大差异结果的原因何在?

二、"常识"与县太爷查案

在本案中,关于两姓系争沙田之归属问题,经过几任县太爷审理,其判决

---

① 主审官员聂亦峰对本案的描述可见一斑,"(该案)其初不过区区一田土细故耳,而何以构讼数十年,历官八九任,田更数主……界出两歧;或冲或河或海,遂尔蔓延。奕叶株累如林,抢劫成风,谣张蔽日,戈矛并出,炮械横飞,以致五命告凶,八伤成废。诸訾抢地,两造呼天,诉遍上台,委提下县,且欲以阖邑之巨衿大族端士正人山长局绅文员武弁推而至于举贡生监之属,悉罗而致之幽囚缧绁之中。呜呼噫嘻,讼至此而极矣。"(《赵莫两姓田坦案勘语》,载聂亦峰:《聂亦峰先生为宰公牍·冈州公牍》,1934年刊行,第68页。)

结果都不尽相同,甚至截然对立。如陈县令将系争田亩断归莫姓管业,之后邱县令的判决实际上将系争田亩断归赵姓管业。之所以出现这种截然相反的判决结果,从表面上看是制度存在较大的缺陷,如未明确规定州县官裁判"细故"案件的方式、所依据的法源类别等,结果实际上赋予了他们在处理"细故"案件方面的巨大权力。但实际情况可能并非如此,即便朝廷律令对此明确规定,在传统中国这样的广土众民社会,不能规定太过细致而流于琐碎,势必赋予州县官相当大的自由裁量空间,州县官依然可能从中上下其手。撇开那些诸如有意偏袒等主观因素,州县官的判决在很大程度上取决于他对案件事实的认定。本来,在传统中国的国家成文法里难以找到认定案件事实的具体而又成系统的规定,尤其是"细故"案件,但经过几千年的司法经验累积,事实上也形成了一套具有可操作性的"惯例",对于查清楚案件事实很有帮助,虽然这类"惯例"不具有严格的约束力。如晚清长期任职于刑部的资深律学专家吉同钧在前人基础上进行了司法经验系统总结,如关于户婚田土等细故案件,他认为审判官应该注意:"户婚之案,身契婚书媒证财礼;钱债之案,合同退约借券老账新账中人代笔;田土之案,典契卖契新契旧契粮串鳞册并地亩四至毗连何家,曾否过割,中证说和年限,有无押契押租,烂价钱文,均须讯明调查。查验之后,当堂发还,取具领状附卷,以免书差勒索领费。如应存查者,即于堂单内注明件数,连黏卷后,用朱笔标封,以免遗失。完案之后,即饬具状袛领。"①

当然,吉同钧的办案经验总结不可能被本案的主审县太爷看到,因为吉氏毕竟活跃在晚清修律前后。我在这里举吉同钧的例子不过是要说明在传统中国几千年的司法实践中,关于如何查明案情方面的审判经验确实有相当积累。像王又槐的《办案要略》、汪辉祖的《佐治刍言》等,都是比较有名的例子。②

根据瞿同祖先生的考证,清代州县官绝大部分出自于科举系列中的进士、举人、拔贡、优贡等名目。③ 事实上,科举之路如过独木桥,甚至有"一命二运三风水,四积阴功五读书"的说法,压力之大,逼得绝大多数生员专心于举业而无暇旁顾,而举业又与律学基本不搭界,因此到他们做官之日,基本没有律学知识。如我们把律学知识限定在那一套具体规则上,限定在明确的法条上,这种说法是成立的,但这并不能据此得出科举出身的官员做不了好审

---

① 吉同钧:《审判要略》,载《司法官要览》,上海大东书局1925年版,第166页。
② 这方面更多的书籍名目可以参考张伟仁:《清代的法学教育》,载贺卫方:《中国法律教育之路》,中国政法大学出版社1997年版,第218—221页。
③ 瞿同祖:《清代地方政府》,范忠信等译,法律出版社2003年版,第36—40页。

判官这一结论。

贯穿中国传统成文法的是礼和情,是以礼入法,是以情入法。而对礼和情的体悟和洞察又绝非仅靠攻读、钻研律学书籍所能获得的。单纯钻研律学书籍,可能培养了更多的刀笔之吏,而不是明法之士。当科举出身的县太爷履任之时,看似"律盲",但如给他们研习的机会,由于他们在科举历程中对礼和情有所体认,他们是能够较快地理解基本的律学知识的。而国家体制也给他们提供了学习律学知识的机会,或者说是要求他们学习。在明清两代,尽管正式的科举不直接以律学知识为考察对象,但皇帝仍然要求官员们要通晓律学"常识",尤其是亲民的州县官。康熙即颁布圣谕十六条,作为军民共同遵守的道德和行为规范。为便于百姓理解,建立了朔望宣讲圣谕的制度。在地方上,州县官是需要向老百姓宣传的,这就要求他们事先有所理解。要让老百姓理解,先要州县官自己理解,而且在形式上还要通俗易懂。《圣谕集解》中规定的应行事宜之一为"通晓律意",其大旨略谓"律之大纲在于惇人伦、守法纪,诛造意、宥误失,使斯民型仁讲让,化行俗美,原与礼文相为表里,读者先明此意而后讲究法律,自不至于假托科条以操持长短。"①《圣谕集解》作为清代官方推行教化的最重要文件,它所规定的办法应该可行。它实际上已告诉我们:对礼、情有所体悟的州县官实际上对"律之大纲"并不陌生,要他们"通晓律意"并非难事。何况还有前人经验累积而成的普及律学常识和办案技巧的小册子可供参考。清代"治绩称著一时"的刘衡②曾自述其读律经过及体悟:"或问律例浩繁,其要旨安在?有尤要而宜先读者乎?曰有。伏查现行律例……言言酌情理之平,字字协中和之轨,而其要旨,敢以一言蔽之曰:保全良民,禁制棍蠹诬扰而已。至诉讼门之十二条,断狱门之二十九条,则其尤要而宜先读者也……衡旋奉檄试令广东,时律未熟,未得要领,苦无胆力。是以在粤七年三任,自愧有忝厥官……叔父以衡家居无事,招入幕……乃更悉心读律,凡八阅月方得征窥圣人制律之深意……律例既熟,胆力以壮。乃能于收呈时,依据刑律诉讼门之十二条,分别准驳;于听断时,则体会设身处地四字,恪遵断狱门之二十九条,分判曲直。"③要读出律中精

---

① 周振鹤撰集:《〈圣谕广训〉集解与研究》,顾美华点校,上海书店出版社2006年版,第79页。
② 刘衡(1776—1847年),字蕴声,号帘舫,江西南丰人,1880年贡生,历官广东、四川等地知县、知州、河南开归道。所著《庸吏庸言》两卷、《读律心得》三卷和《蜀僚问答》一卷分别在道光年间刊行,1868年丁日昌将三书合编,列于《牧令全书》之后,称《吏治三书》。参见陈生玺辑:《政书集成》第十辑,中州古籍出版社1996年版,第598页,"提要"。
③ 《刘帘舫先生吏治三书·蜀僚问答》,载同上书,第815—818页。

意固如是其难,可能还更难,但初步掌握律学常识则简单多了。刘衡的幕僚同时亦是其好友的吴寿椿曾对他有如下追忆:"尝悬'设身处地'之额于二堂听事之对面,用自触省,故为牧令十余年,所理皆得情,无一上控之案。虽处繁剧之区,不踰期而案牍稀简,与民相安于无事,盖有月余不接一呈词者。"①所谓"设身处地"者,既是律学常识,更是做官做人的生活常识。科甲出身的州县官要体认这类"常识"绝非难事。

既然建立在礼和情基础上的"律学常识"对州县官来说不成问题,但"常识"含义并不仅仅指此。作为坐堂问案的州县官,只有在查清案情的基础上才能将他们的"律学常识"派上用场。人情诈伪,机变百出,真假难辨,如何能够使案情明了,可能才是州县官在审断案件时面临的最大困难。

州县官作为最基层政府的行政首脑,必须熟悉当地情况,并对辖区内一切事情负责。用现代的说法来讲,他是法官、税务官和一般行政官,对地方交通、盐政、保甲、警察、公共工程、仓储、社会福利、教育、宗教、礼仪等方方面面的事务皆有责任。这么多事情集中于一人之身,用在司法审判上的时间相当有限,尽管他也有一些幕僚、吏胥等帮忙。要在极有限的时间内查清案情,一方面要有官员伦理方面的"常识",也就是明了做官的责任;另一方面还要有一些关于当时当地风土习俗人情等方面的地方性"常识"。有了这些"常识",对于州县官查明案情、乃至整顿地方化民成俗起到事半功倍的效果。这样,就能够很好理解,为什么清代的律学教育包括经史、方志、档案等书籍。② 其实,通过阅读这些书籍,就是在补"常识"方面的课。

具体到本案,为什么聂亦峰做到了他的两位前任,即陈县令和邱县令没有做到的事?他们两位的问题究竟出在什么地方?根据我掌握的材料来看,主要原因有二:一是在二位审理之时,该案仅仅是田土"细故",没有引起他们的重视。但如他们对广东新会沿海地方的风土民俗有所理解的话,即便这个案件尚是"细故",也不至如此掉以轻心。首先因为,这个案件争执的是沙田,而沙田既肥沃,且官方管理力度欠缺,容易发生较大的争执。其次,争执沙田的两造都认为该田是各自家族的祖遗尝田,在江南各省家族势力庞大,时常发生械斗,因此案件恶化的几率更大。再次,广东沿海各地,当然也包括

---

① 陈生玺辑:《政书集成》第十辑,中州古籍出版社1996年版,第604页。
② 张伟仁:《磨镜——法学教育论文集》,清华大学出版社2012年版,第68—72页。

新会在内,有所谓的由讼棍在背后兴风作浪的"图告不图审"的陋习。① 这三个因素加在一起,该案还是普通"细故"吗? 二位以普通"细故"视之,难道不是缺乏关于当时当地风土习俗人情等地方性"常识"吗? 二是邱县令缺乏做官的伦理"常识"。邱县令于1849年审理这个案子的时候,对于实地踏勘仅走了个形式,连新沙田是在海边筑堤生成,而非生自熟田这个浅显的道理都不顾,不管两造是谁在侵占对方的田亩,来了个葫芦僧判断葫芦案,依照已产生了问题的田坦"执照",将甲姓已经管业百余年的沙田断给了乙姓。这种图省事的"翻新强断"(聂亦峰语)不仅不能定分止争,且使得案情更加混乱,"勘犹未勘,断犹未断,结犹未结,详犹未详,且讼且争,随销随控,变生莫测,害及无辜,仇真不共戴天,冤亦万难填海"②,直接引起案情向命案发展。地方州县官,虽品级较低,但上对整个朝廷具有根本的重要性。清代的谢金銮即把州县官和宰辅相提并论,认为只有这两类官员才是"天下真实紧要之官"。③ 上奉皇命来抚字黎元;下对百姓为民父母,理应为百姓排忧解难,造福一方。因此,维护本地方的秩序,公正无私、全力以赴排解纠纷,是州县官上对朝廷、下对百姓应做之事,是做官的伦理"常识"。邱县令惮于繁难,单纯追求简便省事,以致糊涂结案,不是缺乏做官的伦理"常识"吗?

与此相对,聂亦峰的成功显而易见。首先,到聂亦峰接手此案之时,该案已经由"细故"恶化为五命八伤的"命案"。赵姓已经到省城督署衙门上控鸣冤,并且直接指责作为县令的聂亦峰有偏袒之嫌。督署衙门着重考虑的是如何有利于查清案情,遂将该案发回到聂亦峰那里。因此,聂亦峰不能不重视。弄不好可能被参丢掉乌纱帽;反之,如在查清案情的基础上能处理好该案,有望获得名吏、能吏之美誉。在这种情况下,做官的伦理"常识"似乎可不考虑。在聂亦峰的办案思路中,人命问题只是次要问题,关键之处是要搞清楚系争沙田的归属问题。沙田归谁管业,人命案件的是非即因此而定。要查清沙田归属问题,考虑到官府对沙田管理的巨大漏洞,必须将细读本案卷宗和实地踏勘结合起来。鉴于本案是由"尝田"归属引起的家族之间的冲突,为

---

① 清代撰修的广东地方志多有这方面的记载。聂亦峰的判牍也反复强调,并主张严厉株锄这种陋习,"此间恶习,大都好勇恶生,动辄纠约多人,互相攻杀,一有伤毙,便作尸亲,兼之讼棍耸唆,一任纵情狂噬,株连罗织,起灭自由,并将指控正凶,随意屡为删改,官中一经传讯,乡间即便讲钱。若辈藉此为生,全待开花讹诈。甚至讼经数代,两造均已无人,而案外之人,犹复彼此捏名鸣冤催讯,但得签差一出,又可择噬多人。惟434迭控不休,却皆匿不赴审。盖一审即须结案,无从再肆诬讹。此粤中所以'有图告不图审'之说也。"(《查明赵莫两姓田坦一案禀》,载聂亦峰:《聂亦峰先生为宰公牍·冈州公牍》,1934年刊行,第65页。)
② 同上书,第69—70页。
③ 转引自瞿同祖:《清代地方政府》,范忠信等译,法律出版社2003年版,第29—30页。

了防止案情进一步扩大,对于从今年以后到结案之前的庄稼收割问题,不再有官府出面"护割",以免激化矛盾。踏勘之前,发布告示,向两造表明其公正立场。① 这种办案思路和采取的具体行动,无一不是他基于对人性的把握以及熟稔地方性"常识"的结果,也不能在任何律学文献中直接找到依据。

据此,可以看出,聂亦峰之所以能够审结他前任们未能竟功的田坦案,主要不在于他是独立于行政的专门司法官,也不在于他的律学修养与他的前任根本不同,更不在于他不像其前任那样不受吏胥差役的影响,而主要在于他有查清并审结本案更大的责任和信心,尽管这种责任在很大程度上来自于外界的压力;他在把握人性、了解地方性"常识"的基础上,运用其智慧,较大程度摆脱如他所说的"胸中丘壑"式的成见,详细对照踏勘资料和本案的司法卷宗,从而找出本案纠纷产生的关键因素,即"南"、"北"字样的改动。简言之,他的调查案情的成功并非是基于专业化学识的长期培养,而是与经验阅历紧密相关的对"常识"的体认。

三、"常识"与县太爷的结案艺术

聂亦峰经过研读本案卷宗、实地踏勘的基础上进行了对照、分析和解释等工作,基本查明案情,并向上司进行了汇报,此时是1860年。该案并没有即时判决,直到聂亦峰于1865年再度出任新会知县时,才最终宣告判决结果:

> 本邑田土案件,大抵情节虚诬,总无此案之出奇,尤为人情所莫测。余玉成既以无作有,指虚混承;李燮元复弄假为真,捏典被窃,因而失照补照,阴具移山倒海之谋,遂至控抢控争,播成蔽日瞒天之计。历任亦颇知其弊,摘发究莫穷其奸。迨后更能通神,益复串同弄鬼。沽直既在雍子,鬻狱更有叔鱼。宜释反收,有罪翻成无罪;转得为失,无田竟致有田。比蹊田之夺牛,论情更甚。直为丛而驱爵,于义何存?亦惟有捐产而充公,断不敢奉仇以资敌。故陈任之准拨归于义学,固洞悉其习争。而邱任之移护割于营船,亦深知其惯抢。不料因抢酿命,致教因命居奇,竟诬

---

① 聂亦峰在告示中说,"本县世承名宦,勉绍清芬,廉洁自持,防闲尤密。凡于一切案件,概不要钱。业于下车之初,已再四明白晓谕矣。惟恐乡愚无识,或为奸猾所朦,用特为尔等明晰言之。盖自抵任以至于今,无论何项案件,如有得受一文钱者,天诛地灭,断绝子孙。此本县所自信,而亦阖邑之人所堪共信者也。今日勘履尔等两姓田亩,所有本县一切费用,概系由署发给,即杯水亦不以之相扰。如有何人,敢向尔等妄称送官茶食果品以及折送干礼需索随封者,即着尔等立时扭禀,以凭尽法惩治。"(《勘履赵莫两姓田坦一案示》,载聂亦峰:《聂亦峰先生为宰公牍·冈州公牍》,1934年刊行,第68—69页。)聂亦峰在此介绍其清白家世,甚至不惜拿祖宗后代诅咒发誓,来证明其公正,以便赢得当事两造的信赖。如此做法,难道不是基于他对其所生活社会"常识"的一种体认?

曾参之杀人,妄陷公冶于非罪,牵连五命,罗竟伤夫雉罹,拖累十年,光未邀夫犀照。本县前履此任,早烛其诬,揽尺许之卷宗,极旬余之心力,勘履七日之久,徒步百里而遥,并将三十余载之诡谋,摘出六十四条之弊窦,尽翻前案;效不疑之平反,迭禀上台,得陈蕃之却狱。若依定律,固有明条,岂但田应充公,抑且命当反坐。惟思居翰更字,务以拯救为怀。田叔烧词,俾泯罗织之苦。于公喜行阴德,张尉务在平情,每多法外施仁。宏启漏鱼之网,何必周内巧诋?故张乳虎之威,既众绅妥为调停,而两造亦愿休息。姑念田本买从余姓,案亦断自邱公,契却是真,争由于误,命原非假,控出于疑。虽息啄之已迟,犹回头之未晚;喜义学之廉逊,克先让畔而耕;嘉甲姓之忍亏,不复争地以战。捐出既不愿收入,岂能任无主之抛荒?有价亦不能无偿,当仍归赵姓管业。惟查该坦固接连甲姓老围,据称老围又全赖旁冲水道,前因被塞,致兴讼端。嗣后当疏通以资灌溉,毋许仍为堵截,重启构争。至于五命之伤,乃由一炮所致。炮系开自营弁,营又准自县移,县奉上行,原以护割,护仍强抢,自当炮轰,按与格杀无殊,本可照例勿论。况有冯、梁二人交出,业已讯认在押病亡,固尤足以相偿,更无庸以另议。应将控案断结,即为据情禀销。本县于此案费尽苦心,毫无成见,始悯莫姓之受屈,力为剖白以求伸;继伤赵姓之执迷,复为宽容而使悔,婉赴上游而请命,冀为两姓保全,免究虚诬。已原情之逾格,断归尝业;复曲意以从权,本无讼以为怀,冀化民而成俗。汝等当体此意,共懔于心,毋得再事控争,以致重贻咎累。要知事不可以再误,恩更难以屡邀。现经永断葛藤,幸赖如天之福。倘再另生枝节,恐无余地之存矣。各宜懔遵,毋负劝诫。口供节录、摹结并存。此判。①

  本案起因于沙田归属争议,经聂亦峰的调查分析,本属莫姓无疑,莫姓因涉讼引起了巨大麻烦,自愿将该系争田亩捐给义学作为办学经费,那就应将此田亩断归义学管业;至于赵姓五命八伤,聂亦峰的推理更易为我们接受:造成五命八伤的直接责任人是官兵,官兵受命于其长官,长官又受命于官府,用现在的话说,是职务行为,具备正当的免责理由。莫姓和义学负责人在命案发生之际,根本不在现场,因此不存在对此死伤直接负责之人。若欲以传统司法中极端重视的"人命拟抵"原则而言,本案开炮的两名营弁已在监狱庾毙,更何得牵连他人?再反观本案的最终判决结果,系争田亩判给赵姓管业,其理由为"莫姓忍亏""义学廉逊""捐出既不愿收入,岂能任无主之抛荒?有

---

① 《断结赵莫二姓案谳语》,载聂亦峰:《聂亦峰先生为宰公牍·冈州再牍》,1934年刊行,第77—79页。

价亦不能无偿,当仍归乙姓管业。"命案则没有深究。

这种断案思路,按照聂亦峰在判语中的说法,是"原情之逾格""曲意以从权"。也就是说,完全没有遵照成文法的规定来进行。① 关于按律定拟,《大清律例》"断罪引律令条"规定:"凡断罪,皆须具引律例,违者,笞三十。"该条律文下面的例说得更明白:"承问各官审明定案,务须援引一定律例。若先引一例,复云不便照此例治罪,更引重例,及加'情罪可恶'字样,坐人罪者,以故入人罪论。"② 即便律例没有直接的条文援用,需要比附之处,"尚须刑部会同三法司公同议定罪名,于疏内声明'律无正条,今此照某律、某例科断,或比照某律、某例加一等、减一等科断'详细奏明,恭候谕旨遵行。"③ 不难看出,本案定拟显然与清代成文法之规定相背。

为什么会出现此种司法判决根本违背成文法明文规定的情况呢? 实际上聂亦峰在这里使用的是"大事化小"的办法,即将命案当成"细故"案件来办,最终达到"息讼"之目的。一般而言,将命案当成"细故"案件来办,不仅违反既有的法律规定,而且在事实上也行不通。因为即便上司不予追究,尸亲一造因蒙冤而肯定选择上控。那为什么本案则可行呢? 首先,如上面所分析,赵姓本就理亏,五命八伤又没有直接的责任人。其次,赵姓所争,本在田亩。聂亦峰于咸丰九年调查清楚后,"赵姓畏亏,即便赴省翻控"④,其目的无外乎在传统中国看重"以命相抵"的语境中来个藉尸讹诈。赵姓之翻控,本不在寻求"抵命",而在获财。再次,粤东地方本就存在人命私了的风俗。聂亦峰对此等陋习痛心疾首,多次提到类似意思。如"粤东风俗强悍,好斗轻生,动辄纠聚千数百人,互相械斗,每用大炮轰击,不顾性命存亡,候至斗罢之时,彼此再行核算。譬如两姓争斗,两边均有杀伤。若皆伤毙数百人,即便均无异议。若多伤毙一二,即当按数赔钱,然亦不过十余金,即可抵除无事。而好为负气者,又多不肯出银,以致结讼连年,不甘休息。甚至原被两造,俱已家破人亡,而从前之帮讼棍徒,犹复间为具禀,以为随时诈索之资。"⑤ 聂亦峰肯定明白,移风易俗是一件漫长而急不得的事,如在本案之判决即要强调革

---

① 聂亦峰在判词中仅提到"若依定律,固有明条,岂但田应充公,抑且命当反坐。"从语气上看,是假定情形,带有强制劝说的色彩;从内容上看,尽属虚设。"明条"何在? 况且即便有此"明条",尚须就具体情况分析,何得笼而统之曰"田应充公""命当反坐"? 所以,虽然提到律例,本就无意运用,仅有威慑、劝说两造服从判决的意义。
② 《大清律例》,田涛、郑秦点校,法律出版社1999年版,第595—596页。
③ 同上书,第127页。
④ 《呈送赵莫两姓沙坦全案清折禀》,载聂亦峰:《聂亦峰先生为宰公牍·冈州公牍》,1934年刊行,第113页。
⑤ 同上书,第109页。

除此陋习,无疑会激化矛盾,非案结息讼之道,故他尽管厌恶此种陋习,但权衡轻重,在本案中予以妥协。

赵姓主要目的是诈财,财从何来?莫姓早把系争田亩捐出,人命案件实与之无直接关系,且"莫姓并非殷富,家资本属无多,后为三十载讼缠,久已消磨殆尽",赵姓诈无可诈,当然莫姓不会也不必再出钱财去私了。义学虽从莫姓那里取得该系争田亩的管业权,但是其首事申请县令派营弁护割才造成命案,细究起来,并非全无责任,且赵姓在当地人多势大,因此情愿让出系争田亩作为赵姓人命的补偿,以免后患。赵姓本毫无道理,仅因族人之死伤,而能获得讼争数十年的田亩,无疑达到其最初目的。上述三个要件,无一不是从"常识"之中,尤其是新会的地方性"常识"中推导出来的。有这三个要件,本案才存在"大事化小"、"以财偿命"的可能。可以说,聂亦峰对本案如此判决,完全是"常识"指导下的结果。

反之,如将本案严格按照法规,以命案定拟,考虑到是"过失杀伤",但有五条人命存在,难免有罪犯拟"绞"①,因此势必层层审转,直达刑部,甚至御前,带来不必要的麻烦。且该案经缠讼三十余年,牵涉的前任、现任官员很多,两位开炮营弁已经押毙,证据卷宗也并非完整。② 因此,多一事不如少一事,在当事两造皆无太大异议的前提下,"以田抵命"当然是一个理想的解决方案。本案最终判决的主旨即在于此,即判决所说的"有价不能无偿"。

如按照律例定拟,对官方的不利既如此,那对两造而言,又是一个什么结果呢?一方面,莫姓不免拖累之苦,且其地已经捐出,不管捐出之地归义学还是赵姓,除了感情因素外,别无利益差别;莫姓之所以捐出,就是为了息事宁人,不愿与人多势众的赵姓纠缠不休。从赵姓这边来看,他们不仅得不到系争田亩的管业,而且还对莫姓构成了诬告,按律应反坐。如此一来,在当地人多势众的赵姓死伤人在先,诬告反坐在后,何能甘服?势必再次向莫姓或义学滋事,进而破坏地方安宁秩序这个传统司法审判意欲达到的优先价值。对比之下,此种"以田抵命"的解决方案对涉讼两造来说则是各取所需,将损失

---

① 《清律》规定:"若过失杀伤人者,各准斗杀伤罪,依律收赎,给付其家。"(《大清律例》,田涛、郑秦点校,法律出版社1999年版,第433页。)沈之奇对之有进一步的解释"过失杀伤之事……然过失之情可原,杀伤之人何辜?罪坐所因,不能概免,故各准斗殴杀伤之罪……死者,照斗殴绞罪。"参见沈之奇:《大清律辑注》(下册),法律出版社2000年版,第690页。

② 如细究起来,至少前任邱县令脱不了干系。聂亦峰经过调查,发现不少问题,"邱任二十九年正月十八日及廿六日、二月二十四日三次堂讯,何俱不录供词,不作判语?而莫廷泽于断讯后,三次具呈,批准覆讯。卷内于道光二十九年六月十八日提同余发成覆讯时,取具莫廷泽遵结附卷。惟查莫廷蕙呈称:伊兄廷泽于道光二十九年六月十六日病故,何得于十八日赴讯具结,则遵结明系捏造。而邱任断此案,未可深恃矣。"(《呈送赵莫两姓沙坦全案清折禀》,载聂亦峰:《聂亦峰先生为宰公牍·冈州公牍》,1934年刊行,第98页。)

减少到最小程度。此判决因此能够得到两造的遵从,"判而能决",得以结案。这种"以财偿命"、"大事化小"的结案艺术之所以能够出现在判决中,与主审官员聂亦峰对"常识",尤其是地方性"常识"的体认和运用分不开。

四、传统社会司法"常识"的特征分析

（一）"常识"的主观与客观

如前所述,能否体认并妥善运用"常识"直接决定了州县官在审理和判决案件方面的成败,较之以法条为核心的专业律学知识具有更重要地位。这种"常识"则包括律学"常识"、做官的伦理"常识"和地方性"常识"在内。就特定的社会和人群而言,"常识"是相对客观的,但就个人而言,它又具有很强的主观性色彩。

就律学"常识"而言,其客观性色彩相对浓厚一些。法律规条说到底是一个社会主流价值导向的体现;传统中国的律条,即是"礼"和"情"在法律领域的具体化和技术化。所以律学"常识"在很大程度上也就是礼的精神和情之大要,用现今的话来讲,就是立法原则和法律精神。举例来说,通奸之罪,服制愈亲处罚愈重;窃盗之罪,服制愈亲则处罚越轻。亲属通奸其处分较常人为重,亲属窃盗较常人处分为轻。这就是律学"常识"。因为礼要求亲属之间保持上下尊卑之序、严男女之大防;也要求亲属之间有通财之义,以患难相扶。如果学法用法之人于此种律学"常识"有所体认,在适用律例之际,参照具体条文,就不致有大的偏颇。这类律学"常识"都可以从"礼"和"情"那里推导出来,具有较大的客观性,对那些饱读四书五经、由科举正途出身、领悟能力较强的官员们来说都不会存在太大问题。

所谓做官的伦理"常识",包括官员的操守、上对朝廷下对百姓的责任心等要素。尽管传统中国保留下来不少的《官箴书》、在很多家法族规里也有些这方面的训导,但这类伦理"常识"需要在具体行动中体现出来,绝不只是放言高论。换句话说,它属于"笃行"之范畴;更多的是"德性之知"而非"智性之知",是"致良知"而不是"讲良知"。这种主观色彩浓厚的"常识"至少具有下述特点:第一,个人对"常识"的体认与其特定的阅历和经验相关;第二,个人对其已有的"常识"进行运用和获得的结果因个人的性情、信念等因素而大不相同;第三,难以对它进行有效的监督和考察。

那些地方性"常识",大致包含州县官辖区内的民情、风俗习惯、人口、赋税等与地方相关的特殊情况。如本案所反映的与广东沿海地区相关的沙田、家族、族田、好讼习气、械斗等方面的"常识"。州县官不难从地方上的方志

和档案之中获取、通过访查民情、民隐而切身体认这类"常识"。虽然这类"常识"因地而异,但具体到个别地方,其内容大体比较客观。可惜传统中国对州县官的考成中很少有这些内容,可能是因为这些"常识"太过地方性,没有现成的标准答案。其结果是这类修养最终成为个人性的东西了。个人性的东西因人而异,没有哪个人可以作为标准;即便有这么个人,这种极端个人化的东西也不易为他人所效仿而无法普及。像本案中,聂亦峰对地方性"常识"的体认和运用就远非其前任张县令、邱县令所能及。

可见,对州县官坐堂问案具有决定作用的"常识",有的具有较强的主观性,有的则客观性成分较大。那些主观性的东西本就难以仿效和考察,就是有些颇具客观性内容的,也因为其地方性特点而沦为个人性的东西,增加了学习和考核的难度。本来,在制度设计上,州县官拥有"细故"案件处断权,因法律规则的疏阔而享有较大的自由发挥空间;在其他一些较为严重的案件中,他们一般又被赋予查清案情拟定初步审理意见的重任。不管是审断"细故"案件还是初步审理"重案",首要的任务就是查明案情。要查明案情,必须能够体认并妥善运用前述"常识"。而那些"常识"又是极具主观性和个人性的,因此案件的审断结果与州县官的个人素养密切相关。如州县官能妥当地体认和运用"常识",在洞悉案情的基础上准情酌理进行判决,该判决有望得到遵从,成为"可决之判"。反之,该判决不仅是"判而不决",反而滋增纷扰。

(二)"常识"的养成与官员的任期和回避

郡县制代替封建制,由中央政府选派有一定任期的地方官代替原来终身并可世袭的封建诸侯来治理地方,更好地达到集权和统一之目的。鉴于农业社会血缘和地缘关系对人的重大影响和制约,专制君主出于"治吏"的需要,传统中国发展出了官员的回避制度。如清代,州县官须回避本省,就是在距离家乡500里以内的邻省任职也不可以。① 州县官的任期和回避对于地方行政来说益处良多,但对于司法审判则未必如此,尤其在对州县官"常识"的培育上更见其弊害。②

先来分析任期制度对培养州县官"常识"的负面影响。在传统中国,州县官有任满即行调离的,更有任中因特殊的人、事等方面的原因调离的。任

---

① 吏部纂修:《钦定吏部则例》卷一,道光年间刻本。
② 当然,州县官的回避制度在保证州县官脱离亲情和乡情的干扰,保证其立场的公正方面自有其不可磨灭的价值,但本部分的中心在于分析该制度与"常识"培养之关系,兹不赘述。在我看来,一种制度产生的价值和引起的弊害,实际上是很难权衡的,学术研究的任务主要是对这些具体的价值和弊害进行深入分析,而不是简单的、甚或是偏好性的权衡和评判。

期短暂更易滋生机会主义行为、短期行为。一旦离任,所有的问题基本都转移到下任。这与培养负责任、有良知、恳吃苦耐劳等"伦理"常识背道而驰。同时,任期的短暂也使得州县官不愿去学习和体察那些与风土民情、经济状况等相关的地方性"常识"。因为,这些地方性"常识"对于在不久的将来即调离该地的州县官来说,会变得毫无用处,至少用处不大。另外,有任期的州县官不希望在任满之后因任上的事情影响其仕途,不会在档案中留下把柄给其后任,故对于其任的档案伪造有之、窜改有之,而这些档案材料又直接与地方性"常识"相关,因此这直接妨碍了地方性"常识"的传承。如本案中,邱县令在审判中出现的对踏勘的草率、对供词和判语的省略、对甲姓"遵结"的伪造等,以及在判决中片面追求息事宁人,以田照与实际不符为由,将不符之处两造平分的糊涂结案,虽不能说责任全在任期制度,但至少与其任期短暂有重大关系。

另外,回避本籍也不利于州县官培育地方性"常识"。地方性"常识"的培育,尽管可以通过阅读地方志书、档案资料、实地调查中获得,但在传统中国,社会同质化程度偏低,对于出生和成长于异地的州县官来说,要在短时期内获得较为完整的地方性"常识"绝对很难。如州县官和其手下那些祖祖辈辈生于斯、长于斯的吏胥相比,前者对地方性"常识"的了解远不及后者,因此难免被后者牵着鼻子走。传统中国的很多地方官对吏胥虽痛恨但又无可奈何,在很大程度上就在于吏胥们有地方性"常识"这张王牌。因官员是基于回避制度而出任的,只能是个"外乡人"。

虽然州县官的任期和回避制度对培养他们为地方司法所需的"常识"不利,但这两种制度对地方行政、乃至对帝国整个政治架构具有重要意义。在传统社会的制度设计方面,行政治理较之出事之后的案件审理具有优先地位。直接点说,司法审判是作为行政治理的一个方面和环节而获得其自身意义,相对于"已然",更高明和优先的当然是"防患于未然"。对地方官员所需的司法"常识"的培育和考核就只能更多地托付给通过科举对官员的选拔、上级的监督和官员本人的道德自觉等。但科举最多仅能保证被选官员的律学"常识",上级无法也无力考察其下属的地方性"常识"和做官的伦理"常识",因此,最后只能诉诸于官员本人的道德自觉。在政治清明、士风淳厚的时代,这种道德自觉可能还有其效力;到礼崩乐坏的衰世以及社会转型期,则此种道德自觉还能在多大程度上靠得住,实在是一个疑问。我以为,无法形成一个可靠的途径能够保证"常识"培育和运用,可能才是传统司法官员在审理类似族田归属等案件时潜藏的重大问题。

第四节　对清代审理祭田案件之评析

经前面对清代审理祭田案件的实证统计和个案深描可知,官府裁断祭田案件时,力图将祭田案件纳入"细故"范畴,进行斟情酌理的裁决以解决纷争,主要是建立在"和睦"基础上对"无讼"的追求。要"无讼"必须先清除讼源。要清除讼源,较好的办法是做到"睦族"和"睦邻"。要"睦族"和"睦邻",一方面不能将涉讼两造的利益机械对立起来,而是在设身处地地互为对方考虑的基础上达成谅解,这就需要"情理"和祭田惯例作为裁断依据而存在;另一方面也不能使诉讼没完没了地进行下去而损害两造之间的和睦。要使官府裁断的结果能够得到两造的服从,那就需要官府本身的权威以及国家成文规条在判决背后发挥威慑和教化功能。这是朝廷和官府对于祭田案件的基本态度。为什么会如此呢?这种方式在清代社会是否能够妥当地裁断祭田案件呢?本节将围绕这两个问题展开论述。

一、官府将祭田案件纳入"细故"范围之考虑

清代国家正式律例中直接规范祭田纠纷的条文有限,主要是"盗卖祀产"和乾隆元年的限制抄没祭田这两条例文。即便是把祭田外部案件当作普通的田土管业权归属、典押等纠纷来看待,相关的律例也只有"盗卖田土"、"典买田宅"、"盗耕种官民田"等数条律文及其下为数不多的例文可供援用。这些数量有限的律例条文,其内容基本上是禁止性的,以及违反这些规定应施加何种处罚。很显然,光凭这些数量有限、范围狭窄的成文规条,远远不足以作为官府裁断祭田案件的主要根据。这种国家正式律例不足以作为官府裁判依据的现象不只是在祭田案件中存在,在几乎所有的"户婚田土"等"细故"领域皆是如此。法史学界将这一现象定性为"传统中国民事法的不发达"。

在中国这样一个以成文法历史悠久著称于世的国家里,为什么会有如此情形且长期未获得任何有实质意义的改进呢?在历来学者的解释中,王伯琦先生的解释相对比较深刻,也较有说服力:

> 中国文化是自始到今建筑在农业上面的……农业文化的特征是自足安定……在自足安定的社会,政府与人民的关系,只要能维持这安定的秩序为已足。要维持这一种秩序,刑罚是最有效的方法。至于个人与个人间的关系,那就涉及民事上的关系了。所谓民事上的关系,不外乎

身份上的关系及财产上的关系二种。在一个纯粹的农业社会里,所有财富,绝大部分是不动产,财产的流通,根本谈不上,普通只限于家族之间原封不动的世代相承,纵有分散,亦只限于亲属邻里之间,所以不会有很多财产上的关系发生。至于身份上的关系,则在君臣父子兄弟夫妇长幼之间,全是一种层级的服从关系。这种关系一方面极其简单,一方面却极其重要,整个的社会秩序就以此为基础建立的。惟其简单,习俗道德已足以为之规范;而惟其重要,一切均成为刑事法的大项目。人的关系及财产的关系均在这样一个狭隘的格局里,当难有民事法发展的机会。①

在王伯琦先生的解释框架里,有两个最重要的理论基点:一是按照西方法学体系民刑事的二分法来返观或者说重新解释中国传统法律体系;二是从农业经济形态出发进行逻辑推理。关于第二点,考虑到与本书的论证无直接关系,不作进一步的展开。从第一点来说,王伯琦先生所说,"至于个人与个人间的关系,那就涉及民事上的关系了。所谓民事上的关系,不外乎身份上的关系及财产上的关系二种",完全是西方法文化的实情,将之作为理论前提用来分析中国传统社会,那首先要论证这个作为前提的理论具有普遍意义,也就是说传统中国社会可被纳入到这个分析框架当中来。如没有这一个论证过程,或者论证过程不充分,那这种解释就很难说是圆满的。

我以为,也许根本的问题不是出在王伯琦先生对这个问题解释或论证的不充分或不圆满上面,而是出在问题本身,即"传统中国民事法的不发达"这个提问方式上。这个提问同样是将西方法学概念体系作为当然的理论预设而后有此论断。其实该问题可表述为传统中国关于"细故"的成文规条不足以规范社会生活中出现的相关案件。那么关键处则是传统中国是否一定需要在我们今天看来关于"细故"案件如此"充分"的成文规条吗?如答案是肯定的,那才需要进一步解释其中的道理;反之,那就须回答它不需要的原因。其实,传统中国是不需要那么充足的关于"细故"的成文规条。

为什么会出现这个在今天看来难以理解的现象呢?主要原因还在于传统中国法思想本身。

自儒家学说成为法领域的指导思想以来,儒家先贤在法领域的相关论述为一代又一代士大夫所尊崇和信奉。在治国方略上,和法(刑)相比,礼毫无疑问占据了优先和主导位置。如孔子的名言"道之以政,齐之以刑,民免而

---

① 王伯琦:《近代法律思潮与中国固有文化》,清华大学出版社2005年版,第102页。

无耻;道之以德,齐之以礼,有耻且格"即道出了"法(刑)"在国家治理中的次要位置;朱熹的注释说得更明白:"政者,为治之具。刑者,辅治之法。德礼则所以出治之本,而德又礼之本也。此其相为终始,虽不可以偏废,然政刑能使人远罪而已,德礼之效,则有以使民日迁善而不自知。故治民者不可徒恃其末,又当深探其本也。"①法乃不得已而用之,即便要用法,但用法本身不是目的,其目的是力图恢复到能够以"礼"来教化的理想状态。《大学》对孔子"听讼,吾犹人也。必也使无讼乎"这段话引申为"无情者不得尽其辞,大畏民志。此谓知本。"朱子注释为:"引夫子之言,而言圣人能使无实之人不敢尽其虚诞之词。盖我之明德既明,自然有以畏服民之心志,故讼不待听而自无也。观于此言,可以知本末之先后矣。"②对地方官来说,"无讼"才是这种能够以"礼"来教化的理想状态之表现,才是他们的追求目标。"无讼"虽然不能等同于和睦,但至少是和睦的体现。

故在传统中国社会格局之中,尽管法律已儒家化,但直接运用它们来规范民众的行为,仍是不得已而为之。能充分表现朝廷治国理念的《四库全书总目》法家类序云:"刑名之学,起于周季,其术为圣世所不取。然流览遗篇,兼资法戒……立议不同,用心各异,于虞廷钦恤,亦属有裨。"③因此,"儒家化的法典主要是用来承担教化任务和实现威慑作用的,统治者常常以少用法律或不用法律就能维持社会安定来评价各级官吏的政绩,并以此来标榜政治清明和治国有方"。④ 在官府眼里,成文法条完全可以灵活运用,只要能充分发挥其教化和威慑作用即为已足。在这种治理逻辑之下,作为"法"具体表现形式的成文规条是不完全需要对号入座进入具体的案件之中充当裁判依据,只需适当发挥其威慑和教化莠民的职能为已足。但这种将成文规条以对号入座的方式运用到具体案件之中充当裁判依据的做法又并非与其威慑教化功能的发挥毫无关系,一般来说,运用得越充分,其威慑功能就发挥得越明显,因此案件越严重,案件当事人就越需要威慑,这些规条在案件中对号入座的程度就越高;反之,不严格对号入座,则更有利于发挥该规条的教化功能。所以,大体上来说,在命盗重案里,成文规条在案件中直接运用的频率较高,依法断案的特征较为明显;在"细故"案件中,成文规条被间接运用,或者说在判决背后甚至是字里行间才能有所体现。在清代的司法权分配框架下,案件的严重程度又与参与审理衙门的级别成正比关系,相应地,前述规律又获

---

① 朱熹:《四书章句集注》,中华书局1983年版,第54页。
② 同上书,第6页。
③ 《钦定四库全书总目》(整理本)(上册),中华书局1997年版,第1313页。
④ 刘广安:《儒家法律特点的再认识》,载《比较法研究》2005年第3期。

得了另外一种表现形式:司法衙门的级别越高,"依法断案"的特征越明显。如此,即可恰当理解所谓的"传统中国民事法不发达"这一命题,原来是不需要也不必要有那么发达的民事法了。

围绕祭田可能发生的纠纷,一般限于祭田的设立、管理、收益分配和处分等领域。按照我对祭田案件的分类,祭田内部案件发生在祭田管业权团体内部,即限于特定宗族之内。清朝官府赋予了宗族很大的自治权能,认为这些纠纷更应在族内得到化解。即便不能在族内解决而被提交到官府那里,既然地方官追求的是"无讼",宗族和睦就是一个先决条件,因此他们在裁断这类案件的时候,尽可能将其限制在"细故"领域,如有和礼更加接近的其他方法可供采用的时候一般不会考虑适用作为法表现形式的成文规条,更愿意将家法族规所体现出来的关于祭田的原则性规定和情理作为裁判依据。

祭田外部案件由于和祭田管业权团体之外的人员发生了利益上的纷争,在很多时候两造当事人超出了族(房)之范围,这对官方所追求的"无讼"与和睦理想构成了更大的挑战。最典型的两种案件是严重盗卖盗买祭田而盗卖人逃亡的案件和族际之间为争夺祭田管业权而发生的案件。如官府在裁断案件之时,能将这两类严重的案件归入或力图归入"细故"范围来解决的话,那从理论上来说,所有的祭田案件皆能纳入"细故"范围加以解决。下面分别对这两类案件加以分析。

在严重的祭田盗卖盗买案件中,有不肖族人将祭田大量盗卖给了族外人,本来按照祭田一般原则,应将盗卖的祭田恢复原状。当盗卖人逃走而又无法抓获的情况下,买者因先前支付了价银,当然不愿意将已买祭田凭空交出。这种情况无疑损害了族内和族际之间的和睦。正是这种情况大量出现,对官府追求的和睦构成了威胁,才有了江苏巡抚庄有恭上奏请订立盗卖盗买祀产例文,以此威慑那些盗卖者和盗买者。这条盗卖盗买祀产的例文,对所要达到的和睦秩序而言,所规定的严厉处罚又类似于双刃剑:一方面对违规者施加严厉处罚有助于和睦的实现,但另一方面这种严厉处罚本身又是违反和睦的,尤其在传统中国这个熟人社会更是如此。所以即便有了盗卖祀产的例文,地方官在审断盗卖盗买祭田案件时,出于"无讼"和地方和睦的考虑,一般也不会贸然适用此例文。一则因为适用了该例文,该案件就不再是"细故"而是重案了;再则因为适用此例文,严厉的处罚及其诬告原则之下的反坐不可避免地妨碍了族内和族际间的和睦。如本书的统计所显示的,地方官更倾向于以"情理"(这种"情理"有时也包括内化了的祭田一般原则)来裁断案件,从而将这类盗卖盗买祭田案件限制在"细故"范围内。

在因祭田的管业权归属问题发生族际纠纷的案件中,就其本性上来说跟普通田亩管业权之争无异，一般而言也属"户婚田土"的"细故"范围。但祭田在这里的特殊性虽没有体现在该案件本身的定性上，但祭田作为祖遗公产，其系争利益的偏大和关涉的利益主体较多这两个特点使得这类案件更演变成重案。正是在"细故"与其他类型重案的关联中才真正体现了作为系争对象祭田的特殊性。在广东、福建、湖南等宗族聚居盛行的地方，有清一代，宗族械斗是一个严重的社会问题。有些宗族祭田规模之大，其所入远超祭祀之用，恰为宗族械斗提供了物质支持。《上东义举志要》中有关于祠田的禁止性规约："不得倚恃族繁赀厚，动辄争讼械斗，违者禀官究治。"[①]这说明湖南上东等地有倚仗丰厚的祭田所入，以为械斗之资的情形存在。官方鉴于祭田所入与宗族械斗之间的密切关系，一般通过限制祭田规模的办法来应对此一问题。如张之洞总督两广时，即采用这种办法，"查明该族祠产，酌留祀田数十亩，以供祭费。其余田亩及所存银钱，按族支分散。"[②]尽管祭田的大规模存在是引起械斗或使得械斗扩大化的重要因素，且官府还采取了一定的措施限制祭田的规模，但因祭田管业权归属问题而引起的案件毕竟不能等同于械斗等命盗重案，官府对该类案件的审理当然也不同于它对械斗案件的审理。在我所搜集到的关于直接因祭田管业权而发生争执的 4 个案件（第 32、33、34、45 案）中，官府都是将这类案件当成"细故"案件来对待，大多以"情理"作为裁断的主要依据。就是在因祭田管业权引发了五命八伤的重大命案"新会田坦案"中，主审官员聂亦峰将作为"细故"部分的祭田管业权之争当作审理命案的前提，认为"细故"之是非在一定程度上会决定命案的曲直。在查清祭田管业权是非的基础上，聂亦峰最后作出了"以财偿命"、"大事化小"的判决，即将"命案"当成"细故"来解决。尽管促成此种解决方案能最后结案的原因很多，但官府对这种解决方案的偏好和选择有一个基本考虑就是：鉴于当事两造宗族在当地的势力大小强弱的不同，要结束这种延续多年的族际纷争，官府介入的着眼点不仅要裁断本案的是非，而且要尽可能消除两族围绕该系争祭田的讼争之源。要做到这一点，运用国家成文规条，发挥威慑功能，将当下的案件限制在"细故"范围内，进行准情酌理的裁断，相对于严格运用成文规条断案，无疑是一种较好的办法。虽然，新会田坦案仅仅只是一个案，但此个案之中却反映了一种较为普遍的思维方式，即官府对案件的裁判不仅仅是对眼前案件的解决，更要消除和该系争对象相关的"讼

---

① 《上东义举志要》卷六，"祠田"。转引自〔日〕清水盛光：《中国族产制度考》，宋念慈译，台湾中国文化大学出版部 1986 年刊印本，第 133 页。

② 张之洞：《请严定械斗专条折》，载苑书义主编：《张之洞全集》卷十四，河北人民出版社 1998 年版。

源";欲实现这一目标,斟情酌理比机械适用法律规条更有效。因此,只要有可能,官府就会倾向于将重案当成"细故"来处理。把因祭田管业权争执引发的其他重案当成"细故"案件来斟情酌理处断尽管并不都是可能的,但一般而言,官府对此种纠纷解决方式至少不排斥。如官府在裁断中倾向于将祭田管业权争执案件和由此引发的其他重案区分开来,将祭田管业权争执的案件完全可归于"细故"范畴。事实上,官府基于其立场,也乐于这么做。

在所有的祭田案件中,其中最为严重的盗卖祭田和祭田管业权争执这两类案件,清代官府一般都倾向于,且尽量以"细故"视之,斟情酌理进行裁断,那即可推断,官府在通常情况下,是将祭田案件当成"细故"案件来裁断的。官府对祭田案件的这种态度,一方面是祭田案件在多数情况下本身属于"户婚土"范畴,是"细故"案件之一种;另一方面,尽管祭田案件在特殊情况下可能引发其他重案,但它毕竟不同于由它引发的那些重案,且官府基于清除讼源、维持和睦之考虑,倾向于将国家成文规条视为威慑和教化之用即为已足,原不期望事事皆"准于法",斟情酌理更能睦族、睦邻。只有先睦族睦邻,才能有整个治理区域的和睦。这是清代官府乐意将所有祭田案件纳入"细故"范畴加以裁断的主要道理所在。

二、作为"细故"的祭田案件审断与清代社会

在清代,官府一般将祭田案件视为"细故",主要由州县官,也有些案件由知府、道台等,在多数情况下以"情理"和祭田一般原则加以裁断。这种裁判祭田案件的做法虽为清代官府所选择,但事实上的选择未必就是"理之当然"。要判断其"理之当然"的合理性,其最重要的标准是考察它和社会本身的契合程度。易言之,如此种祭田审断办法与清代社会大致相适应,那它在当时就是合理的,反之亦然,虽然这种审断方式可能会存在这样那样的缺点和不足之处。

在"去古已远"的今天,我们来证明清代官府视祭田案件为"细故"而采取的斟情酌理裁断方式与清代社会的适应性问题无疑是一个事后的解释,要达到充分的确当性自然不可能,但至少可从两个方面得到一定的说明。尽管这种说明是不充分的,但至少是必要的:(1)此种裁断方式和效果是能够为当时的主流观念所接受的;(2)因此种裁断方式所生的缺点是当时社会所能容忍,并在合适的时候和场合能加以弥补的。

官府在裁断祭田案件时所追求的和睦和无讼目标为当时社会所普遍接受。这一点已有大量的材料所证明,限于篇幅,兹不赘述。须指出,在清代,有一些参与实际司法工作的人员,如州县官、幕僚等,在他们留下来的著述中

谈及诉讼案件的繁多和审判工作的繁杂问题，似乎表明无讼观念并非为民间社会所接受，相反地倒是健讼或好讼。但在官府看来，之所以有的地方，民间存在这类健讼或好讼的现象，并非是普通民众主动要求的结果，"蚩蚩者氓"根本不愿意也不会主动兴讼，只不过是有像讼棍那样的坏人从中播弄挑唆，从而使民众受到愚弄才产生的。① 正是这种解释方式不断强化的结果，才有了乾隆年间查禁讼师及其秘本的一系列例文出现。首先是乾隆元年（1736年）有关于地方官查禁讼师义务之例文②，此条只有官员之处分而无讼师应拟定的罪名，因此先后有乾隆七年（1742年）和二十九年（1764年）两条关于处置讼师的例文。③ 尽管至今我们不能准确断定这一系列例文的实际执行情况为何④，但我以为，其主要的功能体现在威慑和教化上面。朝廷颁布这些例文的主要目的就在于威慑讼师，教化民众认识到讼师的危害性。日本学者夫马进认为"讼师是普通民众的社会生活中所不可或缺的人物"⑤，但在传统中国，日常生活中许多人一辈子和官府的司法审判不会直接发生关系，夫马进所指的"普通民众"，可能将它限定为"涉讼的普通民众"更为妥当。这也就是说，绝大部分民众既然不会与官府的司法审判发生直接关系，自然与讼师不会有直接关联，故本着对权力的依赖和对官府朝廷的敬畏，还是倾向于接受官府关于讼师构讼蠹民的教化。既然有官府的教化和威慑在上，绝大多数民众信服在下，关于讼师构讼蠹民的观念遂成为主流的社会意识形态。

---

① 这一点已为大量的原始材料和研究结果所证明。至少从晚明开始，出现诉讼大量增加的情形，官府的解释已遵循了讼师构讼这一模式，如潘季驯在万历十年（1583年）的奏疏中有言："臣自习人事时，至上年应召之日，经过道路，咸得闻云，前数十年，风俗淳古，不知好讼。间有讼者，畏官府如畏神明。直者直，曲者曲，彼此输情，绝无大讼。何二十年来，讼师烦兴，起灭词讼，武断乡曲，出入衙门，莫敢谁何！以故年来刁风大长，民俗大坏耳。"（潘季驯：《复议补偏救弊疏》，载《刑部奏疏》卷二，万历刻本。）在清代，这种解释模式得以延续下来并得到强化。可以发现很多州县官、知府、道台等国家基层官员在上任伊始往往发布关于"息讼"或"严拿讼棍"的告示，或在他们整理的判牍中的自序、他序部分中都有这方面的内容，一面揭发讼棍对普通民众的危害，一面强调对讼棍的直接处罚。

② 该例文为："讼师教唆词讼，为害扰民，该地方官不能查拿禁缉者，如止系失于察觉，照例严处。若明知不报，经上司访拿，将该地方官照奸棍不行查拿例，交部议处。"参见薛允升：《读例存疑重刊本（四）》，黄静嘉编校，台湾成文出版有限公司1970年版，第1020页。

③ 一是乾隆七年关于查禁讼师秘本的，它规定："坊肆所刊讼师秘本……一切构讼之书，尽行查禁销毁，不许售卖。有仍行撰造刻印者，照淫词小说例，杖一百，流三千里"，对于传播、重刻、贩卖都规定了相应的处罚；另一条例文则直接处罚讼师，"审理词讼，究出主唆之人，除情重赃多实犯死罪及偶为代作词状情节不实者，俱各照本律查办外，若系积惯讼棍，串通胥吏，播弄乡愚，恐吓诈财，一经审实，即依棍徒生事扰害例问拟，发云贵两广极边烟瘴充军。"在官府看来，讼棍即是唆讼之人，讼师之伎俩，"多系以虚为实，以无为有，颠倒是非，播弄乡愚，因得售其奸计。"因此，要求地方官查拿讼师、严惩讼师之唆讼行为及严禁讼师秘本，乃"拔本塞源之意"。参见同上书，第1021页。

④ 学界这方面前沿研究成果可参见邱澎生：《十八世纪清政府修订"教唆词讼"律例下的查拿讼师事件》，载《"中央研究院"历史语言研究所集刊》第79本第4分册，2008年12月，第637—682页。

⑤ 〔日〕夫马进："明清时代的讼师与诉讼制度"，载滋贺秀三等著：《明清时期的民事审判与民间契约》，法律出版社1998年版，第391页。

这种意识形态的影响比较深远,到民初律师制度推行之时,还在很多官绅、民众身上体现出来。① 讼师既然构讼蠹民,那百姓当然不应接受讼师的挑唆兴讼,而是尽可能的"无讼",以达到宗族、乡党间之和睦。官府在裁断祭田案件时,一般是以准情酌理的方式运用民间普遍存在的关于祭田的一些抽象性原则作为主要依据来裁判案件,而绝少运用国家的正式成文规条和具体的家法族规,只是让这些成文规条在案件的背后发挥威慑和教化功能为已足,其目的就是尽可能地消除祭田纷争两造之间的诉讼之源,进而追求宗族、邻里内外的和睦。在向往无讼、力图实现和睦这一最终目标方面,清代官府对祭田案件的审理模式与当时主流意识形态保持了一致。

任何种类纠纷的发生都意味着是对社会理想状态的背离。② 将此种纠纷提交给官府进行裁断,在很大程度上就像病人通过手术或药石来恢复本来的健康状态,手术或者药石,尽管能治病,但难免有副作用。官府进行的裁断类似于手术或药石对病人所发挥的功用,虽能化解眼前的纠纷,暂时在这一点上恢复其理想状态,但它本身仍有或大或小的副作用。官府对具体审断方式和技巧的选择也像医生对手术或药石作选择一样,都会优先选择那些副作用较小且能最大限度恢复其固有状态的方案。所以,清代官府对祭田案件的审断方式和技巧,虽然在其意欲追求的终极目标上与社会关于无讼与和睦的主流意识形态相一致,但不可否认随之而来也带来一些问题。如有能够克服这些问题的其他方案存在,且不致引起其他更为严重的新问题,还能与社会主流意识形态保持一致,这种方案无疑更理想,也即是说,原先的解决方案存在着变革的可行性和可能性。反之,如没有符合上述条件的其他方案存在,那原先的解决方案无疑在当时条件下最为妥当,只要社会条件不发生根本性变化,那该方案也不会自发地生出根本性变化。

上述分析之可能成立,至少应建立在两个确定性前提的基础上:第一,其

---

① 如曹汝霖于民初执业做律师,大总统袁世凯即以父执兼上司的身份对曹进行规劝:"何必做律师,律师不是等于以前的讼师吗?"及至曹当面向袁解释律师和讼师之别,但袁依然叹气,觉得可惜。(曹汝霖:《曹汝霖一生之回忆》,台湾传记文学出版社 1980 年版,第 81 页。)袁世凯自晚清开始,即主张革新,思想超出一般士绅民众,依然视律师为讼师,非正经人所应从业,可见该观念影响之一斑。

② 寺田浩明以审判者的主唱和民众的唱这个视角来观察传统中国的纠纷和审判也得出了这个看法,证实了这种普遍性的说法是适合于传统中国社会的,尽管他的目的在于揭示传统中国并不"客观"存在类似于西方法的确定规范。寺田认为:"在旧中国,纠纷和审判正是行动基准或规范的共有状态趋于崩溃和重新生成的场面,而且规范共有状态的重新获得靠的也不外就是审判者主唱与当事者对此的唱和这一形式上自上而下、实质上确是相互性的作用过程。"参见〔日〕寺田浩明:《权利与冤抑——清代听讼和民众的民事法秩序》,载王亚新、梁治平编:《明清时期的民事审判与民间契约》,法律出版社 1998 年版,第 245 页。

他方案是可以被设想和进行客观分类的;第二,人类社会对纠纷解决方案的选择是完全理性、受逻辑支配的。其实,这两个前提却难以成立。首先,人们之所以能够设想有其他方案的存在是建立在不同社会文化类型比较认识的基础上,清代传统社会和近现代中国社会一个明显的差异就是在"遭遇西方"上面。在传统中国,虽也有不同文化之间的接触,甚至在明清之际还有中西方的直接接触,但这种接触要么属于同质文化之间的接触,要么是异质文化表层接触,不足以在整个社会层面产生文化类型之间的比较思考。而在近代社会,中国直接全方位"遭遇西方",随着越来越多的中国人对西方了解逐步深入,不同文化类型之间的比较思考自觉不自觉地进入了中国人的思想世界。因此,才有可能在参照、借鉴异域文化的基础上设想出与固有司法审断方式不同的纠纷解决模式,也就是前述的"其他方案"。而在传统社会,当时人不可能设想出这些"其他方案",固有的司法审断方式被认为是自古如此、天经地义的。与此相关的第二点涉及人们对人类历史的理解和解释问题。尽管对这一问题人们永远有不同的意见,但根据现今哲学的阐释和对人类历史的考察,人类在选择某种纠纷解决方案并非是完全理性的,尽管有理性成分在内。这两个前提虽然不能武断地说它完全不成立,但至少值得怀疑,这就使得前述以寻求并分析"其他方案"的"理性"思考在操作上不现实,其意义亦值得怀疑。尽管从追求论证的严密性上来讲,这个角度是必需的。

具体到如何评析清代祭田案件审断方式这个问题上,比较可行的做法是在实证分析的基础上,寻找它可能引发的问题,并分析这种问题是否为当时社会所容忍并能在合适的时候和场合加以弥补。尽管从事后论证的严密性上来讲不是最充分的,但实际上最可行。我以为,关于法律史问题的研究,在二者不可得兼的情况下,对事实可行性的考虑较之照顾事后论证的充分性来说,前者更重要。

寺田浩明通过与西方近代以来的法秩序进行比较,指出传统中国民事审判的独特处。由于西方法秩序的优势地位以及近现代中国法秩序的"西化",这种"独特处"成为传统中国民事审判"缺点"或"问题"的代名词。尽管具体的表达方式存在差异,但此种"问题"的内容并无太大不同,成为现今法史学界批评传统司法的主要论据所在。鉴于此种论点的重要性,引录如下:

> 地方官受理人民的诉讼,并不是按照某种客观的规范来判定当事者双方谁是谁非,而是揭示一定的解决方案来平息争执,进而谋求双方的互让以及和平共处。当时人经常高唱的"情理"这一用语所以重要,

是因为其代表了对调和当事者人际关系的重视和一种衡平的感觉,而非强调遵循某种预先客观存在的严格规则。其实,在针对围绕民事利益而发生的争执进行裁决时,能够作为一整套具有具体内容、且在程序上得到了实定化的规则而被予以适用的实体规范本身,无论在国家还是在民间都是不存在的。①

我在阅读清代官府关于祭田案件的判决文书中即能很明显地获得此种印象。这一点很容易理解:寺田的结论实际上是将自滋贺以来日本主流法史学界关于传统中国民事法秩序的一个主要观点进行了集中表达,它是在考察大量的民事司法判决文书的基础上得出该结论的。我对祭田案件的研究也是主要借助了清代官府关于祭田审理的司法判决材料,而且清代官府是力图将祭田案件的裁断限定在"细故"范围内,在寺田那里,也就是民事审判范围内。材料类型相似,自然可能得到相近的印象。

将这种印象置于现今已"西化"了的法秩序背景下来考察,很容易得出清代官府对祭田案件的判决没有"确定性"这一缺点。问题的关键不是得出这个比较视野下的结论,而在于如何阐释这种"缺点"之由来和影响,也就是追问该"缺点"在传统社会中真成其为"缺点"吗。换言之,即是探寻此种"缺点"是否能为生活于该社会中的人群所忍受,是否有恰当的弥补之道。如答案是肯定的,那此种"缺点"就只能说是传统中国审理祭田案件的"特点"了。

在进行具体分析之前,需要审视这样一种观点,即将"确定性"当成评判良善司法不可或缺之标准或标准之一,因此顺理成章地将缺乏"确定性"的司法判定为非良善司法。在我看来,将此种对现象进行比较而来的"确定性"置入具体社会情境之中、置于具体案件之中来分析,较之抽象的逻辑推理,可能更有说服力。我之所以采取个案分析方法,其理由即在于此。

先来看第5案"何文朝控何佳明拆毁香火祠堂擅除丁钱由"。根据该案判词,涉讼两造为同族之人:原告何文朝原为该族香火祠堂和附属祭产的管理人,至起诉之时,已不再担任这一职位,且衣食无着,年老无依;被告为现任管理人,虽年老,但家境较好。在被告担任管理人期间,因为祭田规模较小,收入微薄,只够春秋两次祭祖之用,因此与族人"公议",将以前的祭田收益分配方案——将祭田所入按照族中丁口数目之多寡,给与一定的钱文——进行了修改。如此一来,何文朝以前应得的"丁钱"遂无着,心有不甘,以现任管理人何佳明拆毁香火祠堂、擅自改变祭田收入分配原则为由兴讼。该案

---

① 〔日〕寺田浩明:《权利与冤抑——清代听讼和民众的民事法秩序》,载王亚新、梁治平编:《明清时期的民事审判与民间契约》,法律出版社1998年版,第194页。

拖了三年,一直没有妥善解决。知县倪望重在查明案情基础上,作出以下判决:"断令何佳明为祀内断出银洋肆元,又自出洋银陆元,合成拾元,限五日内缴给,以为津贴何文朝度日之资。"其判决主要依据是族人之间理应互相救济并维持和睦这个"情理":"何文朝年迈无依,势同朝露,若必待复丁钱,所谓'俟河之清,人寿几何'也……且彼此年近古稀,理宜和睦。"光凭这个"情理"就能让被告遵从这个判决吗?该知县用了一些说服技巧:一是在阐述该"情理"之时,以文学性的语言来强化其正当性;一是在判决之先,先铺陈原告本身的错误,让被告气有所出。此铺陈大致有三层:(1)何文朝兴讼,任意拖延,其用心在图告不图审;(2)何文朝在对质中"无辞以对",表明其控告为子虚,间接证明被告何佳明之清白;(3)查核作为重要证据的"祀簿",直接证明何佳明的清白。从原告的角度来看该判决及其思路,虽然受了斥责,但获得了物质上的好处;站在被告的立场,虽然有物质上的损失,但证明了其清白,且获得了顾全族谊的名声。①

上面这个案件是祭田内部案件,第 42 案"陈凤图判"则是一祭田外部案件。② 根据判决书来看,本案发生在浙江会稽,是祭田盗卖案件。原告陈凤图到知县孙鼎烈处控告陈嘉余、陈禅唐父子盗卖祭田,阮文义、蒋阿金盗买祭田。该知县首先查明案情:被告陈嘉余父子觊觎族中公产,在蒋乃容、蒋一泉的怂恿下,先后三次盗卖大约十一亩,其中大约三亩卖给了阮文义,约八亩卖给了蒋阿金。卖给阮文义的田亩还另有纠葛:阮文义的祖父阮秀峰在世时将该地亩出典给陈氏祭户名下,陈氏祭户支付典价六十五千文,而该地还是由阮氏佃种。陈禅唐则以三十二千文的贱价将其绝卖给阮氏。该知县在查明案情的基础上作出这样的判决:(1)免除陈嘉余父子的责任;(2)阮文义再出钱三十三千文给付原告收执以赎回田亩;(3)蒋阿金出洋三十元、蒋乃容和蒋一泉各出洋五元给原告收执;(4)对祭产做部分分割;(5)剩下的祭田仍由其派下三房轮管。其判决理由分别为:(1)陈嘉余父子所得卖价本应追缴,然后赎田归祭,但"以教读为生,家计窘迫,一经押追,案将延宕,姑从宽断";(2)赎田应照原价,原价六十五千文,已付三十二千文,还应付三十三千文;(3)蒋阿金明知祭田,贱价受买,蒋乃容、蒋一泉朋串图盗,均有不应;(4)分割祭产以示公平,一方面弥补原告损失之不足,另一方面责罚在审断

---

① 倪望重:《诸暨谕民纪要》卷一,载杨一凡、徐立志主编:《历代判例判牍》第十册,中国社会科学出版社 2005 年版,第 304 页。

② 之所以选择一个祭田内部案件,一个祭田外部案件,除了考虑个案所具有的代表性外,还有就是祭田内部案件的涉讼两造一定是同族之人,外部案件则可能牵涉到族际之间,他们对是非曲直的要求和理解存在差异。

中捏谎的陈文英;(5)祭田作为公产,应实行轮流收租值祭的原则。①

上面两个案件之判决结果,之所以给今天的读者留下缺乏"确定性"的印象,是因我们脑海中有一种不言自明的意识前提:法律规则在权利义务的表述和划分上是明确的;司法审判就是准确运用此类规则于具体案件,在给定案件事实的情况下,任何人只要对法律规则有所理解,即能准确判定当事人的是非曲直,甚至准确预测判决的具体结果。符合此种标准的司法判决就具有"确定性",反之,则缺乏"确定性"或者"确定性"不充分。

以这个视角来比对上述两案的案情和判决结果,发现我们并不能从"确定"的案情准确地预测判决之结果。就第 5 案而言,从案情看,原告为诬告,被告并无差错,预期的判决当是原告受责罚,而不是反过来让被告出钱给原告;退一步说,即便要被告出钱,出钱的数目也不确定;在第 42 案中,陈嘉余父子盗卖祭田、蒋阿金和阮文义盗买祭田、蒋乃容和蒋一泉朋串为盗,皆应受罚:至少在"细故"领域,先要肯定祭田买卖无效,仍归陈氏祀户内管业,盗卖人得价亦即盗买人的出价缴归官府或陈氏祀产户内,而不是如该知县所判决的:照顾陈嘉余父子之贫乏而不予追价赎田,让盗买人在罚款之后肯定祭田的买卖效力;为了弥补原告的损失,而分割祭田。盗买人应罚银若干,三十元或五元,其根据又何在?换一个主审官员,即便要罚,但数目也难保一致。这就是我们之所以认为该判决缺乏"确定性"的主要理由所在。

为什么在我们的心目中会有与州县官的实际判决结果相异的预期判决呢?是我们将国家关于祀产(当然包括祭田在内)的成文规条以确定权责的方式进行了解读:盗买卖祭田五亩以下处以何等刑罚,五亩以上处以何等刑罚等等;也将家法族规里关于祭田的规定进行了抽象,将之上升为一种确定的权利义务规则,而非祭田一般原则。如只要有子孙存在,祭田应永远存续下去而不准分割和盗卖盗买;祭田的收益除祭祀有余,应由所有派下子孙按房均分等等。以确定权利义务规则的角度来解读,那必然会给我们确定的预期:分割祭田、盗卖祭田而不恢复原状、收益并没有按房均分等现象的出现必然是不对的;如要对之作出裁判,当然是严格按照这些规则来进行。

我在前面谈到,在传统中国的司法审判中,成文规条的主要功能是威慑和教化,并不必然以"对号入座"的方式出现在判决中,尤其在"细故"案件中。司法官员完全可按照需要威慑和教化的具体情况灵活地选择这些成文规条的适用形式。在通常情况下,判决中国家成文规条或"隐身",或以"模

---

① (清)孙鼎烈:《四西斋决事》卷二,载杨一凡、徐立志主编:《历代判例判牍》第十册,中国社会科学出版社 2005 年版,第 565 页。

糊"的方式偶有出现,但当事人或读者从判决书的字里行间能够感觉到这种成文规条的存在。在祭田案件中,家法族规在强制力上不如国家成文规条,也不具备成文规条的普遍性,故其具体条款在官府判决中很少作为依据被援引;即便偶有所体现,也是从这些诸多的条款中抽象出那些一般性原则以斟情酌理的方式出现。因此,官府对国家成文规条或从家法族规中抽象出的一般性原则进行灵活运用,实际上决定了官府并没有将国家成文规条和家法族规中的条款当作有确定不移规范内容的实体性规则,谈不上具有确定的权责界限。从涉讼的当事人来说,也很难在祭田案件的判决文书中发现他们提出明确的主张和要求,只是模糊地要求官府对眼前不平之事体加以评判,进而作出一个为"普通旁观者"所能接受的判决即可。包括祭田案件在内,清代官府对所有案件的审理和判决,不止是要排解涉讼两造的纠纷,而且还有教化民众的作用,因此他们作出判决当然会考虑"普通旁观者"所能接受与否。能否为"普通旁观者"所接受是有一个"范围",而不是一个能有准确预期的权责"点"。官府的判决只要在这个能为"普通旁观者"接受的"范围"内,这个判决就是正当的,也能为涉讼两造所接受。正是我们在今天接受了以"点"为视角,来观察清代官府裁决包括祭田案件在内的"细故"案件所允许的"范围",遂有了其判决"不确定"的印象。

这种所许可的"范围",其边界有模糊的一面,但绝不是任意的。其大致边界既因每类案件的不同而异,也因各地风俗、习惯不同而不同。后者实际上要求官员妥当探求"地方性知识",并将之融入案件审理之中。如清代名幕汪辉祖即有这方面的经验之谈,"人情俗尚各处不同,入国问禁,为吏亦然。初到官时,不可私心判事。盖所判不协舆情,即滋议论。持之于后,用力较难。每听一事,须于堂下稠人广众中,择传老成数人,体问风俗,然后折中剖断,自然情法兼到。一日解一事,百日可解百事,不数月诸事了然。不惟理事中肯,亦令下如流水矣。"①

祭田内部案件较多的涉及到族谊,祭田外部案件跟族谊和乡谊都有很大关系。在传统中国,尊祖敬宗睦族具有悠久的历史,且能为整个社会所崇奉。祭田设置和维续之目的,一则祭祖以敬宗,一则互济以睦族。如有族人竭力帮济族人则被整个宗(家)族和社会视为"义举",为人称颂。范仲淹经过多年努力,以其所入设置义田,来救济族中贫寒,其主要考虑在于:

> 吴中宗族甚众,于吾固有亲疏,然以吾祖宗视之,则均是子孙,固无

---

① 汪辉祖:《学治臆说》,载张廷骧编:《入幕须知五种》,台湾文海出版社1968年版,第270页。

亲疏也,吾安得不恤其饥寒哉?且自祖宗来积德百余年,而始发于吾,得至大官,若独享富贵而不恤宗族,异日何以见祖宗于地下,亦何以入家庙乎?①

在范仲淹看来,凡族人皆祖宗之血脉,在祖宗面前无亲疏可言;个人之发达是祖宗"积德"体现在个人身上,并非是个人努力的自然结果。范仲淹这一举动,"后世慕义者,多效之"②。反之,只顾一身或一家之享乐,视族人为路人的做法虽然事所恒有,但社会舆论还是不耻其所为。清人余莲村之所以在其辑录的善书《得一录》中以"范氏义庄规条"为首,其主要考虑就是敦睦族谊:

> 从古睦姻任恤,礼有明文;一本之亲,谊应加厚。而近世俗情,但知广蓄积,辟田园,牢守悭囊,于族人之疾苦颠连,不遑过问,只以供不肖子孙荡废者,比比皆是。此范文正公义田,所以为万世师也。③

《钱公辅义田记》中也有一段文字,沉痛感叹对族人冷漠不恤之风气:

> 呜呼!世之都三公位,食万钟禄,其邸第之雄,车舆之饰,声色之多,妻孥之富,止乎一己而已,而族之人操壶瓢为沟中瘠者,又岂少哉?④

这些材料从不同的角度证明了尽管有很多人贪利而不恤族,但照顾族谊、在力所能及的时候帮忖族人却是为传统社会所认可的一种道德义务。从清律中关于亲属相盗的律例条文来看,对偷盗者的处罚较凡人减等的立法,即蕴涵了族人间互相周济以睦族之义。朝廷将此类律例条文颁示天下,在一定意义上也是以"睦族"来教化天下之人。

在传统中国社会,维系人际关系的两条主要纽带是血缘和地缘,其组织形态分别是宗族和乡邻,宗族和乡党之间都须维持和睦,睦族和睦邻是社会对于传统中国人的道德要求。在清代,这方面的训诫很多,比较著名的如《圣谕广训》中的规定:"和乡党以息争讼"。同乡共里之人,有守望相助、患难相扶之义;因"细故"纠葛而到官,必然是"屈辱公廷、委身法吏,负者自觉无颜,胜者人皆侧目,以里巷之近而举动相猜、报复相寻,何以为安生业、长子孙之计哉?"因此,乡党之间,"毋恃富以侮贫,毋挟贵以凌贱,毋恃智以欺愚,

---

① (元)张光祖:《言行龟鉴》,永乐大典本卷四,"家道门"。
② (明)陈龙正:《家矩》,载《古今图书集成》卷十,家范典、"宗族部·总论"。
③ (清)余莲村:《得一录》卷一,近代中国史料丛刊三编,台湾文海出版有限公司 2003 年影印版,第 1 页。
④ 同上书,第 13 页。

毋倚强以凌弱"。同时,睦族与睦邻又是紧密相关的,"夫天下者,乡党之积也……尚亲睦之淳风,孝弟因此而益敦,宗族因此而益笃,里仁为美,比户可封。"①

既然从官府到民间,"睦族"和"睦邻"同是得到社会普遍承认和尊重的道德义务,祭田的设立和维续本就有睦族之追求在内,同时也需睦邻以防止争议,且官府裁判包括祭田案件在内的所有"细故"案件时本就是以一种灵活性的态度来看待国家的成文规条和祭田一般原则的,因此完全有理由在"睦族"和"睦邻"的范围内进行裁断。因为"睦族"和"睦邻"是社会普遍接受的意识形态,故这种基于"睦邻"和"睦族"范围内的裁断恰处于"普通旁观者"所能接受的"范围"之内,有望得到当事两造的遵从和普通民众的信服。

从"睦族"的角度来重新审视第5案的判决,可以做这样的解释:尽管原告何文朝无理取闹,但年老衣食无着,殊堪可怜;而被告何佳明虽理直,但与原告同属一族,且家境宽裕,有周济原告之道德义务。因为一方面"睦族"本就含有族人之间的互相周济;另一方面从"族"的角度来解释,个人的富贵主要是祖宗积德所致,并不完全意味着是个人辛劳的体现,故以一己之钱财来资助族人,无非是将祖宗的财产给与其贫乏之子孙分用。知县倪望重判令被告向原告支付一定银钱以周济之,完全是正当的,是处于"普通旁观者"所能接受"范围"内的判决。

以"睦族"和"睦邻"两个紧密相关的视角来分析作为祭田外部案件的第42案,发现:在该判决的5个判决点中,其中第(1)点对盗卖者的宽宥是其他判决点的前提和基础。要宽宥盗卖者,直接受到利益损害的只有原告,而原告与盗卖者又是族人关系;盗卖者得钱已被花用,且家境贫寒,追无所出,出于"睦族"的考虑,想原告也不愿已甚。既然盗卖者基于"睦族"的考虑得到宽宥,那出于"睦邻"的考虑,尽管盗买者有不该觊觎祭田之处,但他们毕竟付过钱文,因此肯定买卖土地的行为有效,而让盗买者补足土地价格并罚给一定的金钱给原告以弥补。如此一来,作为邻居的"盗买者"的要求得到了满足,而原告的损失也有所弥补,因此该判决的第(2)、(3)两点可以得到理解。由于陈姓祭田多次被盗卖,因此包括原告在内的祭田管理人是有责任的;除了盗卖者父子不肖之外,还有不肖子孙陈文英任意捏谎附和盗卖人;原告所受损失在盗买者那里没有得到全部补偿,因此将一部分管理不善的祭田进行有利于原告的分割,一则可以杜绝盗卖,二则可以惩罚不肖之陈文英,三则可以弥补原告的损失和嘉奖原告维护祖遗祭田的努力。另外,祖先祭祀不

---

① 周振鹤撰集:《〈圣谕广训〉集解与研究》,上海书店出版社2006年版,第20—29页。

可缺,因此剩下的祭田还须三房轮管值祭。故判决的第(4)、(5)两点也能得到较为圆融的解释。经过上述分析,可以判定:该判决也是一个处于"普通旁观者"所能接受"范围"内的判决。

今人阅读清代关于祭田案件的司法文书所留下的判决"不确定"之印象,经过我对清代社会意识形态和审判特点所进行的分析来看,是西方法学观念支配下的产物。实际上,我们现今所接受的主要是西方近代以来的法律和司法观念:将法律条文视为确定权利义务的规则,法律系统是这样的一个趋于包罗万象的规则体系,司法就是将案件事实置于这个规则体系中,寻求妥当的具体规则加以运用,最终获得一个"确定"的判决"点";而在清代,国家的成文规条和家法族规所组成的法律系统,不是一种确定权利义务的规则体系,而是一种威慑和教化的工具。因此在司法中,并不期望将这些"规条"完全以对号入座的方式运用于判决中。在包括祭田纠纷的"细故"案件中,官府基于和睦和追求息讼的考虑,经常以一种"普通旁观者"能够接受的方式来作出判决,借助官府权威和舆论压力来促使涉讼两造或主动或被动遵从。由于"规条"本身偏重于威慑和教化,无法有一个"确定"之点;建立在"睦族"和"睦邻"基础上的主流意识形态也仅仅能大致规划出一个能为"普通旁观者"所能接受的"范围"。因此,清代关于"细故"案件的判决根本就不存在"确定"之点,只有一个能为"普通旁观者"所能接受的大致"范围"。以这个"范围"为视角,很多我们今天看到的清代传统司法关于祭田案件判决中"缺点"在当时是可以得到解释和理解的,在一定意义上,可以说不是"缺点",只是其"特点"的反映。因此,只要社会形态和整体社会环境不发生根本性变化,清代传统司法关于祭田案件的判决方式内部并没有蕴含变革的强大因子,它基本上能与传统社会相适应。

上面的这个整体判断并不是说清代传统司法关于祭田案件的审理就是十全十美。同样地,它也存在这样那样的问题。我只是以为,这些问题尚不足以引起整个传统中国"法律"和"司法"体系上的根本性变革,可在既有的制度框架中得到"微调"。

如在第42案中,观察该州县官的判决,尽管该判决的5个小点皆能得到说明和理解,但至少仍有这样一个疑问:为什么要采取分割祭田的方式来弥补原告的损失和惩罚族内的祭田盗卖者和作伪证之人?其中一个直接原因就是族人总体上的管理不善。按照正常的逻辑,如果祭田管理不善,应当在管理上下功夫,不足以成为分割祭田的充分理由。再则,祭田是为祭祀先祖提供物质支持的,为尊祖收族之需要,族在延续,祭田也应该延续而不当分割。因此,可以设想:如不将祭田分割,而增加原告的轮管值祭次数,一样可以达到间接惩罚盗卖者和作伪证之人的效果,且不用分割祭田。如此判决,不也在"普通旁观者"所能接受的"范围"内吗?不也是一个在传统司法之下的妥当判决吗?虽然这两个结果不同的判决都在"普通旁观者"所能接受的范围内,但对涉讼两造的利益来说还是有所不同。

在第 48 案中,本来是一个管业权归属问题的祭田外部案件,也就是一个田土"细故"案件,由于聂亦峰之前的几任知县处理不当,结果导致"械斗"情况的发生,使案情恶化成为五命八伤的重案。当然导致这些前任知县们处理不当的原因很多,但一个共同点是他们都没有真正查明案情。虽然如此,但他们的裁断仍然是建立在特定案情基础上的合乎"情理"的判断。由于除涉讼两造的"普通旁观者"也像这些主审官员一样并不清楚真正的案情,且信服州县官的权威,故判决也就成为能被"普通旁观者"所能接受的了。但涉讼两造相对来说,却是对案情最为清楚明白的,因此他们能够较为真切地感受到这种判决的"不公不平"之处。

在清代司法体系中,实际上预设了这样一个前提:"普通旁观者"与涉讼两造对"判决"所能接受的范围是大致相同的,因为在普通民众中,涉讼者和旁观者的角色可能互相转换,涉讼者是"普通旁观者"中间的一员,"普通旁观者"也可能是潜在的涉讼者。从抽象的逻辑上讲没有什么问题,但对具体判决所能接受的"范围"则更取决于具体案情。案情不同,可接受的"范围"也因之而异。如官府对案情的调查相对较准确的情况下,涉讼者、"普通旁观者"和地方官三者之间对可接受"范围"的歧异就被掩盖起来;反之,在官府调查案情不确的情况下,这种差异就可能表现出来:"普通旁观者"和官府都认为该判决在可接受范围内,但涉讼两造却认为它"不公不平"。

一方面是案件的裁判在涉讼两造和"普通旁观者"之间利害关系的不同,另一方面是对案情的不同把握,导致了涉讼者、"普通旁观者"之间对具体案件判断的可接受"范围"有别。"普通旁观者"对具体案件判断的可接受范围在很大程度上是受官府认可的"案情"所影响的,官府基于"无讼"与"和睦"的追求,在一般情况下会重点考虑"普通旁观者"对判决的观感,而相对忽略因判决的歧异对涉讼两造利益所发生的影响。这不能不说是包括祭田案件在内的清代"细故"案件审理的一个缺点。但这个缺点又因为翻控、上控以及官员任期短暂的问题而得到了一些缓解[①];且在清代中国,宗族、乡党

[①] 具体论证可以进一步参考李启成:《清代地方司法中的"判":"判决"抑或"判而不决"》,载《法治与和谐社会——首届"中国法学博士后论坛"论文集》,社会科学文献出版社 2006 年版,第 171—181 页。

在人们生活中的重要地位和影响,涉讼两造对判决"不公不平"的感觉因为"普通旁观者"的舆论压力和官府的权威而得到一定的"抑制"。故此种缺点在中国传统社会中是可以忍受的。

经过上述论证,我认为清代中国对祭田案件的审理与清代社会基本适应。虽存在缺点,但不足以构成传统法律和司法体系发生根本变革的契机,仅仅埋藏着潜在的变革要求。这种传统法律和司法体系固有的缺点所形成的潜在变革要求要转化成现实的变革理由,需一些外在因素的激励。在西方冲击下,整个社会经济情形发生了重大变化,权利观念的传播对人们思想观念进行了某种程度的改造,在这种种因素直接刺激之下,间接激活并放大了祭田固有审断方式和判决结果的弊端,这才真正促成了祭田审断方式和判决的全面革新。当然这种革新不单单发生在祭田案件领域,而是伴随着中国整个传统法律和司法体系的近代转型,乃至整个国家的近代转型。

下 篇
祭田案件审理的近代转型

自晚清变法修律伊始，中国法制开始了艰难的大转型，至今未已。关于此点，民法学者王伯琦先生有很精练的归纳，"吾国法制，远自西汉，近自唐代直至清末，陈陈相因，未有多大变化。到了清末，起了一次突变。这是中国法制史上划时代的新纪元。"①这次法制变革之艰难，黄静嘉先生曾揭示了其中的一面，即对变法改制担纲者资质方面的高要求："清末修律，系为对欧西法制及其方法之引进及继受。清例之繁碎，久已为人诟病；其司法之结构及运作，也不能适应当时社会发展的需要。我国的旧法制虽已陷于困穷，但毕竟代表一个历史悠久的传统。要使这一法制能够脱胎换骨，修律者对欧西法制固须撷取精华，对传统法制尤应具深湛的了解，才能规划适切，令当时司法官体系之成员俞服。"②为什么此次法制变革如是其难？除了黄先生所指出的法内因素之外，尚有诸多法外因素。业师李贵连教授即认为，如把"法"理解为一种制度、一套规则，则中国史上的"法治"大致经历了先秦时代的贵族法治、秦汉至明清的专制法治，自晚清已降，即发生了自专制法治向民主法治的近代转型，"专制法治取代贵族法治，经历了几百年的时间。如果我们把戊戌变法看成是民主法治取代专制法治的起点，那么，这个时间也才一个世纪多一点……从专制法治到民主法治，是'治'的转型，这种转型服从的是社会转型。社会转型没有完结，这种'治'的转型也就不能完成。这种'治'的核心，很可能是由君主'治吏'到由民'治官'的转化。"③盖法治转型乃整个社会转型之一部分、一环节，近代中国社会转型之艰难曲折，自然决定了法治转型之困难。就"法"内而言，法治转型实涉及法律文本、立法司法制度、法律思想、法律教育等诸多方面的根本性变革。这种种"法"内、"法"外要素之存在，近代中国的法治转型注定是一极其复杂艰难的事。

黄梨洲先生盛推明代儒学，在巨著《明儒学案》"发凡"中曾有精练概括："有明文章事功，皆不及前代，独于理学，前代之所不及也。牛毛茧丝，无不辨析，真能发前儒之所未发。程朱之辟释氏，其说虽繁，总是只在迹上。其弥近理而乱真者，终是指他不出。明儒于毫厘之际，使无遁形。"先生著《明儒学案》，就是要表彰明儒对儒学"牛毛茧丝，无不辨析，真能发前儒之所未发"这种创造性贡献。之所以明儒能有如许贡献，就在此"毫厘之际"，深入剖析。其实，先生所总结的，不仅适用儒学，盖任何学问之深入，都需要这种深入辨析于"毫厘之际"。

---

① 王伯琦：《清末法制变革的特质》，载《近代法律思潮与中国固有文化》，清华大学出版社2005年版，第27页。
② 黄静嘉：《中国法制史论述丛稿》，清华大学出版社2006年版，第100页。
③ 李贵连：《民主法治：法制现代化的诉求》，载《政法论坛》2012年第5期。

上文既述及法治转型之复杂艰难如斯，任何宏观层面的论述虽有其价值，但更需进行微观层面的考察，以求有可能探究该法治转型的"毫厘之际"。尽管我的考察，完全不能做到深入辨析于"毫厘之际"，但不妨把这种追求当作近代法研究的一个目标。在这个意义上来讲，学术研究永远都是朝着既定目标的"在途中"。如何进行微观层面上的考察，当然角度很多。本书既集中于祭田案件之审理及其近代转型，当然就选择祭田案件来考察，力图呈现近代中国法治转型之艰难复杂。

第三章 转型之肇端
——晚清民初新司法机构对祭田案件的审理

晚清新政,为配合预备君主立宪,在立法和司法领域模范列强,进行了大规模的制度变革工作,拉开了中国法律近代化之宏伟序幕。在立法领域,制定了众多的新法律(草案);在司法方面,在中央设立了专司司法行政之法部和专司审判的大理院,在地方则有负责司法行政的省级提法司,在省城和商埠则设立了各级审判厅。① 有了这些新法律和新司法机构,祭田案件之审理也会随之变化,从而开启了法司审判祭田案件之近代转型。

第一节 晚清新律中与"祭田"相关的法律规则

晚清大规模修律,除了改造旧律之外,为配合宪政,模仿大陆法系,尤其是日本,制定了一系列新律(草案)。这些法律,既有实体法,也有程序法。在程序法领域,主要有几个诉讼律草案——这几个草案未能真正施行,指导实际运作的程序性规则主要集中于《各级审判厅试办章程》和其后的《法院编制法》。这些程序性的规定对各级审判厅审理所有类型的案件都有效,从学理和实践两个方面来说都没有关于祭田案件的特殊规定。② 因此,这里仅述及晚清修律中与祭田案件相关的实体法规则。

一、晚清民事习惯调查对祭田惯例之"遗漏"

在传统司法体系中,祭田案件一般被归入"细故"领域,因此在国家成文法中缺乏系统且详密的规定。在晚清模范西方制定新法律之时,当时绝大多数修律人员皆认为传统法民刑不分且以刑为主,导致规范民间"细故"领域

---

① 关于晚清新司法机构之设立和运作,参见韩涛:《晚清大理院:中国最早的最高法院》,法律出版社2012年版;李启成:《晚清各级审判厅研究》,北京大学出版社2004年版。
② 参见李启成:《晚清各级审判厅的诉讼程序研究》,载罗玉中主编:《法学纪元》第1辑,北京大学出版社2003年版。

的民法或阙如或不完备,是中国法与西方法主要不同点之一。① 故将制定中国的民法视为当务之急。早在 1907 年,修订法律馆即将起草民法典草案提上工作日程。当时主持修订法律诸公多认识到制定中国的民法典草案必需中西兼顾:既要以西方法理及其发展成熟的民法学体系为指导,因为它们代表了"世界最普通之法则"、"后出最精之法理"、"改进上最有利益之法则";也要照顾到中国特有的风俗习惯,因为中国民法典毕竟是主要规范中国人之间的私法关系。前者主要是一个法学理论和体系问题,可通过翻译、文本继受等方式进行,较易做到;后者则相对来说要困难一些:因当时中国处于社会大转型初期,社会同质化程度较低,各地风俗习惯千差万别,非调查无以明实情,更不能供民法典之采择。② 因此,法律馆乃派调查员于各省,开展了中国历史上首次的民商事习惯调查工作。③

这次调查工作,由修订法律馆派精通法律各员分往各省,为了保证调查不流于虚文,由修订法律馆先拟定《调查民事习惯章程》。该章程共 10 条,其中前 6 条详细规定了此次民事习惯调查的缘起、调查的进行和答复的期限等问题,第 7 条至第 10 条涉及调查的具体内容:

> 第七条:法律名词不能迁就,若徇各处之俗语,必不能谋其统一,调查员应为之剀切声明,免以俗语答复,致滋混淆。
>
> 第八条:各处乡规、族规、家规,容有意美法良,堪资采用者,调查员应采访搜集,汇寄本馆以备参考。
>
> 第九条:各处婚书、合同、租券、借券、遗嘱等项,或极详细或极简单,调查员应搜集,各抄一份,汇寄本馆,以备观览。

---

① 当时参与修律之人,如沈家本、董康诸人持此种看法,就是其他一些与修律关系没有那么密切的人,如曾任大理院正卿的张仁黼在这个问题上的见解也差不多,"中国法律,惟刑法一种,而户婚、田土事项,亦列入刑法之中,是法律既不完备,而刑法与民法不分,尤为外人所指摘。"在外国,法律有公法、私法之分,私法领域最重要的,如民法和商法,中国都不完不备,因此主张在编纂法典时尤其要注重这两种法律。参见李贵连编著:《沈家本年谱长编》,山东人民出版社 2010 年版,第 181—182 页。

② 在修订法律馆诸公看来,调查的必要性在于:"自开馆以来,督同提调各员,昕夕考求,悉心体察,凡关于东西各国法制,先以翻译最新书籍为取证之资,事虽繁重,尚有端绪可寻。惟各省地大物博,习尚不同。使非人情风俗纤悉周知,恐创定民商各法见诸实行,必有窒碍。与其成书之后多所推求,曷若削简之初加意慎重。"(《修订法律大臣奏谨拟咨议调查章程折并清单》,载《大清新法令》第 2 卷,商务印书馆 2011 年点校本,第 115 页)。安徽宪政编查局在进行民事习惯调查时,即秉承了法律馆进行此次习惯调查的用意,"习惯为法律之渊源,东西各国,或认为有习惯之效力,或采取为成文法之材料。我国开化最早,民情风俗,有尚袭远古者,有逐渐变迁者,现值编纂法典,自应调查精详以为立法之预备。"(《安徽宪政调查局编呈民事习惯答案·凡例》,载《近代法研究》第 1 辑,北京大学出版社 2007 年版,第 156 页。)

③ 关于此次调查之研究,可参见眭鸿明:《清末民初民商事习惯调查之研究》,法律出版社 2005 年版。

第十条：各处如有条陈，但不溢出于民法之范围，调查员均可收受，报告本馆，以备采择。①

在此基础上，由各省依据地方实际情况，制定出包含详尽的具体问题调查表，颁发其下的调查局和各县，然后由调查员搜集答案，将详明的答案汇辑成册，交回修订法律馆汇总。尽管各省调查表具体内容存在一定的差别，仍大致不出修订法律馆所设计的调查范围之外。即便有所溢出，最终的择取权仍在修订法律馆手中。既然调查是由调查员主持，将由各省制定出的由问题"细则"构成的调查表格交给地方绅士讨论，然后将答案汇总，那被调查者一般则只能就所调查问题给出答案，故此次调查习惯之范围在很大程度上也就限定在法律馆所设计的调查范围之内。这是《安徽宪政调查局编呈民事习惯答案》（以下简称《答案》）之篇章目录：

  第一编 总则
    第一章 与人及团体有关系之习惯
    第二章 与物有关系之习惯
    第三章 与代理有关系之习惯
  第二编 物权
    第一章 所有权关系
    第二章 共有权关系
    第三章 地上权关系
    第四章 抵押权关系
    第五章 物权之消灭
  第三编 债权
    第一章 契约
    第二章 无委任之事务管理
    第三章 无因得利
    第四章 不法行为
  第四编 亲属关系
    第一章 总则
    第二章 家制
    第三章 婚姻
    第四章 亲子

---

① 修订法律馆：《调查民事习惯问题》，修订法律馆1908年印本，第2页。

第五章　监护
第六章　亲属会
第七章　扶养之义务
第五编　承继关系
第一章　总则
第二章　宗祧之承继
第三章　遗产之承继
第四章　遗书
第五章　遗留财产
第六章　无人承认之承继
第七章　债权者及受遗人之权利

可以看出，上述编排体例完全是仿照西方国家，尤其是德日两国的民法典体系设计出来的。根据学者眭鸿明的研究，四川省调查局编辑的《补查民事习惯报告书》在体例上也和《答案》大致相同，呈五编式的结构。另《湖南调查局调查民事习惯各类问题》的设计则与《法国民法典》的"三编式"结构相近。① 尽管这种仿照西方的调查表格之设计对制定一部系统民法典有相当帮助，比如说按照德日五编式体例来设问，有概念严谨、表达规范、能形成一富于逻辑性的系统等优点，能对修订法律馆诸公欲模范德日民法典创建中国民法典，从而与国际接轨这一点上颇有帮助，但却未必能够全面、妥当地梳理与整合民事领域的固有习惯。因为中西方社会和习俗的巨大差异，传统中国的某些习惯很难准确放进这种西式的民法框架体系，有的也许根本就放不进去。这些放不进去的习惯在这个西式的民事习惯调查中，存在着"遗漏"之可能。

修订法律馆制定的《调查民事习惯章程》第10条——"各处如有条陈，但不溢出于民法之范围，调查员均可收受，报告本馆，以备采择"——即暗示了此种"遗漏"之存在。就是那些勉强放进该民事调查框架中的传统习惯，也存在着"变形"的可能。比如说，此次调查注意到的"典"，在《答案》中即将之归于物权编内的"地上权"章和"抵押权"章下。其实，"典权"不论是和"地上权"还是"抵押权"皆有很大的差别。② 到制定民法典草案时，受冈田朝太郎的影响，将典权视为担保物权中的不动产质权，故在物权编列有不动

---

① 眭鸿明：《清末民初民商事习惯调查之研究》，法律出版社2005年版，第90—91页。
② 典权是支付典价占有他人不动产，从而获得使用和收益的一种权利；地上权是为建造房屋、隧道、沟渠等工作物及培植树木而使用他人土地之权；抵押权则是一种担保物权，是债权人对债务人不转移占有，但于债务不履行时，有得就其所卖价金受清偿的权利。

产质权一节,以之替代固有的典权。实际上,中国固有的典权与西方的不动产质权虽都以不动产为标的,且以转移占有为条件,但有很大的差别。① 将典权等同于不动产质权,就是抹煞了这种差别。之后,民国法学界对典权的性质是担保物权还是用益物权而展开的大量争论,就是这种要将中国传统习惯强行放入西方民法框架之中产生的"消化不良"现象的集中反映。直到1925年的第二次民律草案,才将"典"吸收进来,与不动产质并列。到《中华民国民法》才正式取消不动产质权而设立"典权"专章②,从而回应了这个在当时社会普遍存在的习俗,也即是社会的实际要求,最后成为该民法典不同于其他国家民法典的一大特创。③

如果说从"典"习俗可折射出将某些中国固有惯例放入西方民法体系中所发生的"变形",那"祭田"习俗则是晚清民事习惯调查所"遗漏"或"忽略"的部分。尽管在《广西民事习惯人事部报告书》中的"公产"部分,有"祭产"一目④,但这只能算是一个例外。因为,就"祭田"习俗而言,在江南和东南沿海数省最为显著。在《答案》中,全文提及"祭产"或"祭田"的仅一处,即在"总则"编第一章"与人及团体有关系之习惯"下的第14问:

第十四问 失踪迹后,计其人之年龄当已死亡,又无父母妻子,其家产得由其亲族或戚族处置否?

答:多数习惯:失踪者若无父母妻子,其财产应由亲族或戚族管理,迨为时已久,足以料为死亡,即由其管理之,亲族或戚族为之处置,其处置之方,或立后嗣,使承继其家产,或纳入宗祠为祭产,皆可。皖南北大都皆然。少数习惯:(1) 舍亲族以外,不得行处置之法者。如皖南徽州府之休宁、黟县,宁国府之旌德;皖北庐州府之无为;颖州府之蒙城,滁州府之来安。(2) 将家产归入宗祠家庙,作为祭产,无论亲族戚族皆不得处分之。如皖南池州府之青阳、皖北凤阳府之凤台。

很明显,这里仅是说在安徽的某些地方,失踪者的财产有成为宗祠祭产的习俗。那些关于祭田广泛存在的事实、关于祭田的设立、管理、主要用途、收益分配、实际处分等诸多跟祭田相关的习惯、家法族规等内容在安徽省的民事习惯调查中不见了。这种"遗漏"或"忽略"至少是跟《答案》以模仿德日

---

① 关于二者的主要区别,可以参考史尚宽:《物权法论》,中国政法大学出版社2000年版,第435页。
② 胡长清:《中国民法总论》,中国政法大学出版社1997年版,第23页。
③ 徐海容:《典权性质之探讨》,载何勤华主编:《民国法学论文精萃·民商法卷》,法律出版社2004年版,第96页。
④ 转引自眭鸿明:《清末民初民商事习惯调查之研究》,法律出版社2005年版,第97页。

民法五编式所编排的提问方式有关。因为绝大部分祭田习俗在这个五编体系中找不到合适的位置,尽管它们作为事实、作为数百年的习俗长期且普遍存在着。

二、《晚清民律草案》可规范祭田案件之法条

在那些祭田习俗广泛存在的地方,晚清民事习惯调查在很大程度上将之"遗漏"了,作为例外的,类似广西那样将"祭产"作为一种"公产"的记载,在修订法律馆诸公看来,亦只是一种零星的事实存在,加之在以德日五编制的民法体系中根本无法将之"装"进去,因此,在以他们为主导起草的晚清民法典草案中,没有专门规范祭田的条文。

在西方民法学中,其具体法律规定的基础是法律关系的确认;而法律关系之构成,总是以权利主体和客体为核心。就权利主体和客体的关系而言,有主斯有客,前者立于支配地位,后者处于受支配地位。① 以这个视角来观察有关"祭田"的法律关系,权利客体是作为物的祭田,是确定的;难的是确定其权利主体:是多个自然人共同享有还是祭田管业权群体单独享有权利?如果是多个自然人主体共同享有,那这些自然人之间到底是一种分别共有关系还是公同共有关系?

1900年颁布的德国民法典,对随后世界各国的民事立法产生了重大影响。德国民法典总结了自罗马法以来法人制度未法典化的状态,开启了各国法人制度完备立法之先河。自是以后,西方法学中的权利主体除了自然人之外,还增加了法人这一种类。晚清修订法律馆起草民法典草案,宗旨之一是注重"后出最精之法理",德国民法典的法人制度遂被引入。因此,前述"祭田"法律关系中权利主体确定的难题即可表达为:是多个自然人还是囊括该所有自然人并在之上形成的法人?如是多个自然人共有,是分别共有还是公同共有?如是法人,是社团法人还是财团法人?在晚清民法典草案中,这些制度都为其所吸纳,考虑到它们皆有可能对认定"祭田"性质有直接关系,下面就将晚清民法典草案中的这些制度试作梳理。

草案在第一编总则部分专设法人章,其立法理由是"非自然人而欲达生存之目的,则必应依法人之组织。近世各国法律皆认法人,故本案亦采用之,

---

① 郑玉波:《民法总则》,中国政法大学出版社2003年版,第93—95、262页。

特设本章之规定。"既设法人章,那如何看待法人,其本质为何①,就直接影响到对法人的具体立法。清末起草者采纳了法人实在说,"古来关于法人本质之学说虽多,然不外实在之团体,其与自然人异者,以法人非自然之生物,乃社会之组织体也。故本案亦以法人为实在之团体。"该章分三节,分别是通则、社团法人和财团法人。其中通则部分第60条规定法人之实质,第61条至第64条规定权利能力、行为能力、责任、住址等项,第65条规定法人的人格保护,第66条规定外国法人。在社团法人节中,首先为其下定义,"由人之集合体而成之法人也。"立法者考虑到社团法人按其目的分为非经济的社团法人及经济的社团法人。非经济的社团法人应于民律中规定,至经济的社团法人规定于特别法中为宜,故民法典草案于此只规定非经济的社团法人。该节以76个条文分别规定了社团法人的设立、组织、会员与社团法人之关系及社团法人之监督和解散、罚则、无权利能力之社团法人和不认许成立之外国社团法人等内容。在接下来的财团法人节中,起草者对财团法人所下的定义是:"因为特定与继续之目的所使用财产之集合而成之法人是也,其目的有公共目的(如学校、病院)、私益目的(如亲属救助)之二种。"该节共有23个条文,分别规定了财团法人之设立、组织及其变更、清算及罚则等内容。②

草案在第三编物权第二章所有权部分专设了共有一节。关于设立的缘由,起草者在按语中说得很明白:"所有权为事实上法律上能于其范围内管领物之物权,数人不得同时于一物上有数个所有权,固不待言。然数人共于一物之上有一所有权,初无反于所有权之观念,且为近世各国民法所认,于实际亦颇重要,故设本节之规定。数人共有一所有权,其形式有两种:(1)数人依其所有分而以其物为其所有,名分别共有;(2)数人不依法律上之所有分分割之共同部分,而以其物为其所有,名公同共有。"在接下来的条文中,草案对分别共有和公同共有作了较为详密的规定。需要指出的是,在第1063条按语中,起草者对公同共有的类型进行了明确的例举,并集中阐述了与分别共有的不同之点,"数人依法律之规定(例如公同继承是)或依契约(例如合伙契约或夫妇共有财产契约是)而为公同结合,且因此而以物为其所有者。此数人既非依其应有部分所有其物,即不为分别共有人,而为公同共有人。

---

① 西方民法学关于法人本质经过了长时期的争论,大致有三种主张,即否认说、拟制说和实在说,影响较大的是拟制说和实在说。拟制说认为法人是出于社会的需要,由法律所拟制的一种权利主体,为德国学者萨维尼(Savigny)所首倡,在英法两国,也以此说为通说。实在说以为法人非法律所拟制,乃是现实存在。民国时期我国的民法学者对此有过较长时期的激烈争论。详细情况可参见黄章一:《清末民初法人制度的萌芽——以大理院民事裁判为中心(1912—1928)》,北京大学法学院2006年博士学位论文,第164—166页。

② (清)俞廉三:《大清民律草案》第一册,修订法律馆1911年铅印本,第23—54页。

各公同共有人之权利,于物之全体皆有效力,非仅就其应有之部分有效力也。"①

以上是晚清民法典草案关于法人和共有的大致立法情形。从中可以看出,关于祭田的权利主体,起草者并没有一个确切的说明。

第二节　晚清各级审判厅对祭田案件的审理

在这个法律和司法大转型初期,立法者可以回避某些棘手问题,司法者却不可能回避。因这些案件仍在发生,需要司法官即时作出审理。虽然,在晚清民初,民法典仅停留在草案阶段,但我们可以设想,如该草案妥当地规范了"祭田"的权利主体,那无疑会对司法官产生学理上的指导作用,进而成为某种事实上的规范。既然新的以西方为导向的立法不能给司法官们以确切的指导或明确的制约,那他们在裁判这类案件时一方面可能继续认同传统做法,另一方面则会给他们更大的选择、创造空间。究竟当时新式审判厅的法官们如何审理祭田案件,他们对祭田的"权利主体"如何认定? 下面试作分析。

绝大多数晚清各级审判厅设立于宣统二年(1910年),截至清朝灭亡时,其运作也就一年多时间,故其所判决的案件数量有限。现今所能见到的各级审判厅判决,主要集中在汪庆祺编辑的《各省审判厅判牍》(以下简称《判牍》)②和王家俭等编辑的《奉天司法纪实》。③ 因为祭田只是在江南和东南等地较为普遍,故可推测《奉天司法纪实》一书中所辑录的判词不太可能与祭田相关。故本部分所用晚清各级审判厅时期的判决主要来自《判牍》。

虽然,晚清起草的民法典草案没有专门的"祭田"条文,但在当时的社会生活中,仍然会有一些祭田案件被提交给新式审判厅来裁断。在这些新式审判厅里实际从事审判工作的推事们绝大多数接受了西方,尤其是日本的民法学教育,在那个以西学为高的社会转型初期,他们当然会力图在民法典里寻

---

① (清)俞廉三:《大清民律草案》第四册,修订法律馆1911年铅印本,第29—40页。
② 《各省审判厅判牍》由民初供职于上海法学编译社的汪庆祺在全国范围内搜集清末各省城商埠各级审判厅和检察厅的各种判牍,择其精华,编辑成书。此书编纂时间为1911年冬到1912年春,将近半年时间,最后于1912年印行出版。点校本参见《各省审判厅判牍》,李启成点校,北京大学出版社2007年版。
③ 王家俭等编辑:《奉天司法纪实》一书共四册,1909年10月陪京印书馆刷印,湖北图书馆有藏。书中详细记载了奉天省创办高等审判厅、地方审判厅和初级审判厅的始末,并收录有各种文书格式和部分判决书。相关介绍参见俞江:《清末奉天各级审判厅考论》,载《华东政法学院学报》2006年第1期。

求"祭田"案件的解决之道,也就是说,他们会努力按照"祭田"习俗之内容在民法典体系中为祭田找到一个妥当位置。要找到这个妥当位置,一个关键之点就是从西方民法学角度来认定"祭田"性质。

根据《判牍》序言可知,编辑者并不是对其所搜集到的各级审判厅司法判词尽数排印,而是有所抉择。其选择的标准是"取其法理详明,体裁精新,读之可以因象求义,因义求神,旨趣错落,妙谛无穷者,汇集成编。"其编辑目的是"以为将来之司法官之资助材料,与审判厅之组织方法。"①在《判牍》所汇辑的427则批词和判词中,与祭产(包括祭田)相关的仅有3则。当然各级审判厅审理的祭田案件当不止此区区数件,可能在编辑者看来,绝大部分跟祭田有关的批词和判词因"法理不详明、体裁不精新"等原因,不符合编辑的标准,因而没有被选进《判牍》中。② 鉴于晚清各级审判厅的实际司法审判资料保留到今天的很少,资料查找非易,故本部分姑且以《判牍》中发现的三则批、判词为例进行分析。

这三则跟祭产有关的材料,其中两则是批词,分别由大理院民科二庭和重庆地方审判厅的推事们所制作;还有一则是广西梧州地方审判厅制作的判词。下面分别对这三个案件进行解析。

一、大理院民二庭批浙江墓田管理涉讼案

准总检察厅移送浙江高等检察厅呈送俞镜祁等与葆真等因争山田上诉一案。查俞镜祁之高祖俞祖尧既已承继光耀为嗣,律以为后隆于所后而杀可生之义,是镜祁应祭扫者,为兆贤之茔,即祗管兆贤名下之茔田。俞葆真等应祭扫者,为兆凤、光曙之茔,即应管兆凤、光曙名下之茔田。本属毫无疑义。且光曙当日写立分关,剖析详明。原为祖尧出继乏产,因三分其田,各二亩有零,分隶兆贤、兆凤等名下为茔田,以杜后日子孙争竞。惟彼时虽立券关,而此项茔田仍合归三房轮管,并光曙及祖文、祖武等续置田亩,亦分配三项茔田之内,轮三房各管一年。足征当时兄弟之和睦。及至支派渐远,情义渐漓。俞葆真等以分关为可凭,主张分管。俞镜祁等以合管已久,不应重分。各执一词,结讼五载,历经该县讯断,并由族长俞观旭等调处。俞镜祁等抗不遵依,复经该省高等厅判明分关可作凭证,应照分关管业。并以俞镜祁等应管之田现已薄瘠,分管

---

① 汪庆祺编:《各省审判厅判牍》,北京大学出版社2007年版,第3页。
② 笔者之所以作如此大胆推测的根据在于:本来祭田案件发生较多的地方在江南和东南沿海那些省份,而在各级审判厅中的三则跟祭田有关的批判词,仅仅只有一起发生在这些地方。除了这种推测之外,实在找不到其他原因可以解释此种现象。

未免受亏,断令俞葆真等拨田二处以赔补其损失,系属酌理准情,所断极为平允。乃俞镜祁等以所得田亩未足,觊觎光曙坟山树木,仍复添砌情事上诉,是衹知见利而趋,不知思义而退,殊属好讼。应饬该原告遵照该省高等厅原判完结,毋得再渎,以滋讼累。除将原卷移送总检察厅发还浙江高等厅查照执行外。合行牌示。①

该案案情可简要归纳如下:上诉人和被上诉人谊属同族,因为墓田的管理而涉讼。该墓田本为被上诉人的高祖所有,考虑到上诉人的祖父没有田产,就写立分书,一分为三。但当时关系和睦,虽有分书,但并没有实际分析,由三房轮管。到上诉人和被上诉人这里,支派渐远,情义遂漓,被上诉人遂以分书为凭,要求分析墓田,上诉人拒不同意。族内调解无效,后经该县判决分析墓田,上诉人不服,上诉到高审厅。高审厅以分书为有效证据,肯定了被上诉人的分析主张,但考虑到上诉人按照分书所分之田现已贫瘠,让被上诉人另外拨田二处给上诉人,以弥补其轮管期间的损失。上诉人不服,上诉到大理院。最后大理院民二庭全面肯定了浙江高审厅的判决理由和判决结论。在大理院看来,浙江高审厅的判决"系属酌理准情,所断极为平允";且认为上诉人"以所得田亩未足,觊觎坟山树木,仍复添砌情事上诉,是衹知见利而趋,不知思义而退,殊属好讼",完全否定了上诉人的主张。

该案乃大理院民科二庭之批词,根据韩涛博士的详明考证,该庭推事包括治良(满洲镶黄旗,监生)、蔡桐昌(广西博白人,进士)、贺俞(江苏丹阳人,日本法政大学毕业生,举人)、吴尚廉(广东南海人,进士)、涂翀凤(江西丰城人,进士)、张超南(福建永定人,进士)和姚大荣(贵州普定人,进士)等7人。这些推事多属传统士大夫,新法政知识较为欠缺,他们裁判这类民事纠纷,仍与传统司法官裁断"细故"纠纷没有太大差别。观察本案批词,不仅话语与过去无异,就是判决根据和内容,所谓"准情酌理",亦完全是传统办法。这似乎亦可印证韩涛博士对晚清大理院所进行审判的总体判断:

> (大理院推事)十有八九是科举出身,大多并未受到专门而系统的近现代法律法学知识训练,他们熟悉的律例仍是传统的《大清律例》,对于近代法学知识则知之甚少或一无所知,对于法律性质和功能的认识,仍然走不出传统儒家思想的知识背景。这种出身履历和知识结构,以及由此而决定的思维方式,在某种程度上影响了大理院的司法活动,使得大理院在应对社会变迁中的法律事实时显得捉襟见肘,力不从心,制约

---

① 汪庆祺编:《各省审判厅判牍》,北京大学出版社2007年版,第14页。

了大理院在近代司法转型过程中应有作用的发挥。①

二、重庆地审厅批丁与三等告丁谭氏一案

矜孤恤寡，尽人宜然，而在族中尤不可废。据呈，尔祖易斋提有田租乙百乙十六石，生作养膳，殁作子孙衣食之计。易斋殁后，尔等并炭峒生息，按房均分，又提田租二十六石，以作清明祭祀之需，每年除用费外，想有赢余，尔等固宜体尔祖子孙衣食之心，择族中之不能自存者抚恤之，以作族中义举可也。丁谭氏为尔族孀居，家业萧条，矢志不嫁，即不向尔等借贷，尔等犹当设法维持，以为族中守节者劝。况所借者仅谷一石，又属公款，即令如量以予，族人谅亦不至即有异言。乃尔丁载阳竟以族中孀居甚多，窘迫者亦不少，不便开端为辞。试问尔族中孀居即多，岂皆窘迫耶？即使窘迫，尔等岂忍坐视乎？凡此巧为推诿之言，无非为多分入己之计，曾亦思尔等与丁谭氏同是尔祖之后人，岂忍尔等有生活而丁谭氏无生活乎？况抚孤守节，尤增尔族中光宠乎？昔范文正公广置义田以周给族中贫乏者、不能婚嫁丧葬者，而寡妻弱子尤为注意。尔等岂未之前闻耶？何贪狠而至于此。既丁谭氏控准江北，尔等自应赴江北候讯，所恳移销枝案之处着不准行。②

此案案情简单，是族中一位孀居寡妇因衣食无着，拟从族中祭田收入中借谷一石，而为祭田管理人员丁与三所拒绝，其理由为族中生计窘迫者很多，不便开此先例。该寡妇因此到江北县衙控诉，且已获准。丁与三反过来向重庆地方审判厅控诉该寡妇的无理取闹。尽管审判厅最后批示原被告到江北县应审，但从批词之中，仍可见该审判厅推事对该纠纷的看法。在审判厅推事看来，祭田既为丁与三的族祖设立，其初衷为"生为养膳，殁作子孙衣食之计"；且考察祭田收入实情，除祭扫外尚有盈余。虽然该寡妇在正常情况下不在该祭田受益者范围内，但她抚孤守节，为全族争光，且族中因孀居而窘迫者少见，"不便开此先例"的说法无非是推诿之词。最后该推事引用范仲淹设立义田以赡族的例子对原告谆谆开导，劝说他从"睦族"的考虑多做"义举"，给该寡妇以周济。

三、梧州地审厅判伪证霸占案

据原告李春林、李沃林、李美林等供称，高祖英泰所遗产业早已分

---

① 韩涛：《晚清大理院审判官员调配及履历考论》，载《历史档案》2011年第3期。
② 汪庆祺编：《各省审判厅判牍》，北京大学出版社2007年版，第41—42页。

断,惟存祀田八丘未分。嘉庆年间批与本村韦姓耕种,按糙分租,历年无异。嗣因咸丰兵燹,契据遗失无存,两姓父祖后先死亡,乃韦可球突于光绪三十三年抗租不交,曾经具控到县,谕团调处,退还四丘。惟韦可源承耕之夜昙田一丘、罗社田一丘、三斗田一丘、河断田一丘仍复霸耕如故。去年在县续诉,蒙判照旧解租,如违即行将田另批重究在案。殊韦可源阳奉阴违,既不清租又不退田,迫于本年正月再赴初级审判厅起诉,蒙判两造相争均无确证,其从前李姓自耕之田已置勿论,韦姓现耕之四丘即归韦姓管业,心实不甘,请求复判施行。李怀铨供与李春林等同。据被告韦可球供称:道光二十五年曾祖琮琰公去世,无钱应急,祖韦富随将琮琰公遗存膳田十四丘当与李春林之祖焕,当银一百五十两,仍将该田转佃耕种,年纳租谷,并无拖欠。嗣于光绪二十四年割田五丘交李春林等管业,三十三年又割四丘,均未补过田价,亦未立有字据,现存五丘内除韦成业耕种一丘另行纳租外,余四丘概由民兄弟承耕,租谷照旧交纳,所有民家管业证据,尚有雍正四年宗祠碑记为凭。又据韦可源供称:琮琰公系道光二十五年去世,当年当与李之田确系祖业,现有碑记可据。惟光绪二十四年割归李六丘,三十三年又割四丘,现在祇存四丘各等情。

(证明理曲之缘由:)查原被两造所争田产均无管业契据,一称嘉庆年间发佃,一称道光年间当出,情词各执,互争不决,既无契券可考,应以事实为断。原告李春林等供称韦姓佃耕祀田八丘,百余年来按糙纳租无异,迨光绪三十三年韦可球抗租不交,经控到县,韦可球自知理曲,请凭团绅调处,退田四丘,惟韦可源所耕四丘仍霸如故,李春林等迭控县厅,韦可源等砌词辩诉,竟凭祠碑刊载以为抵制。细阅该被告呈验碑文,字迹模糊,明晦参半,查系雍正四年所立,尚属可信。惟碑面右旁末二行所列琮琰公所遗膳业夜昙等田系韦富、韦宾、韦宰三房祭祀公产一节,字字分明,核与前后字迹大小笔法不符,显系近年伪添,据称该曾祖琮琰于道光二十五年逝世,实年七十余岁,是雍正立碑之年,该曾祖尚未出生,何以名已刊碑,其为该被告后来伪造已可断言。按典当通例,当价可值卖价之半,该被告于光绪二十四年及三十三年两次将田割归李春林永远管业,何以均不索找卖价。又该被告祖辈向以教读谋生,并非耕种专业,如谓因贫当田,必无旋当旋佃之理,是当田转佃一节亦不足据。况自道光以来,该被告之祖若父历年纳租,并无少欠,该田实属李姓祖遗之业更无疑义。苍梧初级审判厅将该被告现耕之田四丘判归被告执照管业,殊欠允洽,应予更正,判决完案。

(判决之理由:)注销原判决。被告韦可球、韦可源所佃原告李春林祀田四丘着限本糙收割后退佃拨耕,交回李春林等永远管业。惟该被告佃耕此田经历数世,讯无欠租荒芜情事,尚属可原,从宽判将本糙租谷及因构讼所欠租谷一律免追。本案诉讼费全额应由被告负担,仍由苍梧初级审判厅执行。原告李春林呈验粮票簿据发还。此判。①

该案因祭田租佃而引起了管业权争执,系争对象为原告祖遗祭田,长期批给被上诉人耕种。上诉人的管业契据于咸丰年间毁于兵祸,给了被上诉人可乘之机。被上诉人于1907年开始抗租不交。先后经两次县断,均将田断归上诉人,要求被上诉人要么交租要么退佃。被上诉人阳奉阴违,适值各级审判厅设立,上诉人遂到苍梧初级审判厅起诉。初审厅以双方皆无确据,将该祭田断归被上诉人。上诉人不服,因此上诉到梧州地审厅。地审厅的推事鉴于双方皆无确据,遂从彻查事实入手。发现被上诉人所提供的证物——祠碑——从外观上看字迹明晦参半,有伪造嫌疑;从内容上看,将尚未出生的人名刻于碑上,显违常识一;另典当不找价,显违常识二;因贫当田,立即转佃,不合常识三。基于上述理由,否定了苍梧初审厅的判决,将该祭田判给上诉人永远管业,被上诉人于本季收获后立即退佃。

通观上述三案,分别涉及祭田的处分、收益分配和管业权归属等问题。其中伪证霸占案乃因管业权归属问题而与族外人发生的纷争,在这里,祭田之性质与普通田亩无异。就祭田的处分和收益分配这两个方面来看,一般而言,长期以来已形成了能被人广泛接受的习惯做法,即在祭田的处分方面,一般不应分析,在无专人和专任机构管理的情况下,由管业权团体中的各房轮管;在祭田的收益分配方面,如除祭祀外有所盈余,由管业权团体按房平均分配,管业权团体之外的人不能从中获得收益。正是有处分方面的这种惯例,浙江一案中的上诉人才会觉得县判和地方厅的两次审断结果不公,而上诉到大理院。在该案有一个特殊情况,即墓田设立人在设立墓田之初,为预防日后子孙纠纷,即写立分书,与一般的祭田设立不同。也就是说,该墓田设立人在设立之始即没有期望该墓田永久存续而不准分析。重庆一案中的寡妇按照祭田收入分配的习惯是无权从该祭田中获取收益的,这是丁与三兴讼的真正理由。重庆地审厅的推事基于睦族、守寡不易的劝说,更没有为祭田的收益分配确立新的规则。也即是说,在这两案中,推事们的着眼点是各该案不同于普通祭田处分、收益分配案件的特殊性,而非挑战既有的习惯做法希望能发展新规则。第三案重点在查清案件事实,确定管业权归属,也不存在发

---

① 汪庆祺编:《各省审判厅判牍》,北京大学出版社2007年版,第90—91页。

展新规则的动机和结果。

从这三案的判决依据方面来分析,浙江一案重在认定分书的有效性、斟情酌理进行判决的正当性和对好讼的厌恶上;重庆一案是基于睦族的考虑、鼓励"义举"和"守节"等传统价值观念基础上的劝说;第三案则是利用日常生活中的"常识"来查明事实的真相,以此确定祭田的管业权归属问题。这些都是传统司法中审理祭田案件的常见做法,在此看不到什么新意,尽管审理机构和人员发生了根本性的变化。

在现有的资料范围内,如《判牍》中所辑录的祭田案件批词和判词代表了晚清各级审判厅审理祭田案件一般情形的话,事实上也只能如此假设,那根据上述分析,可知:虽然新式审判机构建立了,新的法官出现了,但他们裁断祭田案件的基本模式仍属传统司法体系,滞后于整个司法体制转型。司法体制转型在祭田案件审断中的创新就要落到民初新司法机构的推事们身上去了。

第三节　民初地方新式司法审判机构对祭田案件的审理

民初①不仅基本继承了晚清在法律和司法领域的改革成果,而且受新共和国体之影响,人们权利意识得到较充分地培育和发展,立法者和司法官更意识到自己在共和国的重大责任。就司法来说,民元《临时约法》以根本法的形式规定了人民享有的审判权、法院组织和权限、审判公开和独立、法官保障等内容。至此,举凡近代法治国家司法制度的基本原则已具备。民元的大总统令更明确了晚清《法院编制法》继续有效②,四级三审制的新式司法机构和尚未设立审判厅地方的传统司法制度并行的情形得以继续。传统地方司法制度之所以还部分得以保留,是因自晚清改革地方司法制度开始,受限于经费和人才而不得已的一种临时举措,民初政府也无力彻底改变此种状况,但力图进行初步的行政权和司法权分立,逐步向设立独立司法机构靠拢,因此有1912年底到1913年初决定在未设法院的各县地方,设立审检所,由帮审员代替县知事进行民刑案件的审理,县知事仅负责检察事务。因此,和传

---

① 本处所指的民初,大致指的是1912—1914年,也即是袁世凯通过《中华民国约法》、裁撤初级审判厅等行为之前。

② 1912年3月10日,临时大总统发布《从前法律与民国国体抵触者外均准援用令》,明令"现在民国法律未经议定颁布,所有从前施行之法律及新刑律,除与民国国体抵触各条,应失效力外,余均暂行援用,以资遵守"。

统司法制度相比,审检所也是一新司法机构,因为审判权和行政权、检察权实现了一定程度分离。所以,从广义上来说,民初新司法机构应包括各级审判厅和审检所。

各级审判厅推事们和审检所帮审员在共和国体之下,有了更大的活动舞台。他们很多人力图将其所接受的新式法政知识适用于案件实际审理之中,极大地推进了近代中国司法审判实务的发展。他们在民初裁判了一些民刑案件,其制作的判决书有很多被搜集到商务印书馆编辑的《最新司法判词》(简称《判词》)和1912年上海地方审判厅厅长黄庆澜编辑的《上海地方审判厅司法实记》(简称《司法实记》)及其续编《上海法曹杂志》(简称《法曹杂志》)里。本节分析民初新司法机构对祭田案件的审理,所运用的主要资料即为《判词》。关于《判词》,当时的期刊杂志曾有这样的评价:"洋装四册,一元六角。全书用五号字排。是书搜集各级审判厅之判词,计有三四百案之多,选择精当,分类明晰,足为设案判断之模范。凡各省法官,及兼理审判之行政官、承审员、书记等,与应任官考试者,均为不可不备之书"①,足见其对于研究民初司法转型所具有的重要资料价值。

在《判词》中,我搜集到4份关于祭田案件的判决书,其中1份由江苏高审厅的推事所判决,另3份则由福建的县审检所帮审员制作。由于判决书数量偏少,对它们的分析虽不能展现民初新司法机构对祭田案件审理的全貌,但窥斑见豹,亦能部分发现这些审判者们裁断祭田案件的可能做法。

一、董颂生控董祯祥霸占祭田案

该案于1912年8月28日由江苏高审厅民庭推事合议判决。在之前的清末民初,该案先后经娄县知县、松江府知府、华亭民政长等兼理司法行政机关判决。及至审判厅成立,又经华亭地方审判厅判决,上诉人不服该判决,最后上诉到江苏高审厅。该案两造系属从堂兄弟,上诉人为异姓过继,被上诉人以远房之子承嗣。主要争点在于两造祖遗祭田120亩应该轮管还是由被上诉人独管。两造缠讼十余年,以前的数次判决结果皆不相同。该案到江苏高审厅之后,两造皆延请律师以为辩护,在法庭上都提出了明确的主张和理由。高审厅推事在查明案情、考虑先前几次审理实情之后,指出"此案争点,不在争继而在祭田之管理,但当解决管理祭田之权,当谁属耳!"这里需要注

---

① 《法政杂志》第5卷第6号,封面。

意的是其用语的变化,即从传统的"轮管"或"独管"变为"管理祭田之权"。①这不是单单的词语变化,而是一种观念的变迁在实际审判中的体现:"轮管"或"独管"是一种事实的描述,官府的判决主要在于认可"轮管"或"独管"的事实;"管理祭田之权"是一种"权利"的承认,法院的判决是确认此种"权利"的正当性和归属问题。推事们以"管理祭田之权"来描述原先的"轮管"或"独管"事实,反映了他们寻求将该事实编织进"权利"之网的努力。确定了主要争点,高审厅判决的主要理由有二:(1)异姓养子仅能继承养父母的遗产,祭田有其血脉方面的"身份"特征,不在继承范围内;(2)前清松江府关于轮管的判决,按照法律不溯既往原则,毋需上诉人返还其已收之田租。② 观察该案的判决理由,高审厅推事的审理和判决有两点值得注意:第一,审判者力图将跟祭田有关的事实纳入权利框架中进行裁断;第二,试图用新的法言法语确立关于祭田的一般性规则,如当事人和判决书的读者能从判决理由中领会到祭田有不同于一般遗产的"血缘"特征,尽管他们表达的方式还没有从个案中完全抽象出来。③ 在晚清各级审判厅审理祭田案件之中,这两个特征没能发现,应该是民初一种创造性的尝试。④

二、游和钧诉游大花等争嗣夺胙案

该案由福建古田县审检所判决,是族人之间因祭田管业而生的纠纷。和前案类似,纠纷始于前清宣统年间,历经多任知县和县知事判决,及至审检所成立,一造又来具控。该案虽表现为祭田管业争执,但实际上是一个立嗣问题。帮审员在判决理由中首先即揭明此点,"族人觊觎祭产,出而争嗣",接着将剖析之点转向论证应为何人立嗣和立何人为嗣方为妥当。在帮审员看来,只有这两个与继嗣有关的问题得到了解决,祭田之管业才能据此确定。

---

① 接下来还用了"管理祭田之权利"等,如"双方各以所耗之讼费,自置私产,恐较诸管理此项祭田之权利,不啻倍蓰。"
② 判决书对该理由的表达分别为"况颂生以张氏子为董张氏养子,所应取得者,嗣父母之遗产耳。至董氏之祭田,则祯祥为董氏血胤,自应归其管理,毫无疑义";"辛亥年所收之租,当时松江府既断令两年轮管,法律不溯既往,自不能指为拉收,而令颂生缴出"。
③ 这段判决话语"颂生以张氏子为董张氏养子,所应取得者,嗣父母之遗产耳。至董氏之祭田,则祯祥为董氏血胤,自应归其管理,毫无疑义"中的具体人名,代之以甲乙丙丁等抽象符号,仍然成立。这种看似个案表述,实具一般性意义,正是司法转型期的一种表现。
④ 关于本案判决书的引文见《最新司法判词》第二册,上海商务印书馆1923年版,第74—79页。

他先参酌现行律、暂行民律草案①关于立嗣的规定,并结合传统儒家经典的精神,以之为依据,确定"独子夭亡,当为其父立后,必其父通族无昭穆相当可为立继者,始准为其未婚夭亡之子立后"的原则,解决了"为何人立嗣"的问题。以此为据,该族族长的意见自为可取,因该族长的建议"揆之礼经,按诸律例,均无不合"。立嗣确定后,所争议的祭田当然由继嗣人承管。这个案件判决的整体思路与传统司法对祭田案件审理一致,但在确定继嗣人、继嗣人偿还债务这两个问题上,直接采用了晚清民草的相关条文②作为判决依据。这体现了处于近代司法转型阶段中具体司法判决"新"、"旧"并存的特色。

可以设想,尽管审理祭田案件的核心规则——祭田权利主体的确定——在既有的法律系统中无明确规定,但一些跟审理祭田案件相关的领域,如本案中体现出来的立嗣和债务偿还等方面,在新法律体系中皆能找到相应的具体规则。这类具体规则虽不是审理祭田案件的核心规则,但毕竟跟祭田案件有所牵连,可被视为审理祭田案件的外围规则。有这些外围规则,以及审判机关的不断适用,那确立核心规则的尝试也会随之出现。③

三、徐俊钦诉郑宗林等藉教谋买地基案

考虑到该案是我所见到的近代中国司法审判机构第一个尝试以"公同共有"物来给祭田定性的司法案件,对祭田案件审理之近代转型具有开创性意义,姑先摘录判决书全文如下:

> 原告:徐俊钦,五十四岁,永安县人,住龙兴坊,教读。
> 被告:郑宗林,三十四岁,永安县人,住东宁坊,传教。
> 被告:徐观嵩,五十九岁,永安县人,住安静坊,佣工。

---

① 民国成立之初,一方面尚未马上虑及民法的适用问题,另一方面因军令、政令不统一造成全国适用的法律不一致,因此有的地方将《大清民律草案》当成直接有效的民事规则。因此,我们现今尚能见到1912年由政法学社刊印的《民国暂行民律草案》,就内容来看,实际上与晚清民草无甚分别。通过《最新司法判词》(上海商务印书馆1923年版)一书,可发现,在福建的一些审检所,帮审员确有将该民草当成有效法律规条的做法。

② 本案直接适用的《民国暂行民律草案》的条文包括:第1390条"成年男子已婚而无子者,得立宗亲中亲等最近之兄弟之子为嗣子。亲等相同,由无子者择定之。若无子者不欲立亲等最近之人,得责立贤能或所亲爱者为嗣子。"第1392条"遇有下列各款情形,得准用前二条之规定,为无子而死亡者立嗣子:(1)成年者;(2)未成年未婚而出兵阵亡或独子夭亡,而宗亲内无应为其父之嗣子者;(3)未成年已婚而其妻孀守者。"第1462条"所继人负有债务时,以所继人财产偿还。若继承人愿以自己持有财产认偿者,听。"第1464条"关于继承财产之费用,由遗产中支付。但因继承人之过失而支付者,不在此限。"(《中华民国暂行民律草案》,法政学社印行,1912年,"继承编"。)

③ 本案相关引文参见《最新司法判词》第四册,上海商务印书馆1923年版,第97—103页。

主文

判令郑宗林将徐观嵩所卖永城东宁坊寿甲山边街地基改为租借，年纳徐观嵩、徐俊钦等租银三元，定期三十年，届满再行换立租约。徐观嵩所立逊让约字，作为无效，另立租约一纸付执为据。徐观嵩所得该地基价洋三百二十角，因一时无力退还，郑宗林既肯宽缓，酌定年息银三元，即将此银抵还地租，由徐观嵩手交出，众房均分，嗣后将此项地价付还郑宗林，即向郑宗林另收租银。至于该屋左边檐尾滴水有碍，徐俊钦出入门路，应着郑宗林添造水槽，俟上诉期满执行。此判。

事实

缘据徐俊钦先后状称：钦有福寿康宁四房公共房屋一座，坐落安静坊武庙前，并后门上下坪果地四植，屋内奉祀祖先，以果产为祭扫之费，数百年无异。不料徐观嵩听杨永才、陈如夏等唆使，将本屋后门东宁坊山边街墙内下坪果地，私卖与郑宗林，经钦知觉屡阻，并投公亲理论。林吓制不听，尤敢乘控洗伐果树，谨粘抄契据，恳请谕阻讯办等情。旋据徐观嵩以此地未卖之先，已经徐俊钦允许等情辩诉。并据徐俊钦以曾请城自治会决议，着林停工听赎等情续诉。叠经饬差传讯，因供词各执，遂咨城自治会，调查徐俊钦有无书请开会议、阻郑宗林停工听赎情事。旋准城自治会咨覆，徐俊钦确有书请开会，当经众议，徐姓众业非一人可以擅卖，着即办价取赎。郑姓未便买众业于一人，亦应停工听赎。惟徐俊钦以未立约之前，曾经托人力阻，而郑宗林以工匠雇定，不能久停，仅许暂息二三日，双方各执意见，以致搁议等因，暨据郑宗林以徐观嵩将该地址称系自己之业，于上年六月十四号经中立约让卖，付洋三百二十角，于七月二号土木兴工。不料起盖到半，徐俊钦忽谓系伊公有之业，藉端害教等情具禀。又经叠次催传覆讯，两造供同状词。惟徐俊钦并供徐观嵩串同郑宗林谋买，正约尚未成立画押，恳请押折，将该地址归还。若任其承买架造，则左边檐水妨碍门路，亦属可虞。徐观嵩则称地价业已收足，郑宗林则称若不能断归管业，现该契约价银，徐观嵩业已花费无存，亦实无力筹缴。并据公亲郑耀星供称，上年六月间，曾阻郑宗林以该地址系徐观嵩、徐俊钦等公共之业，不必强买各等语。而郑宗林始终并不遵将正契缴验，核其先后两次粘抄，契白文字，并不相符，殊属可疑。案已审理数次，自应援据法理，秉公判决。

理由

查<u>公同共有</u>之业，非各公同共有人同意不得自由支配，此各国法律所定，亦我国惯习所沿。东宁坊山边街地基，为徐观嵩、徐俊钦等所公共,既有契据可凭,徐观嵩一人何得私自出卖?据徐观嵩辩称,未卖之先,已经徐俊钦允许,而郑宗林所粘抄约字,并无徐俊钦署名画押,又何得空言抵塞?此就徐观嵩一面而言,固有不能将此地址出卖者也。又徐观嵩以<u>共有物</u>而对相手方之郑宗林,竟表示为<u>所有物</u>,虽属心里留保,固应<u>保护相手方之利益</u>。惟郑宗林于上年六月间,当该契约未成立之前,已得徐俊钦托公亲郑耀星声明该地为公同共有,自与<u>普通卖买契约买者不知情</u>,由于契约上声叙来历不明,卖者出头,不涉买者之事之语不同,况已知徐观嵩之表示,非出于<u>真意</u>,而竟与卖买,是无论对于契约,不得与来历不明并论,即于<u>法理</u>上亦无<u>保护利益</u>之必要。此就郑宗林一面而论,其契约亦应归于无效者也。至于兴工建筑,准城自治会来咨停工三日之语,出于郑宗林一人之私意,不问是否确实,而事已涉讼,自治会无<u>裁判权</u>,不经本署之许可,亦不能发生效力,但念该地已经架造教堂,必使将地基退还,亦事实上有所不能。准情酌理,将该地改为租借,庶<u>土地所有权</u>仍属徐姓,而该屋得以安全,其徐观嵩立与郑宗林逊让契约,既未缴验,无论已否成立,当然取消。徐观嵩应退地价既已花费无存,暂将该款利子作为租金。判决如主文。

帮审员:卢凤鸣①

  本案由福建省永安县审检所审理并作出判决,其核心争议是确认祭田买卖是否有效。该祭田为包括原告徐俊钦和共同被告徐观嵩在内的该族四房公共地产。徐观嵩私自将该祭田的一部分卖与被告郑宗林。后原告得知,告诉了郑宗林:徐观嵩未获得四房人全体同意,无权卖地。郑宗林以已经开始在该地建房,主张土地买卖有效。经自治会调解无效,原告徐俊钦因而起诉。帮审员查明事实之后,认为被告承买的祭田系属公同共有物,从法理上来说,"查公同共有之业,非各公同共有人同意不得自由支配,此各国法律所定,亦我国惯例所沿。"具体到本案,"徐观嵩以共有物而对相手方之郑宗林,竟表示为所有物,虽属心里留保,固应保护相手方之利益。惟郑宗林于上年六月间当该契约未成立之前,已得徐俊钦托公亲郑耀星声明该地为公同共有,自与普通卖买契约买者不知情,由于契约上声叙'来历不明,卖者出头,不涉买者之事'之语不同。况已知徐观嵩之表示,非出于真意,而竟与卖买,是无论对于契约,不得与来历不明并论。即于法理上亦无保护利益之必要。此就郑

---

  ① 《最新司法判词》第四册,上海商务印书馆1923年版,第112—115页。案:判决书下划线为作者所加,系新法律名词。

宗林一面而论,其契约亦应归于无效者也。"因此认定买卖无效,故该祭田的所有权仍属徐氏四房。考虑到被告郑宗林已经建房,斟情酌理,判决徐氏四房将该地租给郑宗林,由郑宗林每年缴纳租金。

  从判决主导思路来看,本案判决所要确定的是系争祭田的所有权归属问题,由此判断该土地买卖行为是否有效。欲判定买卖行为是否有效,那就要确定卖方徐观嵩有无该田亩的完全所有权。该系争田亩属于祭田,这为两造所承认,那关键之点就是确认该祭田的权利主体。故判决理由开门见山,指出祭田系属公同共有物,也就是说祭田的权利主体是多个自然人,单个自然人无权对该权利客体进行包括买卖在内的实质处分,故顺理成章作出了该系争祭田的所有权现今归属问题的判断。需要指出,本来在《大清律例》中有盗卖盗买祀产的例文,现行律对该例文作了修改,主要是减轻了处罚。① 在1912年3月10日的《临时大总统宣告暂行援用前清法律及暂行新刑律文》中明认现行律民事部分的有效性,盗卖祀产例成为《现行律民事有效部分》之正式条款。② 根据该大总统令,本案应该适用该例文,即认定被告郑宗林为盗买祭田、徐观嵩为盗卖祭田,相应地,其判决应该为:祭田应由徐姓四房收回,卖价由审检所没收归公。是什么原因促使该帮审员放着有效的现行刑律民事有效部分的规条不用,却要试着用"公同共有"理论来规范祭田案件的争议呢?

  该帮审员之所以这么判决,可能有两个原因:一是在晚清民律草案中规定了作为共有两大类型之一的"公同共有"。在民初福建的一些审检所中,如第二案所展现的,帮审员将现行律和《暂行民律草案》(晚清民律草案的民国版)都看成是有效的法律。《暂行民律草案》对"公同共有"的规定及其按语中所做的解释与祭田权利主体有诸多相似之处。如《民律草案》"公同共有"条规定,"数人依法律规定或契约公同结合,因而以物为其所有者,为公同共有人。各公同共有人之权利,于其标的物之全体,均有效力。"该按语对条文中的"法律规定"和"契约"作了举例式的解释:"数人依法律之规定(例如公同继承是)或依契约(例如合伙契约或夫妇共有财产契约是)而为公同结合,且因此而以物为其所有者。"祭田一般由祖先设立,对享有管业权的子

---

① 盗卖祀产的例文在《大清现行刑律》中正式被修改为"凡子孙盗卖祖遗祀产并义田及历久宗祠者,俱照盗卖官田宅律定拟,罪止徒三年。知情谋买之人各与犯人同罪,房产收回,给族长收管。卖价入官。不知者不坐。其祀产义田令勒石报官,或族人自立议单公据,方准按例治罪。如无公私确据藉端生事者,照诬告律治罪。"参见《大清现行刑律案语》,修订法律馆1909年印行,"田宅",第16页。
② 《中华民国民法制定史料汇编》下册(一),台湾"司法行政部"1976年印行,第22页。

孙来说,当然存在一种"公同继承"事实。不仅如此,按语所揭示的"公同共有"的一些主要特征更与长期以来关于祭田管业的一般性习惯所吻合,如"各公同共有人之权利,于物之全体皆有效力,非仅就其应有之部分有效力也"、"公同所有物,其管理处分及行使其他所有权,若法令无特别规定、契约无特别约定者,非各公同共有人意思一致,不得行使权利,否则必至害及公同共有人之权利"等等。① 虽然,该帮审员在判决书中明确指出,公同共有乃"各国法律所定,亦我国惯例所沿",似乎他在该案使用"公同共有"是出于"法理"和"习惯",而非直接受《民律草案》的影响,但需指出,从判决书的"相手方"、"对手方"等日本法学语词,可见其日本法学知识背景;但在日本当时的民法中,并没有关于"公同共有"的规定。考虑到当时在福建各审检所,帮审员有认定《暂行民律草案》为有效法律的倾向,故我推测其所尝试运用的"公同共有"理论来自于《民律草案》。判决书中描述公同共有的文字"各国法律所定,我国惯例相沿",并非严格意义上的实指,而是以对仗语句加强其说服力。民初福建帮审员有援用《民法草案》的做法,且《民法草案》中关于"公同共有"的法条规定及其案语与祭田管业习俗有相似之处,这是本案帮审员以"公同共有"作为断案主要依据的法律原因。

另外一个原因是该帮审员的个人因素。从判决书的署名可知其为卢凤鸣,虽时过境迁,无法查到其生平,但要成为审检所的帮审员,需要通过一种以近代法律和司法知识为主的资格考试;且在该案判决理由中可见诸多新法律名词,有的还带有强烈的日本色彩,如"共有物"、"所有物"、"相手方"、"对手方"、"契约"、"法理"、"保护利益"、"裁判权"、"土地所有权"等等。可知,该帮审员受到了近代法律教育,尤其是日本的法学教育。民初事实上因王纲解纽,所谓"上无道揆,下无法守",给各级司法官员提供了一个较大的发挥空间,这就有了本案帮审员以近代民法学的"公同共有"理论来处理祭田案件的尝试。

既然以"公同共有"理论作为判决主要依据,那相应的判决结果就应该是让徐氏四房获得该系争祭田的完全所有权,而不是由审判者主动于其上设立租赁权来限制其所有权。如说被告郑宗林在该买卖和后来的建房行为中有损失,那也是因本人过错造成的,因为原告早在买卖行为正式成立之前就已对买卖标的之所有权提出了异议,并正式告知了买方郑宗林。所以,帮审员认为的"念该地已经架造教堂,必使将地基退还,亦事实上有所不能",实在不合过错责任原则。如考虑到近代中国民教之间的冲突,帮审员"斟情酌

---

① 俞廉三、刘若曾编:《大清民律草案》,修订法律馆1911年印行,第38—40页。

理",以设立租赁权的方式来保持两造和睦,以免讼累,是较为妥当的。故这里的"斟情酌理",实际上是考虑教堂和作为教民的郑宗林的特殊情况。故该案主要是以近代民法理论"公同共有"充当裁断该祭田案件的法律依据,在祭田案件审理的转型期内具有开创意义。

四、陈仰达等诉陈在遗越夺租案

本案是一个关于祭田收益分配上的争议。该案案情相对比较简单:两造同属一族,有按房轮管轮收的祖遗祭田。设立该祭田的两造先祖在祀规中规定,"凡后世子孙有能登科发甲及考充恩拔副岁优者,均许让收祀租一年,值祭者于次年补收,毋得争越"。在科举废除之后,两原告考取了新式学堂,希望能按照该规定分别轮收祭田一年的收益,而为被告等否认,因而控告到古田县审检所。该帮审员的判决肯定了原告轮收一年的请求,其依据有二:习惯和遗嘱。在帮审员看来,既然《暂行民律草案》第 1 条规定:"民事本律所未规定者,依习惯法"。第 1477 条规定:"所继人遗嘱,定有各继承人应继之分者,应遵其遗嘱行之。"故习惯和遗嘱作为判决依据具有正当性,那接下来的问题就是确定习惯的存在与否和对遗嘱本意的探询。帮审员认为原告所主张是能得到习惯支持的,因为"以习惯言之,祖宗遗有祭业者,子孙读书发达,莫不让收祀租一年,以表扬宗族光宠,此古田阖邑历来之习惯也"。针对被告的主张——严格从字面解释先祖关于祭田越次轮收的规定,以为"登科发甲及考充恩拔副岁优者"才是越次轮收的充分条件,现状是"学堂易科举难"。帮审员以为现今科举既废,则不能株守先祖遗嘱之文字,而应探求遗嘱之原意。那原意为何呢?帮审员认为应该从两个方面来解释:(1)从国家政策上看,"废科举兴学堂,为国家政治所关系,若使学堂毕业者享有之权利,反不如科举中式者,是重科举而轻学堂也。帮审员所以必主张许其让收者,保习惯即以维学务也。"(2)从先祖遗嘱本意上看,"在策励子孙之前程,非维持科举之制度,后人对此遗嘱,无以辞害意焉可也……即起祖宗而问之,亦必许其让收,断不至因其非科举出身而靳之也"。据此帮审员以为,"盖先人之遗嘱,即先人之意思所存。意思者,法律所尊重者也。"①

观察该判决理由,有下列几点值得注意:

第一,将习惯作为判决的依据并直接采用,直接根据是《民律草案》第 1 条。这一条实际上来自于 1907 年的《瑞士民法典》第 1 条,明定习惯法对于

---

① 关于本案判决书的引文见《最新司法判词》第四册,上海商务印书馆 1923 年版,第 115—121 页。

成文法有补充效力。① 有了这一条的规定及其背后所揭示的法理,对处于转型期的法律发展很有益:有助于固有法和继受法之间的沟通和融汇。具体到祭田案件审理,在传统司法中,官府虽不明示采用习惯作为判决依据,但这类习惯在很大程度上为家法族规所吸收,官府借助其对地方情形的了解,从当时当地众多的家法族规中抽象出一些共通的原则,在实际审理中以斟情酌理的方式加以运用,事实上构成了官府采纳习惯作为祭田案件判决依据的重要渠道。近代中国在继受西方大陆法系的新法律和司法系统之后,如司法官裁判案件严格依据成文法,一则成文法本身不完备,且既有的成文法与当时的中国社会存在相当大的距离,必然会在法律适用上出现问题。有鉴于此,本案帮审员创造性地运用《民律草案》第 1 条的规定,在成文法对祭田收益分配缺乏直接规定的场合,采纳习惯法作为判决的根据,一方面弥补了成文法之不足,另一方面有助于弥合继受法和固有法之间的矛盾。但如何证明有此种习惯,起码要具备哪些要件的习惯才是习惯法,成为司法官裁断案件的依据,在该判决书中并无丝毫论及。在司法审判中,如要将习惯作为法源,这些问题必须解决。

第二,将"祀规"中跟祭田收益分配有关的条文解释为祭田设立人的"遗嘱",并以探求"遗嘱"本意的形式转而解释该条文的"真实含义"。本来,在传统中国,有"遗命""遗令""遗言"等词语②,都是"生前处理身后事宜之意思表示";也有"遗嘱"一词,但不常见,意思也和"遗命"等词差不多。③ 将"祀规"中一些跟祭田相关的规定当成是设立祭田之先祖的"遗命"或"遗令"倒还讲得通,但"遗命""遗令"等传统语词与现代民法中的"遗嘱"之间还是有很大的差别。简言之,前者比后者的含义要广,它并不像民法中的"遗嘱"那样,仅限于财产事项,举凡立嗣等身份事项、死后丧葬及所有子孙应遵守的事项,皆属之。④ 正是有这种适用范围上的差别,因此将"祀规"中关于祭田收益分配的条文视为"遗命"或"遗令"尚可,视为"遗嘱"则不是特别妥当:毕竟"祀规"中关于祭田收益分配的规定与"遗嘱"有别。这种区别表现在诸多方面,比如遗嘱人可以以"遗赠"的方式将其财产给予与其无血缘关系的人,

---

① 史尚宽:《民法总论》,中国政法大学出版社 2000 年版,第 9 页。

② 如《后汉书·樊宏传》有"其素所假贷人间数百万,遗令焚削文契"一句,即与近代民法上的"遗嘱"有相近之处。

③ 在《名公书判清明集》由刘后村撰写的"已嫁妻欲据前夫屋业"判词中,即多次出现"遗嘱"一词,如"所论遗嘱,在官司尤为难信。自有词以来,但称姑黄氏遗嘱……与儿分还遗嘱钱物……且如谓其时突然病患,面受遗嘱,续又称卧病四年,遗嘱有所讳言。"参见《名公书判清明集》,中华书局 1987 年版,第 353—356 页。

④ 史尚宽:《继承法论》,中国政法大学出版社 2000 年版,第 395 页。

但祭田收益分配对象则限于祭田设立先祖的直系血裔,设立祭田的先祖不能在"祀规"中规定将祭田收益分配于与其无血缘关系之人;也就是说,"祀规"中关于祭田收益分配的规定,当以一定身份条件为前提。本案将"祀规"中关于祭田收益分配之规定视为"遗嘱",无外乎是要探求"遗嘱"的真实意思表示,以此来解释该规定的"本意"。要达到这个目的,完全可以不用"遗嘱"作为解释的中间桥梁,因为该案件属于祭田管业权团体内部关于祭田收益分配的争议,"祀规"中的相关规定当然具有拘束力,司法官完全可以直接探究立规者的原意,在此基础上来解释该具体规条。该帮审员之所以这么做,是想借用新民法学体系中的概念来增加解释的正当性和说服力,也表明在民初这个司法官裁断自由度相对较大的时期,有审判者力图将固有与祭田相关的社会关系纳入到西方民法学概念框架之中,在二者间建立密切的对应关系。至少在这个祭田案件审理中,以现代民法学体系来重新整合固有社会关系的尝试已初露端倪。当然在这个过程中,既有的社会关系存在被武断"裁剪"的可能。

总之,通过分析民初新式司法审判机构所审理的上述四个祭田案件,我发现:与传统司法机构、乃至晚清各级审判厅的审断相比,民初地方司法机构对祭田案件的审理发生了重大变化。这种变化集中表现在:审判者们力图以民法学中的"权利义务"框架来规范、整合既有的与祭田相关的社会关系和事实,即他们在尝试着编织一个外观精美且更加实用的"权利"之网,所有类型的祭田案件皆不应出其范围。如第一案中以"管理祭田之权"来描述原先的"轮管"或"独管"的事实;第二案在确定立嗣问题上对现行律和民草法条的参酌;第三案直接以"公同共有"认定祭田权利主体,以"公同共有"理论直接作为判决的主要根据;第四案以"遗嘱"来解释"祀规"中关于祭田收益分配的规定,将跟祭田相关的习惯通过《民律草案》第 1 条的援引而直接作为判决依据等等。他们的尝试在祭田案件实际审理之革新方面具有开创性意义。

从这种尝试所代表的方向来观察,从异域继受而来的近代民法学概念框架和规则体系因为中西文明的巨大差异,决定了它们在近代中国真正生根发芽很困难。要想使其真正生根发芽,周密审慎的立法固然不可或缺,但这些成系统的具体概念和规则必须通过司法官在裁断具体案件时,结合与该案件相关的复杂关系,一个一个地进行在当时看来是妥当的解释,然后在解释的基础上,重新整合固有的复杂关系;关系的重新整合必定带来"利益"的重新分配,对重新分配的"利益"进行考虑可能还会带来新的解释。正是在这种一个一个的解释——整合——考虑不断循环的具体司法审判过程中,假以时日,继受而来的现代民法才能有望作为一套概念框架和规则体系在中国生根。北洋时期的大理院正是在这个方向上前进的。所以,民初新司法机构对祭田案件的审理和之前的祭田案件审理相比虽具有重大革新,但更重大的意义并不在于这种革新本身,而是他们在尝试中所揭示出来的方向——在具体审判中,在固有社会关系和新的民法规则体系之间进行具体的解释、整合和考虑工作。

当然,限于较短时间和极具个体化的学养差别,民初地方司法官们在尝试将一些西方民法学概念及其相应的规则用来规范中国固有的祭田争议时,没有能够进行充分的解释和论证,让人觉得有为求新而求新、"别出新裁"等武断之嫌。如他们将跟祭田有关的法律关系认定为"公同共有"关系,以"遗嘱"来解释"祀规",但从判决书的字里行间找不到促使他们采用如此做法的正当根据,使得他们单凭这些新"理论"所作出的判决既与实际情况有相当大的距离,也欠缺充足的说服力。可能他们自己也意识到这一点,因此,他们在运用这些理论作为判决主要依据的同时,还根据当时社会的普通情形或固有习俗来加以调和,在斟情酌理的基础上最终才作出判决。这也使得他们的判决在那个法律和司法转型期具有"新"、"旧"兼具的过渡特色。另外,因这些司法官在整个司法审判机构体系中的低下位置,他们即便写出了一些在后来看来是颇具开创性的判决理由,如以"公同共有"物来为祭田定性,对祭田习惯法则的采纳等等,也不可能得到其他司法官的尊重。说他们只是民初司法中的一个个"亮点",但也仅仅是单个的"亮点"而已,而无法照亮周遭的一切。他们尝试的方向、判案的技巧、所取得成绩的推广以及解决其暴露出来的问题,尚待北洋时期的大理院来完成,从而实质性推进祭田案件审断的全方面变革。

第四章 祭田案件审理转型之关键
——民国大理院审理祭田案件概述

自 1912 年民国大理院开院到 1928 年国民政府完成北伐统一中国之前的这段时间,在全国绝大多数地方,大理院作为最高司法审判机关,在成文法较欠缺的情况下,其推事通过对提交到院的具体案件之审理,以及对各地方审判机构关于法律和司法问题的垂询所做答复,对一些法律问题,尤其是民事法领域的问题以创制判决例和解释例的形式,颁行全国,基本构建了这一时期民事法律秩序,并为其后国民政府的法治建设奠定了较为坚实的基础。大理院对祭田案件的审理,也同样地以判决例和解释例的形式,创制了规范祭田案件的基本规则体系,绝大多数为国民政府所继承。因此,以大理院围绕祭田所创制的判决例和解释例为中心,可望分析大理院是如何初步完成司法机关对祭田案件审理从传统到近代的司法转型所要解决的关键问题。

需要指出,为什么我在前面分析传统司法对祭田案件的审理主要集中在地方司法,尤其是州县司法,而在新司法体系之中,却将分析的重点放到作为最高审判机关的大理院来了呢？这是因为传统司法一般是将祭田纷争作为"细故"案件,因此承担司法职能的是地方政府,主要是州县官来负责；其审判的主要依据也并非疏阔的国家成文规条,一般不存在要将这类案件提交到中央司法机构来审究法律问题。而在北洋时期的新司法体系中,案件以民、刑为别,分庭审理,实行四级三审制。祭田案件完全属于民事案件,而在四级三审制下,民事案件则按照诉讼标的物之价值大小而区分该由何级司法机构进行管辖。在整个北洋时期,晚清政府颁布的《法院编制法》依然有效,该法第 16 条规定了初级审判厅第一审管辖范围,"按照诉讼律及其他法令,有管辖第一审民刑事诉讼案件并登记及其他非讼事件之权"；第 19 条规定了地方审判厅管辖第一审民刑案件的范围,即"不属初级审判厅权限及大理院特别权限内之案件"①。因晚清诉讼律一直未能颁行,故有与《法院编制法》具同等效力的《初级暨地方审判厅管辖案件暂行章程》,规定了"关于田宅涉讼案

---

① 《大清法规大全》,政学社石印本,第 1820—1821 页。

件"的管辖,以诉讼标的之价值是否达 200 两银为界,分别由初级审判厅和地方审判厅进行第一审,且"亲族、承继及分产案件"专由地方审判厅初审。①

综合分析这些规定,祭田案件一般而言属于田宅涉讼案件,有时也会与"亲族、承继及分产案件"紧密相连;且祭田一般较之私田,规模为大,其价值很容易超过 200 两。因此,在管辖权分配制度下,绝大多数祭田案件都应由地方审判厅负责第一审,相应地,第二审和第三审的审判机构就应是高等审判厅和大理院。在整个北洋时期,随着整个社会经济情形的变更以及各种兼理司法制度的影响,尽管区分第一审管辖之诉讼标的物价值界限有所变动②,如 1922 年北洋政府公布的《民事诉讼条例》则将诉讼标的物的界限大致定为 800 元③,较晚清有所提高。但无论如何,关于祭田案件的争议在四级三审制下一直都有较多的机会被提交到大理院。大理院作为终审机关,主要进行法律审。这是本书在分析祭田案件审理之近代转型时,将焦点集中在大理院的主要理由所在,尽管大理院和传统审理祭田案件的州县衙门等地方审判机关在司法等级体系上并不对称。

第一节 大理院在北洋时期司法体系中的重要地位

在整个北洋时期,尽管其间政局动荡,军阀混战,国家真正统一的时间只有短短几年,但大理院一直作为全国绝大多数地方的最高司法审判机构而存在。大理院在司法体系中的重要地位并不仅仅因它是通常的最高审判机构,更由于这一时期作为民国正式立法机关的国会在多数时间不能进行正常的立法活动,在转型期法律规范远不完备的情况下,大理院通过"法律审",进而发布判决例和解释例,承担了相当部分的"造法"职能,在中国法律和司法近代化过程中实具特殊地位。

一、北洋时期的大理院

从晚清官制改革开始,即改原大理寺为大理院,作为全国最高司法审判

---

① 《大清法规大全》,政学社石印本,第 1837 页。
② 关于此种因诉讼标的数额的不同而引起的管辖变化,参见李怀亮讲述:《朝阳大学法律科讲义·民事诉讼法》,北京朝阳大学 1923 年版,第 38—62 页;相关法令见于司法部编印:《改订司法例规》,1923 年,第 473—475 页。
③ 司法部编印:《改订司法例规》,1923 年,第 864 页。

机关。辛亥鼎革,民国肇兴,前清大理院在略作适合国体的变动之后①,仍作为全国最高司法审判机构。1912年5月临时大总统下令:

> 司法总长王宠惠呈称,大理院正卿刘若曾等辞职,已蒙批准。审判不可中断,即法官不可虚悬。惟大理院正卿、少卿等官名不适于民国制度,现在《法院编制法》修正颁布尚需时日,新法未施行以前,应先更正其名称,而宜暂仍其组织,以便继续进行等语。大理院正卿可改为大理院院长,少卿一席着裁撤,余暂如旧。俟《法院编制法》修改后,一律更正。②

之后,原大理院职员全体辞职,袁世凯任命许世英为院长,民国大理院正式开院。

按照1915年4月重刊、基本继承前清但略有变动的《法院编制法》之规定,大理院为全国最高审判衙门,按照事务繁简,分别设立一定数量的民庭和刑庭;大理院设院长一员,总理全院事务并监督其行政事务,还有统一解释法令必应处置之权,但不得指挥审判官掌理各案件之审判;大理院审理案件的种类包括不服高审厅第二审判决的上告案件、不服高审厅决定和命令的抗告案件和那些依照法令属于大理院特别权限的案件;大理院各庭审理上告案件,如解释法令之意见,与本庭或他庭成案有异,由大理院长依法令之义类开民庭或刑庭或民刑两庭之总会审判之;大理院审理案件,实行合议制,审判权以推事五员之合议庭行之。③可见,大理院的职权主要集中在两个方面:最高审判权和法律统一解释权。④

法律规定如此,那大理院是否在北洋时期的实际司法运作中充分发挥了这些职能呢?这个问题对于妥当认定大理院在北洋时期整个司法体系中的

---

① 晚清和北洋时期大理院除了"正卿""少卿"等官职名称的变化外,还包括一些职能方面的变化,比如晚清大理院承担一些秋审、复判等帝制下的司法职能,按照定规,在晚清,"汇案死罪之件,外省具奏,奉旨交法部议奏者,应令各省将供勘分达部院,由大理院复核,限二十日咨法部核定,即由法部具折复奏;如有情罪未协者,仍咨大理院驳正后再行咨部缮折,会同大理院具奏。""外省……将死罪案件供勘分别咨达部院,听候大理院复判。"参见《法部大理院会奏遵旨和衷妥议部院权限折》,载《大清法规大全》,政学社石印本,第1814—1815页。到民国成立,因秋审制度与共和国的分权观念不符,且与帝制有紧密联系而被废除。1914年9月民国政府公布《复判章程》,复判职能在多数情况下改由各省高审厅承担。

② 参见黄源盛:《民初法律变迁与裁判(1912—1928年)》,台湾政治大学法学丛书(47),2000年版,第23页。

③ 司法部编印:《改订司法例规》,1923年,第59—61页。

④ 据黄源盛先生的研究,大理院除上述两项职能外,还包括几项重要权责,如组织审判大总统的法庭、受理选举诉讼之上诉以及其内部事务自主之权。由于这些职权有的并没有行使过,有的仅限于某一种类的诉讼,有的仅对院内发生作用,与本书的分析并无直接关联,兹从略。详见黄源盛:《民初法律变迁与裁判(1912—1928年)》,台湾政治大学法学丛书(47),2000年版,第34—35页。

地位很有关系,下面将进一步分析。

二、大理院的"造法"职能

要分析北洋时期大理院在行使最高审判权和法律统一解释权方面的成绩或缺陷必须先了解该时期的法律情形。

总的说来,在辛亥革命前和革命时期,民国缔造者们集中考虑的是如何推翻帝制,对包括建立新法治在内的如何建设民国之具体举措则考虑较少。民国成立之后,频年内乱,政局不稳,可谓百政废弛。在这期间,作为民治精神象征的国会饱受摧残,导致其成绩不彰。在立法方面,主要局限于制定根本法(包括宪法和作为暂时宪法的约法)和国家元首之产生这两件事情上①,对于国家的基本法律,则明显缺乏关注,直接导致这一时期基本法律的不完备、甚或阙如。

在民事领域,1912年1月5日,临时大总统孙文在对外宣言中即提出要"更张法律,改订民、刑、商法及采矿规则,改良财政,蠲除工商各业各种之限制。"②但司法案件不能等待法律的妥善制定之后才审理,随着民国司法机关的陆续建立,同年3月10日有援用前清法律的大总统令。为了将该命令具体化,让司法官有所遵循,司法总长伍廷芳提出意见于大总统,希望能转呈参议院获得立法授权上的正式认可。伍氏呈文略谓:

> 窃自光复以来,前清政府之法规既失效力,中华民国之法律尚未颁行,而各省暂行规约,尤不一致。当此新旧递嬗之际,必有补救方法,始足以昭划一而示标准,本部现拟就前清制定之民律草案……由民国政府声明继续有效,以为临时适用法律,俾司法者有所根据。谨将所拟,呈请大总统咨由参议院承认,然后以命令公布,通饬全国一律遵行,俟中华民国法律颁布,即行废止。

临时大总统在咨请参议院议决时,除肯定上述理由之外,还着重强调:"查编纂法典,事体重大,非聚中外硕学,积多年之调查研究,不易告成。而现在民国统一,司法机关将次第成立,民刑各律及诉讼法均关紧要,该部长所请,自是切要之图。"参议院于4月3日作出决议,认为"民律草案,前清时并未宣布,无从援用。嗣后凡关民事案件,应仍照前清现行律中规定各条办理"③。由此,参议院正式决定以前清现行律中民事条款作为民初司法机关

---

① 顾敦鍒:《中国议会史》,苏州木渎心正堂1931年版,第416页。
② 《对外宣言书》,载《孙中山全集》第二卷,中华书局1982年版,第10页。
③ 《中华民国民法制定史料汇编》(上册),台湾"司法行政部"1976年印行,第1—2页。

适用的主要民事法源。

在整个北洋时期,一方面国会无暇专注于民事基本立法①,另一方面如临时大总统在给参议院的咨文中所指出的那般,"编纂法典,事体重大,非聚中外硕学,积多年之调查研究,不易告成",更何况当时正值中国社会转型剧烈之际,"如何使民族本位文化遗留与时进化"、"如何使中国国情与外国法制兼容并蓄"、"如何使怀古之论调与求变求新之学说各得其所"②等问题,更是编纂一部合用的民法典不可回避的难题,所以,在这段时间,除了修正晚清民律草案之外,一直未能公布民国自己的民法典。

现行律民事有效部分,虽然当时有专门的辑录,以为司法者参考之资。③在传统中国这个农业社会里,司法官主要借重这些规条的威慑和教化功能,直接斟情酌理,因此尚敷应用;但步入近代社会,因社会全方位的转型,导致社会关系的复杂化,且新司法制度是需要将这些规条当成直接的法源运用于案件审理之中,而非仅让其发挥威慑和教化的功能为已足。因此,在这种新观念和新社会之中,现行律民事有效部分是零碎不成系统的,故远不敷于用。

这一时期,民国政府出于需要,颁布了一些民事特别法,如《管理寺庙条例》《清理不动产典当办法》《国有荒地承垦条例》《森林法》《矿产条例》《著作权法》等,与现行律民事有效部分共同作为有效的民事法律而存在。但它们都无法涵盖全部的民事法律关系,更不要说把它们捏合在一起构成一个民事法律系统。

按照民国建立的分权政治框架之基本模式,立法权和司法权应分属于专门的立法机构和司法机构,裁判官一般而言只能"司法"。当立法机关没有妥当地完成立法工作,导致司法机关在审理案件之时无"法"可"司",司法机

---

① 国会除了政治上饱受摧残之外,对民事立法也未足够重视。按照杨幼炯的说法,"民国成立后,关于民事法典之修订,进行甚缓。民律亲属编第二次草案虽于民国四年由法律编查会修订,全部民法于民国十四年始先后完成,次第公布。"之所以迟缓,杨氏认为其原因在于"先是法律编查会及修订法律馆着手起草民刑诉讼法,俟民事诉讼条例及刑事诉讼条例于民国十年先后公布施行,始着手编订民法法典。维时法权调查会议开会在即,全部民法即于十四年赶先完成公布,是为第二次民法草案。"参见杨幼炯:《近代中国立法史》,上海商务印书馆1935年版,第328页。
② 黄源盛:《民初法律变迁与裁判(1912—1928年)》,台湾政治大学法学丛书(47),2000年版,第68页。
③ 原文载《中华民国民法制定史料汇编》下册(一),台湾"司法行政部"1976年印行,第3—32页。按照其注脚的说法,从现行律中辑录的这些条款,"连同户部则例中户口之民人继嗣项三条,及田赋之开垦事宜项二十四条,坍涨拨补项五条,牧场征租项二十条,寺院庄田项四条,撤佃条款项八条,滩地征租项十一条,均谓之现行律民事有效部分,直施行至民国十八年十月以降,民法先后公布施行后,始当然废止。"杨幼炯也大致有如此看法,"所谓'民事有效部分'即包括服制图、服制各例、户役、田宅、婚姻、犯奸、斗殴、钱债及户部则例中之户口、田赋而言。"参见杨幼炯:《近代中国立法史》,上海商务印书馆1935年版,第102页。学界最新之研究可参考段晓彦:《〈大清现行刑律〉与民初民事法源——大理院对"现行律民事有效部分"的适用》,载《法学研究》2013年第5期。

关应知会立法机关立法、修法或解释法。但如我在前面所分析的,民国立法机关根本就无法完成此立法任务。既然无法按照通常的分权理论,去求助立法机关来解决无"法"可"司"的尴尬局面,司法机关又不能不裁判案件,那就只能自己造法了。在这种情况下,作为最高审判机构且被赋予法律统一解释权的大理院就历史性地承担了实际"造法"职能。尽管这不符合立宪国家的"常理",但在当时中国的特定历史条件下,遂为事理之当然。

既然法律规范欠缺,不成其为系统,且随着社会转型的逐渐展开,越来越多的民事案件被提交到大理院,大理院的法官们变困难为机遇,运用《法院编制法》赋予它的最高司法审判权和统一法律解释权,以创建判决例和解释例的方式来完成其过渡时期的"造法"职能。

黄源盛先生对民初大理院进行了深入的研究,为明了大理院"造法"功能之究竟,特引其论述:

> 民初大理院的解释例及判例至少发挥了下列的作用:(一)民初民商法典不完不备,刑事立法虽具雏形,但疑义甚多;此期间,透过解释例及判例的运作方式,正确地阐述其意义,并定其运用的范围及标准,弥补法律的阙疏。(二)解释例及判例在实务上的拘束力,足以统一各级法院法律上的见解,避免无法可依,同法异判之弊。从而建立了民初时期民商事的法律秩序,达成其"社会统制"的积极功能。(三)具体追求个案妥当的公平性,使得当事人间的公平正义及社会经济的妥当性能获至实际的成效。凡此,均为下一阶段国民政府的法治建设奠下深厚而坚实的基础。①

其实,当时法曹中有很多人都意识到大理院判决例和解释例在法律体系中的重要地位。当时著名的法学家,也曾长期在司法界任职的戴修瓒即指出:"我国自逊清末年,虽已继受大陆法系,然成文法典,多未颁行。当新旧过渡时期,不能无所遵循。前大理院乃酌采欧西法理,参照我国习惯,权衡折中,以为判决。日积月累,编为判例。各法原则,略具其中。一般国人,亦视若法规,遵行久矣。论其性质,实同判例法矣。"②在这一时期成长起来的法学家胡长清亦对其称赞有加。他虽是在写作《新民法与判例》节中来评价大理院判例,可能存在一定的主观色彩,但于此尚可见大理院通过判例所发挥的"造法"功能之一斑。胡氏评价通过《中国民法总论》一书所生的影响,使

---

① 黄源盛:《民初法律变迁与裁判(1912—1928年)》,台湾政治大学法学丛书(47),2000年版,第77页。
② 郭卫编辑:《大理院判决例全书》,台湾成文出版有限公司1972年版,"戴修瓒序"。

得很多人从中了解到大理院判例的重要作用,云:

> 民事法规既缺焉未备,于是前大理院,乃采取法理,著为判例,以隐示各级法院以取法之矩矱,各级法院遇有同样的事件发生,如无特别反对理由,多下同样之判决,于是于无形中形成大理院之判决而有实质的拘束力之权威。大理院曾先后就历年判决刊为《判例要旨汇览》正编3卷、续编2卷,承法之士无不人手一编,每遇讼争,则律师与审判官皆不约而同,而以"查大理院某年某字某号判决如何如何"为讼争定谳之根据,此种现象,迨于今之最高法院时代,犹不稍杀,纵谓我国自民元迄今,系采判例法制度,亦无不可。①

为了让更多的人系统地了解和掌握大理院判解②,除了学者或实务界人士以私人名义作较为系统的编辑外,大理院于1918年设立编辑处,专门编辑判例汇览、解释文件汇览和行政规章汇览。其中,由院长指定现任或聘定曾任大理院推事人员担任编辑判例汇览或解释文件汇览;而行政规章汇览则由院长指定书记官或其他人员担任编辑。

判例汇览、解释文件汇览大别为民事、刑事二类,除依现行法规编订目次外,得参酌前清修订法律馆各草案及本院判例所认许之习惯法则,但先实体法后程序法,先普通法后特别法。判例汇览、解释文件汇览内容格式如下:

眉批	要旨	年份	某字号次
	参考旧例(或旧解释)		
	参照法文		
	参考解释文件(或判例)		

按照《大理院编辑处规则》之规定,一判例关系两条以上法则者,应数处并录之;判例汇览、解释文件汇览自民国元年至七年为一册,但民刑事得分缀之;民国八年以后之判例及解释文件均按月编辑,半年度汇为一册。判例汇览及解释文件汇览,每册应附凡例、目录及分类索引;判决录、解释文件录刊

---

① 胡长清:《中国民法总论》,中国政法大学出版社1997年版,第35—36页。
② 大理院创制的判决例和解释例虽在当时都发挥了重要的"造法"功能,合称"判解",但二者的性质和主要的运用场合仍有明显差别,按照大理院判解编辑者的说法,"大理院一以守法为准。法有不备或于时不适,则藉解释以救济之;其无可据者,则审度国情,参以学理,著为先例。"参见姚震:《大理院判例要旨汇览正集序》,载郭卫编辑:《大理院判决例全书》,台湾成文出版有限公司1972年版,第847页。亦即是说,解释例重在补充法律之不足或调整既有的法律与社会情势之间的关系;判决例重在无法可依之时创制规范。

载裁判或解释文件全文,但要以各该汇览已摘取要旨之文为限。① 正是后来的大理院判解编辑大致遵循了这些规定,为当时的法曹和法学研究人员提供了方便,这也是大理院判决能够发挥其重要作用的原因之一。

为什么大理院判解在此一时期能够发挥如此重要的"造法"作用,且还影响了其后的国民政府大规模立法？除了上述原因外,还有一个重要因素就是大理院集中了一批在学养和实务方面皆有相当造诣的高素质法官群体。因为只有高素质的法官群体存在,才能保证大理院判解的高质量。可以设想,如果没有高素质法官所制作的高质量判解,仅凭大理院在司法审判体系中的特殊地位,是远远不能获得各级地方法院的自愿认可和遵循。更不要说,这一时期,王纲解纽,各地方独立性又如是之强。

民国大理院开院之时,原晚清大理院的职员全体辞职,许世英、章宗祥、董康诸法界名宿先后担任院长②,对大理院力加整顿,大大提升了大理院的法官素质,改变了前清大理院因其推事们缺乏现代法学素养而被人轻视的情形。大理院开院之初,虽尚未如晚清那般举行全国性的法官考试,但仍规定,要担任大理院推事或总检察厅检察官,至少要在国内外修习法律三年以上且有司法实际经验。③ 实际上,自大理院民初重新开院之后,所有推事的任用,侧重选拔那些留学东西洋、且在社会上有较高声望、精力健全的法界人士。《中华民国大理院革新概论》一书的记载揭示,当时民刑事各一庭,庭长三人,推事约十人,书记官十数人,推事全属新人。黄源盛先生对民国大理院历任院长、推事的基本情况进行了列表统计,由此可见其人员素质之一斑。据他统计,历任院长、推事79人,学历调查清楚者65人,其中留日习法政者43人、留美学法者5人、留英学法者4人、出身国内新式法律法政学堂者9人、旧式科举出身者4人。④ 可见大理院推事们绝大多数接受了新式法学教育,是新式法科人才中的佼佼者。故他们能在综合成文规条、习惯和法理的基础上,通过对案件的判决和法律解释,在当时那个新旧法律转型期中,发展出一

---

① 司法部编:《司法例规第二次补编》,1919年刊行,第19—20页。姚震于1919年追忆开院之初大理院的情况时曾讲,"顾念改组之初,吴兴章公实长院事,有经营创始之劳;武进董公继之,规随守成,护持尤力。震不敏,在庭长任,始终以闻。戊午求,谬承二公之后,忝长院事,颇以改订办事章程及编辑判例为急务。"见姚震:《大理院判例要旨汇览正集序》,载郭卫编辑:《大理院判决例全书》,台湾成文出版有限公司1972年版,第847—848页。

② 刘寿林编:《辛亥以后十七年职官年表》,台湾文海出版有限公司1974年影印版,第132—134页。

③ 阮湘编辑:《中国年鉴》,上海商务印书馆1924年版,第251页。

④ 黄源盛:《民初法律变迁与裁判(1912—1928)》,台湾政治大学法学丛书(47),2000年版,第37—40页。

套在当时以致后来都具有较高公信力的判决例和解释例,承担了事实上的"造法"功能。

第二节　大理院对祭田案件的审理
——以判决要旨和判决书全文为中心

大理院判决例在北洋时期的法律地位既如上述,而判例要旨又是从判决例的司法判决书中摘录出来,二者之间究竟是什么关系?大理院判例要旨的制定和编辑情况为何?

从判决书的格式演变来看,自晚清变法修律设立新式司法审判机构以来,因为新法学知识的输入和传播,制作主体和服务对象等的变化,判决书的格式也发生了相应的变化。晚清大理院因其判决档案资料在今天大部欠缺,我们无法看到其判决书原貌,因而难以臆测,但《各省审判厅判牍》中所辑录的晚清各级审判厅的判决书,则使我们可以看见新旧审判衙门之间判决书格式发生的巨大变化。由各级审判厅的推事们所制作的新式判决书,一些有明确的提示,可以清晰地分为"事实"、"理由"和"判决结果"等几部分;当然,也有的与传统的司法判词更为接近。到民国大理院开院,其判决书基本上都是按照两造基本情况介绍、主文、事实、理由、判决推事和书记官、日期等构成。其中主文、事实和理由三部分是判决书的核心部分,而推事们对法律问题的见解又主要集中在判决理由部分。

并非大理院所有的判决都会形成判决例。大理院判决例是从那些具有创新意义的判决书中选择出来的。所谓的创新意义,指的是在判决书理由部分提出的法律见解阐述了法律的准确意义、补充了法律规范之不足甚或是归纳了较为抽象的规范内容。为了将这些内容明示出来,以为地方各级法院审理案件之参考,大理院将这些判决例刊登于《政府公报》和《司法公报》上面。在大理院的判决例中,最核心的部分是判决要旨。所谓判例要旨,就是从判决例的判决理由中摘出的一些关键性的句子。一个判例至少都有一条判例要旨,有的判例还会有几条判例要旨。如大理院三年上字第281号判例即有八条判例要旨。①

1913—1920年之间,是大理院发布判决例和判例要旨最多的时期。为了避免这些众多的判例和判例要旨之间的矛盾,并将其加以体系化,且能为下级司法官、律师和当时的法学研究者提供使用上的方便,大理院先于1919年底将民元改组至1918年底的所有判例要旨,按照当时的成文法框架,分别归入相应的法条后面,以《大理院判例要旨汇览正集》一名出版;接着在1924年底又出版《大理院判例要旨汇览续集》,搜集了自1919年1月到1923年底大理院公布的所有判例要旨。自此之后,大理院再无自己编辑的判决例书籍出现。虽然,在20世纪20年代之后,因绝大多数领域已有判例要旨或成法可依,大理院创制判例要旨已不再像最初几年那么多,但毕竟还是创制了一些。鉴于此,郭卫在取材大理院判例要旨汇览正续两集的基础上,新加1923年之后的判决例,将民元开院到大理院闭院时由大理院创制的历年判例要旨搜集、编辑完全,于1932年以《大理院判决例全书》之名,由上海会文堂新记书局出版。在这三个关于大理院判例要旨汇览的资料中,以郭卫编辑的《大理院判决例全书》搜集最全,可以说已将大理院历年创建的所有判例要旨一网打尽,且该书现已有台湾成文出版社重刊,查找方便,故本书关于"大理院判例要旨"的资料皆来源于此书。据黄源盛先生的统计,郭编共搜集判例要

---

① 这八条判例要旨分别是:(1)保证人于主债务人不偿还债务时任偿还之责;(2)保证人偿还责任之范围为原本利息及损害赔偿;(3)主债务人踪迹不明时,保证人不得主张先诉抗辩之权利,应即践行保证之义务;(4)凡担保债务之保证人虽有数人,而系出于先后各就全额以为担保者,则属连带性质,各保证人皆有代偿全部之义务,故无论债权人对于何人皆可请求为全部之代偿;(5)担保债务之保证人虽有数人,而系出于先后各就全额以为担保者,若保证人之中一人已清偿债务之全额,除得向债务人本人完全求偿外,并得对他保证人就平等负担之额而为返还之请求;(6)新刑律第146条第1项第2项所载'不应受理而受理'之律文,其立法本旨必以受理之先是否有出入人罪之故意为前提,若本应免除而误科刑罚者,既不能证明受理以前果有人人于罪之意思,在刑律上只能认为违法之裁判,对于受刑人依法非无救济之方,断不得以误用法律之行为即认为犯罪之行为;(7)解释当事人契约当时之意思,应以过去事实及其他一切证据资料为断定之标准,断不能拘泥语言文字,致失真解,故据契约当时之事实及其他之证据资料,确知当事人真意所在时,即不问其契据文字之普通用法何如,而必从其意以内判断;(8)证据方法之取舍,由审理事实之审判衙门衡情定之,而上告审则惟据控告审所合法认定者以为判决之基础,其在控告审未经提出,至上告审即不得复行主张,惟当事人提出书证,业经原审认定真实,采为判决基础,而仅因遗漏其中之某部分,致将当事人关于该部分之请求予以驳斥者,如上告审查此项书证认当事人之请求确有根据,而原审所由驳斥者,显系出于一时之疏漏,则为当事人便利计,上告审可据控告审认定书证中遗漏之部分予以判决,毋庸发还原审衙门更为审判。参见郭卫编辑:《大理院判决例全书》,台湾成文出版有限公司1972年版,第17、137、462—463、666、736页。观察这八条判例要旨,都属于抽象性的规则范畴,其中前5条属于民法债编"保证"项下的内容,第6条是解释新刑律的具体律文的确切含义,第7条是确立如何判断当事人缔结契约当时之原意,第8条是关于上告审对于控告审遗漏之部分书证之纠正办法。第7、8两条都属于民事诉讼律的内容。观察这些判例要旨,如果将他们分门别类加以整理,随着要旨的增多和时间的推移,那即有可能构成一事实上的法律体系。

旨约 2800 则,其中民事 1757 则,刑事 1043 则。①

大理院判例要旨汇览经郭卫作了系统的编辑工作,查找起来还算方便。如我们只是希望大致了解大理院所创制的这些一般性规则,当然像判例要旨汇览这样的资料就已足够;但要真正弄清楚这些规则的真正含义,它们的来龙去脉,以及大理院推事推导出这些规则的思维过程等与规则本身有密切联系的问题,简言之,要做这一时期大理院确立规则方面的实际研究,就必需查找大理院判决书原文。

虽然,从民国时期的一些资料,如《司法公报》《大理院公报》《司法讲习所讲义录》《最新司法判词》《司法官要览》等,皆有一些零星的大理院判决文书,但多不成系统,对于某个问题进行专题研究,这些资料利用起来很不方便。本来,北洋时期大理院的司法档案馆藏于南京的中国第二历史档案馆。但查阅不易,且尚未整理,利用不便。自 1994 年,黄源盛先生多次前往中国第二历史档案馆,经交涉,复制了该馆典藏的大理院民刑事判决文和平政院行政诉讼裁决文。之后,黄先生又组建团队进行整理,于 1998 年编成《大理院民事判例全文汇编》27 册,现在已陆续出版。② 本书在分析大理院对祭田案件的审理情况时较多利用了判决书全文(主要集中在民法总则、法人和共有等部分)。③

一、大理院关于祭田案件所作判例要旨的整理与归纳

截至民初大理院开院,虽然晚清民初各级新式司法机构对提交上来的祭田案件进行了判决,且还有个别承审官员力图以新法理,如公同共有物来为祭田定性,并在此基础上作出判决,但一则他们的判决尚处在尝试阶段,说理尚未充分展开;二则因为其审级的低下,其判决不具备较强的公信力,无法得到其辖区以外同行之尊重,故没有形成关于认定祭田性质、确定祭田在设立、管理、收益分配和处分等方面的普遍性规则,无法作为裁断祭田案件的全国通用规范。到大理院开院,从理论上讲,关于祭田,当时有效的法律规则,也是大理院可直接适用的规则,只有一条,即现行律中关于盗卖祀产的例文。但实际上这条例文本为中国传统社会设置的关于禁止盗卖祀产的规定,其主

---

① 黄源盛:《民初法律变迁与裁判(1912—1928)》,台湾政治大学法学丛书(47),2000 年版,第 97 页。

② 详见黄源盛:《大理院司法档案的典藏整理与研究》《平政院裁决书整编与初探》,载同上。

③ 在此特别需要感谢黄源盛先生为整理大理院司法档案所作的大量工作。在法史学研究中,资料的整理是研究工作的前提,且需要整理者有独到的眼光和高深的学养,更需要有一种嘉惠学人的奉献意识;我所利用的大理院判决全文都是由黄章一先生从台湾复制过来,故在此一并感谢章一兄对本书写作所提出的建议以及在资料搜集方面对我的巨大帮助。

要意图是发挥威慑和教化功能,并非规范盗卖盗买祭田案件定罪量刑的严格尺度,所以在传统司法审判中很少被直接适用。到大理院开院时,中国社会已经历了几十年的近代转型,这条例文与当时社会的距离更大,当然也就更缺乏事实上的规范效力。当此祭田规范空白之际,鉴于不断有这类案件被提交到大理院,大理院在审理之时,势必要因应社会的变化和法律、司法转型的需求,来创制较为完备的关于审理祭田案件的实体性规则,一方面为下级司法机关审理类似案件提供法律上的指针,另一方面也可在一定程度上避免其本身前后判决之矛盾,而给人以较为确定的预期。事实上,大理院回应了这个时代要求,在审理祭田案件的过程中,有意识地在判决书中揭示出关于祭田的一般性规则,并将之从判决书中摘录出来,作为"判例要旨",以之为判决同类案件的指导。

通观民国大理院关于祭田案件的判决,在大理院推事们看来,祭田固然属于祀产之一部,和公共坟山之类同属于公同共有的范围,具有相近的性质,因此欲探讨大理院关于祭田案件的审理,就不能撇开大理院所审理的祀产和公共坟山案件,故本书将之一并列入统计,以为考察之依据。

表3 大理院关于祀产判决一览表

序号	案件编号	系争标的（或关系）	第二审法院	简明案情及两造主要法律争点	判决理由	判决结果	判例要旨
1	二年上字第8号	祭田所有权	湖北高审厅	上告人主张保存祭产,不论是作为普通惯例还是特别惯例,均不能作为判案的一般理由	共有人之一私自与第三者缔结转移所有权的物权契约,不能发生物权上的效力。祭田的所有权与共有法理相通,共有管业之一人不得独自处分	两造皆不能取得所有权,由祭田设定人之子公同管业	祭田设定之方法,虽有种种,而其业权,应自亡人死后,即归属于后嗣共同享有,若因不得已情形,得由共同协议处分之
2	二年上字第36号	祖田所有权	天津高审分厅	上告人认为系争田亩为合族公产,享有共有权;被上告人以长期行使收益处分权的占有事实主张获得单独所有权	案件事实尚未查清;原审遽引占有条理为上告人败诉之判决,按现行法例,公产固不以各自占有为共有权维持之要件	原判撤销,发回重审	公产依现行法例,固不以各自占有为共有权维持之要件

（续表）

序号	案件编号	系争标的（或关系）	第二审法院	简明案情及两造主要法律争点	判决理由	判决结果	判例要旨
3	二年上字第119号	祭田永佃权	广东高审厅	该祭田为两造太祖所设立,上告人系二房后裔,被上告人为三房后裔,三房迁居广西,其子孙仍回籍祭扫,遇轮值则将祭田批租于人。上告人称三房后裔与其有永佃批单,主张对祭田有永佃权	上告人主张的永佃权,即便批单属实,亦是无权限行为,在法律上本属当然无效,在物权法上不能与被上告人对抗	驳回关于确认永佃权的请求	祭田系属其子孙共同享有,其权利性质,法律上本为一种之共有关系。故非经共同享有人之同意,无论何人,不得就该祭田对他人擅为永佃关系设定
4	二年上字第226号	祖遗公地之收益分配	广东高审厅	被上告人在祖遗地上经多数族人同意,砍树建房供族人使用,上告人请求分给追价。争点在族中公地,族人可否无价占用,应否将私收所得分润族人	族人占用祖遗地不收地价为两造所确认,私收族人之地价亦只由缴价之族人请求返还而非分润族人。原审对系争地亩之来历尚未尽职权上必要之调查	原判除关于确认公地可由族人不收地价即行占用之部分外全部撤销,发回重审	族中公地于不背族中规约之范围内,族人皆有使用之权,若无缴纳使用代价之规约或惯例,并毋庸负缴价之义务。惟将公地处分及公地上物处分时,则应得多数族人之同意。如就公地经多数族人之同意,施以改良,支出特别费用时,亦得许其享受特别之利益
5	三年上字第41号	祖遗尝产之租赁	广东高审厅	被上告人因族人承诺奖以该尝产的一年租金而将尝产从租客处收回,上告人则否认被上告人可以获得租金	在第二审已经认定被上告人得到全族承诺,故被上告人不应返还租金;但租金是否包括按柜银、批头银等,尚未查清事实	被上告人转租尝铺所得第一年租金毋庸返还,原判其余部分发回重审	共有之一人管理共有物,所收取之收益应交还共有人全体,不能独自利得

第四章 祭田案件审理转型之关键　197

（续表）

序号	案件编号	系争标的（或关系）	第二审法院	简明案情及两造主要法律争点	判决理由	判决结果	判例要旨
6	三年上字第1144号	同族公产之分析	湖南高审厅	两造分属同族，族中有祀、学两项公产，因两造之间有暴力行为，第二审判决对族学进行分析，上告人反对分析，被上告人则要求分析	上告人对被上告人屡施强暴行为，共同经营关系不能维持；两造住居相距二十余里，共有设置族学对族中子弟上学不便，不如分别设置	驳回上告，维持原审主张分析族学的判决	同族之中设置公产以供一定用途者，其产业应视为有一定目的之公同共有财产，非经设置公产之各房全体同意，并有正当理由，不得变更其目的或处分其财产。至于该财产之收益，则应依设置目的，以经营各房共同之事业。惟各房因有正当理由，不能共同经营者，于同一目的内，得请求分析，其收益额数独立计划，至其额数，自应以共同设置之房分为标准，平均分析
7	四年上字第532号	祖茔和祭田之买卖	直隶高审厅	被上告人从上告人之一买得系争田亩，上告人主张买卖无效，被上告人则主张有效	该祖茔和祭田在上告人中间业经两次分析，已由共有变成了独有，但直隶有无祖坟旁留余地之习惯尚未查清	将原判孤坟卖绝部分撤销，发回重审，其他上告驳回	共有物业经分析者，各共有人于其所分得之部分，即有单独所有权，虽于分析时订立不许出卖之特约，亦系债权性质，不能以之对抗第三人
8	四年上字第669号	祭产买卖	广东高审厅	两造共有祭产由被上告人将其一部分卖与德安堂，上告人以未得共有人全体同意，主张买卖无效，被上告人以买卖是为了赎回另外的族中公产以为抗辩	被上告人等议卖尝业，事前未通知上告人及其房内族长，事后又经上告人之反对，无论所持变卖理由是否正当，其处分行为实难认为适法	撤销原判，诉争尝产非共有人全体同意，不许变卖	共有财产，除有特别法令或习惯法则外，非得共有人全体之同意，不得处分。祖先祭产为子孙所共有，其非一部分子孙所得私擅变卖，固不待言，即系当日创置此项祭产之人，一经捐出，亦已退处于共有人之地位，不能复有特别处分之权

(续表)

序号	案件编号	系争标的（或关系）	第二审法院	简明案情及两造主要法律争点	判决理由	判决结果	判例要旨
9	四年上字第771号	祀产之买卖	湖南高审厅	上告人主张两造所定买卖契约有效，应移转土地所有权于上告人，被上告人则认为该房产属于祀产，其买卖契约未得全体共有人同意，所有权不能转移	因包括被上告人在内的所有共有人订立了甘售合约，祀产就变成了分别共有财产。依照共有法例，共有物之处分，虽须得共有人全体同意，但事后追认，也应归入同意之列，不能再主张买卖无效。但原判事实尚未查清	原判撤销，发回重审	祀产系共有性质，其所有权属于同派之各房，自其维持祖先祭祀之宗旨言之，原期永远保全，不容擅废。故凡设定祀产字据内，例有永远不得典卖等字样。然查我国惯例，此等祀产遇有必要情形（例如子孙生计艰难或因管理而生重大之纠葛），得各房全体同意时，仍得分析典卖或为其他之处分行为。此种惯例，并无害于公益，亦不背于强行法规，即现行律关于盗卖祀产之规定，意亦仅在禁止盗卖，所谓盗卖者以无出卖权之人而私擅出卖之谓。如未经各房同意，仅由一房或数房主持出卖，固在盗卖之例，若已经各房全体同意，自不得以盗卖论
10	四年上字第977号	祭田是否擅卖	浙江高审厅	被上告人主张上告人擅卖祭田，不生物权法上的效力。上告人辩称其为房长，且买卖是为全族公益，并非擅卖，买卖自属有效	检阅第一审记录，有房长及多人参加并画押，证明祭田之处分经过多人公议，非上告人的私意，不得遽认为是擅卖，但第二审对公议情形、当地习惯及该族规约未尽调查之能事，事实不清	原判撤销，发还重审	族人处分祖遗祭田，以共有物之常规言之，自当以得族人全体之同意为有效要件，惟依地方旧有之习惯或族中特定之规约，各房房长可以共同代理全体族人，以为处分；抑或各房房长集众会议，可依族人多数议决以为处分者，则依该习惯或规约处分行为，虽未得族人全体同意，亦应认为有效

第四章 祭田案件审理转型之关键　199

（续表）

序号	案件编号	系争标的（或关系）	第二审法院	简明案情及两造主要法律争点	判决理由	判决结果	判例要旨
11	四年上字第1283号	祀产是否擅卖	河南高审厅	被上告人卖祀产于先,上告人再卖于后。上告人主张被上告人买卖无效,被上告人则认为其买卖行为有效	法院先引《田宅典卖例》否定了上告人买卖的物权效力,进而指出原判于被上告人的买卖是否获得全体族人或多数或房长的同意、当地习惯、家族规约等关键事实没有查清	原判除确认上告人所立契约无效部分外,全部撤销,发回重审	共有之地,除该地方有特别通行习惯,或共有人有特别规约外,须经共有人全体同意,始可为有效之处分
12	四年上字第1558号①	缺	缺	缺	缺	缺	管理祠产乃子孙应尽之义务,均无开支薪水之理
13	四年上字第1771号	祀产之买卖	四川重庆高审分厅	铺房系刘磊安等五房祀产。刘磊安作为祀产管理人委托给彭合兴管理,彭合兴借机自己承买。原判主张买卖无效,但由刘磊安赔偿彭合兴卖契投税、修缮费和印红损失②	凡买主于结约时已知买卖标的不属于卖主所有者,即不得以不履行契约为理由,请求损害赔偿。修缮费是否有原判的二百多两,事实尚未调查清楚	原判关于刘磊安赔偿损失费部分撤销,彭合兴要求赔偿卖契投税损失驳回,关于修缮费用发回重审	祀产系共有性质,其所有权属于同派之各房,自其设定之宗旨言之,本期永远保全不容擅废
14	四年上字第1816号	茔田之买卖	浙江高审厅	被上告人主张卖出人无所有权,该地系其独有。上告人称讼争田亩为被上告人与出卖人共有之茔田,乃出卖其应有之分,买卖契约有效	即便以上告人所主张的共有茔田为是,则出卖人在公同关系存续期中,擅卖其应有之分于上告人,于法自非有效	上告驳回,讼费由上告人承担	茔田之性质,在现行法上亦属公同共有,而非分别共有,在公同关系存续中（即分析以前）,原不准共有人之一人处分其应有之分

---

① 因该案的判决书原文阙如,故无法查知详情。
② 本案两造互为上告人,故以各自的真名列入表中。这在大理院关于祭田、祀产的判例中尚属少见。

（续表）

序号	案件编号	系争标的（或关系）	第二审法院	简明案情及两造主要法律争点	判决理由	判决结果	判例要旨
15	四年上字第1849号	祀产之处分	湖南高审厅	上告人主张设定祀产,所以敬先祖、明人伦,性质上为不可分割;修谱所以传血系,定昭穆,应全族共同修谱。被上告人等则主张分析祀产,分房修谱	上告人屡与九房寻衅涉讼,纠葛至十余年之久,势已不能复合。修谱与分房事同一律,即征之习例,亦断无一族传至数百年,而仍必同修一谱之理	上告驳回,讼费由上告人承担	祀产在现行法上虽以不可分为原则,然遇有必要情形（例如子孙生计艰难,或因管理而生重大之纠葛）,并得各房全体之同意时,仍准分析。此项必要情形,如已显然存在,各房中仍有意图自利,故不表示同意者,审判衙门据其他房分之请求,亦得准其分析
16	四年上字第2032号	尝田买卖	广东高审厅	系争田亩为被上告人与其弟和寡嫂的共有尝田,其弟与侄将其应有部分出卖于被上告人。被上告人主张买卖有效。上告人称未得其同意,买卖无效	其买卖实于被上告人之权利范围毫无侵害,则该土地买卖契约,无论当时被上告人是否在场画押或知情,不能谓为无效	原判及第一审判决撤销,被上告人请求确认买卖无效之请求驳回,讼费由被上告人承担	各分别共有人对于分别共有物,得自由处分其应有部分。故凡各分别共有人,将其应有部分让与他人,或以供担保之用,不问他分别共有人是否已经同意,其行为均属有效,他分别共有人不得因共有关系出而干涉
17	四年上字第2267号	茔地买卖	直隶高审厅	被上告人之间达成茔地买卖契约。作为共有人之一的上告人主张该茔地内一部分为其私有,该买卖行为没有其同意,主张买卖无效。被上告人则主张该买卖有效	被上告人主张上告人证明该茔地有部分为其私有的契据为伪造,确认部分私有的主张不成立。经审查诉讼记录,上告人已经画押,根据证人证言,足以证明上告人对于该买卖确已表示同意	上告驳回,讼费由上告人承担	茔地为公同共有性质,非遇有必要情形,经派下各房全体同意,或已有确定判决后;不准分析让与或为其他处分行为,违者其处分行为为无效

（续表）

序号	案件编号	系争标的（或关系）	第二审法院	简明案情及两造主要法律争点	判决理由	判决结果	判例要旨
18	四年上字第2382号	祠产之分割	湖南高审厅	两造同族不同房，因为被上告人等以祠产修族谱，违背捐助人的意思，上告人主张分析祠产。先人所捐出的祠产能否分割成为本案的争点	原判于上告人先人捐祠产时的合约有无及其内容、两造不能共祠的特别原因等事实尚未查清。被上告人擅以祠产修谱，即便不合捐主意思，上告人也只能请求被上告人偿还捐款，而不能据此分析祠产	原判撤销，发还重审	阖族公同设置之祠堂，原则上固不许请求分析。惟族中如有特别原因，积不相能，终难维持共同关系者，审判衙门依当事人请求，得许分析祠产自行建设
19	五年上字第420号	祀产分割	湖南高审厅	两造同族不同房，纠纷多年。被上告人请求分割祀产，上告人以先人辛勤积累之公产，应该维持为理由，反对分析	两造争执该产已涉数年，两房子孙互相嫉视。上告人于前次判令分年轮管后，仍不遵判管理，私加佃规，霸收租谷，非分割不足以息讼	上告驳回，讼费由上告人承担	同族为供祭祀或其他一定用途所设置之公产，原则自非合族同意不能分析。但有特别情形，例如族人因公产之管理使用屡生争执，致不能完全达其设置之目的时，则为维持同族之和平起见，审判衙门自可依当事人之请求，准予分析
20	九年上字第797号	祠堂规约之效力	湖北高审厅	两造同族不同房，上告人在阖族共有的祠堂内开办学堂，因祠堂破损，祠堂共有人以规约议定重修以后不让在祠堂办学。本案两造以共有之宗祠能否由上告人设置学校而相互争执	虽上告人在宗祠教读，前为被上告人承认，而订立规约禁止乃在重修之后，如何保守祠堂，该房众当然有议决之权，即不能借口部令教育普及，遂谓可以随意设置学校。经多数共有人同意的关于管理共有物的规约当然有效	上告驳回，讼费由上告人承担	阖族公同设置之祠堂，原系共有性质，于不背族中规约之范围内，其族人固有使用之权。但其使用若为规约所明禁，自未便任有违反

(续表)

序号	案件编号	系争标的（或关系）	第二审法院	简明案情及两造主要法律争点	判决理由	判决结果	判例要旨
21	九年上字第903号	茔树是否盗卖	山东高审厅	上告人间订立茔树买卖契约,主张系属公然买卖,已得阖族同意,买卖有效;被上告人主张该买卖未得其同意,否认其效力	根据原审诉讼记录,上告人所称已得阖族同意不能成立,即便被上告人当日知道买卖之事,亦不得因在较短期内未曾表示异议之缄默态度,即能推定其已默认	上告驳回,讼费由上告人承担	子孙全体同意砍卖祖茔树木,固非现行律例之所禁,然私自砍卖究所不许
22	十五年上字第963号	共有茔地之使用权	浙江高审厅	上诉人主张共有人之一人在不妨碍其他共有人行使权利之范围内,得自由行使其权利,营葬祖母于共有茔地,乃行使想象上应有部分之权利,被上诉人则以规约而否定该权利	原判判决所依据的事实不清,在规约笔据遗失的情况下,应以规约订立之后有无进葬事实为断,原判仅以处分共有产的法理以为判决,实有未当	原判决废弃,发回重审	公同共有之祖茔山地,各共有人能否进葬,应以向来有无进葬事例或特别规约为断,与通常处分公同共有物须得他共有人同意之情形,原不相同

从上表统计可知,大理院从1913年的"二年上字第8号"开始,到1926年的"十五年上字第963号",通过审理包括祭田在内的祀产、公共坟山相关的案件,创制了22则"判例要旨",事实上逐步确立了以"公同共有"为核心的一套审理祭田案件之规则体系。

二、祭田判例要旨所确立的规范体系

大理院通过一系列祭田案件的审理,在判决中以创制判例要旨的形式,实际上基本完成了关于祭田案件的"立法"工作。它大致包含以下几个核心要点:

(1)祭田首先是一种"共有"物。大理院在"二年上字第8号",也就是大理院审理祭田案件所归纳出的第一个判例要旨中即确定此点,"祭田设定之方法,虽有种种,而其管业权,应自亡人死后,即归属于后嗣共同享有"。其更明确的表述当属随后的"二年上字第119号"判例,揭示"祭田系属其子孙共同享有,其权利性质,法律上本为一种之共同关系。"大理院在以后判决

一直坚持这个"共有"性质的断定,从未动摇,且反复重申。这是大理院对祭田进行立法的根本前提。

(2) 祭田在性质上不是普通"共有",而是一种"公同共有"。近代法上在单独所有权之外,同时承认共有的存在。共有是一物之所有权同时为数人享有的状态。虽然近代以来的民法不承认在同一物上有两个所有权存在,但承认一物同时可为多数人所享有,因为权利固然要有其主体,但主体究为单数还是复数,自然没有限制之必要,故各国民法莫不规定了共有制度。但从西方民法发展的历史看,分别出现过数种不同类型的共有形式,按照团体对于标的物管理拘束程度的强弱,大致有总有(Gesamteigentum)、合有(Eigentumsgemeinschaft zur gesamten Hand,近代中国称为"公同共有",现称"共同共有")和共有(Miteigentum)之别。由于立法所采主义和风俗习惯的区别,故各国关于共有的立法例也不相同:"有就继承及其他事项虽承认共有关系,但不设关于共有之一般规定者,如法国民法是(《法国民法典》第815条至第842条及第1832条);有将关于一般财产共有之原则规定于债编中,而仅将关于物之共有特则,规定于物权编者,如德国民法是(《德国民法典》第741条至第758条及第1008条、第1011条);有将一般共有原则详细规定于物权编者,如日本民法(第249条至第264条)及瑞士民法(第646条至第654条)是。"①虽然,中国近代民法在共有问题上采取了与日本民法和瑞士民法相同的最新立法例,即在物权编详细规定一般共有原则,但自晚清制定民律草案开始,中国民法在"共有"的类型方面就与日本民法不同:日本民法只规定了"分别共有",我国民法草案及后来的正式立法皆分共有为"分别共有"和"公同共有"。② 既然自晚清以来中国民事立法即采用了"公同共有"作为"共有"的一个正式类型,那在大理院推事们看来,中国固有的祭田,与"公同共有"而非"分别共有"的特征更为符合,因此,把祭田定性为"公同共有"物较之"分别共有"物更准确。大理院最早于"三年上字第1144号"揭示"同族之中设置公产以供一定用途者,其产业应视为有一定目的之公同共有财产";复于"四年上字1816号"判例要旨中强调"茔田之性质在现行法上亦属公同共有,而非分别共有"。祭田乃一种公同共有物,这是大理院对祭田进行立法的中心点。

(3) 既然祭田是一种公同共有物,那它在设立、管理、收益和处分等方面

---

① 郑玉波:《民法物权》,台湾三民书局1958年版,第117页。
② 详见《日本六法全书》,上海商务印书馆1911年印本,第23—25页。

都应遵守公同共有的相关规定。大理院创设关于祭田的"判例要旨",主要都是围绕这几个方面展开。由于被提交到大理院的祭田案件讼争主要之点并非均匀分布,相应地,大理院创设之"判例要旨"内容也有详略之别,试分别言之。

第一,与祭田设立有关的判例要旨。被提交到大理院进行审理的祭田案件,很少有因设立问题作为主要讼争之点的,只是在一些与其管理、收益和处分等方面发生争执附带着提及到了设立问题,故大理院没机会制作直接关于祭田设立的判例要旨,即便偶尔出现,也是附带提及。如"四年上字第669号"判例要旨主要谈及处分祭产应该遵守的原则,但为论证这个原则的普遍适用性,即指出"即系当日创置此项祭产之人,一经捐出,亦已退处于共有人之地位,不能复有特别处分之权"。又如"四年上字第1771号"判例要旨主要是阐明祀产之共有性质,作为证明其共有性质的证据,特地指出"自其设定之宗旨言之,本期永远保全不容擅废"。据我检阅所及,大理院所创制的与祭田设立有关的判例要旨就这两条。之所以如此简略,固然一方面跟近代以来社会变迁所引起的宗族、家族观念逐渐弱化有关,但更主要的还是大理院已经将祭产定性为共有物有关:既是共有物,一般情况下,其设定行为则不需官方介入并认可。本来在传统中国社会,出于对设立祭田的重视和日后减少纠纷的考虑,官方提倡在设立祭田时"勒石鸣官";到中国近代社会,这种类似登记的行为转移到初级审判厅管辖,但我没能发现这种记录。在民间自行设定祭田时,设立人及其子孙所应遵守的规约一般都在家法族规中,主要是靠族内自治而非官府管理。大理院的这两条判例要旨,一是归纳设立人与祭田之间的关系,一是阐释设立人设立祭田之宗旨。实际上,这都是传统祭田设立惯例的现代法言法语表达,基本上如实传达了传统惯例的内涵,表明了大理院在祭田创设方面对传统惯例的认可和尊重。

第二,与祭田管理相关的判例要旨。其实,在传统中国,单纯因为管理问题而生的祭田纠纷不多见,到近代中国,情况依然如此。祭田管理纠纷的出现,或多或少都与祭田的收益分配有关。故在祭田收益分配的案件中,有时会涉及到管理问题。在大理院所制作的判例要旨中,仅有几条要旨在论述如何计算祭田收益分配的具体数额时谈及到相关管理问题。观察其内容,能从中发现大理院所确立的祭田管理某些原则。这类原则,尽管从形式上看,并非直接来自抽象的公同共有理论,而是对传统祭田管理习惯所作的归纳,但其实际内容则与公同共有法理吻合。"二年上字第226号"判例要旨谈到祭田管理中的改良问题,"如就公地经多数族人之同意,施以改良,支出特别费用时,亦得许其享受特别之利益"。"四年上字第1558号"判例要旨云:"管理祠产乃子孙应尽之义务,均无开支薪水之理"。

第三,关于祭田收益的判例要旨。其数量在大理院所创制的祭田案件判例要旨总数中占有相当比重。首先,在大理院看来,祭田作为族中公产之一种,有其设立目的,故其收益分配之原则应与此相符。"三年上字第1144号"判例要旨认为,"族内公产之收益,则应依设置目的,以经营各房共同之事业。"这也与"三年上字第41号"所确定的管理人将祭产所入交与共有人全体的主旨相一致。因为交与共有人全体,在一般情况下更能保证祭产设置目的之实现。另外,使用祭产是祭产收益的重要组成部分,故大理院在判例要旨中对祭产使用所作规定,也是其收益分配的一项。如"二年上字第226号"判例要旨规定,"族中公地于不背族中规约之范围内,族人皆有使用之权,若无缴纳使用代价之规约或惯例,并毋庸负缴价之义务。""九年上字第797号"判例则明确规范了族人对祠堂的使用权限,"阖族公同设置之祠堂,原系共有性质,于不背族中规约之范围内,其族人固有使用之权。但其使用若为规约所明禁,自未便任有违反。"这两则判例要旨揭示:在族内规约和惯例许可的情况下,该祭产或祠堂等公同共有人皆有使用该物之权。大理院确认此原则,固然一方面与公同共有人对共有物在抽象意义上立于平等地位的共有法理相一致,且与更一般意义上的公产收益分配上强调设置目的之原则恰相沟通,但它没能确切规定各共有人的使用权额度。对各公同共有人的使用权额度进行分划,不论是同时分别使用还是轮流使用,都需要有一个相对合理且固定的分划标准。关于祭田收益方面的判例要旨,还有一点需要指出,大理院所确立的这些一般性规定,其有效性的获得都有一个前提,即不违反族中规约或惯例。这反映了大理院在法律和司法新旧转型的过渡期,尽可能在尊重固有规则和惯例的情况下来推动变革。

第四,关于祭田处分的判例要旨。这是大理院所创制的祭田案件判例要旨之核心。之所以如此说,一方面是因为其数量占绝大部分,在我整理出来的22则跟祭田相关的判例要旨中,有15则跟处分相关。这种处分权主要是分析权,当然还包括买卖权和类似设置永佃权等实质处分权,具体说明如下:

首先,既然祭田是公同共有物,那其处分必定要遵守处分公同共有物的一般原则。在大理院创设此种判例要旨前后,《大清民律草案》中关于公同共有的一般性规定应被视为当时法界的主流看法。① 祭田既被定性为公同共有物,在享有管业权的所有族人之间自然形成公同共有关系,该关系得以成立的根据既没有明确的法律规定,也不能将之解释为公同共有人之间缔结的契约关系,在大理院看来,它是基于一种惯例,而这种惯例又集中表现在族内规约之中。

正是有此种理解,大理院有下述分析祭田的判例要旨:在"二年上字第8号"判例要旨中,大理院较为笼统地指出,祭田由设立人的后嗣共同享有,若有不得已的情形,得由共同协议处分之。何谓不得已? 共同协议如何达成? 大理院在这个判例中没有进一步解释。到"三年上字第1144号"判例要旨,才渐趋于明确,"同族之中设置公产以供一定用途者,其产业应视为有一定目的之公同共有财产,非经设置公产之各房全体同意,并有正当理由,不得变更其目的或处分其财产……惟各房因有正当理由,不能共同经营者,于同一目的内,得请求分析,其收益额数独立计划,至其额数,自应以共同设置之房分为标准,平均分析。"但"正当理由"究竟为何,尚须进一步明确。大理院"四年上字第771号"判例要旨认为"正当理由"须以"必要情形"为据,"查我国惯例,此等祀产遇有必要情形(例如子孙生计艰难或因管理而生重大之纠葛),得各房全体同意时,仍得分析典卖或为其他之处分行为。此种惯例,并无害于公益,亦不背于强行法规"。那接下来又有两个问题需解决:何谓"各房全体同意"? 当上述必要情形存在而不能获得"各房全体同意"时有什么样的补救措施?

大理院在"四年上字第977号"判例要旨中初次解释了"各房全体同意"之含义:"惟依地方旧有之习惯或族中特定之规约,各房房长可以共同代理全体族人,以为处分;抑或各房房长集众会议,可依族人多数议决以为处分者,则依该习惯或规约处分行为,虽未得族人全体同意,亦应认为有效。"换言之,如在习惯和规约不禁止的情况下,"各房全体同意"并不是各房中的所有族人都要同意,房长代理、房长集众多数议决这两种形式皆可。

---

① 这些一般性规定包括:公同共有关系依法律之规定或契约而产生,在公同共有关系存续期间,各公同共有人的权利及于物之全体而非仅就其应有部分;公同共有人的权利义务,虽由公同共有关系成立的原因而定,即是由法律之规定或契约之内容而定,但一般而言,公同所有物,其行使处分及其他所有权,若法令无特别规定、契约无特别约定者,非各公同共有人意思一致,不得行使权利,否则必至害及公同共有人之权利;要维持公同共有关系,依法令或契约成立之公同关系尚存在时,不宜使各公同共有人得请求分析公同共有物;公同共有权因公同共有关系消灭时而消灭,公同共有物应在各公同共有人之间进行分割,如在使公同共有关系成立的法律或契约中无关于分割之规定,则按照分别共有物分割的方法在各公同共有人之间进行分割。参见俞廉三:《大清民律草案》第一册,修订法律馆1911年铅印本,第38—40页。

大理院在"四年上字第1849号"判例要旨中回答了第二个问题,即存在分析"必要情形"之际,若主张分析之人不能得到"各房全体同意",可以请求审判衙门依据职权分析该公同共有物,"此项必要情形,如已显然存在,各房中仍有意图自利,故不表示同意者,审判衙门据其他房分之请求,亦得准其分析。"

至此,大理院通过一系列的判例要旨,形成了一套关于祭田的分析规则。这套规则,从形式上看,是大理院选择并重新解释传统惯例的结果,但其实质内容,则与公同共有物分析的法理适相吻合。

既然分析祭田在内容上需要"必要情形"存在,在形式上还要获得"各房全体同意",也就是说要合法分析该公同共有物,需要成就一定的条件,当这些条件不能成就时,由某个或某部分的公同共有人对该物的处分行为归于无效,因而不能承认其合法。这些无效的处分行为包括盗卖盗买、擅设永佃权等。

在这个公同共有法律框架之中,传统的盗卖、盗买祭田行为则有了合适的位置。大理院在"四年上字第669号"判例要旨中即笼统指出,"祖先祭产为子孙所共有,其非一部分子孙所得私擅变卖,固不待言"。"四年上字第771号"判例要旨则明确以共有法理来阐释传统中国关于盗卖祀产的规定,"现行律关于盗卖祀产之规定,意亦仅在禁止盗卖,所谓盗卖者以无出卖权之人而私擅出卖之谓。如未经各房同意,仅由一房或数房主持出卖,固在盗卖之例;若已经各房全体同意,自不得以盗卖论。"简言之,要确定祭田处分行为是否为盗卖,当以曾否获得各房全体同意为准。

永佃权顾名思义,是支付佃租,永久在他人土地上为耕作牧畜之权。它在明代中后叶发展起来,到清代更加普遍化。"一田二主"、"一田三主"等惯例和谚语,就是永佃权事实大量存在的明证。到晚清制定民律草案时,则正式将永佃权视为物权的一种,编订入法典之中,遂与作为债权的耕作地一般租赁权区别开来。在土地上设立永佃权,会引起物权关系发生实质上的变动,理应属于对物的实质处分范围。大理院有鉴于此,在"民国二年上字第119号"即明确指出,"祭田系属其子孙共同享有,其权利性质,法律上本为一种之共有关系。故非经共同享有人之同意,无论何人,不得就该祭田对他人擅为永佃关系设定。"

将祭田定性为公同共有物,在其设立、管理、收益分配和处分等方面,大理院都有相关判例要旨。通过对这些判例要旨的分析可以发现:针对同一事项的判例要旨,往往是时间在前的判例要旨确定一个大体框架或较为抽象地定性,后面的判例要旨则对之进行层层补充或细化,将不确定的地方确定下来,对有疑问的地方进行解释,最终目的是要形成一套较为自洽的规则体系。

具体到大理院对于祭田问题通过判例要旨所确立的规则,首先将祭田定性为共有物,更精确为"公同共有"物,然后根据公同共有的一般性原理,结合传统中国的祭田习惯,在祭田的设立、管理、收益分配和处分等方面确立了一套规则系统。大理院在逐个阐释这些具体规则时,在很多情况下,从形式上来看,并非直接将公同共有法理作为推理的出发点,来对传统惯例进行剪裁,从而推导出处理祭田问题的一般性规则;而是很有艺术性地,处处传达对传统惯例充分尊重的前提下,实际上却是对祭田传统习惯进行有倾向性选择和解释,在进行这种解释时,除了使用一般性的新法学语词之外,更借助了具有普遍说服力的,如"公益"、"强行法规"等说法。这种"润物细无声"的做法,从而在很大程度上弥合了"传统惯例"和"现代法理"之间的巨大位差,使得司法机关在民初审理祭田案件,尽管因法律和司法体系发生了巨大变化,但在具体个案审理中,这种变化并不让人感觉特别突兀和不适应。就是在这种平稳过渡的氛围中,大理院通过个案审理,在判决中阐述普遍适用、同时也是较为抽象的判例要旨。将这些针对同一对象的判例要旨结合起来,于不经意之中自然形成了一套规范祭田纠纷的规则体系。

当然,大理院推事通过个案审理,力图以判例要旨的方式来创建规则体系,客观上也有较高系统性,但与正式立法相比较,其系统性显然不宜评价过高。其原因在于,一方面是只有当具体个案被提交到大理院,其推事们才有可能抓住这个契机来创制相关的判例要旨,大理院不能在没有具体案件审理的情况下主动创设所需判例要旨。另一方面,大理院推事虽然更替的频率不是很高,但更替现象依然存在,不同的推事可能会作出不同的判决,从而破坏前后相关规则的系统性;在理论上,大理院的判例要旨对大理院本身没有直接拘束力,因此不同的推事针对同类案件可能会出现不同的判决,会产生不同的判例要旨。按《法院编制法》第37条规定,大理院欲自行变更判例时,须用开总会议的繁重程序①,其立法意旨在于"同一机关之法令见解,苟轻许其任意变更,则分歧矛盾,有上下其手之嫌;故须依开总会之程序,取决多数,所以求公允昭慎重也"②。但这也从反面证明了大理院制作的"判例要旨"可能会出现歧异甚至矛盾的情况。这种情况在祭田相关判例要旨中即偶有出现。如在大理院的绝大多数判例要旨中,祭田都被定性为公同共有物,但"四年上字第2032号"判例要旨却认祭田系属分别共有物。

---

① 司法部编:《改订司法例规》,1923年,第61页。
② 刘恩荣:《论大理院之解释与其判例》,载《法律评论》第37期。

三、祭田案件判例要旨的个案分析

大理院通过对祭田案件的审理,将祭田定性为公同共有物,并结合传统祭田惯例和公同共有法理创造出了一系列判例要旨,形成了规范祭田纷争的规则体系。该规则体系的形成和完善大致遵循了下述思路和过程:祭田是共有物→公同共有物→处理包括祭田的设立、管理、收益分配和处分方面的纠纷应符合公同共有法理。因此,本部分拟按照这三个在思路上具有连贯性的不同阶段各选出一则判例,将判例要旨置于判决全文之中进行具体分析。

另外,大理院推事在审理祭田案件中,对祭田性质的认定,尽管大多数推事在大多数场合都承认祭田是一种公同共有物,但我发现有一例外,即大理院认定它是分别共有物,还针对该案判决归纳出一则判例要旨。虽然这个判决和这则判例要旨并没有对大理院所确立的整个祭田规范体系产生较大影响,但和其他相关判例要旨放在一起,显得特别"另类",我倾向于将之视为大理院对这个问题认识过程中的"曲折",应当引起研究者的注意。因此,我将按照上述理由选择四个案件作为个案来分析。

(一)安寿世诉张好生争田涉讼案

本案于1912年12月4日由湖北高审厅进行了第二审判决,最后上告到大理院,大理院因被上告人于言词辩论日不到场,于1913年3月26日,作出缺席终审判决。从本案的终审判决书归纳出本案案情大致如下:

张贻璋与张贻瑾、张贻珍为三兄弟。其庶母在日,三兄弟分了家,为其庶母预提养赡银两,在田产分关内载明"生为供养之资,殁作祭祀之用"。及至其母死后,张贻瑾在未得另外两兄弟同意的情况下,与上告人安寿世订立土地买卖契约;张贻璋也在没有征得其他弟兄同意的情况下,将该地亩押与敬节堂(该堂实际上由被上告人张好生管业)。上告人和被上告人因土地管业权发生争执而涉讼。

在安寿世的上告理由中,跟祭田性质认定相关的主要有三点:(1)鉴于张贻璋对其母生不养死不葬的事实,系争田虽载入分关,其目的"非为存母之祀,实欲杜璋之争",即是说,主张系争田亩虽为祭田,并无张贻璋的权利在内,土地买卖也就无须得张贻璋之同意。(2)保存祭产的惯例只是特别惯例,并非普通惯例,不足以作为判案的一般理由,"若为普通惯例,试问周代之圭田何在?范氏之义庄何存?"(3)既认定系争田亩属于祭田,其处分要三兄弟意见一致,那张贻璋的押田也应得其他两兄弟的同意,那被上告人也不能取得系争地亩的所有权。①

大理院经审理,作出如下判决:系争田亩,上告人和被上告人均不能取得所有权,仍归张家三兄弟公同管业。大理院的基本思路如下:

首先,根据我国惯例和法理,契约可分为物权契约和债权契约两种。在大理院看来,物权契约以直接发生物权设定、变更之效果为目的;且契约成立立即履行,更无存留义务之可言;在形式上除质权等关系外,概要式行为,因当事人之意思表示即生效力。这些都是物权契约与债权契约的区别所在。故可认定上告人和被上告人分别与张家兄弟订立的契约均为物权契约。

大理院认为,普通物权契约成立必须具备三个要件,即:(1)当事人须有完全能力;且缔约者除法律有特别规定外,须就该物或权利有完全处分之权。故无处分权者所订立的物权契约,当然不发生效力。(2)目的物要系确定。(3)当事人之意思表示,不得违反一般法律行为和契约的原则。那接下来的问题就是要判断上告人和被上告人与张家兄弟分别订立的物权契约是否有效,也就是看它们是否能完全满足这三个要件。

本案的两个物权契约,都具备第(2)和(3)两个要件,且当事人都有完全能力,故判断该物权契约是否发生效力的关键之点就是缔约者是否对系争田亩有无完全处分之权。要断定出卖人和出押人对系争田亩有无完全处分权则取决于该田亩的所有权归属,该田亩的所有权归属则由其性质所决定。故大理院接下来认定该系争田亩的性质。

大理院根据分关所记载,认定该系争田亩乃祭田。从分关所载之文义分析,"此项田产自属该庶母名下管业,死后即应由贻璋等兄弟三人公同继续管业";如要对该田产进行实质处分又应满足什么条件呢?大理院在此采信了我国传统关于祭田分析的惯例,"征之我国惯行法则,祭田设定之方法虽有种种,而其管业权,应自亡人死后,即归属于后嗣共同享有,若因不得已情形,得由共同协议处分之。"这种惯例,"其性质与共有法理相通"。因此大理院根据共有法理作出了本案的关键推断,"共同管业之一人,无论如何不得独自处分该项祭田,若与第三者结物权契约,将祭田之所有权遽行移转,自是无权限之行为,欠缺要件断不能发生效力。"

大理院判决本案的思路,相当富有条理和逻辑性。但在处理祭田惯例与共有法理的关系上,大理院的分析尚有欠缺之处。大理院此处所讲的跟祭田相关的"我国惯行法则"包括了两层意思:一是祭田的管业权归属问题,即在设立人死亡后归其后嗣共同享有;一是包括祭田的买卖、分析等在内的处分

---

① 因本案被上告人缺席,故没有其答辩意旨。

行为得以成立的条件。根据大理院的解释,其条件成就须具备两个要素,即在内容上有"不得已情形",在形式上要"共同协议"。正是根据祭田管业权的"共同享有"和处分时的"共同协议",大理院遂认为它与近代民法学中的"共有法理"相通。这里就有两个问题需要解决:(1)认定惯行法则存在的标准是什么。(2)关于祭田的我国惯例与共有法理"相通","相通"一词应作何理解。下面试分别进一步分析。

除了大理院所认定的祭田管业权归属和处分的这种惯例外,其实根据我在本书第一章的考察可知,还有一些与大理院认定的惯例内容恰恰相反的惯例普遍存在。祭田本为祭祀先祖提供物质上的支持,出于敬宗追远的考虑,有子孙存在,则需祭祀祖先,就必保持祭田的存续。故在绝大多数情形下,不允许子孙协议分割祭田。大理院为什么不采纳这种与其采信内容相反的惯例呢?还有,针对上告人的上告意旨,大理院需要回答上告人提出的这个问题:保存祭产的惯例是普通惯例还是特别惯例,可不可以作为判案的根据?实际上大理院没有正面回答,而是将这个问题解析为两层:关于祭产的惯例是普遍惯例,可以作为判案的根据;但对存不存在保存祭产的惯例则持谨慎态度,只是认为"若因不得已情形,得由共同协议处分之"。这句话可作这样的解释:一般情形下存在保持祭产的普遍习惯,特殊的"不得已"情形,则不必拘泥于此。上告人的上告意旨无外乎是要询问采纳惯例作为法源的一般性标准是什么,其实在上告人那里已经有了标准,即只有普遍惯例才能成为正当的法源,那接下来要问的是确定某一具体惯例为普遍惯例的标准何在?这才是上告人真正想从大理院获得回答的内容所在,也才是该上告意旨的根本意图。不过大理院在这里彻底回避了这个问题,在判决中直接将其所采信的祭田惯例作为普遍惯例,即"我国惯行法则",并将该惯行法则从判决书中抽出来作为"二年上字第8号"判例要旨。大理院对上告人问题的回避实际上也就没有对其判决根据作出充分的论证,有武断之嫌。其实,大理院在前不久的"二年上字第3号"判例要旨中即揭示了采信习惯成习惯法作为判案依据的明确标准,"凡习惯法成立之要件有四:(一)有内部要素,即人人有确信以为法之心;(二)有外部要素,即于一定期间内就同一事项反复为同一之行为;(三)系法令所未规定之事项;(四)无背于公共之秩序及利益。"①大理院为什么不用该标准来证明此种祭田惯例是否属于习惯法范畴呢?此可疑者一。

何谓"相通"?按照通常的理解,"通"是没有堵塞即能顺利到达;"相通"

---

① 郭卫编辑:《大理院判决例全书》,台湾成文出版有限公司1972年版,第29页。

也就意味着事物之间彼此连贯沟通,反映在规范与规范之间,即表明其在逻辑上能贯通。按照共有法理,如果没有特别说明,"共有"一般指的是"分别共有"。而在"分别共有"中,分别共有人间如无不分割之契约,得随时请求分割,即便有禁止分割的契约,一般都有法条规定其期间,最长不得逾五年;就是特殊的禁止分割之遗产,其最长期限也不得过二十年。① 而在祭田惯例,按照大理院的解释,却是在"不得已情形"下才能请求分析。此二者相异者之一。在"分别共有"关系中,共有人可转让其应有部分;而在祭田惯例中,设立者的后裔是基于其血缘上的身份才有其部分管业权,不能自由转让其应有部分。此不同之二。既有这两大处分权力方面的不同,大理院所采信的祭田惯例又何能与"共有法理""相通"呢?此可疑者二。

其实,观察大理院的判决思路,既然大理院采信的祭田惯例中明确说明对祭田的处分要全体同意,而本案中的处分行为,不管是买卖还是出押标的物,皆没有获得"全体同意",因此处分行为无效,祭田的管业权依然属于设立人的后裔,即张家三兄弟。一般而言,民法法源包括法律、习惯和条理三者,这早为晚清民律草案所采纳,而且也为清末民初的民法学教科书所承认。既然习惯可成为正当法源,而本案完全可以将大理院所采信的祭田习惯作为判决的唯一依据就足够了,为什么大理院推事们还要画蛇添足地加上民法上的"共有法理",而且还暗示判决书的读者:大理院之所以采信祭田惯例,之所以将之视为判决依据,是因为它与"共有法理相通"。事实上该惯例如前段所分析,与"共有法理"并不是那么相通。此可疑者三。

面对这三个疑问,只有一个理由能较为妥当地解释,那就是大理院有意识地以现代法学中的相关理论来重新选择、解释传统惯例,进而创制符合时代要求的新规则,来完成整个法律体系的近代化。这种主观动机具体反映在本案中,就是力图以在大理院看来与祭田惯例最相近的共有法理来重新选择、解释祭田习惯,创造规范祭田案件的新规则,实现祭田立法和审理的近代化。因此,大理院才没有用自己在"二年上字第3号"判例要旨中所确立的甄别习惯法之标准来判断祭田惯例是否为习惯法。假设采用此标准,无外乎产生两种结果:要么是习惯法,那大理院直接采用它作为判决依据已足够,在民事法源适用顺序上,习惯法优先于法理或条理,那大理院就不需要也不应该再引用"共有法理"了;要么不是习惯法,那大理院就失去了采信的理由。这两种结果都不是大理院希望看到的,大理院在这里很技巧性地使用了一个模糊术语,将其所采信的祭田惯例称为"我国惯行法则",从而为"共有法理"

---

① 参见史尚宽:《物权法论》,中国政法大学出版社2000年版,第166—167页。

登台以检验某种祭田惯例,进而在实际上得以把它置于比惯例更高的法源位阶制造了机会。也正是基于该理由,大理院才没正面回答上告人在上告意旨中所提出的保存祭产是属于普通习惯还是特别习惯的问题。如大理院要回答,答案也无外乎二:一是认定其为普通习惯,那就须完全满足"二年上字第3号"判例要旨所言的习惯法四个要件;一是认定它是特殊习惯,那大理院就没有采信的理由。因此,可疑者一在这里能够得到妥当的解释。既然大理院先认定了要用"共有法理"作为检验祭田惯例标准的思路,它也明白二者存在不相通之处,但本案判决的决定之点是处分行为的有效性取决于是否得到了全体同意,在这一点上二者是完全"相通"的,因此,在本案判决中,大理院以"共有法理"为标准来取舍祭田惯例的尝试是可行的,不会损及个案公正。也就是说,尽管存在二者的"不相通",但这种"不相通"可被忽略。顺此思路,可疑者二、三亦能妥当解释。①

经上述分析,大理院推事们在当时法律不备的情况下,力图在个案审理中以现代法学理论来有选择性地甄别传统惯例,并进而创造出新规则,渐渐实现中国法律和司法的近代化。以共有法理来裁断祭田案件就是这种思路支配下的典型例子。虽然,传统惯例和现代法学理论生长于不同的文化体系中,有相通的一面,也有隔阂的一面,在这种尝试的初期,难免有忽略隔阂的一面,但至少这种努力的方向和其苦心经营的态度尤其值得肯定。在本案的审理中,大理院即忽略了祭田惯例和共有法理不相通的一面,这需要大理院在接下来的祭田案件审理中不断修正和完善。

(二)屈而伸与屈丙环等公产涉讼案

本案先由湖南高审厅于1914年4月11日二审判决,因上告人不服而上告到大理院,大理院于同年12月7日作出了终审判决。大理院通过对本案的审理,创建了"三年上字第1144号"判例要旨,将包括祭田在内的族内公产明确定性为"公同共有"物,进而推出此类"公产"的收益分配原则。

由于我未能查到本案第一审和第二审的判决书,只好根据大理院终审判决书关于案件事实之描述,对本案案情简要归纳如下:本案两造乃房份不同之族人,皆系德宇派下之子孙。因族中公产富裕,设有祀、学两项公产。后因学产不敷,德宇派下各房子孙全体同意从祀公(即德宇名下的祭产)项下提出钱文,归入学产收入项下,作为兴办族学的经费。在具体如何创办族学问题上,两造有了分歧:上告人主张阖族设置一族学,被上告人则主张分别设立

---

① 本案判决书全文载黄源盛纂辑:《大理院民事判例全文汇编》(未刊)第七册,国科会民初司法档案整编专题研究计划,第1—4页。

族学,由各房独自经营。

湖南高审厅判决:首先将公产定性为法人,以上诉人等对于被上诉人等屡施强暴胁迫之行为、且两造住所相距二十余里为理由,认为应解散法人,将其财产在两造之间作稍微有利于上诉人的大致均分。上告人认为不应分析公产,上告到大理院。

大理院在判决中,并没有逐条直接驳斥上告意旨,而是先以"现行法例"的名义揭示出关于族内公产的一般性原则,亦即"三年上字第1144号"判例要旨之内容。它大致包含三层逻辑较为连贯的内容:(1)将族内公产定性为"有一定目的之公同共有财产"。(2)既属公同共有物,就应遵守公同共有收益分配方面之一般规定,即"非经设置公产之各房全体同意,并有正当理由,不得变更其目的或处分其财产。至于该财产之收益,则应依设置目的,以经营各房共同之事业"。(3)公同共有财产并非绝对要采取共同经营的形式,如有正当理由,共有人得请求分析其收益,分析标准是按房份而非人头平均分析。

在阐明了该"现行法例"后,大理院根据第二审合法认定的事实基础上,判定祭产是两造的公同共有财产,而从祭产中提出的族学经费则是公同共有财产的收益,而非第二审所认定的法人财产。既然是公同共有财产,当以共同经营为原则,但根据第二审被上诉人所提出的事实,大理院认为已经具备分析该公同共有财产之收益进行各房独立经营的条件,应准其分析。分析的标准,"应以公同设置的房为断"。在本案中,两造各代表房份之半,因此应在两造之间平均分析。第二审本已给上告人一半财产有余,因此上告无理由,应当作出驳回上告的终审判决。

总体看来,大理院判决本案的关键点是确认祭产和学产等族内公产属于公同共有财产。和第一案大理院仅将祭田视为共有财产的定性相比,无疑更精确。只有先准确地将这类财产定性为公同共有物,才能运用公同共有的一般性原则作为判决祭田案件的直接依据,也才有可能创建出较准确、同时也较实用的跟祭田有关的规则体系。

关于本案,需注意这一点,最终解决的是族内公产的收益分配问题,而非族产的分析问题。这两者究竟是什么关系?从抽象理论上来说,族产分析必然带来收益分析的结果,但单纯的收益分析并不一定导致族产分析,这实际上类似于民法学中的分割所有权和分配收益权的关系。但在事实上,两者的界限却未必如此可辨。如本案判决书在揭示出公同共有这个"现行法例"之后,结合本案讼争对象,指出"本案据原审合法认定事实,当事人两造皆系德宇之子孙,因公资饶裕,置有祀、学两项公产。嗣因建设族学,合房同意由祀公提出钱一百串,归入学公,作为族学经费。是此项产业,自应认为有一定目的之公同共有财产"。在这里,"此项产业"指的是作为族学经费的祀公钱一百串。既然这部分族学经费是公同共有财产,原有的学公产所产生的收益则构成族学经费的另一部分,也是公同共有财产,那所有的族学经费应该都是公同共有财产。从另外一个角度看,拨为族学经费的祭产收益一百串也可看作是公同共有财产的收益,和学公产的收益一起构成的族学经费全体都可被视为公同共有财产的收益。大理院在对本案判决时,强调的却是公同共有财产收益的分析而否认其为公同共有财产的分析,就耐人寻味了。也许,在当时社会观念之中,敬宗收族的观念仍深入人心,分析族内公产难免与此种观念抵触;而在现实生活中,出于种种实际考虑,又不时有分产的主张被提出;且公产的不易流通性对社会经济的发展也有所妨碍。在这种观念和现实发生矛盾的社会转型期,为了寻求一个妥协,大理院很有技巧性地在"语词"使用上做些文章,在不直接和强大的传统观念正面对抗的前提下获得一个其意欲的结果。

在我看来,虽然大理院对本案的判决思路较为清晰,同时也具备了高超的论证和遣词造句方面的技巧,但却存在一个值得进一步思考的问题,即没有充分说明为什么族内公产就是公同共有财产。通读该判决书全文,开篇即有此结论,而在文中却没有正面论证,难免失之于武断。很明显,大理院在整个判决中使用了一种三段式的论证模式(大前提:族内公产属于公同共有物;小前提:本案讼争标的是族内公产;结论:族内公产之处分应按照公同共有的一般性原则来进行)。要保证通过此种三段式推理所得出结论的有效,必备的先决条件是大小前提的有效性。故大前提的武断必然导致其结论的武断。本来,湖南高审厅将族内公产视为一种法人财产,给大理院提供了一个通过批驳其下属法院的主张来正面论证自己观点的机会,但却在本案中被轻易放过了。大理院推事们,具体到审理本案的推事,如审判长推事姚震、推事林行规、陆鸿仪、许卓然和朱学曾,都受过现代法学训练,是民初法界之精英,怎么会允许其判决书中出现这么明显的漏洞呢?我以为,一个可能原因是,在他们看来,族内公产乃公同共有物,其理至为明显,不需费劲证明;正因为其"明显",成为"常识"或"公理",不加论证,也不能说是"漏洞"。另一个可能原因是我在分析第一案所指出的,他们已然意识到包括公同共有在内的西方民法学中的共有理论与包括祭田在内的族内公产既有相同之处,但相异之处也很明显,如真要论证开来,在结论已定的情况下,以事实迁就结论,论证的难度可想而知。与其如此,还不如利用其审级上的优越位置,利用制度赋予他们的权威,以不容置疑的方式认定下级法院的法人主张属"误会"

之为妥。无论是哪种可能原因甚或是"苦衷",相对于大理院在民初司法中所作出的贡献和崇高位置而言,从法学学术来观察,不能不说是一种遗憾。①

（三）石玉书与石翁氏买田涉讼案

本案由浙江高审厅于1915年5月18日进行了二审判决,石玉书不服上告至大理院,大理院于同年10月14日作出了终审判决。通过本案判决,大理院确定了"四年上字1816号"判例要旨,重申了作为祭田之一种的茔田之公同共有性质,"茔田之性质,在现行法上亦属公同共有,而非分别共有,在公同关系存续中,原不准共有人之一人处分其应有之分。"

在大理院看来,本案讼争对象尚未查清,但根据诉讼记录上所记载的两造关于讼争对象管业权的争点所在,按照通行法理,即可作出判决。本案上告人石玉书从石玉叶处买得系争田亩,被上告人石翁氏主张该讼争地亩为其独有,石玉书实乃盗卖他人之田；上告人石玉书则认为该田乃被上告人与石玉叶共有的祖遗茔田,石玉叶所卖系其共有茔田的应有部分。大理院经过推理,以为"即令以上告人的主张为是",上告人也不能合法取得系争田亩的所有权。因为如果讼争地亩是祖遗茔田,属于公同共有,而非分别共有,所以"石玉叶于公同关系存续中,擅卖其应有之分于上告人,于法自非有效"。被上告人所主张的"共有之产,非玉叶一人所能盗卖"为正当,故作出了驳斥了上告人请求的终审判决。②

其实,本案的判决比较简单,重点即在判例要旨中强调茔田的公同共有性质,因此公同共有人的应有部分在公同关系存续期间只具有观念上的意义。我以为,本案只有结合下面第四案来看才能真正看到其问题所在。

（四）钟耀曾诉黄运满田产纠葛案

本案经广东高审厅1914年12月2日二审,钟耀曾不服判决结果而上告,大理院于1915年11月5日作出终审判决。

本案讼争对象是祖遗尝田,由被上告人黄运满与其弟黄运火、其长嫂黄范氏(黄范氏之夫,亦即被上告人黄运满之胞兄黄运松,已去世)三房共同管业,按房轮耕轮管。黄运火、黄范氏以及黄范氏的儿子黄德鸿先后将其尝田之应有部分或活卖、或绝卖于上告人钟耀曾。被上告人因此而主张未得其本人同意,买卖行为无效,祖遗尝田应由原来管业的三房永久管业。上告人则主张买卖标的并非尝田之全部,而是黄运火和黄范氏祖遗尝田的应有持

---

① 本案判决书全文载黄源盛纂辑：《大理院民事判例全文汇编》（未刊）第七册,国科会民初司法档案整编专题研究计划,第75—78页。
② 同上书,第142—144页。

分,主张买卖有效,应获得该部分尝田的所有权。

本来,按照自"二年上字第 8 号"以来的历年判例要旨,一直到最近通过第三案所确立的"四年上字 1816 号"判例要旨,大理院一直将祭田视为公同共有物。尝田乃广东对于祭田的一种常用称呼,当然也是公同共有物。不论是按照普通的公同共有法理,还是大理院的历来判例要旨,都坚持这样一个原则:未得共有人之全体同意,对共有物的处分行为是无权限的行为,不发生物权转移上的效力。按照这一原则,当然被上告人的主张为正当,上告人与黄运火、黄范氏等订立的尝田买卖契约当然归于无效,应维持该尝田管业之原状,即由被上告人兄弟三房永久轮管。第一审和第二审的判决理由主要即在于此。

但在本案判决中,大理院却没运用其一直坚持的公同共有法理、也就是原先在审理祭田案件中所确立的判例要旨来作为判决依据,而是将尝田定性为分别共有物,以分别共有法理来进行裁断。大理院在判决中,首先在"现行法例"的名义下,阐述了判决本案的基本依据,这也就是本案所确立的"四年上字第 2032 号"判例要旨:"各分别共有人对于分别共有物,得自由处分其应有部分。故凡各分别共有人,将其应有部分让与他人,或以供担保之用,不问他分别共有人是否已经同意,其行为均属有效,他分别共有人不得因共有关系出而干涉。"①在大理院看来,本案讼争尝田,本为被上告人兄弟三房所共有,且有分年轮流耕种的事实,"是黄运火及黄范氏对于该项田产,当然各以三分之一为其持分,而就其持分各有自由处分之权";且买卖契约本已载明"三分中自己同侄两分"字样,"于被上告人之权利毫无侵害,则上告人与黄运火及黄范氏等订立此项买卖契约,无论当时被上告人曾否在场签押,抑或是否知情,均不能谓为无效……其所买受者,既仅为黄运火及黄范氏之应有部分,果有纠葛,亦应由黄运火及黄范氏出而主张,而被上告人则并无干涉之权。"大理院在判决理由的最后部分还分析了第二审的不当之处,"原判乃误于法律上之见解,谓黄运火及黄范氏等与上告人之买卖行为,未得被上告人同意,应归无效,因而维持第一审原判。"②

很明显,大理院和广东高审厅的分歧集中在尝田性质认定上。广东高审厅认为尝田是一种公同共有财产,这也是大理院在之前的判决及其所归纳出来的相关判例要旨的一贯看法。大理院早在"二年上字第 8 号"判例要旨中

---

① 郭卫编辑:《大理院判决例全书》,台湾成文出版有限公司 1972 年版,第 169 页。
② 本案判决书全文载黄源盛纂辑:《大理院民事判例全文汇编》(未刊)第七册,国科会民初司法档案整编专题研究计划,第 154—156 页。

揭示属于设立人后嗣共同享有的祭田,在不得已情形下,尚需"共同协议处分之"。在该案判决书中,大理院更从物权契约和债权契约的区别入手,详细剖析了物权契约成立的要件,明确指出,"共同管业之一人,无论如何不得独自处分该祭田,若与第三者结物权契约,将祭田之所有权遽行移转,则是无权限之行为,欠缺要件断不能发生效力。"诉争对象同为祭田,同样是共同管业之一人或数人在未获得管业团体全体同意的情况下以订立物权契约的形式遽行移转祭田的所有权,大理院在前面的判决中一直坚持该原则,并被视为正当,为什么到广东高审厅这里就成了"误于法律上之见解"?大理院一反其以前的判例和它所确立的判例要旨,将尝田(祭田的别称)视为一种分别共有物,共有人的应有部分不再潜在,而成为现实。既然如此,共有人对应有部分之让与,得自由为之,无须得他共有人之同意;虽反于他共有人之意思,亦得单独自由处分之。① 大理院对此案的最终判决时间与最近所判的"石玉书与石翁氏买田涉讼案"前后相差不到两个月,在"石玉书与石翁氏买田涉讼案"中尚制作"四年上字1816号"判例要旨,强调同属于祭田范畴的茔田乃公同共有物而非分别共有物,短时间内对于同一类诉讼对象,定性如此歧异,殊让人费解!

  即便大理院有纠正自己所作判例要旨的权力,也应该是大理院鉴于前面的法律见解有误,后面的见解从而纠正之。以公同共有法理来重新解释传统的祭田惯例并进而裁断祭田案件,鉴于文化场景和具体制度的差异,难免有凿枘不投之处,比如说祭田的管业、收益分配皆以房份而非人数为标准,公同共有物则是按照共有人数量为标准;祭田原则上不允许分析,公同共有物在特殊情形下经全体共有人同意则允许分析等等。如换成以分别共有物来定性祭田,不仅不会弥补此种差异,反而会使此种差异扩大,最主要的一点是导致祭田可随时分析,在很大程度上丧失了祭田作为服务于祖先祭祀这一特定目的之公产本质特征,而与普通私产无异。所以,从大理院行使其纠正既有判例要旨的角度来看,大理院对本案的判决欠缺理论和事实上的双重说服力,其对广东高审厅的指责有"以势压人"之嫌,而非"以理服人"之道。

  可以设想,作为最高司法机构的大理院,本被各级地方司法机构视为权威和准绳,它在祭田定性方面突然反复,本来成文法就缺乏这方面的规定,必然会增加下级司法机构在处理这个问题上的困惑。好在大理院在随后的判例及判例要旨中仍然坚持了祭田的公同共有物定性,在一定程度上消弭了此种困惑所带来的无所适从。如将大理院关于祭田案件的判例和判例要旨作

---

① 史尚宽:《物权法论》,中国政法大学2000年版,第162页。

为一个整体来加以观察,该判例要旨的消极影响尚不十分严重:在当时和以后的绝大多数物权法著作和论文中,皆将祭田定性为公同共有物,基本没有提及这个判例要旨。① 即便如此,也暴露了大理院通过个案审理来创设判例要旨最终达到系统"立法"目的所可能遇到的问题:不能防止如本案这般"不规则"的判决和判例要旨的出现。我注意到,判决本案的审判长推事为余荣昌、推事为胡治毂、孙巩圻、李怀亮和陈尔锡。他们都是大理院民二庭的推事,而前述主张公同共有的判决多由民一庭的推事制作出来。虽然,尽管不能肯定审理案件的推事之不同是采用相异法理的唯一原因,但至少也是一重要原因。黄源盛先生分析大理院在民初的阙失时即指出,"尤其,到了北洋后期,根据大理院的创废判例,往往仅依推事的理想情感为之,姑无论其于法理已否斟酌,或与习惯能否确合,然其形式既欠完备,则其效力即等于儿戏,此为憾事矣。"②这个问题,简言之,即在对个案的审理、判例要旨的归纳上流于草率和武断,在民初就已然出现了,只是尚不太严重。大理院对本案的审理即是一个确例。

通过前述四则个案分析,我发现大理院在审理祭田案件时,力图将现代法理与中国传统惯例相互沟通,希望通过现代法理,主要是公同共有理论来对传统祭田习惯进行选择和解释,并在此基础上制作出可为以后审理类似案件参照的判例要旨,虽然在这个过程中,有时会出现较大偏差,但终究是瑕不掩瑜。可以说,大理院推事们对案件的审理,基本上都贯穿了以现代法理为参照标准,尽可能在新旧之间进行沟通,创造新规则,进而实现整个法律和司法体系近代化的目标。大理院对祭田个案的审理和判例要旨的创设,则可被视为它在向这个目标一步步迈近。

第三节 从解释例看大理院对祭田案件的答复

一、大理院解释例

自1913年1月15日发布"统字第1号"起,到其闭院时为止,大理院共

---

① 参见薛祀光:《祀产的立法问题》,载邓孝慈总编辑:《社会科学论丛》第2卷第1号,1930年;史尚宽:《物权法论》,中国政法大学出版社2000年版,第183—184页;梅仲协:《民法要义》,中国政法大学出版社1998年版,第555—556页;郑玉波:《民法物权》,台湾三民书局1988年修订版,第128—129页;刘志扬:《民法物权》,上海大东书局1936年版,第332—336页;曹杰:《中国民法物权论》,上海商务印书馆1948年版,第115页。
② 黄源盛:《民初法律变迁与裁判(1912—1928)》,台湾政治大学法学丛书(47),2000年版,第78页。

发布解释例 2012 号。① 大理院发布的解释例和判决例有何区别呢？当时即有学者进行了归纳：二者虽同属于"大理院所发表之法令上意见"，但"有抽象的与具体的之分。抽象的意见，谓之解释，即以统字编号之文件是也。具体的意见，谓之判例，即以某年上字、抗字、声字、非字等编号之裁判书是也。具体事件，不得请求解释"②。从理论上说固然如此，但实际上，有的地方法院在具体个案审理中，如在适用法律方面拿不准，则将案件中的当事人代以甲乙丙丁字样，然后得以抽象问题之形式，向大理院请求解释。因此种现象不少，导致大理院不胜其烦，遂在"统字第 98 号"解释例中重申大理院解释法律问题之范围，指出提请解释的（成都地方检察厅）"该电，虽有干支等代名词，而实则一具体之案件。本院向例关于具体案件，概不答复。该厅纵依一定程序请求解释前来，亦不在本院答复之列。"③即便有此"向例"和"重申"，但通观大理院解释例，其中答复具体案件的疑问仍所在多有。而大理院的判例要旨虽出自于个案审理，但一般却是抽象规则，可以普遍适用。所以，尽管从理论上讲，解释例和判决例在法令见解上有抽象、具体之别，但实际上这种区别不甚明显，都可被视为大理院的"造法"成果。

关于大理院解释例在民初法律领域的重要性，1926 年作为《〈法律评论〉增刊》刊行的《法权调查委员会报告书》中有一段评价，我以为相当中肯，"大理院对于抽象法律问题，有解释法令之权。此项解释文件闻已编成数册，对于下级法院虽无判词之效力，惟因系出自大理院，其必为法院所尊重，可想而知。大理院判例及解释法律文件为民法极重要之渊源，毫无可疑。"④故研究民初大理院对某一类案件所创设的规范及司法实际情形，判例和解释例二者皆至关重要。

《最新分类大理院判决解释例大全》的编者法学士萧山王醉乡和大律师周东白即指出大理院解释例在北洋时期司法中的重要地位，"《法院编制法》第三十五条规定大理院有统一解释法律之权，以故大理院所为解释，下级法院有遵循之义务，其效力实与法律无殊焉。举斯以观，吾人研究法律，于条文之外，更须熟知大理院之解释例。"⑤虽然，此乃编者在"序言"中所言，有为书作广告的意味在内，但它对大理院解释例在民初司法中实际所起作用的描述

---

① 郭卫编辑：《大理院解释例大全》，台湾成文出版有限公司 1972 年影印版，"凡例"。
② 刘恩荣：《论大理院之解释与其判例》，载《法律评论》第 37 期，第 12 页。
③ 郭卫编辑：《大理院解释例大全》，台湾成文出版有限公司 1972 年版，第 62—63 页。
④ 《法权调查委员会报告书》，载《〈法律评论〉增刊》，1926 年，第 93 页。
⑤ 王醉乡、周东白编辑：《最新分类大理院判决解释例大全》，上海大同书局 1925 年版，"自序"。

还是很准确。有此价值,故郭卫按照其号数将所有的解释例汇编在一起,于1930年由上海会文堂新记书局出版。本节所运用的资料,主要来自这两套不同版本的解释例大全,尤得力于《最新分类大理院判决解释例大全》所提供的按内容查找之便利。

在大理院的解释例中,跟祭田案件直接相关的解释例不多,我仅发现了1918年大理院"统字第902号"解释例。之所以这方面的解释例偏少,原因之一在于,大理院于"二年上字第8号"判例要旨(发布日期为1913年3月26日)中即将祭田定性为"共有"物,随后陆续刊布了一系列判例要旨,而大理院发布第一个解释例的时间则是1913年1月15日,有此时间上的相近,既然判例要旨已经将祭田规范初步创设且还相当明确,那解释的必要性当然相应降低。下面我将集中分析"统字第902号"解释例。

二、"统字第902号"解释例剖析

1918年底,浙江高审厅下属的金华地审厅碰到了一祭产案件:某姓有远年祭产一处,向由甲、乙二房轮管,后来有丙房之孙丁(个人)对甲房之孙戊(个人)起诉,为丙房告争轮管权。先经前清县判丁败诉,嗣后又有丙房之孙己,仍以同一事实及同一请求,对甲房之孙庚起诉。经第一审受理审判,庚不服上诉到厅。到底该地审厅应否审理此案?该地审厅内有两种截然不同的主张,都似乎言之成理,请示到浙江高审厅。高审厅亦拿不准,要求大理院给予法律上的解释。

第一种见解是:本案两造之争执焦点在于己、庚分别代表本房争夺祭产的轮管权。基于判决效力所及,真正之权利主体当为各房,丁、戊、己、庚诸人,是为其各本房主张利益,按之诉讼条理,应视为各房之诉讼代理人。审判衙门就前清对于丁、戊间之判决,应受一事不再理之约束,于己、庚间之诉讼,不能受理。否则共同诉讼,均可另易一人,迭为诉讼,似非立法之本意。

第二种见解是:前清丁、戊涉讼时,均未得有各本房全体之同意,依照大理院"三年上字第1164号"判例要旨①,不能视为各房之代表人,基于判决效力仅能及于当事人之法则,己、庚间系另一诉讼,不应受前判之拘束。本案当

---

① 查大理院"三年上字第1164号"判例要旨,为票据法方面的内容,与本案完全无关系。据我推测,正确的可能是"三年上字第1146号"判例要旨,内容为:"上告代理人虽在第一审径用自己名义提起诉讼,然据其陈述,系代上告人主张。该上告人本人历次到庭之陈述亦同。第一审自应径予纠正,认上告代理人为原告之代理。乃第一审于此项程序悉未审酌,竟谓上告代理人系案外第三人,对于被上告人无请求之权,自难认为适法。"参见郭卫编辑:《大理院判决例全书》,台湾成文出版公司1972年版,第374、627—628页。

不问甲、丙两房人丁如何繁衍,审判衙门应先审查己、庚之诉讼是否获得了各本房全体之同意,具有合法之代理权为断。如己之代理权并未完备,应以起诉不合法驳回。

大理院最后肯定了第二种见解,"应限期令两造补具各本房全体委任之证明。如逾期不能补具,始能以无代理权驳回。"①

其实,这两种见解的根本歧异之点在于前清丁、戊祭产轮管权纠纷之权利主体,也就是实际当事人范围之广狭认识上存在差别。第一种见解认为己、庚分别代表本房,因此当事人为甲、丙两房,判决效力也应及于该两房,故根据一事不再理的原则,不应受理本案。第二种见解则认己、庚仅代表自己,因此前清的判决效力仅及于该二人,而与该房其他人无关,因此应准理当下案件。但考虑到其系争对象是祭产,其管业权主体分别是房份而非个人,而各房又是由数量不等的族人所构成,故己、庚必须取得各自房份族人同意代理之证明,方符合诉讼代理人资格,审判衙门才能正式审断该案。

为什么各级审判厅会对前清衙门关于丁、戊究竟是代表其本人还是各自的房份存在这两种争议呢?根本的原因在于司法观念和制度从传统到近代的大转型所引发的巨大变化。在传统司法中,根本不存在诉讼代理人的观念和相关的制度设计。② 在传统的祭田案件审理中,可以看到这样的事例:族(房)内有人将该族(房)管业的祭田典卖、典押出去,另有人花钱赎回,并不需要得到族(房)内所有人的代理认可,且其"赎回"行为不论是官府的看法还是整个社会意识形态,皆被视为正当。因祭田为祭祀祖先所必需,赎回被典卖、典押的祭田,即是有功于祖先祭祀,为子孙分所当为,别的族(房)人感谢之不遑,何须其认可?另外,即便因祖遗祭产的管业权在房份之间发生争执,从形式上看虽是不同房份个别族人间的诉讼,但官府对纠纷的"批"和"判"并不受诉讼请求之限制③,且官府基于和睦和无讼的考虑,在更多的情况下会针对两造各自所属的房份进行具有一定强制性的调解或判决。

关于前清对祭产案件之县判,第一种见解所进行的解释更符合事实,但

---

① 郭卫编辑:《大理院解释例大全》,台湾成文出版有限公司1972年版,第496—497页;王醉乡、周东白编辑:《最新分类大理院判决解释例大全》,上海大同书局1925年版,第189—190页。后者将之归入"民事诉讼条例·当事人·诉讼代理人"项目之下,可见其法律争议焦点所在,惜其省略了大理院所弃却的第一种见解。

② 关于有学者根据《周礼·秋官·小司寇》中所说的"凡命夫命妇不躬坐狱讼"以及妇女遣人抱告等制度的存在认为"我国诉讼代理制度发达甚早,限制甚严"的主张,我并不以为然。因现代法中的诉讼代理制度是为了审判上的便利而设计,而非维护特定等级或人群的特权而设立,不能混为一谈。参见徐朝阳:《中国古代诉讼法》,商务印书馆1927年版,第108页。

③ 《大清律例》中虽有"依告状鞫狱"之条,但它主要针对的是判断罪之有无和轻重的刑案,而非"细故"案件。

其主要问题出在以近代法理中的"一事不再理"原则来理解传统司法中的"一告一诉"规定。① 但在传统司法中，尤其是对细故案件的审理，"一告一诉"原则多成为具文②，"批词"和"判词"能够得到尊重在很大程度上取决于官府的权威及其对涉讼者在道德层面上所进行的"顾全大义"、"互谅互让"等方面的规劝。③ 当然，涉讼者和潜在的涉讼者只要认为兴讼对自己有利，也可能重新兴讼，这就是传统司法中常见的"翻控"。因此，如以传统司法的视角来考察本案，不要说是另外的涉讼者已和庚，就是原先的涉讼者丁和戊，只要他们认为可能现在兴讼对其有利，都可提起诉讼。官府基于和睦的考虑，也并不一定"不准"其所诉。

毕竟本案不是在传统司法之下，而是提交给适用新法律的审判厅。本来，各级审判厅在承平时期严格坚持作为现代民事诉讼法基本原则的"一事不再理"无可厚非，但当时处于法律和司法的近代转型期，同一案件的当事人，根据新旧法律和司法，完全可产生不同的预期。这种预期又牵涉到诉讼利益的不同分配，在这个过程中，有的受损，有的获益。这对普通当事者来说显然是不公平的，因为利益的不同分配并不与其法律行为直接相关，而是来自于新旧法律和司法体系之间的歧异。第一种见解严守"一事不再理"原则，剥夺了当事人"己"通过司法获得救济的权利，是将因近代法律和司法转型所带来的某种利益上的"牺牲"简单地加于该当事人"己"身上，显然失之公平。因此大理院不采纳第一种见解自有其合理性。

通过前述分析亦可发现第二种见解实际上对前清县判有所"误会"，但其"误会"却歪打正着，至少从形式上保证了当事人"己"乃至其背后的丙房通过司法获得救济的权利，在这个方面弥补了因为新旧法律和司法体系转型而可能给当事人或潜在的当事人所要承担的利益损失，即无条件地放弃起诉权。这才是大理院采纳该见解的主要考虑所在。

但第二种见解在实际操作中也存在一重大问题。本案有一个关键事实，

---

① "一告一诉"在《大清律例》中属于"诬告"条下的例文，见《大清律例》，田涛、郑秦点校，法律出版社1998年版，第484页。

② 关于"一告一诉"原则在实际上多成为具文的原因及其影响，可参见李启成：《清代地方司法中的"判"："判决"抑或"判而不决"》，载《法治与和谐社会建设》，社会科学文献出版社2006年版，第171—181页。

③ 当然该原则成为具文的原因也和传统中国"法"和"司法"观念有关。在传统中国，"法"服务于"教化、威慑"之用，"司法"则是要将此功能发挥出来的一种手段，并非一定要将具体规则严格适用于个案，"具文"观念是西方法体系分析法律实施的概念，以之描述和解释传统中国的"法"和"司法"并不很合适。参见李启成：《功能视角下的传统"法"和"司法"观念解析——以祭田案件为例》，载《政法论坛》2008年第4期；李启成：《反思清代细故案件中的"法律渊源"问题——以官府审断祭田案件为例》，载《黄静嘉先生祝寿论文集》，台湾三民书局2014年版，第145—165页。

即"各房子孙,散居各处,多至千百数,在事实上均不能举出合法之代表人"。大理院要求该管审判厅让两造"己"、"庚"获得各自本房的完全代理权,在事实上都不能做到。更荒谬的是,即便"己"不辞艰难,且相当幸运,找到且能获得散居各处本房其他人的代理许可,如"庚"不能获得相应的代理权,那"己"将无适格的起诉对象,他本人及其所代表的丙房权利还是不能得到司法的救济。对"庚"而言,其所属甲房本已一直保有该系争祭产的轮管权,何必还要冒诉讼的风险使"己"及其所代表的丙房受益?因此,不能指望"庚"能获得甲房的代理权。所以,第二种见解仅仅从"形式上"保证了"己"及其所代表的丙房获得司法救济权,但实际上所导致的结果与第一种见解无异。如"己"对此缺乏理性的审慎分析,可能在付出努力获得本房完全代理权之后依然一无所获,难道不是结果更糟?

如此一来,岂非注定了"己"及其背后的丙房成为法律和司法转型的牺牲者?事实亦不尽然。取第二种见解之所以不能对"己"和丙房提供实际的司法救济,根本原因在于大理院通过一系列判例要旨将祭产定性为"公同共有"物直接相关。正因为将作为诉争对象的祭产定性为公同共有物,才需要两造"有各本房全体之同意,具有合法之代理权"为案件受理之前提。关于这个问题,在我所查阅的资料中,仅薛祀光有一个分析,姑录之如下:

> 立法上,究以承认祀产是系公同共有财产为佳,抑须承认祀产为法人的财产?我国对于这个问题,从来没有民法学者讨论过;台湾一部分实际家主张:对外诉讼上,非采取法人制度不可。这是他们法人说者唯一的理由。诚然之,构成祀产的某一不动产,发生权利归属问题时,族人以外之第三人为原告人、提起诉讼,势非以族人团体为被告人不可;不然,那就该诉讼的判决,不能对于族人全体发生效力。但是现在的祀产团体没有作制族人名簿,族人在数十人以上者,知悉族人全体的人名和住所,事实上常系不可能。向族人中的一人,先提起诉讼,嗣后要求该一族人指出该全体族人的人名和住所,声请被告人增加的诉之变更,在一定条件之下,虽为法之所许;但是该一族人坚不肯指出族人的人名和住所时,原告人并无若何合法的强制方法。是故,第三人要得一个对于族人全体发生效力的判决,在我国现行民事诉讼法理论上,更其在日本现行民事诉讼法上,实在非常困难。①

---

① 薛祀光:《祀产的立法问题》,载邓孝慈总编辑:《社会科学论丛》第 2 卷第 1 号,1930 年,第 4—5 页。

通过薛祀光先生的分析,可知大理院将祭产定性为公同共有物,且严格按照公同共有相关法律规定来审断案件,必然会出现本案中当事人"己"及其背后的丙房通过司法获得救济的实际困难情形,是民事诉讼法上无法人资格团体被诉能力欠缺问题的集中反映。如将祭产定性为法人财产,虽能解决该问题,但征之中国当时祭产的特定情况,也存在不少困难。关于究竟是将祭产定性为公同共有物还是法人财产为妥,本书下章将会集中讨论,兹不赘述。但亦可看出,通过分析大理院"统字第902号"解释例,我们已然发现在新旧法律和司法转轨过程中,大理院以西方民事法理论规范祭田问题上遭遇了困难。这个困难问题之解决,尚要等到随后的国民政府时期。

第五章　解析大理院确立的祭田案件规则

因传统中国更多的是强调法的"威慑"和"教化"功能,原不期望能够有一套能够规范所有社会生活领域的规则体系存在,司法也并非就一定是要将具体法律规则适用于当下案件中,这一点在"细故"领域表现得尤其突出。在传统中国,普通祭田纠纷被归入"细故"领域,故反映在国家正式的成文法中,很少有关于祭田的一般性规范,在司法实践中也没能创造出有普遍适用性的详密规则体系。步入近代社会,在法律和司法西化之后,这一切必然随之发生变化。民初大理院在立法机关不能正常履行立法职能、法规则因此严重缺乏的情况下,以判决例和解释例的形式,创造了一套可应用于祭田案件审断的规则体系。关于这一规则体系的具体内容,上一章曾有概括的分析和介绍。本章则将分析的重点放到这一规范体系得以形成的两个关键点上:一是从现代民法学框架里为祭田找到一个合适的位置;在位置确定后,面对以分割为中心的祭田内部纠纷和以买卖为中心的祭田外部纠纷,大理院是如何运用公同共有法理,并结合祭田惯例,来创造出新规则,以因应时代的变化。

第一节　祭田性质在学术上的辨析与选择

祭田本是与中国传统礼仪文化紧密相连的一种土地制度,独具中国特色,这就决定了它在自晚清开始继受而来的西方民法学体系中很难一下子找到一个适当的位置,恰好能够"对号入座"。这必然要根据我国传统祭田的特征和长期以来形成的习惯,在西方民法学中的一些理论寻求契合之处,加以学术上的辨析,最后作出抉择,找到一个相对合适的位置。本节拟将对此种祭田性质在学术上的辨析和选择进行梳理,并进行相应的评论。

一、大陆法系中的共同所有权

从传统惯例上来观察祭田的性质,如将其侧重点放在祭田的管业权归属上,祭田是由设立人的子孙派下各房共同管有,明显具有数人共同管业的特征;且从祭田的长期保有,禁止不肖子孙盗卖和分析的角度来看,如将祭田视为一种数人共同所有的财产,那显然与普通共有财产得随时分割有所不同。考察西方法的历史和现状,"共同所有"包括"总有"、"共有"和"合有",故要确定祭田在"共有"中的准确归属,就必须先厘清这三个概念之间的区别所在。

需指出,大理院通过判例要旨的制作,先将祭田定性为共有物,后在绝大多数情况下更精确地将之定性为公同共有物,但通观大理院判例全文,发现大理院在这个问题上并无相关的论证,仅仅是笼而统之、甚至是比较武断地论定其属于"共有"或"公同共有"财产。透过这些文字的背后,似乎可设想:大理院作为当时最高司法审判机构,是一个讲究说理的地方;且大理院推事多为当时法界精英,受过西方法学训练,完全有能力从法律方面进行这个说理工作。他们在祭田定性问题上的"武断",于是乎可以作这样的解释:一则在他们看来是不言自明的"常识",无需在判决书中赘述;一是因为二者既同且异,如要以西方法体系来改造传统法,实现中国法的近代化,深入论证则难免会出现漏洞,那以肯定的语气进行断定才能减少争议,促进法律适用的统一。不论是那种情况,在大理院推事们的思想深处,无疑都经过了一个学术辨析和理论选择的过程。

郑玉波先生在分析共同所有权的类型时,采用了标的物"管理权能"和"收益权能"二分之分析框架,很有说服力,本节分析在很大程度上借鉴了该分析框架。

所谓"管理权能",是指决定标的物如何维持、改善、如何收益以及处分的权能;"收益权能"指的是标的物现实收受利益,而作为自己利得的权能,也即是标的物收益如何分配的权能。标的物的所有权,皆包含这两种权能。在共同所有权中,这两种权能的区别较为明显:收益权能以分属于共同所有人为常态,而管理权能,则或多或少,总以共同所有人的协力为必要,有团体规则作为行使管理权能的根据。但在不同类型的共同所有权中,在管理权能上共同所有人的协力存在力量强弱之别。按照此种协力强弱程度之别,共同所有权大致可分为"总有"、"共有"和"合有"三大类。

(一) 总有

总有(Gesamteigentum)是从日耳曼村落共同体之所有形态而抽象出来的一种共同所有权类型。[①] 在这种村落共同体中,村民虽有其个人之地位,但这些个人要互相结合为共同体,结合关系的具体内容,即反映在村落团体

---

① 参见戴东雄:《中世纪意大利法学与德国的继受罗马法》,台湾元照出版公司1999年版,第218—219页。

对物的所有上。物的管理权能,完全属于村落共同体;收益权能则分属于各村落共同体成员。但需注意,成员的收益权能是基于他作为村落共同体成员的身份资格才享有的,失去成员身份,也就自然没有了物的收益权能。故其收益权能受到较大限制,既不能独立而为让与,且在共同所有物中,成员并无应有部分之可言,当然也无请求分割之权。所以在总有之下,团体成员的权利,仅限于收益权能而已,与近代法上的所有权,有很大区别。故可说"总有"是共同所有权中团体色彩最为浓厚的一种形态。①

如我们将传统中国祭田和总有物进行对比,可发现二者不少相似之处。就收益权能而言,祭田的收益权能也分属于其管业权成员,获得也是基于特定的身份,即是与设立人有直接血缘关系的男姓后裔,因此亦不能转让;就管理权能而言,为了保证祖先祭祀的永久进行,管业权团体的成员一般不准提出分析祭田的要求,也不得私自进行包括典卖和抵押在内的实质处分等。正是二者之间有这种种相近之处,1949年之后的一些台湾学者,在对德国法传统作了较为深入的研究后,才开始将祭田定性为"总有"物。②

"近世法律之发达,财产法之关系从罗马法主义,亲属法关系从日尔曼法。"③罗马法以个人权利为其理论基础,其所有权之概念因而以自我为中心,甚少顾虑团体的相关性,其共同所有权的理论也以个人权利为基础,仅有分别共有一项。因此,罗马法与日尔曼法有关所有权与共有理论有很大差别。德国继受罗马法以后,开始将总有财产关系解释为罗马法的分别共有。④ 总有逐渐被视为落后于时代的团体主义法制所有权形态,实际上渐为历史的陈迹。

自晚清以降,学界对共同所有权的主流认识,都集中在欧陆之现状,而没有详细考察欧陆共同所有权之发展历史,从而将共同所有权简单等同于共有,然后将共有分为分别共有和公同共有两类。据我阅读所及,晚清民国关于物权法方面的论述,在谈及共同所有权这个问题时,影响较大同时学术水准较高的当推刘志扬的《民法物权》,由上海大东书局1936年出版,在"共

---

① 参见〔日〕石田文次郎:《土地总有权史论》,印斗如译,中国地政研究所1960年印行,第1—130页。
② 史尚宽、郑玉波和戴炎辉等台湾学者皆持此种观点。详见史尚宽:《物权法论》,中国政法大学出版社2000年版,第154页;郑玉波:《民法物权》,台湾三民书局1958年版,第116页;戴炎辉:《中国法制史》,台湾三民书局1966年版,第195—197页。
③ 〔日〕牧野英一:《法律上之进化与进步》,朱广文译,孟祥沛点校,中国政法大学出版社2003年版,第87—88页。
④ 戴东雄:《中世纪意大利法学与德国的继受罗马法》,台湾元照出版公司1999年版,第218—219、238页。

有"部分根本就没提及"总有"①;曹杰所著,由东吴大学讲义修订而成的《中国民法物权论》一书,也是将共同所有权等同于共有,然后分别简单考察了作为共有两种类型的分别共有和公同共有的历史沿革,视总有为公同共有。② 这种认识的集中反映就是自晚清以来的历次民律草案"共有"部分的立法,在"共有"部分无一例外地承袭了分别共有和公同共有的二分法。另外,自晚清变法修律以来,在思想意识层面上有一个倾向,那就是"求新",反映在立法上就是追求"最新立法例",因此也就没有必要再去系统考察欧陆共同所有权发展的历史,只要继承其最新成果就好。恰在欧陆最新的学术和立法成果上,"总有"已被视为历史遗迹,属于"落后"之列。因此,即便"总有"与中国传统的祭田惯例有诸多的相近之处,也进入不了晚清民初立法和司法者的"法眼"了,故我们看不到"总有"观念和制度对民初大理院推事在辨析和选择裁判祭田案件的学术资源时产生了什么影响。

(二) 共有

共有(Miteigentum)是罗马法上共同所有的形态。共同所有人的权利,即其应有部分,较之一般的单独所有权虽有所限制,但其对于标的物同时保有管理权能和收益权能。共同所有人对其应有部分可自由处分,如想终止此共同所有关系而欲变成单独所有,得随时请求分割。故"共有"物主体间的结合相对比较松散,是一种个人色彩极强的共同所有形态。而在"总有"关系中,管理权能乃专属于团体所享有,"总有"物主体间结合程度很强,是一种团体主义色彩浓厚的共同所有形态。因近代法律的发展倾向于个人主义,故罗马法上的这种共有制度为各国立法例所采纳。

这种共有制度在清末民国时期被称为"分别共有",它和祭田惯例在有一点上是相通的,即祭田管业权、收益权由设立人之后裔按房份共同享有。如仅从这个角度来看,是一种"共有"。这就是大理院在判例要旨中将祭田定性为"共有"物的主要根据所在。但二者间歧异之处亦显而易见,如祭田原则上不允许分析,而分别共有物可随时分割;各房子孙对祭田享有的权利(或利益)不能随意转让,具有血缘方面的身份特征,而分别共有人在分别共有物中的应有部分则可转让,不存在这方面的身份限制。正是有这些重大差别,所以除了大理院"四年上字第 2032 号"判例要旨将祭田定性为分别共有

---

① 参见刘志扬:《民法物权》,上海大东书局 1936 年版,第 296—336 页。
② 曹杰在该书中指出,"共有之形式,有两种沿革之立法例:一为分别共有,乃渊源于古罗马法……;二为公同共有,其源发于德意志古代法,即以数人结合为一体,对于其物之全部为共同之所有者,其间无所谓应有部分。"参见曹杰:《中国民法物权论》,上海商务印书馆 1948 年版,第 97 页。

物外,晚清民国时期的学界论述、立法和司法活动,基本没有将祭田定性为分别共有物的情况。对"共有"进行追根溯源,实际上指的是"分别共有",它也没成为民初大理院推事裁判祭田案件的主要学术资源。

(三) 合有

合有(Eigentumsgemeinschaft zur gesamten Hand)是位于"总有"与"共有"之间的一种共同所有类型。各共同所有人对于标的物,同"共有"一样,也保有管理和收益权能。从这个角度来看,"合有"与"共有"而不是与"总有"更为接近;但和"共有"不同的是,尽管合有人在合有物中有其应有部分,但合有人间有共同目的,其权利受此共同目的之拘束,不像分别共有人那么自由,具体表现在:合有人在共同目的存续期间,不得自由处分其应有部分,也不得请求分割合有物。也就是说,各合有人之应有部分,在共同目的存续期间,在性质上是潜在而非现实的。只有在共同目的终结,完成分割之后,其应有部分才成为现实。①

法国和日本民法没有出现"合有",但德国和瑞士民法都有此规定。晚清制定民律草案时,仿最新的瑞士立法例,将合有"视为"共有"的一种,名为"公同共有",并为民国历次民法典(草案)所遵循。《大清民律草案》"共有"节按语说得很明白,"数人共于一物之上有一所有权,初无反于所有权之观念,且为近世各国民法所认,于实际亦颇重要,故设本节之规定。数人共有一所有权,其形式有两种:(1)数人依其所有分而以其物为其所有,名分别共有;(2)数人不依法律上之所有分分割之共同部分,而以其物为其所有,名公同共有。"②故"合有"从晚清修律开始即被视为"共有"之一种类型,被称为"公同共有"。

我国传统祭田惯例确实在很多方面与"公同共有"相近。最重要的如祭田作为一种族内公产,服务于祭祀祖先这一目的;影响所及,不论是管业权团体还是个人皆不能对祭田进行实质处分。正是由于二者之间这种基本特征上的相似,大理院通过多个判决,制定出相关判例要旨,将祭田等族内公产定性为公同共有物。

大理院将祭田定性为公同共有物的做法得到了民国法学界的普遍认同。刘志扬给公同共有下的定义为"数人对于一物,并不以分量的分割方法,分割所有权之外廓,而使所有权归属于全体之数人之谓也",且认为"此种共有,不但不背于理论,且于事实上大有利便"。在他看来,大理院"民二上字

---

① 郑玉波:《民法物权》,台湾三民书局1958年版,第114—119页。
② 俞廉三、刘若曾编:《大清民律草案》第四册,修订法律馆1911年铅印本,第29页。

第119号判决例,称载尝田系属其子孙公同享有云云,均明认习惯上早有公同共有之关系也。"①曹杰对"公同共有"的评价虽与刘志扬有所区别,认为"就社会经济上言,公同共有,并非有利益之制度,但为达数人互相结合以维持特定财产之目的起见,有时亦不得不认许之,此德、瑞民法所以设此规定",但认同大理院对祭田性质之判断则一,"吾国习惯,于祀产、茔地、祭田等物均为供一定用途设置之公产,其有维持悠久之用意,实具公同共有制之精神。"②

大理院推事和民国法学界之所以能在祭田定性问题上达成"公同共有"物这个共识,在很大程度上是因他们共享了一种思维模式,即要以西方法中的所有权概念来尽可能规范人与物之间的复杂关系,故将所有权分为单独所有权和共同所有权。出于追求最新立法例的考虑,他们将共同所有权等同于"共有";受德、瑞民法的影响,将共有划分为分别共有和公同共有两类。故在他们的所有权框架中,大致包含三个类型:单独所有权、分别共有和公同共有。要将祭田塞进这个所有权框架中,公同共有当然最合适。而从西方私法发展历程来考察,所有权分为单独所有权和共同所有权,共同所有权按照团体色彩的强弱,"总有"和"共有"分处于两极,"合有"则介于两者之间。为简明起见,列表区分如下:

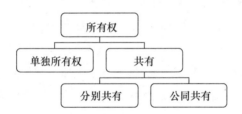

图 5.1　民国时期所有权结构图

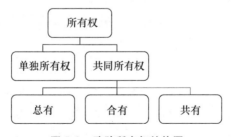

图 5.2　欧陆所有权结构图

---

① 刘志扬:《民法物权》,上海大东书局1936年版,第332—333、300—301页。
② 曹杰:《中国民法物权论》,上海商务印书馆1948年版,第115页。

正是由于存在这种所有权结构认识上的差别,西方共同所有权中的"总有"淡出了民国时期司法实务界和法学学术界的视野。其最明显的表现形式就是民国法学界,当然也包括大理院推事们在内,普遍将"总有"和"合有"皆解读为"公同共有"。到20世纪40年代,陈鹏即有过这样的归纳,"任何古代民族,都是由血族团体结合,定着一块土地上作成村落的,在血族团体内,实行共同经济,全体占有土地,共营农业,耕地属于村民全体,为一村共同经济的基础,而村民个人,只以村落住民的身份,取得对于土地的权利,至于村落,则认为住民的总合体,对于土地享有所有权,学者称之为公同共有。"①很明显,陈鹏对公同共有内容的介绍,实际上是以日尔曼社会的"总有"制度为原型来进行的一般化描述。在这里,"合有"与"总有"都被包含在"公同共有"目下,成为民初大理院推事们在审断祭田案件时辨析和选择的主要学术资源。

二、祭田之性质:社团法人抑或公同共有

自晚清以来,法界中人在法律制度设计、继受法律体系时追从最新立法例,而相对忽略系统深入考察其历史渊源。反映在对所有权结构的认知上,就与西方历史发展中所呈现出来的图景产生了很大差别,这种差别导致的一个明显后果就是对"总有"的忽略,将"总有"简单等同于"公同共有"。作为"共有"的下位概念之一,而实际上"公同共有"是与"共有"平行的"合有"之同义语。虽然这谈不上民法学理论体系上的偏差,而且还与西方当时流行学说适相吻合,但这种将发展沿革割断单纯进行抽象继受的做法,妨碍了近代中国在建设近代法文明的过程中,从西方所有权结构演变历程来吸取经验教训。具体到对祭田的定性和对祭田案件的审理中,中世纪德国继受罗马法在如何处理固有的"总有"与罗马法中的"共有"之关系的做法就至少值得我们借鉴。

众所周知,时至今日,共有为近世各国所普遍采用,合有(公同共有)亦间被采用,唯总有几乎不存在。按照郑玉波先生的分析,由于总有是对所有权进行质的分割,其作用已为地上权、永佃权和典权等吸收;而作为其形态的总有物又主要通过社团法人和财团法人变成为法人的单独所有。②

德国民法典首先规定了法人制度,且为瑞士民法典所继承,实属最新立

---

① 陈鹏:《所有权变迁论》,载《法律评论》第777、778期双周合刊,1948年,第1页。
② 郑玉波:《民法物权》,台湾三民书局1958年版,第118页。

法例,为晚清民律草案所借鉴。晚清民律草案在"法人"章按语中明确指出设立法人制度的意义和法人制度的具体内容,"非自然人而欲达生存之目的,则必应依法人之组织。近世各国法律皆认法人,故本案亦采用之,特设本章之规定。古来关于法人本质之学说虽多,然不外实在之团体,其与自然人异者,以法人非自然之生物,乃社会之组织体也。故本案亦以法人为实在之团体。第一节规定通则,第二节规定社团法人,第三节规定财团法人。"① 社团法人是以经营共同事业为目的,而集合自然人为团体而构成的法人,按照其目的可分为非经济的社团法人及经济的社团法人。财团法人是因为特定与继续之目的所使用财产之集合而形成的法人,设立财团法人的目的也可分为公共目的(如学校、病院)和私益目的(如亲属救助)两种。

鉴于祭田财产与总有物具有诸多相似之处,那是否可将祭田视为总有物,借鉴日尔曼社会总有物在近代化历程中的经验,即以社团法人和财团法人来将之改造成为法人的单独所有物,实现祭田制度的近代化呢?按照这一思路走下去,考虑到社团法人和财团法人皆有其特定之目的,但其主要区别在于社团以人为成立基础,财团以财产为成立基础,将传统中国的祭田惯例与之对照,将祭田规范成财团法人较社团法人为妥当。

实际上,不论是将祭田定性为公同共有物还是财团法人之财产,皆与传统中国普遍的祭田习惯有明显的不吻合之处,尽管二者都是将祭田置于西方民法学所有权框架内相对合适的位置。也即是说,不管以公同共有还是财团法人来为祭田定性,进而以相关规则来进行规范,都存在一些重大困难。下面试分别言之:

先来看以公同共有规则来规范祭田所存在的困难。第一,是财产存在目的上的差别。祭田是专供祭祀祖先所用的特定财产,其存在目的之重心在祭祀祖先;公同共有物虽也有公同关系所确立的公同目的,但其存在目的之重心却在于公同共有人共享之所有权,尤其是收益权。第二,是祭田公同关系确立上的困难。公同共有之发生及其存续,均以公同关系之存在为前提。如将祭田视为公同共有物,一是以共同继承为公同关系,当遗产分割后,共同继承即归于消灭,那公同关系相应也归于消灭,显然祭田之长久存在失去了根据;另一个是以习惯上的共同祭祀为公同关系,则共同祭祀关系只在特定时间存在,不具备时间上的连续性,且与公同共有人共有祭田缺乏充分必要的关联。第三,在处分方面违反祭田设置之本意。公同共有物经公同共有人全

---

① 俞廉三、刘若曾编:《大清民律草案》第一册,修订法律馆1911年铅印本,第17页。

体同意时,得进行包括分割在内的实质处分。将祭田视为公同共有物,则经全体族人同意时,得将祭田处分甚至分割,不免废弃了祖先的祭祀,违反祭田设立之本意。第四,难以对祭田进行管理、改良,且易发生盗卖侵占之弊。公同共有物,原则上应由公同共有人共同管理。如将祭田视为公同共有物,自应由有管业权的全体族人共同管理。若年湮代远,族众繁多,甚至有族人远涉他乡,在管理和改良上很难达成一致意见,多所妨碍。且多数族人,因利害关系轻微而不肯过问,遂给少数不肖子弟以可乘之机,对祖遗祭田盗卖有之,侵占有之。因此而涉讼,所在多有。① 这是实体法层面上的困难。另外,在程序法方面也有不易克服的地方,即管业权团体之外的第三人因祭产归属问题而涉讼时,被告人在理论上为管业权团体之所有族人,因此在技术上难以确定。简言之,就是民事诉讼法上非法人团体被诉能力问题。关于此点,本书在分析大理院第902号解释例时曾述及,兹不赘述。

以财团法人来规范祭田,在一定程度上可克服上述以公同共有规范祭田所面临的困难,但又会带来一些操作上难以应付的新问题。其优长反映在实体法上,能够最大限度地与设置目的吻合,能够保证祭田的长期存在而不被分割,也能较好地防止不肖族人对祭田的占有和盗卖;在程序法上,亦能解决因公同共有所带来的非法人团体被诉能力问题,有利于祭田归属纠纷通过司法途径得到解决。它所带来的新问题主要表现在设立财团法人要素的欠缺。具体言之:(1)从设立章程上来看,祭产的设立乃一种捐助行为,根据我国设立祭田的惯例,一般而言,不存在包括捐助目的、田产内容、管理机构和方法在内的书面章程。即便有些简易书面章程,在内容上也是不完不备。(2)从管理机构上来看,只有少量以宗祠田形式存在的祭田有专门的管理机构,绝大多数祭田都是实行轮管制度,并无专门的管理机构,而财团法人必须有专门的管理机构。(3)设立财团法人,在近代法中一般采取准则主义,即既要与法律准则相合,又要到司法机构登记。② 近代中国,去古未远,普通人民常以涉足公庭为苦。如将祭田以财团法人进行规范,必然导致很少有人愿意设立祭祀法人,将直接导致"法律的威信问题和裁判上条文适用的困难"③。

同样地,将祭田定性为财团法人所遭遇到的上述困难,如将之以公同共

---

① 参见柯凌汉:《祭产与书田之性质》,载《法律评论》第16卷第14、15期合刊,1948年8月。
② 参见富井政章:《民法原论》第一卷,中国政法大学出版社2003年版,第145页。
③ 薛祀光:《祀产的立法问题》,载邓孝慈总编辑:《社会科学论丛》第2卷第1号,第6页。

有来规范,亦能得到克服。因公同共有物既可因法律规定或订立契约等书面方式而生,也可因惯例而作为事实存在,比较灵活,而不像财团法人需包括必要内容的书面章程;公同共有物的管理机构也没有特别要求,专任管理机构、专任管理人抑或共有人轮管均无不可,这一点与祭田管理惯例也更为接近;设定公同共有物也不必到官府登记,免去了人们涉足公庭的麻烦。

总之,不论是将祭田定性为财团法人单独所有财产还是公同共有物,皆存在这样那样的问题,但这两种不同的定性方式以及因此而分别产生的规范后果,恰是优劣互见互补。我认为,面对民初中国祭田惯例和存在方式的巨大差别,司法当局完全可采取更为灵活的方式:对于那些规章完备、有专门管理机构且规模较大的属于祠堂等名目下的祭田,定性为财团法人财产,进而以财团法人的相应规条来进行规范;对于其他祭田,考虑到其规章之不备甚或没有、一直采取的是轮管方式、且规模较小的祭田,将其定性为公同共有物,进而按照公同共有的法则来进行规范。这种"两驾马车"式的祭田规范方式当然也会存在问题,比如说二者的界限何在、会不会导致法律适用的不统一进而与建设近代国家的历史趋势相背等。确实,二者之间会有一个模糊地带,但有两种不同的祭田规范模式存在,给了祭田设立者及其管理人员一个可供选择的空间,这会促使他们对祭田本身的存在方式进行改变,使之要么尽可能接近财团法人财产,要么接近公同共有物。经过这么一段两种规范模式的竞争过程,同时也是祭田的自我改造过程之后,再根据两种规范方式表现出来的优劣和多数跟祭田相关的民众之意愿,更切合实际地来决定究竟是以公同共有还是以财团法人来给祭田定性并加以规范之,以此实现法律的统一。

事实上民初大理院推事们根本不承认祭田在性质上与法人制度有任何相关性。在"三年上字第1144号"判例中,大理院认为湖南高审厅对该案讼争对象——族内祀产(包括祭田在内)——"遽解释为法人,未免误会"[①],坚持其为公同共有物。在整个大理院存在时期,一直坚持了此种对祭田的公同

---

① 黄源盛纂辑:《大理院民事判例全文汇编》(未刊)第七册,国科会民初司法档案整编专题研究计划,第76页。

共有定性。①

既然大理院选择了并一直坚持将祭田视为公同共有物,要解决上面所分析的以公同共有规则来规范祭田存在的困难,大理院在创制判例要旨的过程中必须重点考虑:在供祖先祭祀之祭田设置目的和保证子孙共同所有权之间维持平衡,其焦点则集中对祭田的实质处分上面,主要包括在何种情况下才能完成祭田在子孙间的分割、祭田具备何种条件方能对外转让和买卖。大理院推事们只有妥善解决了该问题,才能在法律上既确保子孙对祖先的祭祀,又尽量减少不肖族人私自盗卖和侵占祭田,最终才谈得上尊重并逐步改造祭田惯例,实现这一领域法律和司法近代化的目标。

第二节　对大理院"祭田分析"判例之分析

大理院视祭田为公同共有物,其公同共有人为享祀者后裔的各房子孙。本来,按照通常的祭田惯例,享祀者只要有子孙则应保持祭祀之延续,作为专供祭祀之用的祭田理应长期存续,不应在子孙间进行分析。但子孙分析祭田的实例也不少。祭田之存续,"站在崇拜祖先及维持家族制度的立场观之,诚属善良风俗",但也有因其收益分配和处分而在子孙间引发纠纷,甚至对簿公堂,达不到敦本睦族这个设立目的,从而"不禁令人怀疑此善良风俗的存在价值"②。自晚清以来,对传统的家族制度以及家国同构的政治架构进

---

① 大理院一直坚持公同共有而非法人的祭田定性和规范模式,薛祀光先生认为最主要的原因在于自晚清以来中国民事立法上的一个事实,所据以得出结论的方法是中、日两国相关立法的比较研究:我国到20世纪30年代还没有关于一般法人设立的成文法规,我国民律草案则将共有分为分别共有和公同共有;日本现行民法,共有只有分别共有一种。因此,日本在台湾采取的是将包括祭田在内的祀产定性为法人财产,而中国历来判例,认祭田为公同共有。在我看来,薛先生对该原因的分析从整体上来说不成立。我们知道,晚清民律草案既规定了公同共有,也系统地规定了法人制度,民初大理院既可用公同共有法理来定性祭田,当然也可通过判例来创设法人制度及其相应的规范。实际上,根据学者的研究,民初大理院推事们本其较为深厚的西方法学素养,通过和法人制度相关的司法实践,以一系列判例的形式,逐步建立了近代中国的法人制度。见黄章一:《清末民初法人制度的萌芽——以大理院民事裁判为中心(1912—1928)》,北京大学法学院2005年博士学位论文。这即有力地证明了大理院在学理上完全可以财团法人来规制祭田。我以为,大理院对祭田一直坚持公同共有定性,其学术上的原因不在于薛祀光先生所说的晚清民律草案有公同共有规定,而是清末民初法学界没能细究西方共同所有权的发展历程,片面追求最新立法例,将"总有"与"公同共有"等同起来,一方面没能借鉴日尔曼的"总有"走向近代化过程中的经验,即通过社团法人或财团法人的方式实现从共同所有权向单一所有权的转变,完成以团体为中心的所有权向近代以个人为中心的所有权之演进;另一方面,因德、瑞民法有对公同共有的规定,为晚清民法起草者将之视为最新立法例而所采纳,大理院推事们也持有此看法,认定以公同共有财产来定性祭田,就是以西方最新法理来改造传统惯例。另外,以创设法人的方式来统一规范祭田在当时的中国确实存在很大的困难。这些都构成了大理院一直坚持将祭田定性为公同共有物在学术背景方面的原因。

② 〔日〕姊齿松平:《祭祀公业与台湾特殊法律的研究》,台湾众文图书股份有限公司1991年版,第4页。

行反思甚或是激烈的批判开始出现①,到礼法之争,对家族主义法律进行批判是法派的一个主要论点,构成近代法律思潮的重要一面。民初大理院推事们多受此影响,自然不会坚定地维护那些与祖先崇拜和家族制度紧密联系的祭田惯例,当然也不会极端到废除此种惯例而后快的程度,而是努力在传统祭田惯例和作为西方新法理的公同共有之间维持平衡。反映到分割祭田这个问题上,他们持有条件肯定态度,并通过创设判例要旨的方式将这些条件固定下来,逐渐形成一套具有高度确定性的规则。

祭田作为公同共有物,在公同关系存续期间,原则上不允许分割,但征诸生活实际,公同关系继续存在有各式各样的困难,只有公同共有关系不再存续,公同目的不能达到,才能导致祭田的分割。但到底是何种困难,达到什么程度方能导致公同共有关系不能存续、公同目的不能达到,则是判定祭田能否分割的确定标准。换言之,大理院要妥善解决该问题,首先须确定成就"祭田实质处分"之条件,然后在此基础上规定祭田分割的标准。只有将这两个问题先行确定,才算大致创设了关于祭田分割的规则。

一、成就"祭田分析"之条件

大理院最初审理祭田案件,以判例要旨的形式一方面确认了祭田在公同关系存续期间原则上不可分割,另一方面又承认在具备必要情形、不能共同经营的情况下,经全体同意可进行分割。② 这可被视为大理院对成就"祭田分割"条件的一般表述,其要件有二:(1) 具备必要情形;(2) 全体同意。抽象来看这两个条件,其内容非常模糊,尚需进一步解释,以确定其具体内容。

(一) 何谓"正当理由"

大理院在"四年上字第 771 号"判例要旨中即以例举的形式,首揭对包括祭田在内的祀产进行处分(包括分割在内)的"必要情形",即"子孙生计艰难"或"因管理而生重大之纠葛";并认为它"无害于公益,亦不背于强行法

---

① 《江苏》第 7 期(发表于 1904 年 1 月)登载了署名家庭立宪者的《家庭革命说》一文,即是一例。"家族主义之停顿隔绝,乃使我国民无国家思想之一大原因",认为急需家庭革命,其具体内容为:"脱家族之羁轭而为政治上之活动是也,割家族之恋爱而求政治上之快乐是也,抉家族之封锢而开政治上之智识是也,破家族之圈限而为政治上之牺牲是也,去家族之奴隶而立政治上之法人是也,铲家族之恶果而收政治上之荣誉是也。"见张枬、王忍之编:《辛亥革命前十年时论选集》第一卷下册,三联书店 1960 年版,第 833 页。

② 相关判例要旨的具体内容参见大理院"二年上字第 8 号"、"三年上字第 1144 号"、"四年上字第 669 号"。见郭卫编辑:《大理院判决例全书》,台湾成文出版有限公司 1972 年版,第 165—168 页。

规"。但该判例要旨的重心在阐释为何要将"各房全体同意"①作为合法买卖祀产之必备要件之理由。

大理院随后在"四年上字第1849号"判例要旨中专门阐述了祀产分割中的"必要情形",并进而指出,"此项必要情形,如已显然存在,各房中仍有意图自利,故不表示同意者,审判衙门据其他房分之请求,亦得准其分析。"但如何判定这种必要情形"显然存在"呢?

本案两造系属同族不同房之族人,为共同管业之祖遗祀产(主要是祭田)是否应该分割而涉讼。上告人认为,设立祀产的初衷是"敬先祖、明人伦",性质上为不可分割,湖南高审厅仅据少数人的意思,判决分析祀产,在上诉人看来,湖南高审厅的判决非维持风化之道。大理院在判决中,从两造分别代表的两房之间存在的争执入手,认为既有"上告人等因排斥该族九房中常佩一支为异姓子,及侵占公产收益事,屡与九房寻衅涉讼,纠葛至十余年之久"等事实,则断定"势已不能复合",因此"原审据当事人请求,为分析之裁判,自不得遽指为不当"。最终判决分析祀产为有理由。② 很明显,寻衅涉讼、纠葛不已是大理院认定此必要情形"显然存在"的主要根据,由于大理院并没有将之抽象出来,作为具有一般规则作用的判例要旨,最多只能作为各下级司法审判机构判决类似案件的参考。既然是参考,当不具确定性。这就将判断是否"显然存在"此必要情形的权力赋予各级审判衙门的法官,让其自由裁量。

大理院"五年上字第420号"是另一个论述分析祭产条件成就的判例要旨,其内容大致与"四年上字第1849号"相近,(公产)"原则自非合族同意不能分析,但有特别情形,例如族人因公产之管理使用屡生争执,致不能完全达其设置之目的时,则为维持同族之和平起见,审判衙门自可依当事人之请求,准予分析。"单从字面上进行比较,其不同之处主要有二:一是该要旨适用范围更广,包含了所有的族内公产;二是它在认定分析的"特别情形"时,重在管理使用公产过程中存在的困难,以至于"不能完全达其设置之目的"。下面再从本案判决全文来进一步分析。

本案两造分属两房,系争对象是两房轮管的公共祀产。从1902年开始,轮管制度遭到破坏,变为由与上告人同房之甘有元独管。在其独管期间,甘有元将一部分公有祀产私卖,因而两房兴讼。经县知事裁断,撤去甘有元的

---

① 郭卫编辑:《大理院判决例全书》,台湾成文出版社有限公司1972年版,第168页。
② 黄源盛纂辑:《大理院民事判例全文汇编》(未刊)第七册,国科会民初司法档案整编专题研究计划,第145—147页。

独管权,交出私卖祀产之银钱,由族中备价赎回。后两房又因银钱管理涉讼,经湖南高审厅判决轮管轮收。在上告人等管理时,仍违反轮管之规定,被上告人因此要求高审厅判决分割祀产。湖南高审厅以"两造争执该产已涉讼数年……两房子孙已互相嫉视,势非分割不足以息讼端",故在判决中认定被上告人之主张为正当,准予分析。上告人不服,上告到大理院。上告人的主要理由是"先人辛勤积累之公产,情理势皆应维持"。大理院根据前述事实,认为"上告人于前次判令分年轮管后,仍不遵判管理,且私加佃规霸收租谷",即是判例要旨中所说的"屡生争执"。① 可见,大理院在这里也并没有一般性地揭示出认定"屡生争执"之标准;事实上,由于案情之间的千差万别,也不可能有一具体标准。将这种基于事实的判断权力交给司法官自由裁量无疑是一个自然且妥当的选择。

将本案案情和前一案相比,发现有很多共同点,比如说两案的争点都是祭田应否分割;主张分割一造的理由为祭田的管理或收益分配出了问题,导致两造纠葛不断;反对分割一造的主要理由则是基于传统观念或惯例,强调祭田的绝对不可分割性;大理院判决的结果都是肯定两造存在祭田分割的"必要情形"或"特别情形",认分割为正当。大理院通过这两个案件的审理所归纳出的判例要旨是其关于祭产分割所确立的主要规则,不论是两案的案情还是从中确立的判例要旨,又具有相近之处,故可从中归纳出大理院关于成就祭田分割的一般条件:

根据所采信的传统祭田惯例,大理院首先指出,祭田以不可分为原则,可分为例外,从而肯定了在一定条件下分割祭田的可能性。大理院之所以在两则判例要旨中首揭此点,一方面它确是传统祭田惯例的中心内容,是祭田作为族内公产不同于普通私产的重要特点所在;另一方面它与公同共有的法理相吻合,因公同共有物在公同关系存续期间不允许分割;更重要的是它直接否定了反对分割者所主张的祭田绝对不可分割性。

既然肯定此种"例外情形"的存在,问题的关键就在于规范此种"例外",即界定例外的合法性限度,在限度以内,则为惯例所许可。易言之,即是确定成就祭田分析之条件。本来,在这两个判例之前,大理院已经一般性地指出了两个条件,即具备正当理由下的全体同意。这两个判例的意义之一在于解释何为"正当理由",也即是所谓的"必要情形"或"特别情形"。诚然,一般而言,分割祭田需要具备"正当理由"和"全体同意"这两个条件,但这两个条件

---

① 黄源盛纂辑:《大理院民事判例全文汇编》(未刊)第七册,国科会民初司法档案整编专题研究计划,第183—186页。

之间是一种什么样的关系呢,下面将继续探讨。

(二)"正当理由"与"全体同意"之关系

在祭田是否应分割的纠纷被提交给司法机构进行裁断之时,如大理院审理的前述两案,都是两造意见相左,一方要求分割,一方反对分割。因此,建立在志愿基础上的"全体同意"事实上不存在,大理院最终的判决结果是确认祭田分割为正当。可见,在分割祭田所要成就的两个要件——"正当理由"和"全体同意"——并非立于同等地位,只有"正当理由"才是必备条件。

下面先来看大理院于1915年底审理的一个案件,其讼争之点是祠堂可否分割,上告人主张分割祠堂,所持的主要理由是被上告人擅自将祠堂款项提为修谱之用,违反了捐助人之本意,认为这已充分成就了分割祠堂的条件,因为"非分析保存,则捐款必至消耗殆尽"。大理院则认为该条件并不充分,"即令属实,上告人等亦仅能请求各房交还捐款,填补祠产,不足为分割祠产之理由"。这至少可说明,不具备"正当理由",关系人不能分割祠堂。大理院认为,祠堂与祭田同一性质,皆为族内公产,都适用公同共有法理。故"正当理由"是祭田分割的必要条件。

通过对该案的审理,大理院创设了"四年上字第2382号"判例要旨,"阖族公同设置之祠堂,原则上固不许请求分析。惟族中如有特别原因,积不相能,终难维持共同关系者,审判衙门依当事人请求,得许分析祠产自行建设。"①这则判例要旨根本就没提及"全体同意"之内容,这即证明没有"全体同意",也可分割祠堂(祭田亦适用)。

更进而言之,如没有"正当理由"仅有"全体同意"的情形,是否可以分割祭田呢?我没能查到这样的判例,但可设想,在实际生活中,值此去古未远之时,尊祖敬宗还是普遍的社会意识,族人不主张"正当理由"要分割祭田肯定会被目为不肖子孙;即便没有"正当理由",在策略上也要先证明其存在,然后主张分割。如存在这种情形,且能就分割具体内容达成协议,在当时土地登记制度尚非完善的情况下,民间自动进行即可,不需司法机构介入;如被提交给司法机构,那肯定是就分割的具体内容发生了不能自行解决的争议,这类案件既然被视为与公益无关的纯粹民事案件,按照不告不理原则,司法机构也只能就分割之具体内容进行裁判,而不能针对是否分割作出裁断。虽在提交给司法机构的祭田案件中,少有此种情形,但将之作为一种理想上的模型进行分析却有其意义。祭田的设立人希望能永久维持对享祀者的祭祀,是

---

① 黄源盛纂辑:《大理院民事判例全文汇编》(未刊)第七册,国科会民初司法档案整编专题研究计划,第165—168页。

一种有特定目的之财产，子孙们虽"全体同意"分割该财产，但无疑改变了该特别财产的用途，也应是一无效的处分行为。据此可推论，没有"正当理由"而仅有"全体同意"，因改变了其特定用途，分割祭产是无效处分行为。

在确定祭田是否应分割之时，真正的充分必要条件是"正当理由"，"全体同意"最多只是一参考指标。从理论上说，仅有"全体同意"而无"正当理由"，分割祭田尚不能认为完全合法。当具备了"正当理由"之后，是否能够得到"全体同意"就不再对祭田能否分割起到决定作用。如具备"正当理由"，还能获得"全体同意"，那就不需司法机构介入祭田是否应分割的案件中了；如仅有"正当理由"，而不能获得全体同意，那主张分割者即可诉请司法机构裁决。

（三）司法裁决与祭田分割的实现

"正当理由"（即判例要旨中所说的"必要情形"或"特别情形"）的存在，是祭田分割的充分必要条件。当这个条件具备之时，祭田即可合法分割。但可分割并不意味着分割能够实现。在祭田应否分割的场合中，一般而言，是既有人主张分割，也有人反对分割。既有反对分割的主张，如共有人之间不能达成和解的协议，那主张分割者要实现其权利，自然就只有求助于司法机构，因此司法机构的裁决成为必要。

早在"三年上字第1144号"判例要旨中，大理院即指出"惟各房因有正当理由，不能共同经营者，于同一目的内，得请求分析"，后又在多个有关祭田、祀产分析的判例要旨中揭示、阐释这层意思。如"四年上字第1849号"判例要旨有"此项必要情形，如已显然存在，各房中仍有意图自利，故不表示同意者，审判衙门据其他房分之请求，亦得准其分析"；同年"上字第2382号"判例要旨有"审判衙门依当事人请求，得许分析祠产"；"五年上字第420号"判例要旨有"审判衙门自可依当事人之请求，准予分析"。大理院通过这一系列判例要旨，为当事人实现祭田分割权指明了方法：主张分割祭田的一造，如有反对分割之意见存在，不能在协商的基础上实现分割的情况下，可向司法机构提出分割祭田的主张，并指证该"正当理由"存在的事实，最后由司法机构判决是否应分析祭田。如此一来，判定"正当理由"是否存在的权力就最终握于司法机构之手了。

这里需注意，在这些判例要旨中，关于祭田分割的起诉主体问题，前三则判例要旨皆明认"房"才是适格的起诉主体，后二则笼统说是"当事人"。那就产生一疑问：房下的个人可否向审判机关提起祭田分割之诉？换言之，房下之个人是否需要获得本房其他人的代理许可才有资格提起诉讼？大理院对此无明确说明。但从用词上来看,先是确指"房份",后则泛指"当事人",表明大理院在逐步放宽适格起诉主体之范围。

二、祭田分割的标准——按房均分抑或按人均分

大理院将祭田定性为公同共有物,当分割条件成就之时,应准予分割。公同共有物的分割乃参照分别共有物的分割办法进行。其分割方法有协议分割和审判分割两种,当协议分割不成时,则共有人得请求法院就共有物分割之实施方法为决定。历来的大理院判例要旨虽将祭田视为公同共有物,但如前所分析,仅是近代法律转型过程中一种相对较为妥当的性质认定,其实祭田在某些方面与通常的公同共有物有别。如公同共有物的权利主体由公同共有人所构成,是人的集合体;而祭田的权利主体则由享祀者子孙按照其所属房份所构成,是以"房"而非个别的"人"为基本单位。这从祭田按房"轮管"现象即可知,在这里,管理权是管业权的外在表现。在民间协议分析祭田等族内公产时,通常同时也是能得到普遍认可的做法是按房均分。就是民间普通家庭分家析产,"按房均分"也是一基本原则。

虽然民间在分割祭田等族内公产时有按房均分的惯例,但大理院却没有遵循此种惯例之义务。即便原告有分割方法之声明(通常是按照惯例的做法,即按房分割),按照共有物分割之法理来说,这种声明只不过可作为法院的参考,法院得适当地自行决定包括分割标准在内的分割方法。① 大理院面对祭田分割方法之争议时,究竟创造了什么规则呢?

1914年4月,一件关于祀产和学产是否应该分析的案件被提交到大理院,这就是前述屈而伸与屈丙环等公产涉讼案。大理院在该案的审理中,创设了"三年上字第1144号"判例要旨。该要旨先将供一定用途的族内公产定性为公同共有财产,然后参考传统惯例,对公同共有法理略作变通,提出了此类公产收益分配的标准:"惟各房因有正当理由,不能共同经营者,于同一目的内,得请求分析。其收益额数独立计划,至其额数,自应以共同设置之房分为标准,平均分析。"② 根据该原则,大理院肯定了湖南高审厅第二审判决的正当性,"据原审合法认定事实,当事人两造各居房半,自应平均分析,原判本

---

① 在德国普通法上,共有物分割之方法,委之于法官的自由裁量,不受当事人提议之拘束;但在19世纪的德国尚有另一种见解,认为共有物的分割不得依法官之自由裁量,而应考虑当事人之各种提议以为决定。后一种观点为德国民法典所采纳,瑞士民法典则采纳了德国普通法的见解。自晚清中国,关于共有的立法多从瑞士立法例,故其恰当的解释也应遵从瑞士民法典的解释,因此,共有物的分割方法,委之于法官之自由裁量,对民初大理院来说,是学理上的正解。参见史尚宽:《物权法论》,中国政法大学2000年版,第168—169页。

② 郭卫编辑:《大理院判决例全书》,台湾成文出版有限公司1972年版,第167页。

于被上告人等之意思,判令上告人等之房半多分原有学产八十余石,于上告人等已属有益之判决,自不得更有声明不服之余地。"①

严格来说,此判例要旨仅明示了包括祭田在内的族内公产收益分配所应遵循的一般标准,而非直接关于祭田分割之一般标准;而且自此案审理确立了该判例要旨之后,大理院再也没有专门创设关于分割祭田标准之判例要旨。那这可能会产生一疑问:"三年上字第 1144 号"判例要旨关于族内公产收益分配的标准是否真能成为祭田分割之标准呢?该问题可从下述两方面得到肯定答案:其一,大理院在随后的一些判例要旨中反复揭示族内公产的所有权属于"各房",如"四年上字第 771 号"判例要旨有云:"祀产系共有性质,其所有权属于同派之各房";"四年上字第 1771 号"判例要旨亦有同样内容。② 公同共有物属于各公同共有人,其分割则以公同共有人之数目为标准平均分析,同理,包括祭田在内的祀产属于同派之各房,其分割亦应以房份为标准平均分析。其二,公同共有以集合财产为对象,在公同关系存续期间,共有人不应对其收益进行分配,故其收益本身即构成公同共有物之一部分,既然大理院将祭田等为一定目的创设的族内公产定性为公同共有物,当然此种族内公产的收益分配所采用的标准也适用于其分割。

尽管按照法理来说,大理院推事们审理祭田分割案件,对祭田分割方法有自由裁量权,但他们还是表现出了对祭田惯例的尊重,对公同共有分割法理作出了切合中国祭田实际的变通,通过创设判例要旨,或明示或默喻,确立了祭田分割条件成就时祭田分割按房份而非共有人数平均分割的方法,也即是说,祭田分割之标准是"房"而非"人"。据此可认为,祭田并非普通公同共有物,而是由派下各房共有的公同共有物。这是大理院在将西方法中的公同共有理论用之于规范中国具体事物时对公同共有理论的一种新发展。

本节通过对大理院关于祭田分割的判例要旨进行解析,认为:虽然大理院在判例中明示对祭田进行实质处分需要两个条件,即内容上具备正当理由和形式上获得全体同意。对于何谓"正当理由",大理院在保留司法机构自由裁量权的同时,也给予了较为确定的解释:一方面进行列举,如子孙生计困难、管理上的纠葛;另一方面给出一抽象标准,即不能达致其设置之目的。在祭田分析案件中,真正的充分必要条件是"正当理由"是否存在,"全体同意"只是一辅助条件。后者只有在确定分割方法时具有意义。其存在是各房可

---

① 黄源盛纂辑:《大理院民事判例全文汇编》(未刊)第七册,国科会民初司法档案整编专题研究计划,第 77 页。

② 郭卫编辑:《大理院判决例全书》,台湾成文出版有限公司 1972 年版,第 168—169 页。

能采取"协议分割"的前提;在多数情况下,分割祭田则不能获得"全体同意",主张分割的房份及其代表可以向司法机构提起确认分割之诉。在解决了是否分割这个问题之后,以分割标准为核心的分割方法之确定就成为判决祭田分割案件的另一关键点。大理院在此有创造性地结合了祭田习惯和公同共有法理,确定了房份之间的平均分割原则,从而初步创设了一套关于祭田分割的规则。

第三节 大理院关于"祭田典卖"判例之分析

在传统祭田惯例中,祭田是祭祀先祖的物质保障,出于对尊祖敬宗的推崇,一般情况下不允许典卖祭田。但因现时子孙生活困窘等各种原因,私自典卖祭田的现象多有存在。为此,出于威慑和教化的需要,清律中专门有盗卖祀产例文,规定了相当严厉的处罚。进入民国,依照1912年3月10日临时大总统令和1927年8月12日国民政府通令,该例文在《中华民国民法》正式生效以前一直有效。但在实际司法审理中,即便是在清代,该条例文基本上很少适用。盗卖祭田案件,一般被视为"细故"案件,先是确认买卖或典卖行为的无效,然后在返还祭田卖价的基础上尽可能恢复原状。但祭田盗卖纠纷仍时有发生,并不断被提交给官府审断。

在民初,也有一些祭田盗卖纠纷被提交到大理院。大理院从"二年上字第8号"判例开始即将祭田定性为共有物,后来更精确为公同共有物。既然是公同共有物,那就有了祭田合法典卖之可能。因为公同共有物只是在公同共有关系存续期间才禁止实质处分,在公同关系消灭后,对公同共有物进行分割和典卖则为合法。确定了合法的"祭田典卖",相应地也就界定了盗卖祭田之范围。下面先来看大理院所确定的成就"祭田典卖"之条件,这是划分"祭田典卖"行为是否合法的标准所在。

一、成就"祭田典卖"之条件

大理院在"二年上字第8号"判例要旨中,即肯定了在特殊情况下典卖祭田的合法性,"祭田……若因不得已情形,得由共同协议处分之",典卖当然包括在处分范围内。何谓"不得已情形"?"四年上字第771号"和"四年上字第1849号"判例要旨中所例举的"子孙生计艰难或因管理而生重大之纠葛"以及"五年上字第420号"判例要旨所揭示的"有特别情形,例如族人因公产之管理使用屡生争执,致不能完全达其设置之目的时"等皆是进一步说明。可见,成就"祭田典卖"的条件之一是要具备"正当理由",即"不得已情形"。

大理院在"二年上字第 8 号"判例要旨中同时揭示了达致"共同协议"对于判断祭田处分行为是否合法的必要性。在"三年上字第 1144 号"判例要旨中,大理院指出包括祭田在内的族内公产是一种"有一定目的之公同共有财产",并参照公同共有法理,认定"非经设置公产之各房全体同意,并有正当理由,不得变更其目的或处分其财产"。可见,成就"祭田典卖"的条件除了"正当理由"外,还要有"各房全体同意"。在"四年上字第 771 号"判例要旨中,大理院更从成就"祭田典卖"条件的角度对"盗卖祀产"例文进行了阐释,"现行律关于盗卖祀产之规定,意亦仅在禁止盗卖,所谓盗卖者以无出卖权之人而私擅出卖之谓。如未经各房同意,仅由一房或数房主持出卖,固在盗卖之例,若已经各房全体同意,自不得以盗卖论。"①在这里,大理院实际上已将曾否获得"全体同意"视为划分"盗卖"与"合法典卖"之唯一标准。故本书先分析"全体同意"的内涵,再来探讨"全体同意"与"正当理由"这两个条件之间的关系,希望能从总体上把握成就"祭田典卖"之条件。

(一)何谓"全体同意"

大理院既然将祭田等族内公产视为公同共有物,在传统祭田惯例中,其潜在的应有部分分属各房,故"全体同意"应解释为"各房全体同意",自不待言。这项原则,大理院在前述"三年上字第 1144 号"判例要旨中即首揭此旨。但问题的关键是何种情形可被视为获得了"各房全体同意"。

大理院在"二年上字第 226 号"判例中即尝试创设关于族内公地处分的一般规则,将"族人多数同意"作为处分公地及公地上之物的充分条件,并认为它是"至当之条理"。通观该判决书之全文,该案讼争并不涉及到祖遗公有地本身的处分,而主要是该公有地上的树木处分问题②,该判例要旨的重心是关于公有地附属物之处分;这里所说的"族人多数同意"的一个预设前提是将公有地定性为共有物,显然是一种"多数决"。这既不符合处分祖遗地亩之惯例,也不符合处分共有物需要共有人全体同意的一般法理,反映了大理院以近代新法来规范传统惯例的最初努力,并未对包括祭田在内的族内公产之实质处分产生重大影响。

1. 湖南大清银行诉唐士汉等房屋涉讼案

真正对"全体同意"进行阐释的判例是湖南大清银行诉唐士汉等房屋涉

---

① 郭卫编辑:《大理院判决例全书》,台湾成文出版有限公司 1972 年版,第 165—167 页。
② 该案判决全文参照黄源盛纂辑:《大理院民事判例全文汇编》(未刊)第七册,国科会民初司法档案整编专题研究计划,第 19—22 页。

讼案及"四年上字第771号"判例要旨的创设。① 本案的讼争之点在于房屋买卖行为是否有效,大理院在判决中,先行认定该房屋的性质。通过事实认定,大理院认为系争房屋之性质有一个从祀产到共有财产的转变过程,其论证如下:

> 本案据诉讼记录,讼争房产本为唐余氏膳养财产……前清光绪三十一年经唐余氏遗嘱,作为该氏及唐刘氏等生前膳养并死后荐享之资,永远不准典卖。自唐余氏死后,该产性质实兼祀产,其所有权应属于唐余氏财产继承人,即唐士汉等三房……惟查宣统二年四月初八日,唐士汉等三房与唐其桢暨唐刘氏四妾所立合约内载:"嫡母弃世……与四姨母商议,齐心愿将公馆铺产田业变卖,叔侄四房应作四股均分,每房供养姨母一位,养生送死各任其事。内有母子不睦,一股作成二股折开,另行分居,无论城郭,任母之意……"等语。是自立合约后,该房屋复变而为八股共有之业,不得复称为祀产。事经唐士汉等三房全体同意,且出于负担膳养防止争端之旨,自应认为有效。②

为什么大理院要在判决中费如此篇幅来论证该房产性质之变化呢?在大理院看来,该房产是祀产或是普通共有物,对于适用的法理和分割之认定有甚大关系。如是祀产,那就如"四年上字第771号"判例要旨所揭示的,"祀产系共有性质,其所有权属于同派之各房,自其维持祖先祭祀之宗旨言之,原期永远保全,不容擅废。故凡设定祀产字据内,例有永远不得典卖等字样。"按照大理院的相关判例要旨,征之我国惯例,此等祀产只有在必要情形(例如子孙生计艰难或因管理而生重大之纠葛)之下,且得各房全体同意时,才能分析典卖或为其他之处分行为。如该房产属普通共有物,则"依共有法例,凡共有物之处分,须得共有人全体同意,否则不生效力。惟未得同意于先,而竟追认于后者,即应算入同意之列,不得复行主张其处分行为为无效。"③虽祀产也系共有,但其所有权属于同派之各房,而非如普通共有物,其所有权属于各共有人;即便有必要情形存在,可为典卖等处分行为,但需得各房全体同意,不像普通共有物,要各共有人之全体同意才可处分。大理院实际已指出成就"典卖祭田"之条件需要的"全体同意"与普通共有物不同,是

---

① 虽然本案系争对象是房屋,但系属祀产,祭田亦可被视为祀产之一种,故本案关于祀产所进行的一般性阐释,对于祭田当然适用。
② 黄源盛纂辑:《大理院民事判例全文汇编》(未刊)第七册,国科会民初司法档案整编专题研究计划,第115—116页。
③ 同上书,第113、117页。本案由大理院民事第一庭判决,审判长推事为姚震,推事为陆鸿仪、冯毓德、许卓然、石志泉。

"各房全体同意"而非"各共有人全体同意"。

但另有一问题为大理院推事们所忽略,没有进行恰当的说明:即祀产所有人全体能否有权以协议的方式改变祀产本身的性质?他们在该案显然认可了祀产所有人的这种权力。改变祀产的性质,实际上也构成了对祀产进行实质处分。这不仅与传统祭田惯例相背,就是与大理院前此一贯将祀产视为公同共有物的判例要旨相参照,其矛盾处仍属显然。关于这一点,大理院没有任何说明。大理院在此的关注点完全集中在论证祀产性质的变化。既然大理院肯定了祀产性质因为其所有人的共同协议而发生变化,实际上也即是肯定了唯有"全体同意"是处分祀产的最重要条件。

按照大理院在判决书中所展现出来的思维逻辑,既然祀产和普通共有物有此区别,那接着需要弄清楚的是:在处理祭田等族内公产之典卖案件之时,什么样的情形可被视为已获得"各房全体同意"?换言之,判定"各房全体同意"的标准是什么呢?大理院在"四年上字第977号"和"四年上字第1283号"判例要旨中对"全体同意"进行了阐释,下面将分别对这两个案件及其判例要旨进行分析。

2. 郑显荣等诉郑益卿等买卖祭田涉讼案

本案系争对象为郑氏祖留耕公派下子孙九房轮管之祭田,争点在于上告人等将该祭田绝卖于张宝老的行为是否为有效的物权行为,能否生物权转移之效力。被上告人主张,上告人之祭田买卖行为未经邀集合族议决,为擅卖,要求追回原田;上告人主张买卖系属正当且有效,因其身份系属九房房长,出卖祭田是邀集各支派公同议定,且将卖价已另置祭田,实际上是通过买卖行为将祖遗祭田以远换近,有益无损。双方虽各执一词,但在大理院看来,关键之点是"系争祭田之处分,应经如何之程序始行有效"。为回答该问题,大理院创设了"四年上字第977号"判例要旨,曰"族人处分祖遗祭田以共有物之常规言之,自当以得族人全体之同意为有效要件,惟依地方旧有之习惯或族中特定之规约,各房房长可以共同代理全体族人,以为处分;抑或各房房长集众会议,可依族人多数议决以为处分者,则依该习惯或规约处分行为,虽未得族人全体同意,亦应认为有效。"

观察该要旨,在解释"全体同意"之时,赋予地方习惯和族中相关规约以优先性。只有在地方习惯和族规没有相关规定时,才适用处分共有物之法理,即将"全体同意"解释为"族人全体之同意"。具体到本案,据上告人的说法,尚难遽认为是擅卖;到底该地有无此种房长代理本房族人之习惯或族规,有无特定之祭田处分规约,第二审于此等事实尚未查清,故最终判决发还原审更为审断。①

3. 赵思忠诉赵庆选卖地纠葛案

本案系争对象为两造合族共有墓田。被上告人等五人将系争墓田出卖于先，上告人等三人复将该地出卖于后，争论焦点为现今该墓田的所有权归属问题。大理院判定该系争地亩是赵姓合族公同共有之地，根据一般的公同共有法理，创设了"四年上字第 1283 号"判例要旨，指出此种公同共有地买卖的有效条件，即在现行法例之下，除该地方有特别通行习惯，或该族有特别规约外，自须经共有人全体之同意。按照这个处分（主要是指典卖）公同共有物的一般原理，本案被上告人等五人的买卖墓田行为是否适法，就要看处分当时是否已得全体族人之同意，及该地有无特异习惯、该族有无特别规约，是否可由族人多数议决处分，抑或特定人（如族长、房长等）可为全权处分。本案第二审并没有查明此等重要事实，亦未依法调查有无此种习惯，在无法律根据的情况下遽下判决，故大理院最终判决发还重审。②

据上述分析，大理院在处理祭田典卖案件时，将判定其是否适法的根据主要放在是否获得"全体同意"上。民一庭在裁断此类案件及创设判例要旨时，强调的是祭田作为有中国特色的特殊共有物，从而在解释"全体同意"时与"普通共有物"须获得所有共有人的同意区分开来，认定应解释为"各房全体同意"，从而将传统祭田惯例纳入其对"全体同意"的解释中来；民二庭则赋予传统地方祭田习惯和族内相关规约在祭田典卖适用上的法源优先性，而将共有物之典卖等实质处分需要获得各共有人全体同意视为法理，只有在习惯、规约等不存在的场合才应适用法理，从效果上看与民一庭殊途同归。但二者区别在于，民二庭通过对地方惯例和族内规约的解释，将房长的代理权和族人的多数决定权明确提出来，事实上暗示了其合法性，而民一庭仅抽象指出"各房全体同意"，未作进一步的引申。联想到民二庭在"四年上字第 2032 号"判例要旨中，甚至一度将祭田定性为分别共有，使其典卖和分割更加容易，可见民二庭的推事们更倾向于对成就"典卖祭田"条件的"全体同意"作更宽泛的解释。

尽管民一庭和民二庭在处理祭田典卖案件时所秉持的主张有些微差异，但他们都是大理院组成部分，以大理院的名义来裁判案件；且从他们所裁判的案件中抽象出来的判例要旨都以大理院的名义发布，具有一般规则意义。

---

① 黄源盛纂辑：《大理院民事判例全文汇编》（未刊）第七册，国科会民初司法档案整编专题研究计划，第 119—122 页。本案由大理院民事第二庭判决，审判长推事为余棨昌，推事为胡诒毂、李祖虞、孙巩圻和李怀亮。

② 同上书，第 123—126 页。本案亦由大理院民二庭审理，推事组成同上。

故即便有此分歧,这种分歧也仅具有内部意义,而对外通过判例要旨所揭示出来的一般规则,对下级司法机构的指导功能来说没什么两样。故将大理院所作出的这方面判例要旨结合起来分析,它对"全体同意"的解释,融合了传统祭田惯例和共有法理,将之解释为"各房"而非"各共有人"的"全体同意",如有房长代理、族人多数同意等地方习惯或族内规约,"各房全体同意"亦可解释为"各房房长全体同意"或"族人多数同意",从而使得祭田典卖的适法范围有所扩大。

(二)"全体同意"与"正当理由"之关系

大理院在谈及一般成就祭田处分之条件时,将"全体同意"和"正当理由"并列。在分割祭田案件中,只有"正当理由"才构成分割祭田的必要条件;而在祭田典卖案件中,观察相关判决和判例要旨,很少涉及"正当理由",而集中在对"全体同意"的解释上。如"四年上字第771号"判例要旨对现行律关于"盗卖祀产"例文的解释,即指出,"所谓盗卖者以无出卖权之人而私擅出卖之谓。如未经各房同意,仅由一房或数房主持出卖,固在盗卖之列;若已经各房全体同意,自不得以盗卖论。"经各房"全体同意",既不是"盗卖",当然就是适法的买卖。又如"四年上字第1283号"判例要旨有"共有之地……须经共有人全体同意,始可为有效之处分"①。这都证明大理院判断祭田典卖是否适法,将"全体同意"作为最重要,有时甚至是唯一标准。这就是说,在成就祭田典卖的两要件——"全体同意"和"正当理由"——并非同等重要,"全体同意"才是司法机构裁判典卖是否适法的主要标准,"正当理由"顶多能起参考作用,在很多情况下,甚至被完全忽略。这与分割祭田案件强调"正当理由"之情形恰恰相反。

祭田分割和典卖同属实质处分范畴,但其成就之要件,也即是判定各该行为是否适法的着重点却恰恰相反:在大理院的判例要旨中,分割祭田强调"正当理由",典卖祭田侧重"全体同意",虽从成就祭田实质处分的理想要件来看,这二者都应具备。尽管可从事实中归纳出该结论,但大理院推事们并没有在判决书或判例要旨中揭示其背后的理由,但仍可从逻辑上合理解释。祭田分割是祭田所属各房的内部行为,主要涉及房份间的关系,既然因应否分割存有争议,那必有反对分割的房份,如此时仍强调"全体同意",毋宁是否定了分割之可能。祭田典卖是祭田所属各房的外部行为,是所有房份与外部的关系,合法典卖的反面是盗卖和盗典,对"全体同意"的强调,实际上就

---

① 郭卫编辑:《大理院判决例全书》,台湾成文出版有限公司1972年版,第168页。

认盗卖和盗典为非法,能够有效保护祭田所属各房之利益;如要强调"正当理由",无形中会大大降低祭田合法典卖的可能性,从而增加了"盗卖"和"盗典"行为发生的频率。这可能是大理院对成就祭田分割和典卖之要件强调重心不同的原因所在。

二、祭田"盗卖"的确认及其法律后果

既然成就祭田合法典卖的要件主要取决于是否获得了祭田所属"各房全体同意",那些没获得"各房全体同意"的祭田典卖行为当然就应归之于"盗卖"之列。大理院有时也用"擅卖"一词来指称此种"盗卖"行为,如"四年上字第 977 号"、"四年上字第 1283 号"、"四年上字第 1816 号"等判例。① 既是"盗卖"行为,则产生相应的民事方面的法律后果:维持祭田的所有权原状,买卖契约仅生债权法上的效力。

在"安寿世与张好生争地涉讼案"中,大理院虽没用"盗卖"一词,但它却将祭田"盗卖"行为所发生民事法上的后果解释得很清楚。它从祭田典卖契约入手,分别从物权契约和债权契约两个层面来进行考察:出卖人与第三者订立的物权契约,将祭田的所有权遽行移转,是一种无权限的行为,欠缺要件不能发生效力;出卖人与第三人所缔结的债权契约,自应有效成立,对于第三人在债权法上负种种之义务,将来该祭田之全部或一部,若为该缔约者所专有时,仍须应债权者要求为所有权之移转,该第三者并可于法律范围内,对于该出卖人为种种之要求。② 虽然这段文字没被归纳进判例要旨,但它是基于一般的物权契约和债权契约的原理,故大理院后来的判例基本上都遵循了该原则,如"二年上字第 119 号"判例对上告人持有的永佃权批单效力的否认,"四年上字第 669 号"判例对被上告人的祭产买卖契约效力的否认等。③

"盗卖"祭田行为,除民事法上的法律后果外,祭田"盗卖"者还应承担刑事责任。大理院创设了两则判例要旨,认为当事人的祭田盗典、盗卖行为皆构成侵占罪。"六年非字第 95 号"判例要旨指出,"将所种之共有祭田当与他人取得钱文者,成侵占罪。""十一年上字第 224 号"判例要旨更解释了对包括祭田在内的"族中共有地亩"盗卖行为虽对买主有诈欺行为,但仍构成侵占罪而非诈欺取财罪,"上诉人因轮种族中共有地亩,实施侵占,出卖与人时,伪造分关册,提出伪证。查侵占行为以出卖时为成立,其目的既在处分共

---

① 黄源盛纂辑:《大理院民事判例全文汇编》(未刊)第七册,国科会民初司法档案整编专题研究计划,第 119—126、142—144 页。
② 同上书,第 4 页。
③ 同上书,第 10—14、109—112 页。

有之物,对于买主自无所谓诈欺取财,虽伪造分关、捏称己有,而既托为有权处分,捏造证物以为诬明,尤系以出卖为侵占手段者之当然行为,殊难于侵占以外论诈欺取财之罪。"① 考虑到在传统中国审理祭田纠纷时,盗卖祀产例文因处罚的严厉而基本上少有适用,进入民国以来,在司法上实际适用的刑事实体法领域,由《大清新刑律》经过简单修改之后的《暂行新刑律》取代了原先一直适用的《大清律例》及其修正之后的现行刑律,无疑是刑事立法及其背后的刑事法观念的一次巨大变革。这次变革得以发生的重要原因之一就是对刑罚严苛传统的一种反动,追求"轻刑"当是其中的一端。在中国传统的司法体制中,盗卖祭田者一般皆没有承担刑事上的制裁,到民初难道还要承担刑事上的侵占罪处罚? 所以,我对祭田盗卖者在司法实际中究竟在多大程度上需要承担此种刑事后果持较为谨慎的怀疑态度。由于本书的关注点在民事领域,且它与本章的中心论旨并不存在太直接的关联,限于篇幅,在此仅提出该问题,以引起同道之兴趣。

在大理院所确立的祭田典卖规则中,那些没有获得"各房全体同意"的祭田典卖行为在理论上皆被认为是祭田"盗卖"行为,盗卖者与外人订立的买卖契约不具有物权法上的效力,祭田所有权不能因之而移转;但该买卖契约却具有债权法上的效力,盗卖者对买主负有金钱上的债务。此为民事上的法律后果。同时,祭田盗卖者在理论上因其祭田盗卖行为的完成而构成侵占罪,还要承担刑事方面的后果。

本章从民初大理院在学术上对祭田性质的认定入手,认为大理院推事们出于对最新学理的兴趣,对西方民法中的共同所有权发展历程缺乏深入之探讨,忽略了日尔曼传统中的"总有"在近代法律体系中的演变经验,是导致他们一致将祭田界定为公同共有物而非法人财产的学术原因。大理院对于祭田实质处分所创建的规则都是以这个性质认定为前提而展开的。虽然在理论上,大理院认为对祭田进行适法的实质处分必须满足两个条件,即"正当理由"和"全体同意"。但实际上,在祭田分析问题上,大理院着重强调"正当理由"的存在;在祭田典卖问题上,大理院则注重考察"全体同意"能否达致。之所以会有这种理论和实际的偏差,最主要的原因是大理院推事们要在西方法理和中国固有惯例之间,关照社会现实,努力维持平衡。也就是说,在民初中国,家族制度一方面在思想观念上受到了前所未有的非难,另一方面也因社会动荡导致社会经济的衰败,作为家族制度之经济基础的祭田不再可能像在传统社会那样(在意识形态层面永久存在的愿望和家族子孙对祭田长期

---

① 郭卫编辑:《大理院判决例全书》,台湾成文出版有限公司1972年版,第569—571页。

保有），必然会因社会变化而发生法律规范上的变革。但法律本身所追求的相对稳定性又决定了其变革的必要限度。正是考虑到这种种因素，大理院推事们在西方法理和固有惯例之间进行了妥协，以公同共有理论作为基本依据来创建关于祭田的新规则，既维护祭田之延续，又允许祭田能够在条件成就下进行合法的分割和典卖。故从总体上来说，大理院在实际上以判例要旨的形式创制了祭田新规则，但在外观上却是一种"润物细无声"的状态，以"潜移默化"的方式，从一个一个的具体方面苦心推进着中国法律的近代化，尽管在这个过程中，他们有些考虑不充分、论证不周密甚至武断的地方。

第六章 祭田案件审理转型之初步完成
——国府时期的立法与司法

民初大理院对祭田案件审理之近代转型作了极大的努力,成就斐然。在北洋政府退出历史舞台之后,大理院也随之闭院。国府时期的立法、司法机构,充分继承了大理院在这方面的法律和司法变革成果,并在此基础上多所创造,初步完成了祭田案件审理之近代转型。

第一节 国府围绕祭田之立法

一、民初大理院判解与国民政府之立法

国府初创,"一应法律,待用孔亟",国民政府于1927年8月12日训令司法部,云:法律"在未制定颁布以前,凡从前施行之各种实体法、诉讼法,及其他一切法令,除与中国国民党党纲,或主义,或与国民政府法令抵触各条外,一律暂准援用"①。这说明国府对于晚清北洋在立法和司法领域所取得的成果持充分继受态度。

黄源盛教授在整理大理院民事档案基础上,对大理院与国民政府民事法制的关系有这样的评价:"大理院十几年来在权衡中西法理和法制中所取得的经验和成就,已为其后国民政府创制民法典奠下了基础。许多具有进步意义的民事判例的原则,不仅为立法机关创制民法所采用,而且直接成为司法审判的依据。可以说,若没有大理院十多年来的努力,国民政府显然无法在初建的短短两三年内就颁行如此庞大的民事法典。"②

大理院的判解在国民政府时期是否具有法律效力这一问题,学界迄今没有明确的论述和让人信服的结论。黄源盛教授虽对此持肯定态度,但可惜的

---

① "从前施行之一切法令除与党纲主义或国民政府法令抵触者外暂准援用令",载《中华民国民法制定史料汇编》(下册),台湾"司法行政部"1976年印行,第337页。
② 黄源盛:《民初法律变迁与裁判(1912—1928)》,台湾政治大学法学丛书(47),2000年版,第121页。

是,他在论文中没有提供确实的原始材料证明大理院判解直接或间接成为国民政府法曹裁判案件的依据,故该问题尚需进一步考察。根据1927年8月国民政府训令司法部的"从前施行之一切法令除与党纲主义或国民政府法令抵触者外暂准援用令"中"凡从前施行之各种实体法、诉讼法,及其他一切法令……一律暂准援用"一语,大理院判解是否属于"其他一切法令"范围内,殊不明确。不过根据这项命令,大理院判解在国民政府时期的效力又可分为两个时期,即国民政府所颁布法律生效前和生效后。具体到大理院关于祭田案件的判例要旨之效力,那就须以《中华民国民法》"物权"编生效的1930年5月5日为断。①

在1930年5月5日《中华民国民法》"物权"编生效之前,当时法学界的主流观点是主张大理院的判解应在"其他一切法令"范围内,法曹当暂准援用。吴经熊于1935年所写的《十年来之中国法律》一文中即明确指出:"国民政府民法法典颁布施行之前,所适用之民法为大清现行律与大理院判例",其理由在于"民法无一定法典可据,仅以大理院判例及现行律相辅而行,判例补现行律之不足,而现行律藉判例以改进"②。在这一点上,胡长清的看法是与之一致的:"每遇讼争,则律师与审判官皆不约而同,而以'查大理院某年某字某号判决如何如何'为讼争定谳之根据,此种现象,迨于今之最高法院时代,犹不稍杀。"由这些亲历者的论述可知,至少在1930年5月5日之前,大理院判解发生了事实上的法律效力。

既然大理院判解在《中华民国民法》物权编生效前有效,那在此之后呢?如我们推敲1927年国民政府给司法部的训令原文来看,既是"暂准援用",那之后当然是不准援用了。吴经熊在论述"国民政府民法法典颁布后之民法适用"时,仅谈及《中华民国民法》,不论是大理院判决还是司法院判解,都没有涉及,显然不全面。胡长清则相信大理院判解仍会有效,"今者,各种重要法典虽已次第颁行(民法法典即其中之一),而前大理院及今最高法院之判例,仍将不失其补充法律及习惯之效力",在注释中,他在评论了陈克生和余荣昌的观点后,指出:"依余所信,法院判例,在我国现行民法之下,不妨以其为法理援用之。"③梅仲协则直接一般肯定判例之意义,云:"适用法律时,应确定法律之内容及其命意之所在。同一法律也,每生分歧之见解,求其意义之确定,判例尚焉。人事万变,法律有限,欲运用之得妙,颇有赖于执法者之

---

① 谢振民编著:《中华民国立法史》下册,中国政法大学出版社2000年版,第774页。
② 吴经熊:《法律哲学研究》,清华大学出版社2005年版,第89页。
③ 胡长清:《中国民法总论》,中国政法大学出版社1997年版,第35—36页。

随时补充其缺陷也。"时任立法院长的胡汉民尚认为大理院判解"为近世法家供参考,后世法家供研究者不可少也。"①

综上,可认为大理院判解,不论是在《中华民国民法》颁行生效前后都有其效力,不同的是其发生作用的方式:在生效前,法曹可将之作为法源直接引用;在生效后,法曹则可以将其内容作为习惯或条理来运用之。

二、《中华民国民法》围绕祭田法制之立法

南京国民政府立法院自成立伊始,即积极从事立法工作,在四年左右的时间里,陆续完成民法五编之制定,由国民政府次第公布施行。这部《中华民国民法》,实乃我国有史以来第一部正式民法。自该民法颁行后,学界的评价不尽相同。考虑到这第一部民法——其实是任何一部法典,都不可能尽善尽美。如能撇开意识形态的分歧和批判,我们应充分肯定其价值。梅仲协先生云:"采德国立法例者,十之六七,瑞士立法例者,十之三四,而法日苏联之成规,亦尝撷取一二,集现代民法之精英,而弃其糟粕,诚巨制也。唯以当时起草,时间局促,其未能斟酌甚善之处,亦颇不鲜。"②当代有代表性的民法学者,如谢怀栻先生认为它促进了中国社会的"除旧布新"③;台湾王泽鉴先生将之与国际上的那些伟大民法典相比较,认为现行民法(指《中华民国民法》)"尚属年轻,其所以值得特别重视者,乃是我国法制史上第一部成文民法典之制定及施行经历了中国近百年来空前政治变局,充分显示着一个古老民族如何在外来压力下,毅然决定抛弃固有传统法制,继受西洋法学思潮,以求生存的决心、挣扎及奋斗。"④《中华民国民法》之重要性既如上述,那它有没有关于祭田的法规范呢?

《中华民国民法》继承了《大清民律草案》关于公同共有之立法。1929年10月,中央政治会议通过《民法物权编立法原则》15条,其中第7条规定公同共有,包含两层意思,一是为公同共有人下定义,一是规定公同共有人如何行使其权利。"依法律规定或依契约成一公同关系之数人,基于其公同关系而共有一物者,为公同共有人。公同共有人非经全体同意,不得行使其权利,但其公同关系所由规定之法律或契约另有规定者,不在此限。"在总结大理院相关司法实践的基础上,起草者于立法理由中有这样的明确表述:"我国祠

---

① 《胡汉民序》,载郭卫编辑:《大理院解释例大全》,台湾成文出版有限公司1972年版。
② 梅仲协:《民法要义》,中国政法大学出版社1998年版,"初版序"。
③ 谢怀栻:《大陆法国家民法典研究》,中国法制出版社2004年版,第107、116页。
④ 王泽鉴:《民法五十年》,载《民法学说与判例研究》第五册,台湾大学法学丛书(47),1987年版,第2页。

堂、祭田、合伙等，均为公同共有关系，故不可无公同共有之规定。至公同共有人，如普通共有人对于共有物各有其应有部分，故明定除依其公同关系所由规定之法律或契约另有规定外，非经公同共有人全体之同意，不得处分公同共有物，或行使其他之权利，以保护公同共有人全体之利益。"①根据这个立法原则和理由，《中华民国民法》第827—830条为公同共有相关立法：

  第827条：依法律规定或依契约，成一公同关系之数人，基于其公同关系，而共有一物者，为公同共有人；各公同共有人之权利，及于公同共有物之全部。

  第828条：公同共有人之权利义务，依其公同关系所由规定之法律或契约定之；除前项之法律或契约另有规定外，公同共有物之处分，及其他之权利行使，应得公同共有人全体之同意。

  第829条：公同关系存续中，各公同共有人，不得请求分割其公同共有物。

  第830条：公同共有之关系，自公同关系终止，或因公同共有物之让与而消灭；公同共有物分割之方法，除法律另有规定外，应依共有物分割之规定。②

按照《中华民国民法》第一条所规定的法规适用顺序，"民事，法律所未规定者，依习惯；无习惯者，依法理。"此乃民法适用之通例，"不特于全部民法，可以适用，即民法法典之外各种民事特别法规，亦应受其支配。"③故从理论上说，《中华民国民法》中这四条公同共有方面的条文是国府时期司法机构处理祭田纠纷最重要的实体法律依据，但实际情况是否真是如此呢？

第二节　司法院关于祭田的判解和议决案

《中华民国民法》这四条关于公同共有之立法，其抽象性程度颇高，且其内容基本来自于异域，与独具中国特色的祭田制度存在不小的差距，需要司法官在裁断具体案件时将该抽象规则作适合于中国风俗民情之调整。关于这一点，北洋时期的大理院通过制作判解已经作了很好的尝试。故国民政府法曹要妥当裁判祭田案件，进一步推动祭田法制和司法工作的近代转型，大

---

① 《中华民国民法制定史料汇编》上册（一），第44页；台湾"司法行政部"1976年印行，谢振民编著：《中华民国立法史》下册，中国政法大学出版社2000年版，第771—772页。
② 《中华民国民法制定史料汇编》下册（二），台湾"司法行政部"1976年印行，第556页。
③ 梅仲协：《民法要义》，中国政法大学出版社1998年版，第49页。

理院的做法值得借鉴。

国民政府时期,最高司法机构屡经变迁。按照国民政府最高法院自己的记述,其组织沿革大略如下:

> 本院成立今已十稔,组织法屡经变迁。溯自民国十四年七月国民政府成立于广东,始设大理院及总检察厅,置民事二庭刑事一庭,以大理院院长兼管司法行政事务。十六年政府移武汉,三月在武汉设最高法院,置民事刑事各一庭,废院长制,设院内行政委员会,总检察厅置首席检察官,而广东大理院则改为最高法院广东分院。是年十一月十七日,南京最高法院成立,仍设院长一员,综理院务,置民事二庭刑事一庭。十二月接收武汉最高法院。十七年五月增置刑事一庭,六月接收北平前大理院及总检察厅,同月最高法院广东分院撤销,所有分院管辖案件悉归本院办理。十一月最高法院组织法奉令公布,本院依法改组,于院内设检察署。时值南北统一,案件激增,十二月复增置民事二庭刑事一庭。初有中央特种刑事临时法庭,至是裁撤,其未结案件并由本院办理。十八年九月复增置刑事一庭,共有刑事民事各四庭。二十年十二月国民政府组织法修正公布,明定最高法院院长由司法院院长兼任,以迄于今。①

随着国民政府底定全国,司法之统一势必跟进。但根据国民政府关于援用前朝法律之命令,加上以六法全书为主体的新法之陆续颁布施行,导致有效之法令极为复杂。"旧有法令与党纲主义或现行法令不相抵触者又仍属有效,即其数量已极错综繁复之观,且近年所颁之法典,陈义较新,社会现状因囿于旧习,往往未尽适合。事实法律均应兼顾,而新旧过渡时期,或以法文之疏漏,或以含义之不明,亦有待于解释补充。至本党所揭橥之党纲主义当适用法律之际,尤应随时灌输,以期深入民众心理,均需运用得宜,始能全法律之效用,符党治之精神。"②因法令之复杂,加以司法党化之现实,故欲达司法统一、妥当之效果,最高法院须创制判解。

本来按照规定,凡公署、公务员及法令所认许之公法人,关于其职权,就法令条文请求解释者,均由最高法院解答。在最高法院,其具体程序为:先由承办庭长拟具解答案,再经各庭庭长及院长签名赞同。在居正主持司法院时期,考虑到"以书面讨论恐难详尽,为郑重计,乃一律改为会议讨论,定每星期一为统一解释法令会议之期。倘遇案件繁多,则随时召集会议。因请求解释

---

① 最高法院:《三年来之最高法院》,1934 年,"总述"。
② 最高法院:《三年来之最高法院》,1934 年,第 7 页。

之问题多属疑难,其影响亦至重要,故常有讨论多次者。若多次仍不能解决,则召集全院推事加入复议,或用书面分送表决,再送司法院核定公布"①。其解释从程序上看可谓慎重其事。从最高法院在南京开院三年来,共办解释案1200多件,数量很庞大。

国民政府"现行法律,虽经一再修改,惟每因犯案之离奇,翻遍法律,苦无根据,应用有时而穷,故各下级法院往往因疑难案件而上书请求办法者,不一而足"②。最高法院亦认其"判例为法律渊源之一,本院裁判之案件其法律上见解有拘束下级法院之效力,有编辑印行之必要"。但在1932年之前,"虽已着手办理,但进行殊缓。"③及至居正出长司法院,计划"将过去对下级法院之解释条文暨一切特殊案件之特别裁判,手编成判例一书,并详述现行法律以外之犯案审判条例,藉补法律之不足,以便嗣后发生离奇疑难案件有所根据"④。1932年开始特设判例编辑委员会,由最高法院庭长为总编辑,法官分任编辑,书记官长为事务主任,各科科长为事务员,都为兼职。到1934年编成上下两册,"约十五万余言,自十六年十一月本院开办之时起至二十年十二月底止,凡可以阐明当时法律旨趣之事例,靡不尽量搜集,蔚为大观。二十一年以后之判例亦在继续编辑中。"⑤从此之后,最高法院编辑出版判解成为制度。

尽管在最高法院草创之初,按照它自己所说,其判解之权威有待加强:

> 查本院判决例可供裁判上之参考,各级推事本应随时留意,俾收统一法令见解之效,而高等法院又为一省之最高审判机关,所办案件,非轻微事件之终审,即重大事件之第二审,其有赖于判决例之参考者,更为切要。乃查各省高院推事对于本院判决例,每多忽略,揣其原因,或以交通阻隔音讯难通,或以案牍纷繁未遑披览。事实上固具有别情,但其影响实为重大。⑥

一方面最高法院这种说法乃出于论证审判统一之必要性起见,尽管它所讲的也是事实,但难免有其倾向性,实际上可能不像它所说的那么严重;另一方面,最高法院自身也在采取在它看来有效的措施,如吸收各省法院之推事检察官,以最高法院推事检察官为主体,成立法曹研究会,以加强上下之间的

---

① 最高法院:《三年来之最高法院》,1934年,第95页。
② 《最高法院编述判例及内部之整顿》,载《中华法学杂志》第三卷第八号(1932年8月)。
③ 最高法院:《三年来之最高法院》,1934年,第96页。
④ 《最高法院编述判例及内部之整顿》,载《中华法学杂志》第三卷第八号。
⑤ 最高法院:《三年来之最高法院》,1934年,第96页。
⑥ 最高法院:《三年来之最高法院》,1934年,第100页。

联络与交流等。更重要的是随着国民政府对各独立半独立地区的中央权威逐渐加强,以及三级三审制度上的保障,最高法院判解在民国司法中的重要性就自不待言。

所以,在国民政府的民事审判中,其所适用的法源,除了成文法外,司法院的判例要旨和解释扮演了重要角色。这不仅为司法当局所承认,就是当时的一些学者,亦持这样的主张。于20世纪30年代在当时的法学重镇东吴大学讲授《法院组织法》的郑保华认为:"判解亦为学法律者所应知,一可与法律条文互相发明,二可祛研究者之疑虑。"①故要分析这一时期规制祭田案件的法律近代转型之情形,就不能不注意于司法院的判例要旨和解释例。

一、司法院关于祭田纠纷之判解概述

经我统计,自国府成立司法院开始制作判解到1949年之前这段时间,司法院共制作相关判例要旨18则,按年代先后依次列序如下:

(1) 十七年上字第169号:族人处分祀田,就公同共有物性质而言,自以有必要情形并得族人全体同意为有效条件,但依地方习惯,各房房长得共同代理全体族人以为处分或各房房长集族众会议依多数议决以为处分,或于处分后经族众追认其事者,亦应认为有效。②

(2) 十七年上字第179号:族人处分祀田,就公同共有物性质而言,自以得族人全体同意为有效。

(3) 十七年上字第1109号:族人处分祖遗茔田,除有特别规约或习惯法外,非得族中共有人全体之同意,不得处分。

(4) 十八年上字第34号:族人处分祖遗祭田,固以得族人全体同意为有效要件,惟依规约得由族长房长或董事或多数议决以为处分者,虽未得族人全体同意,亦应认为有效。③

(5) 十八年上字第143号:田亩系属共有祀产,非经同派各房同意,不能由祠董一人擅自抛弃。④

(6) 十八年上字第172号:茔地为公同共有性质,非遇有必要情形,经派下各房全体同意或有确定判决后,不准分析、让与或为其他处分行为。

---

① 郑保华:《法院组织法释义》,上海法学编译社1936年版,"例言"。
② 冯美学编辑:《司法院解释最高法院判例分类汇编》,中华印书局1931年版,第27页。
③ 《最高法院判例要旨》第一辑,大东书局1934年版,第70—71页。
④ 冯美学编辑:《司法院解释最高法院判例分类汇编》,中华印书局1931年版,第27页。

(7) 十八年上字第 478 号：祀产虽在设定字据内载有永远不得典卖等字样，但遇有必要情形，如得各房全体明示或默示之同意，亦未始不可为典卖之处分。

(8) 十八年上字第 1473 号：合族共有之祀产，原则上固须族人全体之同意方能处分，惟依该处惯例，可由各房房长或多数族人议决代为处分时，亦不能谓为无效。

(9) 十九年上字 1813 号：按族人处分祖遗祭田，纵谓依地方习惯得从多数议决之，然要必召集全体族众，予以与议机会。

(10) 十九年上字第 1885 号：族人处分祭田，以共有物之常规言之，固当得以族人全体之同意为有效。惟依族中特定之规约，各房房长可以代理该房以为处分者，自亦应认为有效。①

(11) 三十一年上字第 149 号：族人公同共有之尝产，被管理人侵占时，除定其公同关系之契约订明得由族中一人或数人起诉追还，或该地有得由族中一人或数人起诉追还之习惯，可认族人有作为契约内容之意思者外，依民法第八百二十八条第二项之规定，非得管理人以外之族人全体同意，不得对之起诉追还。

(12) 三十二年上字第 115 号：公同共有物被一部分公同共有人为处分行为时，须得处分行为人以外之公同共有人全体之同意始得起诉。

(13) 三十二年上字第 3014 号：关于公同共有物之处分，除依其公同关系所由规定之法律或契约另有规定外，固应得公同共有人全体之同意。惟该地如有房长得代表该房分处分祭产之习惯，可认祭产公同共有人有以此为契约内容之意思者，自应认房长之处分为有效。

(14) 三十二年上字第 5188 号：公同共有物之处分，固应得公同共有人全体之同意，而公同共有人中之一人已经其他公同共有人授与处分公同共有物之代理权者，则由其人以公同共有人全体之名义所为处分，不能谓为无效。此项代理权授与之意思表示，不以明示为必要。如依表意人之举动或其他情事，足以间接推知其有授权之意思者，即发生代理权授与之效力。②

(15) 三十七年上字第 6064 号：因公同共有祭产与第三人涉讼，纵其公同关系所由规定之契约未明定得由何人起诉或被诉，然我国一般习

---

① 最高法院判例编辑委员会编辑：《最高法院判例要旨》第一辑，大东书局 1934 年版，第 69—71 页。
② 段绍禋编：《判例要旨汇编(1927—1958)》，1981 年版，第 148—149 页。

惯,祭产设有管理人者,其管理人有数人时,得共同以自己名义代表派下全体起诉或被诉;如仅一人,得单独以自己名义代表派下全体起诉或被诉;无管理人者,各房长得共同以自己名义代表派下全体起诉或被诉。此项习惯通常可认祭产公同共有人有以之为契约内容之意思。

(16) 三十七年上字第6809号:习惯仅于法律无明文规定时有补充之效力。公同共有物之处分及其他权利之行使,除由公同关系所由规定之法律或契约另有规定外,应得公同共有人全体之同意,为民法第八百二十八条第二项所明定。纵如原判决所称该地习惯,尝产值理有代表公同共有人全体处分尝产之权,苟非当事人有以此为契约内容之意思,得认其公同关系所由规定之契约已另有规定,在民法施行以后,殊无适用之余地。原判决仅以该地有此习惯,即认被上诉人之买受为有效,其法律上之见解实有违误。

(17) 三十七年上字第6939号:因公同共有物被一部分公同共有人为移转物权之处分,而其他公同共有人对之提起物权契约无效之诉时,如已得处分行为人(包含同意处分人)以外之公同共有人全体之同意,则无论公同共有人中之一人或数人,自均得单独或共同起诉,要不能谓其当事人之适格有所欠缺。

(18) 三十七年上字第7366号:请求分割公同共有物之诉为固有之必要共同诉讼,应由同意分割之公同共有人全体一同起诉,并以反对分割之其他公同共有人全体为共同被告,于当事人适格,始无欠缺。①

这18个判例要旨涉及祭田之处分和诉讼当事人适格两方面,属于前者12个,属于后者6个(序号分别为11、12、14、15、17、18)。前者重在"守成",后者重在"开新",下面分别予以论述。

二、"守成"性规则——关于祭田处分的判例要旨

这12则关于祭田处分的判例要旨所要解决的核心问题是确定成就祭田处分的实质合法要件。祭田的处分包括祭田管业权团体内部的分析和对外的典卖。在这些判例要旨中,除了第6个判例要旨关乎祭田分析,其余11个都是关于祭田典卖的。换句话说,除第6个是在强调祭田分析必须具备的"必要情形"外,其余11个判例要旨都是解释"全体同意"在祭田处分案件中的合法含义。关于这一点,经本书第五章所分析,北洋大理院通过创设判解,

---

① 段绍禋编:《判例要旨汇编(1927—1958)》,1981年版,第149—151页。

已经初步形成了一套操作性较强的规则:祭田处分包括分析和典卖,名义上要达成祭田合法处分都需具备"正当理由"和"全体同意"这两个要件。但征诸实际,在分析案件中,只有"正当理由"才是必备条件;在典卖案件中,"全体同意"才是司法机构裁判典卖是否适法的主要标准。关于"全体同意"之确切含义,大理院融合了传统祭田惯例和公同共有法理,将之解释为"各房"而非"各共有人"的"全体同意",关于"各房全体同意"亦可解释为"各房房长全体同意"或"族人多数同意",从而使得祭田典卖的适法范围有所扩大。

司法院之所以创设了这么多关于祭田处分的判例要旨,固然一方面是因在祭田处分案件中,典卖案件较多,关于何谓"全体同意"这个问题在具体案件中判断起来较为困难;另一方面则跟北洋大理院的判解在国民政府时期的效力问题紧密相关。

尽管在北洋政府和国民政府之间,存在着充分的法律继受,在理论上,也确应如梅仲协先生所言:"在国体变更之后,其与新国体不相容之旧法,无待明文废止,当然失其效力。但与国体或现行法令不相抵触之法例,法官应予援用。"①但征诸实际,国体变更毕竟是件大事,不论是考虑中国传统改朝换代需要颁布本朝新法以明正朔,还是在全国民众那里保有司法之威严,直接引用前朝的法律都是不得已的事。像法典之类,因其系统性和相对高度的抽象性,必须加以引用外,如前朝判解,以相对独立的单个存在,不具严格的系统性,抽象性亦不如法典条文,新政权的法曹完全可以在判解中重述其内容,以新的判解形式公之于全国,示以遵循之方。1934 年最高法院曾召开民刑庭庭长会议,讨论"旧法时代之解释于新法施行后,其判决案件是否仍受该解释之拘束"这一主题,作出了这样的决议:"新法施行后之判决不受旧法时期解释之拘束。"②这里所说的"解释"应从广义理解,自然主要指的是北洋时期大理院之判解。既不受其拘束,当然其适当之判解内容需要最高法院以司法院的名义"重述"了,以重新确认其效力。事实上,国民政府司法院就是以自己创设判解的方式,来重述大理院判解的相应内容,从而较好继承了北洋时期的法律成果。换言之,大理院在民国发生事实上的效力之途径,除了部分内容被立法者直接吸收进相应法典之中外,尚有那些不便直接进入法典之内容,被最高司法当局以新的判解方式进行重述。

因祭田制度及其惯例独具中国特色,相应地大理院所创设的祭田相关判

---

① 梅仲协:《民法要义》,中国政法大学出版社 1998 年版,第 11 页。
② 《三年来之最高法院》,1934 年,第 126 页。

解难以直接进入在很大程度上已西化的民法典①中,故被国民政府司法院以新的判解予以重述。这就是司法院关于祭田处分的判解如此之多的法律继受方面的原因。这些新判解之内容与大理院关于祭田处分的判解多半相近的原因也在于此。

三、"开新"性规则——关于当事人适格的判例要旨和议决

如说司法院关于祭田处分方面之判解内容多与北洋大理院相近,属于内容的"重述",体现了民国法曹对祭田法制近代转型"守成"之一面,那司法院关于祭田当事人适格方面的判解和议决则体现了它"开新"的一面,切实推进了祭田法制的近代化。在"守成"的基础上努力"开新",国民政府时期初步达成了祭田法规和司法审理近代转型这一目标,下面将具体分析。

其实,关于祭田案件的当事人适格,在大理院发布第902号解释例时即把这个问题提出来了。但在以公同共有法理裁判祭田案件的初期,因为人们法律知识的相对欠缺,不能有效地利用它来进行法律上的攻击防御,故"我国历来诉讼的实际情形,对于当事人能力,对方不知加以攻击,法院也都没有与以职权调查"。在这种情况下,只要判例对于公同共有财产团体的诉讼能力,维持旧来的态度,则足可弥补祭田公同共有说在当事人适格方面的缺陷。② 随着近代法观念的逐渐普及,原先没有人利用此种缺陷来作攻击防御之方法,并不能保证以后也没有人提出,绝大多数人没有如此做也并不就意味着根本没有人要去做,法院也不能对这个问题长期保持沉默。解决这个问题的任务就落到了国民政府法曹身上。

关于公同共有,当事人适格问题乃一大难题。为了求得司法裁判的公正和统一,1942年11月19日,国民政府最高法院民庭会议作出了关于以公同

---

① 《中华民国民法》虽也采纳了诸如典的规定等中国独有惯习,但总体来看是"中国法律'看不见中国'"(此乃江照信博士关于居正司法时期研究专著之书名,我以为该判断非常准确,可适用于整个晚清民国时期的重大立法)。主要受传统教育、曾长期担任司法院长的居正对此多有感慨,如在司法院总理纪念周的演讲中略云:"余读律无多,所得既鲜,然每一研求近代之律法,辄多不合时宜之感。即以民法中的婚姻而论,已有超目时代之嫌,殊不适于中国之现状。按我国古时婚礼,备极隆重。其夫妻关系,十九能维久远。今则高唱自由,反成易合易离之势。推其原委,一则因女子教育之不普及,泰半意志薄弱,一则因法律之放任有以致之也。至于承继财产,尤属杂乱无章。欧美各国,对于人民之遗产,辄征极重之遗产税。而财产之处分上,亦相沿有良好之习惯及方法。诸如数子之家,分析遗产,有长子既得土地,则次子即不再划分,另给与其他物品者。若中国则不然,甚至以一亩地而数人均分者,亦所在皆有,纠纷遂多。政府对于是项遗产,既不注册,又不征税。人民产业之多寡,政府失所根据,末由考核。且国党以平均地权节制资本二者,为政治前提。然中国为无产业无资本之国家。即有之,而政府亦失所凭依,难于清查。故国民政府莫名以来,尚未见诸实行,殆为此也。由是以观,则现行法律之未妥切者,其有改善之必要乎。此为兄弟个人感想所及,略举为例,切望诸君详斟细酌,有以补偏救弊,藉图改进之耳。"见《三年来之最高法院》,1934年,第132页。

② 薛祀光:《祀产的立法问题》,载邓孝慈总编辑:《社会科学论丛》第2卷第1号,1930年。

共有物为标的之案件当事人适格问题的决议。因其重要,不嫌繁冗,全文录之如下:

一、公同共有物之处分,及其他之权利行使,依其公同关系所由规定之法律或契约,得向公同共有人中之一人为之者,关于公同共有物之争执,自得由其一人单独起诉或被诉;即使此项法律或契约无此规定,得公同共有人全体之同意时,亦得由其中一人单独起诉或被诉。故关于公同共有物之诉讼,不得概称为固有之必要共同诉讼。公同共有人中之一人或数人得起诉或被诉时,如由数人或全体一同起诉或被诉,即属类似之必要共同诉讼。公同共有人全体起诉或被诉之事件,应适用《民事诉讼法》第五十六条第一项各款①规定者,只须说明其诉讼标的对于共同诉讼之各人必须合一确定,无须认定其诉讼究为固有之必要共同诉讼,抑为类似之必要共同诉讼。若公同共有人中之一部分人起诉或被诉之事件,仍应认定其是否得由一部分人起诉或被诉,以明当事人适格与否。

二、公同共有物之处分,及其他之权利行使应得公同共有人全体之同意时,关于公同共有物之诉讼,如何始为当事人适格,议决如下:

(1) 公同共有物之被一部分公同共有人为移转物权之处分行为时:(甲)须得处分行为人(包含同意处分之人)以外之公同共有人全体之同意,始得起诉,但以处分无效为原因,提起确认该物仍属公同共有人全体所有之诉,只须以主张因处分而得权利之人为被告,不必以处分行为人为共同被告。若以之为共同被告,而受胜诉判决时,仅由主张因处分而得权利之人提起上诉,不得谓为当事人不适格。(乙)公同共有人中之一人,不得对于主张因处分而得权利之人,提起确认自己部分公同共有权存在之诉。(丙)主张因处分而得权利之人,得以公同共有人中之一人为被告,提起确认自己部分公同共有权存在之诉。

(2) 公同共有物被一部分公同共有人侵夺或妨碍时,须得侵夺或妨碍人以外之公同共有人全体之同意,始得提起请求返还或除去妨碍之诉。

(3) 公同共有物因他人争为己有,提起确认为公同共有人全体所有

---

① 该款内容为:"诉讼标的对于共同诉讼之各人必须合一确定者,适用下列各款之规定:(1) 共同诉讼人中一人之行为有利益于共同诉讼人者,其效力及于全体;不利益者,对于全体不生效力;(2) 他造对于共同诉讼人中一人之行为,其效力及于全体;(3) 共同诉讼人之一人生有诉讼中断或中止之原因者,其中断或中止之效力及于全体。"见《新定国民政府司法例规》第二册,1940年版,第829页。

之诉,或因他人侵夺妨害或有妨害之虞,提起《民法》第七百六十条①之诉,应得公同共有人全体之同意。

三、起诉应得其他公同共有人之同意,而未得同意者,其所受败诉之确定判决虽非以当事人不适格为判决理由,对于公同共有人全体,亦皆不生既判力,得由公同共有人全体,更行起诉。

四、公同共有人中之一人,得以争执其权利之少数公同共有人为被告,提起确认自己对于公同共有物之权利存在之诉。

五、公同共有物被公同共有人中一人之债权人声请查封,其他公同共有人对于债权人提起异议之诉,无须以债务人为共同被告。

六、关于公同共有祭产之诉讼,如其公同关系所由规定之契约,未明定得由何人起诉或被诉,则下列各款皆为一般之习惯,通常可认为祭产公同共有人有以此为契约内容之意思,除有反证外,自应分别情形,以下列各款办理:

(1) 祭产设有管理人者,其管理人如有数人,得共同以自己名义代表派下全体起诉或被诉;如仅一人,得单独以自己名义代表派下全体起诉或被诉。

(2) 祭产管理人中之一人或数人,因与派下全体利害相反之事项涉讼者,其他管理人如有数人,得共同以自己名义代表派下全体起诉或被诉;如仅一人,得单独以自己名义代表派下全体起诉或被诉。

(3) 祭产管理人全体因与派下全体利害相反之事项涉讼者,派下各房房长得共同以自己名义代表派下全体起诉或被诉。

(4) 前款之'房长全体',因与派下全体利害相反之事项涉讼者,派下子孙,以多数决选任之代表人,得以自己名义代表派下全体起诉或被诉。"

(5) 祭产无管理人者,因该祭产与第三人涉讼时,各房房长得共同以自己名义代表派下全体起诉或被诉。

七、公同共有人中之一人或数人,得公同共有人全体之同意起诉者,依《民法》第八百二十八条第二项②之规定,应认其原告之适格无欠缺,此与民事诉讼法关于选定当事人之规定无涉,自不必认为选定当事

---

① 该条为:"不动产物权之移转或设定应以书面为之。"(《新定国民政府司法例规》第二册,1940年版,第709页。)

② 该项为:"除前项之法律或契约另有规定外,公同共有物之处分及其他之权利行使,应得公同共有人全体之同意。"(《新定国民政府司法例规》第二册,1940年版,第714页。)

人,其得同意之事实,亦不必以文书证之。①

观察该决议之内容,除第六款乃直接涉及祭田案件,其他几款都是要解决普通公同共有案件之当事人适格问题,尽管祭田乃是一特殊之公同共有物,其公同共有人是派下各房,而不是单个的自然人,其当事人适格问题有其特殊含义,但毕竟《中华民国民法》将之定性为公同共有物,当受公同共有法条之规范,故这几款规定,对于祭田案件仍然适用。

关于第六款之内容,首先以祭田有无管理人为标准,如有管理人,则以管理人为适格当事人;如无管理人,则以各房房长代替之。接着又以管理人之人数和管理人与派下全体有无利害冲突两个标准,分出四种不同的情形分别规定何谓适格的当事人。由于该规定建立在较为科学的分类标准之上,设想到可能出现的各种祭田当事人适格有疑问的情形,分别加以操作性较强的规定,一方面在很大程度上解决了自民初以来将祭田定性为公同共有物而引发的当事人适格问题,同时也对西方法学中,因公同共有关系涉讼所引发的当事人适格理论有所发展。关于这种发展的具体分析,我将在本书结语部分详加阐释,兹不赘述。

我们再来看这六则关于包括祭田在内的公同共有物当事人适格之判例要旨,其中第12、14、17、18这四则判例要旨乃针对一般公同共有物而言:第12则系公同共有人团体内部处分公同共有物之当事人适格问题之一般法理阐述,第14则乃公同共有人代理权授予是否有效之判断,第17则是有公同共有人提起物权契约无效之诉的当事人适格问题,第18则为确认公同共有人请求分割公同共有物为固有之必要共同诉讼。将这4则判例要旨与1942年11月19日最高法院民庭会议决议相对照,可知:第12、17、18三则皆不出决议之范围,只有第17则的内容为决议所未涉及者。如我们假定第17则之规定要适用于祭田案件,而大理院之四年上字第977号判例要旨和902号解释例已经明确了房长和具体族人如何获得代理权的问题,该判例要旨对祭田案件来说无创造性价值。第11、15两则判例要旨直接跟祭田相关,其中第11则判例要旨规定的是管理人侵占祭田时的当事人适格问题,尽管较之决议之规定为严,但亦可从大理院902号解释例和《中华民国民法》关于公同共有之立法中找到根据;考虑到其制作时间在决议之前,可不具论。第15则判例要旨乃是对决议第六款(1)、(5)两项内容之重述。

经上述分析可知,到1942年11月19日国民政府最高法院民庭会议作

---

① 《最高法院民庭会议录》,载《法律评论》第16卷第2期,1948年1月。说明标点之不准确之处,由著者径行改正;决议正文中的法条具体内容之注释为著者所补充。

出了关于以公同共有物为标的之案件当事人适格问题的决议之后,民国法曹关于祭田案件之当事人适格问题已获得基本解决。

关于最高法院民庭、刑庭以及民刑庭会议议决之效力问题,学界在这方面的专门研究不多,且语焉不详。编辑从1928—1971年间《最高法院民刑庭总会议议决录》的田炯锦先生在该书"例言"中讲:"议决案系就法律问题求得各庭见解之一致,仅为当时裁判之标准,不与判例同视";"已失效及与现行法令显相抵触之决议案,概不列入"。细绎这两句话之含义,大致可认为最高法院民刑庭总会议之议决只是在"当时"有效,最高法院民刑庭可以随时召集会议议决推翻之;不像判例在被明确废除或被后来的判例推翻之前都有效。既然最高法院民刑庭总会议之议决效力是如此,更遑论民庭会议议决之效力。由当时最高法院编辑,于1949年再版的《最高法院刑庭会议记录类编》一书的"凡例"第5条给我们提供了直接的资料:议决案系就讨论问题时之情形求刑事各庭于适用上之一致,不得与判例、解释同视。①

如前述判断不差的话,即便民庭会议议决效力仅限于"当时",但经我查阅之后历年的民庭会议议决和民刑庭总会议议决之记录,没发现有与之同主题之内容,那就可断定:至少在1949年之前,这个公同共有案件当事人适格之民庭议决是有效的。该议决基本解决了祭田案件审理过程中对法官、律师和两造最难以操作的当事人适格问题。

国民政府法曹在祭田处分方面通过对大理院判例要旨之重述和当事人适格问题上创造出新系统化的规则,标志着在这一时期,关于如何裁断独具中国特色的祭田案件,在立法和司法领域的近代转型基本完成。

这类规范祭田案件的规则一经确立,同时也就意味着它已被相对固化下来,而时代和社会却是在不断变化着的。这已相对固化的规则如何回应此种时代和社会的变化,是检验这类规则生命力的重要指针。自晚清以来,女性逐渐从家庭之中解放出来走进社会,进而热切追求男女平等。《中华民国民法》回应了这一社会趋势,确认了男女平等原则,此一时期的法学者多将这一点视为该法典的进步性所在。如吴经熊指出:"男女平等,自为三民主义所主张,而亦为人类现代生活所趋之必然现象。我国以往法规,男女之不能平等,轻重实太悬殊。于是法律与事实,相互为因果,致中国女子陷于不拔之地位,造成社会畸形之状态。新民法励守此男女平等原则,实为内容进步之最大标榜。"②有男女平等社会思潮之影响,更直接的是《中华民国民法》直接

---

① 最高法院编辑:《最高法院刑庭会议记录类编》,上海法学编译社1949年版。
② 吴经熊:《法律哲学研究》,清华大学出版社2005年版,第90页。

规定了男女的平等继承权,这就与祭田收益分配以房分为单位进行的习惯发生了冲突,盖房分的确立仅限于男性族人。有鉴于社会情势之变化,为回应女性家族成员的要求,最高法院于1947年10月3日召开民刑庭总会议,议决:族中尝田,经公同共有人全体约定按年轮收孳息者,公同共有人中如有死亡,依院字第六四七号解释,固应由其男性子孙轮收,惟无男系子孙,而由其守志之妇经办祭祀者,得由其妇轮收。其妇出嫁后,则无轮收权。①

该议决尽管没有肯定在室女(未出嫁的女性家族成员)对祭田收益的轮收权,似乎没彻底贯彻男女平等原则,但确认了"守志之妇"的轮收权,明确规定"其妇出嫁后则无轮收权",无疑往男女平等方向走了一大步,在祭田习惯和社会新情势之间保持了较为精致的平衡。如要彻底贯彻男女平等,则将根本瓦解祭田设立之初衷和在此基础上所形成的祭田惯例,因祭田为祭祀家族祖先而设立,家族血统只能在男性后裔之间传承;事实上,依照根深蒂固的习惯,女子出嫁后就不再是其所生家族之成员,而是其所出嫁家族的成员,如将女子纳入房分计算之范畴,会增加太多纷扰。考虑到中国实际社会情形和文化精神,最高法院的议决无疑是经过深思熟虑,其内容较为妥当。

《中华民国民法》颁布,正式确立了公同共有之一般规范,且明确将祭田定性为公同共有物,为民国法曹审理祭田案件确立了基本的原则性规定;在此基础上,国民政府最高司法当局通过创设判例要旨、解释例以及内部议决等方式,一方面通过重述北洋大理院判解之内容,继承了大理院在祭田法制近代转型中的成果;另一方面着重解决了公同共有物涉讼的当事人适格问题,并特别对祭田案件专门作出了逻辑严密、操作性强的规范,并针对男女平等的社会情形,适当调整实体规则,妥当保持了此种规范与社会惯例之间的平衡。这一系列规则的逐步确立,标志着国民政府法曹经过长时期努力,在借鉴外来法理、充分考量社会习惯和社会变迁的基础上,初步完成了祭田法制及祭田案件审理的法律近代转型。

第三节 "误读"抑或"创造"
——"公同共有"语词考

考察法学语词的生成与其含意变迁是中国近代法研究中非常重要的基础性工作,因为催生并发展中国近代法学的必备前提是要有合适的交流工具,要有一套以专业语词为构成要素的行话。一般来说,既然是学科内的行

---

① 田炯锦编:《最高法院民刑庭总会议决议录类编》,台湾大学图书馆藏书,第39—40页。

话,其所运用的专业语词是需要为圈内人,有时甚至包括圈外人所普遍接受,有约定俗成的内涵。自晚清民律草案规定了公同共有,不论是北洋还是国民政府时期的法曹皆把祭田定性为公同共有物,以公同共有法理结合祭田惯例来裁判相关祭田案件,最终初步完成了祭田制度和审理的近代转型,可见"公同共有"对祭田制度近代转型的重要影响。本节将从法学语词生成与含义变迁之角度等系统考察近代中国的"公同共有"。

一、"公同共有"在近代中国法律文本中的产生

"公同共有"①在当今中国的民法学中一般被称为"共同共有"②,是共有的两大类型之一。中国古代存在"共"、"有"二字连在一起使用的情况,根据我有限的阅读范围,没有发现将"共有"作为专门法学(或律学)名词的情形。③

近代中国早期汉译法律文本,较著名的如毕利干主持翻译的《法国律

---

① "公"兼具"共同"和"无私"之意。《韩非子·五蠹》"背私为公";《荀子·解蔽》"凡万物异则莫不相为蔽,此心术之公患也。"

② 为什么从民国时期的"公同共有"到新中国建立后成了"共同共有"?新中国的法学受苏联很大影响,翻阅20世纪50年代起草的《民法典》(草案)的各个版本,基本上每个条文后面都注明了参考资料,多是苏联和东欧社会主义国家的民法典、法律辞书等,但《苏俄民法典》只有"普通共有",而没有"公同共有"或"共同共有"(中央人民政府法制委员会编:《苏俄民法典》,王增润译,王之相校,新华书店1950年版,第31—32页),因此这个语词之改变,不可能是来自苏联的影响。于1956年4月起草的《中华人民共和国民法典所有权篇(草稿)》[最初稿]中用的是"统一共有"一词,第28条规定:"共有财产可以是按份共有,也可以是统一共有……统一共有财产是依共有人的共有关系,在共同所有财产中并不划分份额的所有财产。"(何勤华等编:《新中国民法典草案总览》,上卷,法律出版社2003年版,第56页。)到第二稿时,在"统一共有"后有"(或写为共同共有)"字样的商榷意见(同前,第77页),到第三稿时即改为"共同共有"(同前,第86页)。之后的《民法典草案》皆用的是"共同共有"一词,只是条文之详略有别。就这样,"共同共有"一词成为今天中国民法学界的正式词汇。梳理了这个演变过程,得知:自新中国建立后,"公同共有"从来就没有进入立法者的视野,只在"统一共有"和"共同共有"之间游移过。之所以最终选择"共同共有",一方面是民国时期就有少数学者使用该词,且与"公同共有"音相近,使用它较之新造的"统一共有"具有不言自明的优势。但"公同共有"就绝对不能用了。因为在新中国的意识形态中,"公"、"私"观念较之传统存在很大差异:在传统家国同构的社会格局和儒家观念中,"公"、"私"之间都是相对的;而在法家和新中国的意识形态中,"公"、"私"则截然对立:"公"具有神圣性,"私"则完全是一种负面价值。因此,作为共有财产的一种类型,本质上属于"私",何得称为带有"公"字的"公同共有"?尽管我没能找到直接材料来加以证实,但此种思想之梳理并非毫无根据,故置之于此,就正于方家。

③ 如《三国志·杨俊传》:"俊振济贫乏,通共有无。宗族知故为人所略作奴仆者凡六家,俊皆倾财赎之。"《三国志·全琮传》:"是时中州士人避乱而南,依琮居者以百数,琮倾家给济,与共有无,遂显名远近。"《晋书·羊祜传》:"遣书与臣,可暂来过,共有所议,亦不语臣当受节度之意。"在前述引文里,实际上是"共"和"有"两个字连在一起使用,"共"是动词,"有"是"共"的对象。还有一种用法与作为法律名词的"共有"在含义上接近,但不是法律词语。如陆机《豪士赋》:"夫恶欲之大端,贤愚所共有也。"

例》,遇到"共有"意思之时,即进行了相近的文义解说,没有形成专门语词。①"共有"作为专门的法律名词是日本学者在继受西洋法学的过程中,借用我国已有的古代用语而生,较早出现于明治十九年(1886年)由藤林忠良和加太郎宪合编、知新社发行的《佛和法律字汇》中。② 由日本新法典讲习会编纂,后经中国人翻译并在中国刊行的《汉译新法律词典》亦有"共有"及其相关词汇,如"共有者之持分""共有物之管理""共有物之负担""共有性质之入会权""共有财产"等。③ 可见,作为法学语词的"共有"在近代中国的出现直接受到日本影响。

20世纪初中国人大量留学日本,从日文中吸取了诸多词汇,并通过翻译和解说将之介绍到国内,是近代法学名词生成的一个高峰期。在这段时间内出现了很多帮助理解这些新词含义的工具书,比较著名的,如《新法律字典》《新尔雅》《英华大辞典》(An English and Chinese Standard Dictionary)、《新译日本法规大全·法规解字》等。在这些辞书中,皆无将"共有"作为一专门法律名词来进行解释的情况。④ 其原因大致可进行这样的推测:"共有"虽作为法律名词是个新词,但其含义与传统中国语境中的用法并不存在较大的差异,其意思能为人所理解,没有专门解释的必要。

晚清变法修律期间,出于为中国立法借鉴之需,修订法律馆主持翻译了一些外国民法典。至少在《俄罗斯民法》中,"共有"作为法律名词尚未固定

---

① 如第542条翻译为:凡如村堡镇店之中而有产物系归公同为其物主者,则该产物既在村堡镇店之中,其所滋生之利益,即应归在村堡镇店之中,公同为该产物之主者,一体公同享用。(《法国律例》,第21册,同文馆1880年聚珍版,第43页。)

② 李贵连:《近代中国法制与法学》,北京大学出版社2002年版,第204—206页。

③ 该辞典的"共有"辞条为:"共有,数人而共有一物也。与通俗所称之伴侣物,其义相等。注意:共有物,不外为共有其物之所有权,故共有为所有权之一种,而于民法共有之规定之法,概以示各共有者间之关系为主。共有,有基于法律之规定而生者,有自契约而生者。共有者之使用权,虽得行于共有物之全部,然不得以一人之意为之,必共有者之有同意,参看所有部分之解。"(《汉译新法律词典》,徐用锡译,京师译学馆1905年刻印本,第561页。)

④ 《新尔雅》在"释法"的物权部分,完全按照日本民法的体例,先后解释了占有权、所有权、地上权、小永作权、地役权、留置权、先取特权和质权等物权编的章名。见汪荣宝、叶澜编纂:《新尔雅》,上海明权社1903年版,第32页。《英华大辞典》虽有共同财产类似之词汇出现,却无"共有"一词,比如Co-partnery,解释为Co-partnership,同股份之事,共与,合伙。见颜惠庆等编辑:《英华大辞典》,上海商务印书馆1908年版。《法规解字》初版于1907年,它虽没有将"共有"列为单独的辞条来进行解释,却有用"共有"来解释相关语词之例子,如"分割之诉:共之物,共有者因分割而起诉讼,名曰分割之诉(参见民法第256、258条,民事诉讼法第22条)";又如"单独所有者:指一人有物之全部者而言。法律上与共有者区别之用语(参见民法第247、1101条)"。见钱恂、董鸿祎编纂:《法规解字》,何勤华点校,商务印书馆2007年版,第22、39页。

下来。① 作为法律名词的"共有"在法律文本中的运用,除了对日本民法的翻译之外,还见于清末的民事习惯调查和讲义录中。如湖北的调查各目中即有"共有"专项,解释了共有及其相关概念,并认为调查的重点应放在不动产共有物的分配和分割上,明显受到日本民法关于共有立法的影响②;《奉天法政学堂讲义》第一章所有权之第七节为共有,列了三款,分别论述了共有之性质、共有者之持分和共有者之权利③,基本上是当时日本民法"共有"条文之中文释义。④ 随着晚清留日法政学生大量归国,各省法政学堂的陆续设立和相关讲义的出版发行,作为法律名词的"共有"逐渐定型。

在《大清民律草案》之前,根据我所查阅的各类辞典、法政学堂讲义、外国法律的中文译本以及利用相关数据库对旧报刊杂志进行检索,完全没见到"公同共有"一词。主要原因在于,中国修订法律初期,主要是模仿日本,而日本民法中关于"共有"部分的立法,只有"分别共有"(一般称为"共有")一类,而无"公同共有"。到了后期,受"追求最新立法例"⑤这一思路的影响,采纳了在修律者看来比日本民法更"先进"的德国、瑞士民法相关规定。德

---

① 如第五百四十三条翻译为"关同一财产属于二人或数人之所有权利者,是为共通之所有权利,而此所有权利,又名共通之所领权利。"接着注释云:"共通之所有权利者,以左之二项而成:第一,以二人或数人之共得财产而成;第二,以相续之故,财产移转于二人或数人而成。即第一之场合,共同人各自之权利,以遂得财产之证书或契约书而确定之,而其共通占有之方法,自民法第545条至第555条,以各条所名载之法律而确定者也。又其财产亦有分割之权利,基第546条之意义,一切之共同人承诺其分割之时,自生分割之结果。或基第550条,不希望有共通财产,自为简单之证明,亦可生分割之结果。"(《俄罗斯民法》,修订法律馆铅印本,第160—161页。)"共有"被译为"共通之所有权利","共有物"被译为"共通财产"。
② 参见眭鸿明:《清末民初民商事习惯调查之研究》,法律出版社2005年版,第119页。
③ 奉天法政学堂编译:《奉天法政学堂讲义》第三十册,1911年铅印本,第56—60页。该学堂"民法物权"一课由陈彰寿讲授。陈彰寿,字仲文,浙江崇德人,江苏县丞,日本法政大学毕业,历充江苏法政宣讲所讲员、宁波法政学堂教员、奉天提法使总务科员兼奉天法政学堂教员、司法统计处处长、财政总核处秘书兼满蒙文中学堂国文教员,历署京师地方审判厅推事、甘肃高等审判厅厅长、山西高等审判厅厅长、大理院推事。见北京敷文社编辑:《最近官绅履历录》,上海商务印书馆1920年版,第147页。
④ 这正如实藤惠秀先生所归纳的"中国人自己编写的教科书为数并不多,而西洋人为中国人所写的却相当多。标明为日本原本的书物亦不少,其实凡以'教科书'为名的书籍,都可看作'日文翻译过来的东西'。说起来,'教科书'这个词汇,也是从日本输入的。"参见〔日〕实藤惠秀:《中国人留学日本史》,谭汝谦等译,三联书店1983年版,第233页。
⑤ 修订法律大臣刘若曾、俞廉三在《民律前三编草案告成奏折》中详述了制定民律草案的四条宗旨,其中第2条就是强调新学理的重要性,以肯定学术"进化"为前提,认定新即精,虽然只列举了法人和土地债务等最著的例子,但"公同共有"亦应可归入这个"新"的范畴。(修订民律)"……原本后出最精确之法理,学术之精进,由于学说者半,由于经验者半,推之法律,亦何莫不然?以故各国法律愈后出者,最为世人注目,义取规随,自殊剽袭,良以学问乃世界所公,初非一国所独也,是编关于法人及土地债务诸规定,采用各国新制,既原于精确之法理,自无凿枘之虞。"参见《中华民国民法制定史料汇编》(上册),台湾司法行政部1976年印行,第241页。

国、瑞士民法都将共有分为两类,即分别共有和公同共有。① 故"公同共有"进入了《大清民律草案》,成为"共有"两大类型之一。草案在第三编"物权"第二章"所有权"下专设了"共有"一节,基本上是德国、瑞士相关法条和立法理由的中文表达,完全是法律继受的产物②,从此之后,"公同共有"遂成为中国民法的正式语词。

在斟酌固有法源方面,虽然民法物权、债权等方面的立法不如亲属、继承等领域那么明显,但民法是特定时空之下的民众为营共同生活而生,必然反映各该民族精神。如何将"公同共有"运用到20世纪上半叶的中国社会,是探究"公同共有"一词所不能回避的问题。按照通行立法例,"公同共有"物的典型类型有公同继承物、夫妻财产、合伙等,这在一般的社会生活中都存在,在国家民族之间具有较高的共通属性。鉴于公同共有物容易引发纠纷,所以在传统民法理论中,何种公同关系能引发公同共有之成立,原则上应依法律之特别规定,故公同共有物的类型较固定。但就物权理论而言,所有的现实存在物皆应该在物权法内找到一个恰当的位置,获得一个归宿。独具中国特色的祠堂、祭田、义田等族产,在当时的中国社会,尤其是南中国普遍存在,但立法者很难一下在继受而来的民法典体系中为其找到确切位置:它们与"公同共有"物和财团法人财产都有相似之处,但又都有明显差别。自晚清以降的司法实践中,法曹多将它们归于公同共有物的范畴。这种处理过程中的说理和相关辨析事实上促进了"公同共有"理论的中国化,从而使得中国近代民法中的"公同共有"获得了不同于其原产地德国、瑞士的含义。

二、祭田作为中国"公同共有物"新类型的确立

虽然民初有个别司法官开始尝试将祭田定性为公同共有物,但他们在整个司法层级中位置低下,使得他们的判决理由,不可能得到普遍尊重。北洋

---

① 参见〔德〕卡尔·拉伦茨:《德国民法通论》(上册),王晓晔等译,法律出版社2003年版,第193—197、421—422页;《瑞士民法典》,殷生根等译,中国政法大学出版社1999年版,第176—181页。其中拉伦茨指出,公同共有学说的基础是奥托·冯·吉尔克的论著。公同共有既是身份法上的又是财产法上的制度。它是以财产法上的组织形式出现的一种人的共同体,并没有成为法人。《瑞士民法典》第652条—654条乃关于公同共有之概括性规定,与《大清民律草案》相关内容大致相同。德、瑞民法典这几个条文自公布后,没有发生重大变化。

② 史尚宽先生即认为,"我民法关于公同共有之规定。系仿自瑞士民法关于总有之规定。"(史尚宽:《物权法论》,中国政法大学出版社2000年版,第176页。)史尚宽先生这里的"我民法"虽指的是《中华民国民法》,但《中华民国民法》关于公同共有的法条与晚清民法典草案基本相同,故他对《中华民国民法》公同共有法条来源的判定也适用于晚清民法典草案的相关规定,道出了该语词之部分知识来源。其实,德国民法亦有公同共有之规定,亦是重要的来源,盖修订法律馆曾经翻译了《德国民法典》,虽现今完整保存下来的只有第1卷,但还是可以合理推测,《德国民法典》亦是晚清《民律草案》的重要知识来源。(《德国民法》第1卷,修订法律馆清末铅印本。)

时期的大理院将包括祭田在内的族产都定性为公同共有物,并以公同共有法理结合祭田惯例来裁决相关纷争,大大推进"公同共有"法理运用上的中国化。继北洋政府而兴的国民政府,尽管在立法和司法领域的指导思想上更加强调"党治",但在一些具体的法律条目和相关裁判上,尤其是那些侧重技术性的细节,继承的成分更多。国民政府司法院和最高法院即根据前清和北洋时期大理院司法审判经验的积累,较为妥当地解决了以公同共有法理审理祭田案件所发生的当事人适格问题,即肯定祭田作为公同共有物,其权利主体的基本单位是"房",而非具体的人,是"房"之间的共有物,而非"人"的共有物。

自晚清开始,正式将"公同共有"作为一专业法律名词写进民律草案,并进行了相关立法;经过民国法界,尤其是最高司法界的努力,参酌相关习惯和法理,将极具中国特色的祭田定性为公同共有物,并以公同共有法理来裁决祭田纠纷,初步解决了用外来法理来规范本土习惯所带来的实体和程序上的问题,妥当维持了社会变迁和保持固有祭田惯例之间的平衡,从而有了中国所特有的公同共有物类型——祭田。这实际上即赋予了"公同共有"以中国特色,公同共有物不仅包括通常意义上的公同继承物、夫妻财产、合伙等"人"的共有物,还包括像祭田那样"房"的共有物。这种"房"的共有物,是近代继受而来的"公同共有"原产地所没有的。因此,作为近代因翻译而生的法学语词的"公同共有",在运用到近代中国司法审判实际之后,其含义已较原词"扩大",在一定程度上显示出与原词本身在含意上的"背离"。

某个具体的新语词在特定国家、文化中的地位,一个很重要的参考指标就是它是否被收录进相关专业辞典中。如被收录,该语词会随着辞典的传播,一方面会增强其生命力,另一方面也会促进其含义的被约定俗成。在清末民初的法学词典中本没有"公同共有"这个词,但到《中华民国民法》颁布前后发生了变化,为这一时期各种法律辞典所收录。比较有代表性的,如朱采真编的《中国法律大辞典》、郑竞毅编著的《法律大辞书》、汪翰章主编著名法学家董康、刘志敿等参加编纂的《法律大辞典》等,无一例外都有"公同共有"辞条。① 这表明,经过长时期的立法和司法实践,"公同共有"已成为中国

---

① 有一个很有意思的现象:这三本辞典以朱采真编的《中国法律大辞典》出版最早,而后编的两本辞典的编者皆认为既有的辞典中的辞条没有注意到本国法制现状,如吴经熊在《法律大辞书》的序言中说:"近年坊间间有一二法律辞典出版,类皆脱胎日本法律辞书,于本国法制上之字义,每疏而不详,尤不能不引为憾事。"但比较三本辞书的"公同共有"辞条,唯有《中国法律大辞典》在阐释其通例之外,明确指出祠堂、祭田属于公同共有物。见朱采真编:《中国法律大辞典》,上海世界书局1931年版,第58页;汪翰章主编:《法律大辞典》,上海大东书局1934年版,第122页;郑竞毅编著:《法律大辞书》,上海商务印书馆1936年版,第154—155页。

物权法的组成部分。

本来,"公同共有"源自于德文 Eigentumsgemeinschaft,是位于"总有"与"共有"之间的一种共同所有类型,其英文对应译文为 co-ownership。在德国,公同共有的主要类型包括共同继承财产、夫妻共同财产和合伙,构成公同关系的主体是作为个体的自然人。当它在晚清被继受入中国之时,基本上得到了符合其本意的理解。随着它在近代中国司法中的被运用,人们发现,原来中国固有的包括祭田在内的族产与公同共有物存在着特征上的诸多相似。为了给族产在民法典里找到一个合适的位置,将之纳入现代法律体系,民国法曹经过审慎斟酌,将它们定性为公同共有物,并在公同共有法理和相关惯例之间寻求平衡,以弥合二者之间的差异。从而在实际上扩大了"公同共有"的规范范围,在一定程度上改变了该语词的含义。这种与原词本身在语义上的"背离",绝非出自于"误会"或"误读",乃是接受者主动选择为之,它本身即构成了中国法律近代化的一部分,是"民族精神自觉"(蔡枢衡语)的一种表现,是产生于翻译的新法学名词在中国文化中获得生命力所应经历的重要阶段。曾任国民政府最高法院检察署检察长的郑烈所讲的这段话,实在值得近代法研究者玩味:"今世国家,揭橥法治,法令已多如牛毛,而事物之发达,情伪之演进,犹不足以尽其变,于是望文生义,比附曲解者,得以欺人而缘为奸利,故法律常识之宜普及于人人,实为当务之急,而专家术语,尤宜如治经者之于训诂,必精必确,勿使稍滋疑误。"①

另外,近代中国法学语词,大抵出于西方而译自日本②,但亦有例外。到晚清修律后期,受追求最新立法例这一指导思想的影响,产生了一些直接从欧陆翻译而来、未经日本转手的法学新语词。这些新语词虽为数不多,但仍是中国近代法学用语必不可少的一部分,"公同共有"即为明显一例。这也是探究中国近代法所应留意的。

---

① 汪翰章主编:《法律大辞典》,上海大东书局1934年版,"郑序"。
② 李贵连:《近代中国法制与法学》,北京大学出版社2002年版,第204—206页。

第七章　祭田及相关案件在中国大陆的消亡

中国共产党自建立之初即以彻底打破旧社会、矢志建立一个新社会为其奋斗目标。按照马克思主义经典理论,经济基础决定上层建筑,在中国这样一个农业社会里,土地分配问题自然占据着举足轻重的地位。自大革命失败后,中国共产党革命运动的活动重心逐渐由城市转向农村,打破原有的土地分配格局,重新分配土地,开展土地革命,成为中国共产党动员群众的重要政策。规模和数量较大且不属于任何个人或家庭单独所有的祭田被定性为阶级剥削的象征,是要先予以没收然后划割分配给无地或少地的农民。随着中国共产党夺取全国政权,在全国范围内进行土改,祭田及其相关案件消亡。

第一节　中国共产党对祭田的定性

一、中国共产党将祭田定性为阶级剥削的手段

中国共产党成立后,受马克思主义影响,将工作重心放在城市的工人阶级身上。自大革命失败后,中国共产党逐渐把注意力由城市转向农村。既然转向农村,在中国这个以农业为主的国家,中国共产党特别重视人数众多的贫困农民。中国共产党从进入农村一开始,不论是革命的理论要求,还是现实情况,皆注定它不可能与农村上层有合作关系,只能将焦点聚集于下层的贫农。中国共产党要采取何种方式才能真正发动贫农,让他们积极参加到它所领导的革命中来?这是中国共产党进入农村以后首先要解决的战略路线问题。

贫困农民最大、同时也是最急迫的诉求就是摆脱贫困现状。这就先要回答农民因何而贫。在广大的农村,地主阶级在反动政权的支持下残酷压榨和剥削农民阶级,所以农民阶级摆脱贫困的唯一出路就是在中国共产党的领导下发动起来,打倒地主阶级及其背后的反动政权。但仅凭这一点,尚不足以导致中国共产党将祭田定性为阶级压迫和奴役的手段,因为祭田不同于农村上层绅士为主体的私人土地,是家族公产,一般族人能从中受益,有潜在的

"权利"在内。

中国共产党在大革命失败后,活动的区域主要是江南、华南的偏僻农村,恰好这些地方祭田等家族公产规模较大、数量较多。中国共产党在这些农村活动,必然会碰上如何处理这类家族公产的问题。

近代中国自晚清以降,进行任何的政治改革或革命都需要或直接或间接从农村开始。比如利用祠堂、寺庙兴办新式学堂等。① 早在1922年9月,中国共产党最早的农运领袖彭湃成立广东海丰县赤山约农会,即以林家祖祠为会址。当时从事农民运动,需要办公场所,也沿袭了晚清民初废庙兴学的做法,没收全部或部分祠堂和寺庙。

中国共产党在苏区,经过对农村地权的调查,发现"公堂"所有的土地(主要是祭田)占有很大比重。据1930年7月8—20日中国共产党闽西党第二次代表大会的闽西特委的工作报告说,"据十六年闽西土地的调查,有65%是地主的,25%是公堂的,农民所有的不过全土地的10%。"陈诚的长汀县委工作报告讲,在长汀,"在未暴动前,商业资本家的土地占20%,封建地主的占30%,公田占33%。"据江西苏区中国共产党省委工作总结报告,"江西公堂、祠堂的土地特别多"②,在公略和赣县,公堂所有土地占土地总面积的比例分别为32.3%和14.0%。③ 一般而言,根据统计,在江西省,公田约占土地总面积的10%至15%,某些地区有占30%到40%的,个别地区占80%,在性质上"为地主阶级把持操纵"。④

所以在苏区,尤其是中央苏区,公堂所有的土地是重要的资源。作为族内公产,中国共产党要将之作为发动革命所需资源,所遇到抵触的激烈程度较之同等规模的私有土地为小。基于这两个原因,决定了中国共产党在苏区发动革命、动员贫苦农民,必将以祭田为主的公堂所有土地作为革命之用。

在公堂土地定性之后,必须面对一个理论和实际凿枘不投的问题,即从理论上推演,以祭田为主的公堂所有之土地是阶级剥削之手段,公堂管理者自然就充当了阶级剥削之打手,是剥削阶级的一部分;但实际上公堂的管理人员产生方式不一,有的是某些特定人员长期担任,有的是按房轮流担任。总的说来,一般是由族内有公益心、威望较高的人担任。族人在族内威望的

---

① 参见李贵连:《清末民初寺庙财产权研究稿》,载台湾《法制史研究》第2期,第89—120页。
② 江西省档案馆、中央江西省委党校党史教研室编:《中央革命根据地史料选编》,江西人民出版社1982年版,第280、287、445页。
③ 同上书,第459页。
④ 中国共产党江西省委、党史资料征集委员会编:《江西党史资料》,第三十一辑,"江西土地改革",1994年版,第40页。

高低,跟辈份、年龄、德行、文化、财产和社会地位都有一定的关系,其中与阶级划分明确直接相关的只有财产和社会地位这两个因素,与其他因素并不直接相关。我们在实际案例中亦能经常发现族内贫民在管理公堂。如要把这些"管公堂"的贫民都定性为剥削阶级的一部分,势必与实际情况不符,更与农民的常识判断相悖,会影响到发动群众参加革命之效果。

在刚开始的时候,中国共产党及其苏维埃政府的做法是倾向于将"管公堂"视为阶级成分划分的重要标准。据1933年7月13日《中央土地人民委员部为查田运动给瑞金黄白苏区的一封信》中所见,原先将管理过公堂的人有4家划为富农,建议改为地主;有1家划为中农,建议改为富农;有1家由地主减轻为富农。① 正因这种机械的做法与实际不符,受到抵触,中国共产党及其领导下的政府修正了相关政策。1933年10月10日《中华苏维埃共和国中央政府关于土地斗争一些问题的决定》中的第十七部分"管公堂",规定"管公堂是一种剥削,但应分别地主、富农或资本家管公堂与工农贫民管公堂的不同。"为什么呢?该《决定》是这样解释的:"管理各种祠庙、会社的土地财产,叫做管公堂。管公堂,无疑是剥削的一种,特别是地主阶级及富农,背着公堂,集中大量土地财产,成为剥削的主要方式之一。凡属这种为少数人把持操纵有大量剥削收入的公堂,管理公堂的行为,当然是构成管理者阶级成分的一个因素。但有些小的公堂,为工农贫民群众轮流管理,剥削数量极小,则不能构成管理者阶级成分的一个因素。有些人以为只要管过公堂都是地主、富农或资本家,这是不对的。"②

这种策略性的妥协做法就与对公堂那个抽象定性有了矛盾:既然工农贫民群众管理公堂的行为不能构成管理者阶级成分的因素,那该公堂及其所有的土地亦不能简单定性为阶级剥削之手段。换言之,与公堂的管理者一样,公堂及其所有土地之定性亦不应一刀切,而要根据公堂之具体情况具体分析。这种矛盾,在当时严酷的战争环境中,中国共产党为求生存进而发展,无暇及时解决这类理论问题。但从长远来看,最终还要在理论上解决。

二、理论的建构——以陈翰笙和潘光旦为例

按理说,所有的社会改造理论都不能是哲学家坐在书斋闭门造车的产物,必须基于对社会现实的深刻了解。要了解社会现实,较重要的一个渠道

---

① 韩延龙等编:《新民主主义革命时期根据地法制文献选编》第四册,中国社会科学出版社1984年版,第40—45页。
② 同上书,第63页。

就是精心进行社会调查。中国共产党一方面在内容上肯定其社会改造理论与中国社会实际最相吻合,另一方面在方法上亦强调从实际中来到实际中去,要实事求是。具体到祭田,它对祭田的政策取决于祭田之实际状况。经济学家陈翰笙于20世纪30年代在广东和社会学家潘光旦于20世纪50年代初对苏南分别进行了地权方面的调查,前者的调查有助于中国共产党对祭田的定性,至少可为中国共产党对祭田的定性提供理论上的根据;后者的调查则重在证明中国共产党对祭田定性及采取没收政策的合理性。

(一)陈翰笙对广东"太公田"的调查和分析

陈翰笙先生于1924年获得柏林大学博士学位,27岁归国即任北大历史系教授,由李大钊介绍参加革命,次年即要求加入中国共产党,但在李大钊劝说下因国共合作而加入国民党,实际上可认为是共产党员。① 随后对《资本论》深感兴趣,颇有今是昨非之感。② 1927年蔡和森向他介绍了彭湃在海陆丰展开农民运动的情况,"可说是我在30年代搞中国农村调查的契机"。③ 随后陈翰笙在苏联,受当时因马季亚尔《中国农村经济》一书所引发的中国社会性质争议之刺激④,将关注重心转向中国农村经济,于1933年发起成立中国农村经济研究会,就此展开了农村经济调查。该调查,从江苏无锡开始,后扩展到河北保定和广东。⑤ 跟祭田最有关系者,为他及其团队在广东的调查。

陈翰笙率领由中研院社科研究所、中山文化教育馆和岭南大学派人组成的调查团,于1933年11月到1934年5月这半年时间内,接洽调查地点,制印调查表格和招考调查员等事务上的筹备大约花了一个月;接着用三个半月对梅县、潮安、惠阳、中山、台山、广宁、英德、曲江、茂名等16个县进行详细调

---

① 陈翰笙:《四个时代的我》,中国文史出版社1988年版,第32—33页。作者在自述中说他这时期与朱家骅经常在一起,"他却不知我名为国民党,却心向共产党,真可谓知人知面不知心啊!"尽管他在1935年才正式加入共产党。

② 陈翰笙曾这样自述:"马克思花费40年时间写成的《资本论》,对解释社会发展史确有独到之处。相比之下,我过去在欧美学的历史却没有使我了解历史,而只是些史料、史实的堆砌,读了《资本论》,才使我了解了真正的历史。"见同上书,第34页。

③ 同上书,第36页。

④ 陈氏自己回忆这段往事,云:他与马季亚尔"一谈到中国农村、中国革命,观点就迥然不同……但是,由于我不了解中国农村的具体情况,因而拿不出更充分的理由、实例来驳倒马季亚尔。在莫斯科的这场争论,使我认识到,作为一个革命者,不了解自己的国家,就无法决定革命的方针路线,因而决心返回祖国后,一定要对中国的社会作一番全面的调查研究。"见同上书,第40页。

⑤ 之所以会选择这三个地方,照陈翰笙自己的说法,是基于这样的考虑:因这三处"是中国工商业比较发达而农村经济变化得最快的地方,假使我们能彻底地了解这三个不同的经济区域的生产关系如何演进,认识这些地方的社会结构的本质,对于全国社会经济发展的程序,就不难窥其梗概,而对挽救中国农村的危机,也就易于找出有效的办法。"见陈翰笙:《四个时代的我》,中国文史出版社1988年版,第46页。

查;然后用一个半月的时间在番禺10个代表村中调查了1209户。与此同时,还进行了50多个县335个乡村的通信调查。①

在由陈翰笙草拟的调查报告《广东的农村生产关系与农村生产力》中,将土地所有者分为地主和农民两大类,地主又有私人地主和集团地主之别。该报告的第一部分"耕地所有与耕地使用"中包括"集团地主的地位"小节。该小节根据调查数据指出,广东土地分配一大特点是"私人地主的势力远不及集团地主",因为"太公田不容易被出卖,它的数量累积起来便成了集团地主的最稳固的基础。势力愈大的人家愈加能凭借它的威权去抢夺田地。"

在广东,太公田到底发展到什么规模呢?根据调查组的统计"大致说来,太公田占耕地的成数在南路是23%,在北江是25%;在东江和韩江是35%;在西江是40%。珠江的三角洲各县平均有50%。全省耕地的30%是太公田。"根据陈翰笙统计出的数字推算,广东省共有太公田1260余万亩,当时国民政府可收田租约12600万元。当时国省两库每年收入共计7000余万,只占太公田田租收入的56%。

为什么作为家族公产的太公田到经调查组的调查和陈翰笙的分析就成为集团地主所有呢?陈翰笙主要从太公田的管理实际情况、租佃和借贷利息这三个方面来论证。

据调查,"广东农民聚族而居的至少占全体农民80%以上。潮安境内的农村几乎有一半是一姓所居;一村中非一姓者,亦多分段聚族而居。在惠阳,过半数的村庄都是被一姓独占的。聚族而居的风俗就完全靠着族田或太公田不分割的条件而维持下去。族分大宗祠、小宗祠、房、派等等,族中担任职务的人具有族长、族尊、族董、理事、总理、经理、值理、理财、理数等名称。族长普通以年龄最大的人当之,族尊或族董以辈分最高的当之。理事、值理或理数有时为族中50岁以上或60岁以上的耆老所推举;有时为各房轮流推举;有时为祭祀时族人所公推。理数们专门掌管族产。太公田就被他们所料理。他们普通是出于人口众多的所谓'强房',本人也必须殷实而富有。往往族中殷实而富有的人不愿自任理数,他便推出另一位担任名义,而自己仍握着处置族中一切收支的实权。理数或理事寻常是一年一任,但得连任。在英德有3年、5年,以至终身的任期。在台山常常有世袭的。""凡族中可以收到的塘租、房租、利息,特别是田租,统归理事或理数所支配。除掉纳税、祭祀,修理族产,津贴教育以外,族款即被他们保管。或支或存,他们通常是要

---

① 陈翰笙:《四个时代的我》,中国文史出版社1988年版,第46页;中国社科院科研局编:《陈翰笙集》,中国社会科学出版社2002年版,第61页。

舞弊的。许多理事始终就没有详细账目公开地报告出来。有时甚至拿太公田的田租暗中支付他们私家的田赋。"这种管理中的弊端,在陈翰笙这里就成了管理实际情况之一般,由此自然推导出太公田属于集团地主所有的结论:"虽然太公田是不能被人自由地买卖的,实际太公田的收入已为主管人任意支配。这样,族有田产便成为变相的家庭或个人所有的田产。1260亩的太公田差不多完全归社会上极少数分子所有了。"此是从太公田管理之实际情况所进行的观察和分析。

从太公田的租佃来观察,则从另一方面证成了太公田为少数集团地主所有之性质。据调查,"尝田或太公田的出租,可说有五种办法:分种、轮种、投耕、契约和口头约。前两种是限于本族,后三种是不分族内外的。投耕和契约都须写明字据。可是,投耕是有一定期限地找佃人,将全部或整批的田亩包租给他;契约是指那随时立契而以田亩零星地或分别地租给许多佃户的办法。投耕、契约和口头约三种办法下,假使佃人和佃户不肯缴租或欠租过多,主管太公田的值事或理事就可根据所约而撤换佃者,俗称为转佃;分种或轮种的时候,假使佃者欠租,也有革耕的办法。"在这种租佃制度下,对租佃土地的农民本就很不利,其耕作权利难以得到保障。且近年来,局面更恶化,"因为华侨失业返乡,许多要抢种太公田;租额上升的趋势就更加急剧。例如番禺鸦湖村的耕地60%是尝田;近三年来因为华侨返自加拿大等地的要佃种尝田,租额就在这时期内加了66%。三年前每亩普通是12元,现时非20元不可。"这种不断上涨的超额地租之存在,很显然构成了阶级剥削,从而证实了太公田集团地主所有之性质。

从借贷利息方面来看,据调查,"南路和北江诸县,佃农借尝谷和尝银的很多。农民向'太公'纳了租,还要向它借一笔债,有的借了谷或钱去充农本;也有些佃农甚至借了债去还租。茂名第四区全体农民5%是借着尝钱的。他们要付出年利三分至五分。花县太公田的收入十分之八是以月息一分半或二分借给农民的,一年以内本利必须还清,至少也须付完利息。万一利息付不足,就是以利并作本,本上再加利。本利相等的时候,负债农民的财产就要被没收。要被没收的假使还不足以偿债,往往用'移亲及疏'的办法将亲属的财产去抵补。在顺德的新隆乡,尝地占耕田的十分之四;佃户春秋二季纳租,不纳则须按月缴息。珠江三角洲的全部一半的耕地是尝田,且多纳上期租。上期租即预租;预租即有放息的可能。"

太公田实际上由族中少数势力较大的族人所管理和支配,于租佃之际对佃农有较重的剥削,这些剥削而来的金钱又用来作借贷之用。根据这些铁的事实,将太公田定性为集团地主所有,就完全在情理之中了。

根据其在广东所得调查资料进行综合分析,陈翰笙认为农村生产关系与生产力之间的矛盾已是非常突出。"耕地所有与耕地使用的背驰,乃是这个矛盾的根本原因。田租、税捐、利息的负担与生产力的背驰,充分地表现着这个矛盾正在演进。而农村劳动力的没有出路,更体现着这个矛盾的深刻。"① 既然矛盾在于农村生产关系与生产力之间,那解决之道就是要改善农村的生产关系,也即是说要解决耕地所有和耕地使用之间的背离问题。既然太公田属于集团地主所有,那只有进行土地改革,将规模庞大的太公田分割开来,分配给无地或少地的农民耕种。如此即从根上解决了耕地所有与使用背驰的问题,达到了解放生产关系,以适应生产力发展之要求。

那到底要采取哪种方式来分割这规模庞大的太公田呢? 陈翰笙在经过这几次大规模调查后,由于有了"真实可靠的第一手资料,加之马克思主义的历史分析方法,使我们终于得出了关于中国社会性质的正确结论"。这个结论是中国社会很特别,是"前资本主义社会","在这种社会里,田地所有者和商业资本及高利贷资本三者合并起来,以农民为剥削的共通的目标";"过了不久,我更明确地看到中国就是一个半殖民半封建地社会"。既然认清楚了中国社会的基本性质和主要问题所在,自然就有了解决之道,即"废除封建的土地制度,进行土地革命,是解决农村问题的唯一正确的道路。"到这里,答案已是很明显,即开展土地革命,强行将属于集团地主所有的祭田分给农民。

陈翰笙作为一名学者,受过严格的学术训练,其研究报告所得出的结论较为中立可信。其所进行的这几次大规模的农村调查以及建立在这些调查资料上的中国农村土地问题研究,其意义自不待言。陈氏自己曾有这样的总结:这次农村社会调查,"其范围、时间和影响都是空前的。我终于能够以大量的第一手资料和充分的事实来驳斥马季亚尔和中国托派的谬论,也揭穿了当时国民党政府关于'农村复兴'的谎言,为我党在农村实行正确的策略提供了可靠的依据。"②

(二) 潘光旦对苏南"义田"的调查研究

潘光旦是现代中国首屈一指的优生学家、性心理学家,有成绩的民族学家和重要的社会史家。③ 他于 1951 年 2—4 月应政务院与中共中央统战部

---

① 陈翰笙:《广东的农村生产关系与农村生产力》,载《陈翰笙集》,中国社会科学出版社 2002 年版,第 60—120 页。
② 陈翰笙:《四个时代的我》,中国文史出版社 1988 年版,第 48—49 页。
③ 参见黄兴涛:《序言》,载吕文浩:《中国现代思想史上的潘光旦》,福建教育出版社 2009 年版。

的号召,与其清华大学同事全蔚天到苏南太湖流域考察土改。根据调查研究之结果,1952年出版了《苏南土地改革访问记》一书,大致包括《谁说"江南无封建"?》《苏南封建势力的几个特点》《苏南农村两种租佃制度的分析》《从"义田"进一步看苏南的封建势力》《土地改革必须是一系列的激烈斗争》《枯树鲜花朵朵开》和《关于土地改革后个体农业经济发展中的一个问题》等七篇,从而直接驳斥了"江南无封建"的说法。

关于"义田",潘光旦先下了个定义,"一个居留、滋长在同一地方的父系氏族或宗族,出了个把有地位、有权力、因而也有钱财的人,买上一大批土地,租佃给氏族以外的人耕种,把租米的收入长期的、有计划的赒济、贴补、以至奖励本族的人——这种田地叫做'义田'。"①义田之所以产生,潘光旦是这样解释的:封建社会存在地主阶级和农民阶级的矛盾和对立,不因氏族内外而别。义田就是地主阶级为了缓和阶级矛盾,应付对立在经济上想出来的办法。创设的动机如此,实际运作过程中的剥削与普通地主阶级无异,故最后的结论就是"义田"不义:"'义田'义庄,好比武训的'义学'一样,名为义,事实上是不义的。封建的剥削,不义;封建剥削而集体化,更不义。就氏族的内部言,表面上是赡养贫弱,扶助孤寒,实际上是用一些小恩小惠来笼络被剥削者,并且培植了依赖游惰的心情,当然是不义。就不属于自己氏族的农民和社会说,加强了剥削,垄断了土地,阻绝了经济以至其他生活方面的发展,当然是更不义……封建剥削不去,农民永远不能过好日子……只要封建剥削一去,农民便无需乎什么广泛的赒济制度;在农民翻了身的社会里,只要他们能够组织起来,发展生产,一般的赒济问题也就根本不再发生了。地主阶级的'义田'和义庄制度,目的原在于缓和氏族内部的阶级矛盾,分化农民阶级,并从而维持其对于农民阶级的统治。"②

《苏南土地改革访问记》这本小册子,全书也就120多页,《从"义田"进一步看苏南的封建势力》一文即有40多页,其篇幅占全书的1/3强,可见它在全书中的分量。该文资料翔实,尤其是运用了历代正史、笔记、方志中关于"义田"的很多资料,与其说是一篇基于社会调查的研究报告,不如说是一篇社会史论文。撇开其评述性文字,只看其中的材料,迄今为止,都可算得上是研究传统中国"义田"制度有代表性的论文,达到了很高的学术水准。阅读该文,给我的感觉是材料和评述之间脱节比较严重。为什么会有这个印象呢?

---

① 潘光旦、全蔚天:《苏南土地改革访问记》,三联书店1952年版,第46页。
② 同上书,第86—87页。

从潘光旦本人关于调查研究方法上的"夫子自道",更可看出端倪:

> 问题在不解决问题,在不想解决问题,在解决了错误的问题,在解决了不应该成为问题的"问题",乃至在产生了更多的问题,加强了原有问题的严重性。我们第一要问,为什么要调查?为谁而调查?这便是一种社会调查应有的主观的部分,应有的主观的出发点。当然,调查什么,怎样调查,也是应当问的;但并非主要,并且这两问的答复要看对"为什么""为谁"的两问的答复而定,不能独立。马克思、列宁以前与非马克思列宁的社会科学所犯的最大错误正是只问后两问,而不问前两问;社会调查犯了,一般的研究工作全都犯了。结果是心机枉费,一事无成;是闭门造车,出门不能合辙;乃至完全成为一种消磨岁月的玩好。一般所谓学者们玩资料,玩公式,玩结论,自以为玩得有趣;而不知自己也正被另一批人就是被资本家,玩弄在股掌之上。①

从这个视角来反思传统文化和学术中的所谓调研,不论是清查土地与户口、方志的调查与采访,也是不问为什么要调查和为谁调查这两个问题,结果是即便这些调研"如果牵涉到一些问题,或有意无意解决了些问题,对人民不但无干,而且有害"。具体到家族公产领域的调查,在潘光旦笔下,"至于私家在氏族以内的采访工作,在有祠堂、祭田、义田的人家,是解决了一些氏族中人所认为是问题的问题,但真正的问题,人民的问题,却加多加重了。"②

这篇《调查与实践》原载于《光明日报》1951年10月13日,是潘光旦撰写《苏南土地改革访问记》一书之后所进行的调查方法上的系统反思。③ 既然在调查之前,先要问为什么要调查和为谁调查,调查什么和怎样调查不具有独立地位,那就是调查者的主观引导客观,其调查研究必然走向对既有结论的"印证"一途。潘光旦在该文的结尾即含蓄承认了这一点:

> 和毛主席当初发动革命的时候所做的工作最为相近、乃至完全属于同一性质的一种工作无疑的是土地改革工作。到今日为止,毛主席自己所曾实践的全部途程,我们虽无法希望也完全实践一遍,事实上目前也无此需要,至少《农村调查》一书中所指示的那一段,也正复是这全部途程的第一段,我们是可以学走一遭的,是可以努力实践的。以往一年

---

① 潘光旦:《调查与实践》,载《潘光旦文集》第十卷,北京大学出版社2000年版,第475—476页。
② 同上书,第477—478页。
③ 据潘光旦记述,"说已详我那篇《从"义田"看苏南农村的封建势力》(近期《新建设》),这里不消说了。"同上书,第478页。

以及未来半年内各地的土地改革工作,争取参加的人极多,唯恐不能如愿,道理也就在此了。①

中国共产党自苏区革命活动中,出于动员贫苦农民、利用农村资源之需,将以祭田、义田、祠堂等为载体的家族公产定性为地主阶级压迫、剥削农民阶级之手段,在革命行动中没收家族公产,有的(主要是动产)征收为革命政府所有,有的(主要是田地)均分给无地或少地的贫农。陈翰笙以学者的身份,通过对广东太公田的调研,为家族公产之阶级定性进行了较充分的学理论证,客观上为中国共产党采取没收家族公产之政策有理论上的帮助。中华人民共和国成立后,潘光旦被允准参与到土改中去,进行了一定的调研工作,印证了没收、分配家族公产,乃至整个土地改革的正当性。至此,中国共产党关于家族公产的政策完全确立。

第二节　土地改革与祭田之消亡

中国共产党在苏区的土地改革中采取了没收祭田等家族公产主要均分给贫民的政策。在抗战期间和解放战争中,由于主要活动在北方,家族公产不多,因此未引起中国共产党的特别注意。随着全国逐渐统一,江南、华南较为庞大的家族公产,成为土改工作的重要对象,中国共产党延续了苏区的政策,在全国进行了没收和均分,自然也就没有了祭田纠纷。

一、土改运动中中国共产党对祭田的处理

1. 苏区时期尝试没收祭田等家族公产

中国共产党及其领导的各级苏区政府将家族公产定性为阶级剥削之手段,将之进行强制没收,然后再把这些田地分配给贫农,取得了贫农对革命的拥护和支持,并将其发展成为革命生力军。

1930年5月全国苏维埃区域代表大会通过的《土地暂行法》第3条规定"凡属于祠堂、庙宇、教会、宫产……占有的土地,一律无偿的没收"。立法者的解释如下:"这些祠堂、庙宇、教会、宫产……的土地,大半都是归豪绅、僧尼、牧师、族长所私有。即或表面上是一族一姓或者当地农民公有,实际上还是族长、会长、豪绅所垄断,利用来剥削农民,所以这样的土地一律没收。"②

---

① 潘光旦:《调查与实践》,载《潘光旦文集》第十卷,北京大学出版社2000年版,第479页。
② 韩延龙等编:《新民主主义革命时期根据地法制文献选编》第四册,中国社会科学出版社1984年版,第7页。

1930年6月中央革命军事委员会颁布的《苏维埃土地法》第1条规定没收地主、祠堂的土地归苏维埃政府公有,第11条规定:"所有豪绅、地主、富农及祠庙公田的一切契据,限期缴交乡苏维埃,或乡区农民协会,当众焚毁。"①

到1931年11月通过的《中华苏维埃共和国宪法大纲》第6条规定:"中华苏维埃政权以消灭封建制度及彻底的改善农民生活为目的,颁布土地法,主张没收一切地主阶级的土地,分配给贫农中农,并以实现土地国有为目的。"②从1931年12月1日由中华工农兵苏维埃第一次全国代表大会通过的《中华苏维埃共和国土地法》第6条来看,策略相对温和,但没有改变没收之性质:"一切祠堂、庙宇及其他公共土地,苏维埃政府必须力求无条件交给农民,但执行处理这些土地时,须取得农民自愿地赞助,以不妨碍他们的奉教感情为原则。"③1933年通过的《中华苏维埃共和国十大政纲》第6条更明确规定:"无代价地没收一切封建地主、豪绅、军阀、官僚的祠堂、庙宇,以及其他大私有主的土地与财产,平均分配给贫农、中农、雇农、苦力和其他失地的农民,在目前允许出租买卖。"

中国共产党中央及其所领导的苏维埃中央政府既有这统一规定,各苏区政府严格照章执行,如《湘鄂赣边革命委员会革命政纲》第13条规定:"一切祠堂、庙宇、教堂的地产及其他公田公地,概归当地苏维埃政府没收处理,分配给农民使用。"又如《江西省苏维埃临时政纲》第2条规定:"没收庙产、祠产及一切地方公产……交由农民协会无代价地分与无地贫民及退伍兵士耕种经营,候政府正式派员调查测量后,再重新分配。"④

没收家族公产的政策,在执行中遇到一些农民的抵触。既然是家族公产,那作为家族一员,多多少少都会从中受益;家族公产作为家族凝聚的经济基础,乃族人祖先辛勤积累所致。一下被强制没收均分,导致好不容易累积起来的家族公产,一旦荡然无存,有的贫农们难免有或强或弱的抵触情绪。所谓"祖宗没有积德,祠堂田都叫分了"。⑤

为应对这些复杂的具体情况,有一小部分(主要是在西南地区)党组织及其领导下的苏区政府曾采取了一些较为温和的措施,以图缓解农村中绝大多数贫农的抵触情绪。1934年7月黔东特区第一次工农兵苏维埃代表会议

---

① 韩延龙等编:《新民主主义革命时期根据地法制文献选编》第四册,中国社会科学出版社1984年版,第10—11页。
② 同上书,第10页。
③ 同上书,第16页。
④ 同上书,第17、23、28页。
⑤ 《江西土地改革》,载《江西党史资料》,第31辑,1994年版,第85页。

决议案《没收土地和分配土地条例》规定:"寺庙的常熟田,除留一部分作敬神香火之用,其余大部分亦须没收,清明祭祖田不没收。公田、学田属于国家、社会的,亦须没收。"1934年12月30日颁布的《川陕省平分土地须知》规定,"对于祠堂以及各种宗教团体的土地,同样要分给贫苦农民。但必须慎重地考虑,耐心地说服和解释,在不伤害农民群众的宗教感情,取得基本农民的同意之后,进行分配。如果农民群众要求留下一点来祭祖、祭神都是可以的,但应尽量少留,并必须完全执掌在贫苦农民手里,不可让地主、富农利用此办法来窃取一寸土地。庙宇寺院的土地和旧有的学田,一律要分给农民。"①

即便有这些相对温和的做法,也没有改变没收均分的政策,只是为了更好、更顺利贯彻实施这种政策。在苏区时期,这类稍示妥协的做法,甫一开始,即受到严厉批判,上级机关的文件多宣传这种果断没收办法所带来的积极效果。据中国共产党闽西特委1929年11月6日报告,在武平象洞展开的平巢斗争中,5月初发动农民向公堂算账,"继则将公堂米谷平分……可惜当时武平县委不能适应群众的要求,没有及时提高斗争口号,使闹账斗争未能转变到分谷斗争,使斗争对象由公堂管理者转变到地主富豪,以发动更广大群众起来创造暴动局面,彻底实现土地革命。这个时机过去,农民斗争仍然停顿在闹账口号之下,使农民失望而致发生纠纷,变成姓族地方冲突。"据赣西南特委刘士奇给中央的报告,"苏维埃的胜地,斗争较久的地方,没有人敬神,菩萨都烧了,庙宇祠堂变成了农民工人士兵的政府办公室,或者是游戏场,许多农民的家里以前供着家神'天地君亲师'位的,现在都换以'马克思及诸革命先烈精神',从前过年度节,写些封建式的对联,现在都是写的革命标语。"另据江西苏区中国共产党省委工作总结报告,"江西公堂、祠堂的土地特别多,氏族中的豪绅地主利用氏族的关系,把持公田、祠堂的土地,一方面加紧剥削压榨贫苦农民,一方面则利用公堂田地,以少量的收获分给同族的贫人,以公堂祠堂的公款来补助同族子弟读书。因此,农民的氏族观念,特别浓厚,对于同族姓豪绅地主富农表示妥协,同时过去大姓压小姓的传统,到现在许多苏区中还存在。但是这些封建制度中的社会意识,经过革命大风暴的洗礼,公堂的土地完全没收,平均分配了,完全推翻了,这些落后的意识已在逐渐消除。"

为更彻底地执行没收家族公产的政策,中国共产党和苏区政府采取了一

---

① 韩延龙等编:《新民主主义革命时期根据地法制文献选编》第四卷,中国社会科学出版社1984年版,第148、163页。

些配套措施,比如销毁地契借据、破坏长期以来形成的土地疆界等。在龙岩白土暴动中,"田契债券在所有赤色区域中都已烧完了,岩永粮册子也烧尽了,这是很痛快的一回事。"①1930年6月中央革命军事委员会颁布的《苏维埃土地法》第11条规定:"所有豪绅、地主、富农及祠庙公田的一切契据,限期缴交乡苏维埃,或乡区农民协会,当众焚毁。"1931年10月颁布的《湘赣苏区彻底平均分配土地条例》明确规定:"凡已进行分配土地的地方,须将契约、文据、粮册、承耕分管等字据一律焚烧,如故意隐瞒不交出者,则以反对土地革命论罪。"1933年4月24日颁布的《闽浙赣省第二次工农兵代表大会土地问题议决案》规定:"在分配土地时,必须尽可能地实行土地革命经界划分,尽可能的变动田地的封建界限,发现甲乙两地受地方观念的支配,进行邻地的地界或水利的争执,甚至被富农、地主等利用去发展成为地方的斗争。各级苏维埃政府必须注意肥瘦匀称(但不是绝对平均主义),确定地界的划分,比较适宜的决定水利的利用,团结工农群众在阶级革命的战线上消灭一切的封建界限。"②

2. 全国土地改革对祭田等家族公产的没收

苏区还只是一时、局部之政策,真正对家族公产之命运起决定作用的还是新中国建立前后在全国所进行的土改运动。1947年9月13日中国共产党全国土地会议通过的《中国土地法大纲》第3条规定:"废除一切祠堂、庙宇、寺庙、学校、机关、团体的土地所有权。"第4条规定,"废除一切乡村中在土地制度改革以前的债务。"第6条规定:"乡村中一切地主的土地及公地,由乡村农会接收,连同乡村中其他一切土地,按乡村全部人口,不分男女老幼,统一平均分配。"③祭田较集中的江南、华南地区属新解放区,在1950年冬开始进行土改。刘少奇于1950年6月14日在人民政协全国委员会第二次会议上作了《关于土地改革问题的报告》,要求在今后的土改中,"必须完全依照中央人民政府和各级人民政府所颁布的法令及其所决定的方针、政策和步骤,有领导地、有计划地、有秩序地去进行。"1950年6月30日施行的《中华人民共和国土地改革法》第3条规定:"征收祠堂、庙宇、寺院、教堂、学校和团体在农村中的土地及其他公地。"第25条规定:"沙田、湖田之属于地主所有

---

① 江西省档案馆、中央江西省委党校党史教研室编:《中央革命根据地史料选编》,江西人民出版社1982年版,第160、356、445、163页。
② 韩延龙等编:《新民主主义革命时期根据地法制文献选编》第一卷,中国社会科学出版社1984年版,第10—11、135、142页。
③ 韩延龙等编:《新民主主义革命时期根据地法制文献选编》第四卷,中国社会科学出版社1984年版,第423页。

或为公共团体所有者,均收归国家所有,由省以上人民政府另定适当办法处理之。"为了保证土改之效力,第 30 条规定了土地契据之更换:"土地改革完成后,由人民政府发给土地所有证,并承认一切土地所有者自由经营、买卖及出租其土地的权利。土地制度改革以前的土地契约,一律作废。"①1950 年 11 月 10 日政务院第五十八次政务会议通过的《城市郊区土地改革条例》第 4 条规定:"祠堂、庙宇、寺院、教堂、学校和团体在城市郊区的农业土地和荒地,照土地改革法第 3 条规定予以征收。"中央政府的这些土改法令,直接决定了祭田等家族公产之被废除命运。

各地在执行过程中,为了保证中央法令的顺利贯彻,根据地方实际情况,制定了一些细则。如 1950 年 8 月 19 日中央人民政府批准通过了《中南军政委员会关于土地改革法实施办法的若干规定》,针对《土地改革法》第 3 条,其第 4 条规定:"征收其在农村中的土地(包括田、地、山)时,其与土地直接相关之塘、堰、堤、壩及土地上之林木等,也应征收分配……祠堂的财产由当地的农民协会会同本族劳动人民协议处理之。公用义塚土地,可不分配。"②在族田所占比例最高的广东省,1950 年 11 月 2 日通过的《广东省土地改革实施办法》与中南区的规定大致相同,另在第 10 条第 2 款规定了族田的分配政策:凡祖尝田在征收后,一律依法在原耕基础上统一分配,如其属轮耕者,依轮耕范围,应先分给无地少地农民。③

1950 年 11 月 26 日由华东军政委员会颁布的《华东土地改革实施办法的规定》第三部分为"关于土地改革中各项具体政策的补充规定",针对祠堂等土地,云:"除征收其在农村中的土地外,其他财产不在征收之列。""征收与分配族田时,应注意尊重本族农民意见,并适当照顾本族无地少地农民的需要。至于是否酌留小量祭田,可由本族农民自行协议处理。""土地改革法第 20 条规定的坟场及坟场上的树木,限于坟墓本身及与坟墓相连的小块坟场及其上的树木。如坟墓旁的大块林地系地主所有的,则应收归人民政府管理。农村中原有的义塚地不动。"④

西南军政委员会 1951 年 3 月 17 日第二十八次行政会议批准的《川东区

---

① 《刘少奇关于土地改革问题的报告 中华人民共和国土地改革法》,人民出版社 1950 年版,第 3、22、28、29 页。

② 人民出版社编辑部编:《土地改革重要文献汇集》,人民出版社 1951 年版,第 79、63 页。

③ 广东省人民政府:《广东省土地改革实施办法》,广东省档案馆藏,馆藏号:204-1-154。转引自莫宏伟:《新中国成立初期的广东土地改革研究》,中国社会科学出版社 2010 年版,第 91 页。

④ 人民出版社编辑部编:《土地改革重要文献汇集》,人民出版社 1951 年版,第 74—75 页。在对祭田、义庄等家族公产的处理方面,苏南行署制定的《苏南土地改革实施办法》差不多完全贯彻了华东区的法令。参见莫宏伟:《苏南土地改革研究》,合肥工业大学出版社 2007 年版,第 196 页。

土地改革实施办法》第 11 条第 3 款规定："征收与分配族田（为祭祀而设之清明会等的田产，亦属此范围）时，应注意尊重本族农民意见，并适当照顾本族无地少地农民的需要，至于是否酌留少量祭田，可由本族农民自行协议处理。"西南军政委员会 1951 年 3 月 31 日第三十次行政会议批准的《云南省土地改革实施办法》第 3 条第 3 款也有相同规定。西南军政委员会 1951 年 4 月 26 日第三十二次行政会议修正批准的《川南区对实施土地改革法的若干具体问题处理办法》第 10 条规定，"祠堂之财产房屋，由当地农民协会会同本地劳动人民协议处理之"；第 11 条规定，"清明地、族地、会地，应一律征收分配，分配时应注意尊重本族劳动人民的意见，反动会道门之土地应予没收分配。"①

在土改过程中，尽管有些地方政府允许农民保留少量祭田，但这种做法很快受到批评，被实际上更激进的做法所取代。如叶剑英、方方在广东的土改即受到毛泽东的批评，认为他们受到地方主义的影响，另派陶铸主持广东土改工作。② 到 1952 年底，除少数民族地区，全国基本完成了土地革命，大约有 3 亿无地或少地的农民，经由清算斗争，从地主和富农手里经过征收分配获得了约 7 亿亩的土地。这 7 亿亩土地，即含有大量包括祭田在内的家族公产。即便在土改过后还有少量的祭田被保留下来，随着马上到来的农业合作化和集体化运动，祭田作为一种土地类型不复存在。

二、祭田及相关案件的消亡

在中国共产党推行全国性土改过程中，地主、富农和贫下中农之间围绕土地问题发生的纠纷，按照当时的文件规定，由临时设立的人民法庭来处理。1950 年 6 月 30 日施行的《中华人民共和国土地改革法》第 32 条规定设立人民法庭，"为保证土地改革的实行，在土地改革期间，各县应组织人民法庭，用巡回审判方法，对于罪大恶极为广大人民群众所痛恨并要求惩办的恶霸分子及一切违抗或破坏土地改革法令的罪犯，依法予以审判及处分。"③

关于人民法庭的组织和具体审判办法，同年 7 月 20 日，周恩来代表政务院公布了《人民法庭组织通则》，规定：县（市）人民法庭及其分庭直接受县（市）人民政府的领导，同时又是县（市）人民法院的组成部分之一，其性质是

---

① 《西南区土地改革文件》，西南人民出版社 1951 年版，第 67、75、96 页。
② 参见莫宏伟：《新中国成立初期的广东土地改革研究》，中国社会科学出版社 2010 年版，第 172—228 页。
③ 《刘少奇关于土地改革问题的报告 中华人民共和国土地改革法》，人民出版社 1950 年版，第 30 页。

县(市)人民法院之民事庭、刑事庭以外的特别法庭。该法庭设立审判委员会,由审判长、副审判长和若干审判员组成,一半由该级人民政府遴选,其余由人民代表会议或人民团体选举,它有权逮捕、拘禁并判决被告死刑、徒刑、没收财产、劳役、当众悔过或宣告无罪。

两天之后,《人民日报》发表"认真准备与建立人民法庭"的社论,指出:"为了有效地镇压顽抗土地改革的恶霸地主,而同时又要防止农民的狭隘的报复主义的偏向,在土地改革中设立人民法庭是十分必要的。人民法庭是一种带群众性的司法机关,它应该时刻与群众保持特别紧密的联系。人民法庭在受理案件时,应该在群众中进行充分的调查研究,广泛征求群众对处理这一案件的意见。人民法庭在进行这些工作时,应该与人民代表会议和人民团体,在农村中主要是农民代表大会或农民代表会议和农民协会取得密切的配合。"①

由于各种原因,我没能查到人民法庭审理祭田案件纠纷的案卷,但可合理推断,一般而言,地主或富农一般不会主动将祭田纠纷提交到人民法庭。即便有个别地主或富农将之提交到人民法庭,在当时土改成为中心政治任务在全国铺开之际,亦会完全政治化或运动化。随着祭田被征收分配,祭田案件自然也就完全消除。

三、小结

在中国共产党的社会改造理论中,包括祭田在内的家族公产被定性为地主阶级压迫农民阶级的阶级剥削手段,只有没收再加以重新分配之一途。自近代以来,中国农村确实出现了严重的危机。这种危机主要来自于两个方面:一是王朝的周期循环所致。每个王朝到了晚期,土地兼并问题即凸显出来,所谓贫无立锥之地,富者阡陌相连。自清中叶之所以有地方官员提出要限制家族公产的规模,其原因之一就是要防止地权的过度集中。二是自近代以来,列强的入侵对农村有所冲击,科举的废除和社会流动加强,导致农村精英有土豪劣绅化和流氓化的趋势。近代中国主要还是个农业国,有这两个背景,近代诸多以改造中国社会为职志的思想家都注意到了农村地权问题,最著者当属孙中山的"平均地权"和"耕者有其田"的思想。

不可讳言,包括祭田在内的家族公产加剧了地权的集中,但是不是它的存在就构成了地权贫富悬殊这一问题的重要方面呢?也就是说,它与地主单

---

① 人民出版社编辑部编:《土地改革重要文献汇集》,人民出版社1951年版,第118—119、123页。

独所有的地产有无实质性差别呢？这就需要关注家族公产的实际情形。这些家族公产，不论是祭田还是义田，经本书第一章的分析得知，其设立初衷是为了收族睦族，尽管具体情况可能很复杂，但它在使用和收益分配大原则上都能充分体现出家族公有之性质。

实际上，有些家族公产为地主豪绅等有势力者通过管理而掌握分配大权，事实上与私有不存在本质差别。但需区分作为制度的存在与因制度而生的流弊。如果是作为制度的存在本身如此，那当然需要制度变革；如果只是在制度施行过程中产生流弊，首先应该是针对施行中具体环节的"补漏"。盖任何制度一旦形成，即相对固化，社会却是不断发展的，脱节和漏洞在所难免。这时需要的是"打补丁"，而不是马上换新"系统"。如果这时就要换新"系统"，那任何制度都没有长期保存的价值，社会的相对稳定性也就没有了。"义庄、祠堂的封建性很浓厚。一般来讲，义庄、祠堂在昔日，其组织相当严密，同时在宗族内威信亦较高"，只是进入民国后，尤其是近年变坏了。如家族公产确有变质为个别有权有势者所操纵和利用的资源，那就是管理和收益分配方面出了问题，完全可以通过明确或细化这方面的规则、加强监管而矫正之。

也许，在苏南、珠江三角洲等地狭人稠之地，因以义庄、祭田为主的家族公产占整个有效使用土地的比例较高，对实现"耕者有其田"这个土改目标有碍，需要适当控制或压制规模。但在绝大多数地方，家族公产占整个土地面积的比重不会太大。既是家族公产，如管理和收益分配之监督到位，家族成员亦会从中受益，与将之分割成小块实现其私有并无本质差别。还有，具有一定规模的家族公产，对土地的利用效率，较之过于分割的小块土地，可能还更高。珠江三角洲为什么存在"分租不分田"的习俗，即与此很有关系。有学者指出，族田的劣势在于没有明确的权利主体，名义上是集体所有，族人都认为人人有份，不论有无权势均可侵蚀。但这种地权的不完全和模糊性，并不因取消族田而消失，其后建立的土地集体所有制仍有类似的弊病。①

---

① 张一平：《地权变动与社会重构——苏南土地改革研究（1949—1952）》，上海世纪出版集团2009年版，第69页。

第八章　台湾祭祀公业

台湾作为中国的一部分，受大陆祭田制度影响，自清代开始即有祭祀公业之设置。台湾祭祀公业，亦是以祭祀祖先为目的而设立的独立财产。在这些财产中，以作为不动产的土地和房屋为主，故在性质上与祖国大陆祭田相近。但台湾习俗和环境与大陆迥殊，祭祀公业呈现出与祖国大陆祭田诸多不同之处。因此，从学术研究视野来看，台湾祭祀公业也是研究祖国大陆祭田制度的一个难得的比较对象。

第一节　台湾祭祀公业之沿革

台湾自清代康熙朝以来直接受中央政府管辖，与祖国大陆的联系较之以往更为紧密，大陆移民入台久居，将祭田制度带到台湾，在此基础上发展出了台湾祭祀公业。本节即以台湾政局变迁为标志，分清代、日据和光复后三个时期，略述台湾祭祀公业的发展演变历程及其在不同时期的主要特点。

一、清代台湾祭祀公业之起源和发展

设置祭田以祭祀先祖，是中国之古老传统，到明清时代尤为发达，其中以江南和东南沿海诸省为最。祭田制度之创设，需要一定的文化和文明基础，在清代领有台湾之前，台湾原住民尚处于较原始阶段，故无产生祭田制度之可能。自乾隆十二年撤废大陆百姓携眷入台的禁令之后，入台移民始有在台湾久住之意，才可能继受大陆祭田制度入台。正是注意及此，《台湾民事习惯调查报告》即将大部分祭祀公业的设立时间限定在嘉庆、道光之后。

自大陆初迁入台的移民所设置的祭田，多是以其在大陆的先祖为祭祀对象，将其祭祀费用汇寄到其在大陆的祖籍地，以尽孝思。但海峡相隔，汇寄费用时有不便，随着时间的推移，子孙在台不断繁衍，且台湾地广人稀，遂仿大陆祭田制度，在台湾居住地设立独立的祭祀公业，以祭祀其大陆先祖。这一时期，社会未臻安定，各种械斗不断发生，就有必要以祭祀共同享祀人为中

心,通过强化参与者的同类共属之意识,以纠合同族、同姓之人。① 这是此一时期台湾祭祀公业迅速发展的重要原因。

随着时间推移,台湾社会较以前为安定,家业殷实,亲人繁衍,出现了以较近世代的先祖,尤其是在台先祖为享祀人的祭祀公业,为过世先祖设立祭祀公业渐成为台湾社会的普遍习惯。很多家庭在分家析产之际,"开始设立以最近共同始祖为享祀人的祭祀公业。"②

和大陆祭田制度相比,尽管在设立初衷方面并无差异,但在其他方面,则有重大差别。其中最明显的是出现了大陆祭田制度所没有或不常见的名称和专有名词。就名称而言,清代台湾移民主要来自闽粤二省,在这些地方,虽然祭田有"尝田""蒸尝""太公田""族田""香油田""社田""福田"③等众多名称,但我却未见有称"祭祀公业"的,仅在清代庄有恭的奏折里发现用过"公业"一词。④ 于此可推测,台湾所用的"祭祀公业"一词是大陆原曾用过的"公业"加以"祭祀"用途方面限定而组合成的新词,成为台湾的"祭田"称谓。⑤ 又如"派下"一词,指的是祭祀公业的设立者及其继承者,又称为"关系人"⑥;而大陆与此相近的称呼为"各房"。又如"归就"一词,意指某一派下将其祭祀公业内的应有部分转让于同一公业内的其他派下,又称为"归管"⑦;大陆各房对于祭田的应有部分则基本上不允许转让,故也就没有类似语词。这些名称和专有语词的差别,其意义并非仅仅停留在称谓上,更反映了与大陆祭田制度在内容上的差异。这说明在清代,台湾祭祀公业即有了不

---

① 戴炎辉:《香灯租——关于分支所有权、物的负担等若干考察》,载戴炎辉:《传统中国的民刑法制》,台北戴炎辉文化教育基金会1998年版,第3页。
② 台湾"法务部":《台湾民事习惯调查报告》,台湾法务通讯杂志社1995年版,第702页。
③ 《广东省志·国土志》,广东人民出版社2004年版,第113页;福建省地方志编纂委员会:《福建省志·民俗志》,方志出版社1997年版,第123—124页。
④ 庄氏在奏折中有"惟是祀产义田系属合族公业"一语,参见庄有恭:《请定盗卖盗买祀产义田之例以厚风俗疏》,载《皇清奏议》卷五十,台北文海出版社1967年影印本。
⑤ 关于"业"之一字在法律上的含义,按照戴炎辉教授的说法,在中国法制史中,有两种不同的用法,一是对不动产的掌管(支配)及掌管权;另一是所掌管(支配)的物体(对象),也就是所掌管的不动产本身。戴先生还进一步论述了"业"作为与所有权同一层面上的语词,和西方法中的"所有权"之区别。我以为,尽管"祭祀公业"之"业"属于不动产本身,但也与所有权同一层次的"掌管权"观念密不可分。故戴先生对"业"和"所有权"的概念辨析,有助于我们理解祭祀公业概念,"'业'与罗马法上所有权(duminium),能够排他的使用收益或处分的权利不同;而类似于日尔曼法的土地所有权。即'业'与'限制物权',例如典权、永佃权以及地基权等,属于同类之管领权,均为物上支配权之一种。两者之区别,不是本质的差异,不过其支配权的范围,有大小广狭之差已。"(戴炎辉:《清代台湾之乡治》,台湾联经出版事业公司1979年版,第497—498页。)既然"业"只是一种管领权,而非排他性的所有权,故对同一物可有两个不同的管领权存在,故祭祀公业既可被视为派下公有,也可被视为享祀者之所有。
⑥ 〔日〕姉齿松平:《祭祀公业与台湾特殊法律的研究》,台湾众文图书股份有限公司1991年版,第10页。
⑦ 台湾"法务部":《台湾民事习惯调查报告》,台湾法务通讯杂志社1995年版,第713页。

同于大陆祭田制度的独特之点,尽管其起源直接受祖国大陆影响。

二、日本占据时期的台湾祭祀公业

1895年甲午战后,台湾被清政府割让给日本。在日本占据台湾期间,因社会政治环境的变动,祭祀公业发生了重要变化。其一,是祭祀公业数量增加。台湾被割让日本之初,一般人民存在强烈的故国之思,强化了原已存在的祭祖意识,导致祭祀公业在日据初期数量上的迅速增长。其二,祭祀公业的职能有所变化。随着日本对台湾控制的加强,台湾的治安有所改善,各类械斗大大减少。以前祭祀公业的收益除了供祭祀先祖所需外,多用于抚恤械斗中伤亡的族人及其家属,现在多用于对贫困族人的救济、兴办族内教育等公益方面。

在日本占据台湾时期,日本对台湾的统治,从法律上来看,大致经历了从军令统治、律令立法到敕令立法的过程。① 军令统治时期为时短暂,仅八个多月的时间。故对祭祀公业的影响,主要在后两个阶段。据1896年日本法律第63号"有关施行于台湾之法令之法律"的规定,整个台湾殖民地立法以总督发布之立法命令(律令)为原则,它以承认台湾社会与日本本土的相对特殊性为前提。故在此阶段,日本政府将台湾祭祀公业视为重要的土地惯例,认为有调查研究之必要。律令立法时期到1921年年底结束,以当年施行的法律第3号为标志,之后即进入了敕令立法时期。在这一时期,台湾适用的法律是以"敕令"施行日本本土的法律为原则,以总督颁布的律令为例外。② 在日本法律直接施行于台湾的情况下,祭祀公业作为台湾的惯例,其前途格外引人注目。1921年召开了第一届台湾总督府评议会,就日本民法施行于台湾有关之咨询事项加以讨论,因日本本土没有祭祀公业,故在会上围绕台湾祭祀公业的存废问题展开了激烈争论。由于台湾籍评议员的力争,祭祀公业得以无限期继续存在,但不许设立新的祭祀公业。在日本民法体系中,究竟应将祭祀公业置于什么样的位置才算恰当,即如何给祭祀公业定性?

---

① 黄静嘉:《春帆楼下晚涛急——日本对台湾的殖民统治及其影响》,商务印书馆2003年版,第74页;〔日〕姊齿松平:《祭祀公业与台湾特殊法律的研究》,台湾众文图书股份有限公司1991年版,第127—137页。

② 大正十年法律第3号有下述规定:"第一条:法律之全部或一部,如有施行于台湾之必要者,以敕令定之。在前项情形关于官厅或公署之职权,法律上期间或其他事项,因台湾特殊情形有设特例之必要者,以敕令另定之。第二条:在台湾须以法律规定之事项,如该法律尚未制定,或虽有法律而不适合台湾情形者,以因台湾特殊情形有设特例之必要者为限,得以台湾总督之命令规定之。"该法自1922年1月1日施行。前项法律规定转引自黄静嘉:《春帆楼下晚涛急——日本对台湾的殖民统治及其影响》,商务印书馆2003年版,第101—102页。

1922年日本敕令第407号第15条规定:"本令施行之际,现存之祭祀公业,依习惯存续。但得准用民法第19条规定,视为法人。"①既要将祭祀公业视为法人,尽管是习惯法上的法人,也应满足法人的基本要件,如名称的规范、派下名簿的制定、管理人和管理机构的完善等,这些都无一例外地对台湾固有的祭祀公业产生了影响。正是有这些影响的存在,姊齿松平才论断,"祭祀公业是以祭祀死者为目的而设定之独立财产,此财产之设定乃是渊源于中国古制,但今日几乎已将其视为台湾的特殊制度。"②

三、台湾光复后的祭祀公业现状

国民政府在抗战胜利后即在台湾施行了一系列土地方面的法规,如"土地法""三七五减租条例""实施耕者有其田条例""实施都市平均地权条例"等,对不动产所有权的行使大加限制,致使依赖不动产收益为主的祭祀公业从根本上发生动摇,不再像清代和日本占据台湾时期那么盛行,不仅没有新设立的祭祀公业,且原有的还在不断萎缩。

民初大理院和国民政府最高法院一脉相承,都将祭田定性为公同共有物。国民党当局迁往台湾之后,"最高法院"面对台湾地区众多的祭祀公业纠纷,依然沿袭了其对大陆祭田的定性,将日据时期视祭祀公业为法人的做法,认为只是习惯,从法源上排除其适用,重新将台湾的祭祀公业定性为公同共有物。

国民政府很长时期不够重视祭祀公业,一主要表现是没有深入调查和研究祭祀公业习惯,其利用的主要资料仍是日据时期台湾总督府临时台湾旧惯调查会所发行的《台湾私法》。一则日本的调查时间甚早,祭祀公业习惯颇有变迁;二则它"系由日本学者研究,由于风俗习惯之不同,加以语言之隔阂,其调查研究之结果,难免有牵强附会之处"③。直到1966年这种情况才有所变化。该年8月,台湾"司法行政部"法规检讨整理委员会下设置民事习惯小组,在戴炎辉等主持下,组团调查民事习惯,祭祀公业是其所调查的五个大项目之一。实地调查历时五个月,于同年年底结束,调查范围遍及台湾各县市,所至深入民间,访问座谈。最后形成的调查研究结果即是公开刊行的《台湾民事习惯调查报告》(以下简称《调查报告》)一书。该书祭祀公业部分

---

① 台湾"法务部":《台湾民事习惯调查报告》,台湾法务通讯杂志社1995年版,第706页。
② 〔日〕姊齿松平:《祭祀公业与台湾特殊法律的研究》,台湾众文图书股份有限公司1991年版,第16页。
③ 同上书,第693页。

由刘绍猷先生执笔①,迄今为止仍是研究该课题的权威论述。

第二节 台湾祭祀公业之特征

台湾祭祀公业之起源,虽直接受大陆影响,但由于其独特地理环境,随着时代迁移,发展出了不同于大陆祭田的诸多特征。这些不同的特征既是日本政府将之定性为习惯法人的根据所在;同时这种不同于大陆公同共有物定性的法律规整,又强化了其独特之点;当局以公同共有规范祭祀公业所出现的一些问题,也与它这种独特之点不无关系。和大陆祭田制度比较,其独特之点集中体现在其设立、机构和派下权三个方面,本节将分别论述,最后对大陆祭田和台湾祭祀公业的主要区别点予以评析。

一、祭祀公业之设立

在明清两代,大陆祭田的设立,大致包括特定族人的捐赠、从族人的田地中按比例拨给和动用族内公共款项购买这三种办法。台湾祭祀公业则与此稍异,按其设立方式可分为阄分字祭祀公业和合约字祭祀公业。

阄分字祭祀公业,指的是在分割家产之际,抽出一部分财产,作为祭祀其最近共同始祖之用。所谓阄分,是传统中国分家析产的一个常见语词,是以抽签的方式来分配家产。这种习惯在东南沿海的广东、福建等省份普遍存在,后来传入台湾。故台湾绝大部分的祭祀公业多为阄分字。在阄分字祭祀公业中,因阄分家产以均分为原则,故派下各房对公业有相同的权利。

合约字祭祀公业,是由已经分家析产的子孙,出于祭祀共同先祖的考虑,按照约定捐献财产,以这些捐献而来的财产组成独立的祭祀公业。设立这种公业时,须作成由捐资人连署的合约字。在这种公业中,出资额的分配,据《调查报告》,大致有三种:(1) 由享祀人之直接房平均醵资设立者;(2) 特定股份总数而不特定设立人者;(3) 男系子孙各人平均出资而不特定股份权者。② 相应地,因出资额分配方式的不同,遂决定了各派下对公业所享有的不同权利。第(1)种情形以房份为准,各房权利平等。第(2)种情形,每一派下按照其出资额的多寡,享有不同的股份权;即便是享祀人的嫡系男裔,如没出资,也不是该祭祀公业之派下。第(3)种情形,只要是享祀人的嫡系男裔,

---

① 参见台湾"法务部":《台湾民事习惯调查报告》,台湾法务通讯杂志社1995年版,"编辑凡例"。
② 同上书,第719—720页。

皆为该公业之派下,按人数而非房数享有同等的股份,在台湾俗称"丁仔会"。这三种不同形式的合约字祭祀公业,以第2种为多,第1种次之,第3种最少。

阄分字的祭祀公业,与大陆的"养赡田"极为相似。大陆祭田在设立时,虽有捐赠、拨付和动用公款购买等出资方式的差别,但都以房份为标准,各房平均享有祭田的管理、收益、处分等多种权能,故第1种合约字祭祀公业与大陆祭田在派下权利分配上更为接近,第2种和第3种则非常不同。比如第2种情形,不用说是出资额有所差别,哪怕就是一人捐资购买的祭田,在大陆也是由享祀者的后裔按房平均享有管理、收益分配和处分权利。

总之,关于台湾祭祀公业的设立,尽管绝大多数与大陆祭田有较大的相似之处,即按照房份的标准享有对公业的权利,但也有一部分与大陆祭田差别很大,主要表现为有些祭祀公业,其派下对公业的权利享有是以出资额或男性后裔个人为标准。

二、祭祀公业之名称和机构

台湾祭祀公业具有独立的名称,有多种取名方法。按照《调查报告》的归纳,台湾祭祀公业命名的标准有:以享祀人之本名为准者;以享祀人之公号为准者;另取新名;以派下全体之家号命名者;以设立人之人数有关的字词为准者等。① 大陆祭田则一般没有独立名称,只是在某些地方,祭田作为祠堂属下的公产,如该祠堂有名称,祭田可使用该名称来加以限定。如倪望重在判决中出现的"聚五祀""成道祀"等。② 即便如此,大陆祭田因此种归属关系而获得名称,最多只能表明其作为财产的归属所在,并不是像台湾祭祀公业名称那样,是自己的专属名称,更遑论还有很多祭田连这种附属名称也没有。③

台湾祭祀公业的机构大致包括派下总会、派下代表总会、管理人、假管理人、特别代理人等。派下总会由派下全体组织之,为祭祀公业的最高权力机

---

① 台湾"法务部":《台湾民事习惯调查报告》,台湾法务通讯杂志社1995年第十版,第723—724页。
② 倪望重:《诸暨谕民纪要》,载杨一凡、徐立志主编:《历代判例判牍》第十册,中国社会科学出版社2005年版,第306—307页。
③ 当然在福建、广东等地一些族谱里面,如福建《林氏宗谱》中关于"历世祭产"项下,列举了一些祭田名称,如"天朴公仝妣颜氏祭田、天锡公仝妣张氏祭田……"等,是以享祀人的名称来为祭田命名的。(陶恩授:《林氏宗谱》,载《北京图书馆藏家谱丛刊·闽粤侨乡卷》第一册,北京图书馆出版社2000年版,第603—604页。)台湾祭祀公业名称之起源受到闽粤两省习俗之影响。但大陆地域广阔,祭田习俗千差万别,在其他很多地方,祭田则无自己的名称。

关。在祭祀公业设立之初,派下人数不多,召集较易。及至时间推移,派下人数增多,随着人口流动性的加强,召集派下总会的难度增大。但在日据时期,因有完善的户籍管理制度,每年召集一到二次派下总会还有可能。派下代表总会是由派下一房或数房推举代表参加会议,以弥补派下总会召集之特殊困难情形。不论是总会还是代表总会,在理论上其议决都需要全体同意而非多数决定。但在实际操作上,按《调查报告》的说法,"开会时多遵从年长者或较有势力派下之意见,故鲜有争执事情发生,纵有少数人不服,经劝解后亦多能服从其众议。"[①]

和大陆祭田制度相比,台湾祭祀公业最有特点的是与其管理有关的机构。和大陆祭田之管理一样,台湾祭祀公业也有专任管理和轮管之别。在日本占据台湾之前,以轮管居多。日本占据之后,殖民当局出于调查之便利,通令各公业选出专任管理人承办申报登记事宜。因此,在调查工作结束后,虽然多数祭祀公业实际上仍奉行轮管,但在形式上,多设立了专任管理人。专任管理人的人数和资格,在日本占据时代并无法律和习惯上的限制。但一般而言,有派下的祭祀公业,通常以选任派下担任管理人为原则,但派下议决选任派下以外的人充任管理人,亦属有效。[②] 在日本占据时代,为便利祭祀公业的管理和诉讼上的便利,还确立了假管理人制度。所谓假管理人,是临时补缺机关,是在专任管理人全部出缺或部分出缺时予以选任,临时行使专任管理人的权力。在专任管理人或假管理人与祭祀公业有利害冲突之事项出现时,基于公平考虑,在日据时期还设有特别代理人,以代理祭祀公业而为法律行为。而大陆祭田,以实行轮管的居多,只有少数"祠田"或族田由族内选择专人管理,但都没有台湾祭祀公业那样的专任管理人制度,更没有假管理人和特别代理人制度。

从台湾祭祀公业的名称和机构来看,尤其是自日本占据后,祭祀公业有了专门名称,更有了一套较为完善的机构。有些机构的设立,如派下总会、派下代表总会、管理人等,在起源上,无疑是受到了大陆祭田的影响。像派下总会,类似于大陆在祭祀时召开的族(房)众会议;派下代表总会则类似于大陆的各房房长会议。日本占据台湾后,出于以习惯上的法人对祭祀公业进行规范的需要,有意识地创设相关制度,一方面将祭祀公业原有的机构加以制度化和定型化,另一方面新创设相关制度,以弥补原有机构的不足,如假管理人

---

① 台湾"法务部":《台湾民事习惯调查报告》,台湾法务通讯杂志社1995年版,第729页。
② 关于专任管理人的权限,按《调查报告》的说法,无明确的习惯存在。日据时代的司法判例认为祭祀公业专任管理人的权限与未定权限之代理人的权限相同。《调查报告》综合日本民法之规定和相关判例,深入分析了专任管理人的权限范围,读者可见同上书,第733—736页。

制度、特别代理人制度是。这就实现了祭祀公业在名称和机构上的相对规范化。大陆祭田,则最多只有相类似的习惯上之事实,而无有意识对之进行正式制度设计上的引导。实际上,新法律制度将祭田定性为公同共有物,原不需要类似日据台湾时期对祭祀公业所进行的那种制度化。但无论如何,因上述原因的存在,在名称和机构设置上来观察,台湾祭祀公业更多地具有了习惯性法人的特征。

三、祭祀公业中的派下权

"派下"又称"关系人",在通常情况下,与大陆"各房"含义相似;"派下权"是派下对于祭祀公业所享有的权利义务之总称,在通常情况下与"房份"同义。以现代法言法语来解释祭祀公业的"派下"及"派下权",较早同时也较权威的当属日本占据台湾后司法当局所作的"大正九年控民第704号判决",云:"公业之房份即派下权,系包括各派下所有之权利义务之总称,而非为单纯权利之谓。"[①]"派"本意为"别水也"[②],引申为同源之派别,常用于宗族内共血缘的分支,这时常与"子孙"或"各房"连在一起使用,称"某派下子孙"或"某派下各房"。到民初,大理院在"四年上字第2267号"判例要旨中仍沿袭了此种用法,"茔地为公同共有性质,非遇有必要情形,经派下各房全体同意,或已有确定判决后,不准分析让与或为其他处分行为,违者其处分行为无效。"[③]据我阅读所及,在民初文献中,尚未见到将"派下"作为一专门名词单独使用的情况,更无所谓"派下权"的存在。

原则上,台湾祭祀公业的设立人及其继承人全部,均可充派下。派下权的获得,从法律的观点看有原始取得和继承取得两种。祭祀公业设立人全体可直接取得派下权,此为原始取得;设立人的全体继承人因设立人的死亡而取得的派下权,为继承取得。在继承取得中,"自不问其为男、女或嗣子、养子,均平等取得此权,惟当时因女子,原则上并无遗产继承权,故除有特殊情形(如无男子继承人而招婿并未出嫁者)外,亦不得取得派下权。"[④]养子可成为祭祀公业的派下,但一般不能成为大陆祭田管业权人。之所以有这种区别,原因之一在于大陆祭田更多地强调了祭田的祭祀功能——祭祀者和享祀者存在直接血缘关系是祖先祭祀得以进行的必然前提;而台湾祭祀公业相对

---

① 转引自台湾"法务部":《台湾民事习惯调查报告》,台湾法务通讯杂志社1995年版,第754页。
② 许慎:《说文解字》,中华书局1963年影印版,第232页。
③ 郭卫编辑:《大理院判决例全书》,台湾成文出版有限公司1972年版,第170页。
④ 台湾"法务部":《台湾民事习惯调查报告》,台湾法务通讯杂志社1995年版,第741页。

强调其祭祀之外的其他社会职能,关注的中心有从祭祀先祖到公业收益分配发生转向的趋势。

祭祀公业的财产归属,不同于大陆祭田(享祀人所有男性直系后裔各房共同享有管业权),具有双重性质:既是祭祀公业的独立财产,也是派下全体公同之财产,祭祀公业的"公"字即含有"公同"之意。派下权的存在,即是以此种公同关系为前提。派下权主要以财产权的形式表现出来,及于管理、使用、收益和处分等领域。

在管理方面,派下有管理公业之权利义务。在轮管制下,各派下皆有按照次序充任管理人的权利;在非值年之时,对公业财产的处分和重要管理行为有同意权,得因公业之利益而有保存公业财产之义务。在专任管理人制度下,具有成为派下总会成员的权利,有成为派下代表总会代表之资格,与其他派下或派下代表一起,行使各该相关机构的职权。在使用方面,各派下享有对公业财产的同等使用权利,当然这仅限于以使用而非收益为主要目的之公业财产。在收益方面,祭祀公业财产之收益除祭祀先祖之外的盈余部分,派下享有分配的权利。至于分配的标准,则按照设立祭祀公业的不同情形,有按照房份、捐资额多寡、人头数等不同标准来进行。在处分方面,尤其是对祭祀公业财产进行典卖的场合,派下有同意和否决权。

派下权的获得须满足一定的身份条件,故派下权虽主要以财产权的方式体现出来,但亦与特定的身份联系在一起,具有浓厚的身份法特征。因此,一般而言,派下权不能随意转让,即便有转让情形发生,也仅限于在派下内部进行,而不能转让给派下之外的其他人。

派下权在管理等领域所表现出来的具体内容,主要以派下间的公同关系衍生而来,故与大陆祭田管业权人对祭田所享有的权能有很大相似之处,当然其中一很大不同是收益分配的标准,大陆祭田是严格以房份为标准,而不像台湾祭祀公业要根据设立时的具体情形来决定采取何种分配标准。

派下权并不只是权利,当然还包括相应义务。因祭祀公业财产的双重性质,故派下是否应对祭祀公业负连带责任就成一特殊问题,大陆祭田,一般不会出现这种情形;即便偶然出现该情况,祭田管业权团体当然应付连带清偿之责。台湾祭祀公业,因常以公业本身的名义为法律行为,则很可能出现这种情况。如将祭祀公业作为习惯法上的法人或者其他的权利义务主体,那派下当然不应为此承担连带责任;若将祭祀公业作为各派下之"公同"产业,那各派下则理所当然应承担连带责任。在日本占据台湾时期,司法当局的判例即围绕此问题而有不同的法律见解。如明治三十八年(1906 年)"控第 450 号"判决认为"派下对于公业之债务,应负连带清偿之责。"到昭和二年(1927

年)5月13日台湾高等法院上告部判决则认为"祭祀公业,应解为其本身得为权利义务之主体,且具有得行使裁判上暨裁判外行为之适格,并与其股份人之派下间成为互相独立之存在为适当。是故,应认为公业派下对于祭祀公业所负债务,不直接分担之,亦非与公业同负连带债务人之责任。"[①]之所以出现这种变化,与1923年日本敕令第407号施行于台湾分不开。该敕令第15条明确将祭祀公业定性为法人。我以为,即便将祭祀公业定性为法人,也当以派下负连带清偿之责为妥,其主要理由如次:(1)派下权是权利义务的综合体,派下既从祭祀公业那里享受包括收益在内的各项权利,当然要承担因祭祀公业本身所负的债务;(2)祭祀公业的财产既是独立于派下的财产,同时也因各派下公同关系的存在才能维系其独立之性质,具有派下"公有"特征,只有让派下承担连带责任才与其双重性质吻合;(3)祭祀公业财产之实质处分需要各派下之同意,其社会流通性较弱,是祭祀公业与近代以来的工商业社会不相适应的主要问题所在。如债权人不能从各派下那里获得连带清偿债务的保证,祭祀公业作为法律上权利义务主体的功能将在事实上大打折扣,不利于祭祀公业本身的发展和增值,最终也会影响到各派下的收益。故不论是从保障债权人利益、增加社会财产流通,还是实现各派下收益最大化等多角度考虑,皆以各派下对祭祀公业之债务负连带责任为妥。

四、综论祭祀公业与大陆祭田之异同

祭祀公业自清代以来即因台湾地区独特的地理和社会环境而发展出了一些不同于大陆祭田的特征,但对形塑二者主要区别最具决定作用的因素,还是日本占据台湾时期以习惯法上的法人对祭祀公业所进行的改造和施加的影响。

本来在台湾发展出的祭祀公业设立方式上,在日本占据台湾初期,台湾民众出于思念故国和祖先的感情需求,设立了不少祭祀公业。这些祭祀公业和原先本已存在的祭祀公业一起,构成了台湾祭祀公业的主要部分。在有限的人口之中形成数量如此之多的祭祀公业,直接导致了祭祀公业设置形式的多样化,既有阄分字,也有合约字,在合约字下尚有平均出资、不等数量的捐资以及按丁口享有股份等多种样式。设立方式的多样化直接会影响祭祀公业的管理、收益分配、实质处分等诸多方面的事实状态。可见,台湾祭祀公业已经发展出一些不同于大陆祭田的独特习惯性事实。

---

① 转引自台湾"法务部":《台湾民事习惯调查报告》,台湾法务通讯杂志社1995年版,第747页。

从人类文明演进角度来观察,"事实为典章制度之先导"①,事实不一样,极有可能发展出不同的典章制度。大陆祭田和台湾祭祀公业设立的初衷都是为保证祭祀祖先能永久继续下去,但和大陆不同的是,在清代台湾地广人稀、各类械斗严重,设置祭祀公业伊始,除祭祀先祖之外,还有抱团结伙一致对外的现实考虑在内。祭祀先祖只是祭祀公业的功能之一,可能还并非是它最主要功能。既然祭祀公业在设立之初即有抱团结伙一致对外的考虑在内,各派下之间的宗族血缘关系就不如大陆祭田各房之间那么密切,大陆祭田更强调管业权团体对于享祀者的血脉相承关系。及至台湾社会趋于安定,械斗平息,抱团结伙一致对外也失去了往昔的需要,单祭祀公业各派下的血缘关系原本就不足以维持其"公同"关系,故需要一种新的维持祭祀公业各派下"公同"关系之纽带,从祭祀公业本身获得与其出资额成比例的收益就自然地充当了这个角色。既然各派下要从祭祀公业获得与其出资额相当的收益,并尽可能地在祭祀公业的框架内使其收益最大化,从外部关系而言,就需要祭祀公业以自己的名义为法律行为,因此就要在名称、管理人和代理人等方面进行规范;从内部关系上,也应厘清各派下权利义务关系,如祭祀公业管理机构的完善,派下股份的获得、数量和转让等相关规定的明晰等。这一切都使得祭祀公业更多地具备了习惯性法人的特征。到日本民法施行于台湾,首先是祭祀公业本身的这种明显的习惯性法人特征,加之日本民法本身并无公同共有之规定,也无类似祭田或祭祀公业那样的习惯性事实存在,种种因素使得日本在台殖民当局选择了将祭田定性为习惯性法人,并以民法中关于法人的规则来规范它,在事实上促进了祭祀公业在名称、机构设置、派下权等方面的制度化。及至1949年以后,司法当局将祭祀公业定性为公同共有物,但这种已制度化的事实作为习惯仍具有相当生命力。

而在大陆,祭田设置之初衷主要是基于祭祀先祖的考虑,只是发展到后来,随着祭田规模的扩大,才开始有了其他方面的职能。即便如此,祭祀先祖的考虑仍然占据重要地位,管业权团体诸人不论世代变迁,作为被祭祀对象的直系后裔这一点不会发生变化,祭田管业权人之间的血缘关系至少在道德层面上是维持其"公同"关系的唯一正当性所在。在"重义轻利"这个社会主流意识影响之下,随着时代的推移,即便同宗之间关系已然淡漠,"利"成为祭田管业权人考虑的中心,但也不会公然言之,反而会更强调祖先祭祀的重

---

① 潘维和:《中国古代民事法思想背景之研究》,载《法学论集》,台湾中华学术院1977年印行,第187页。

要性。既然管业权人不便公开言"利",故一般情况下按房轮管轮收的习惯做法即可大致满足管业权人对祭田制度方面的要求,而不会力图创设更为详明具体的规则,以建立对内对外的机构、明确各管业权人的权利义务,给人以太过计较、不恤族人的印象。正是如此,加上中国制定民法典草案伊始即遵从最新立法例,规定了公同共有,民初大理院才将祭田定性为公同共有物,并以相关法理来裁断祭田案件。这种对祭田进行公同共有的法律规制,反过来又使得发展类似于台湾祭祀公业那样的详明规则成为不可能,同时也不需要。

大陆祭田和祭祀公业的主要不同点即可归纳为二者在相关制度建设正规化和精确化方面的区别,即前者只有一些习惯性、原则性的做法,后者则发展出了一套相对完备和确定的规章制度。产生这些区别的主要原因是后者独特的地理和社会环境以及甲午之后不同于大陆的政治环境。

尽管大陆祭田和台湾祭祀公业有上述区别,但它们都是因祭祀祖先而创设的独立财产,也是一种团体财产,是中国所特有的土地制度,其相同面仍然是主要的。这种相同或相似之点主要体现在:

第一,从设立上看,它们都是为祭祀祖先而设立的独立财产,其物质形态主要是作为不动产的田地;其设立背后的思想根源都跟儒家所倡导的尊祖敬宗睦族紧密相关。第二,从基本的构成要素来看,都包括被祭祀的祖先(在台湾祭祀公业被称为"享祀者")、设立者、独立财产和管业权人(台湾祭祀公业称为"派下")等几大部分。第三,从财产归属上来看,都属于团体所有,且团体成员之间有基于血缘的"公同关系",即成员之间保持着同宗、至少是同姓的密切关系。第四,从财产的管理、收益和处分上来看,一般实行的是管业权团体的轮管,即便是由专人管理,但管理人的任免和权限皆由管业权团体成员所决定;财产的收益皆优先用于祭祀先祖,有盈余的情况下才举办一些族内公益事业或在管业权团体内部进行分配;对财产包括分割和典卖等实质处分,原则上要获得管业权团体全体之同意,在特殊情况下也要获得管业权团体之代表同意和成员的多数同意。

以上是大陆祭田和台湾祭祀公业比较的大致情形。二者之间的这种同中有异、异中带同关系是学术上能够将它们进行比较的前提所在。通过比较,似可得出这样的结论:台湾祭祀公业是大陆祭田的较为近代化阶段,这种近代化阶段的到来和展开又与近代法律体系的规制紧密相连。

第三节 祭祀公业在法律上的性质

关于台湾祭祀公业在法律上的性质,台湾学界和司法实务界一直众说纷纭。因这直接关涉到运用什么样的法律规则来规范、裁断祭祀公业案件。不同的性质认定,对祭祀公业的设立、管理、收益分配、处分等多方面的利益,甚至对那些和祭祀公业有经济往来的外人都会产生重大影响。因此,认定祭祀公业在法律上的性质,是研究祭祀公业的一个中心问题。因此,祭祀公业在法律上的性质为何,学界和台湾司法界主要有三种看法,即法人说、公同共有说和"实在综合人"说。本节先对这三种不同的性质认定略为梳理,最后提出我的一点意见。

一、日本占据台湾时期的"法人"说

在日本占据时期,随着殖民当局对台湾旧惯调查的深入,逐渐对台湾祭祀公业有所了解。在经过了军政和律令原则两个法律治理阶段后,即将进入以适用日本本土法律为主的敕令原则时期。而在日本民法中,所有权分为单独所有权和普通共有,所有权主体有自然人和法人,故日本在台司法当局以判例的形式实际上将祭祀公业定性为法人财产,并以法人部分的相关规则为主要依据来裁断祭祀公业案件。昭和二年(1927年)台湾"高等法院"上诉部判决认为,"大多数的祭祀公业是以祭祀祖先为目的,而设立的一种财团,其自身成为权利义务的主体,拥有裁判上及判例外行为的性质,故应解释为和其股份者的派下之关系为独立存在。"①该判例将祭祀公业定性为法人。日本驻台司法当局始终坚持此点。

在法人说里面,到底祭祀公业属于何种类型的法人尚有不同的观点。在现代民法学说中,按照不同的标准,法人可分为公法人和私法人、社团法人和财团法人、公益法人和营利法人。按照通说,公、私法人区别的标准是据以设立该法人的法律为公法抑或私法②,很明显,设立祭祀公业是依据长期的惯例,祭祀公业应该归于私法人范畴,这一点并无分歧。存在分歧的是祭祀公业到底属于社团法人还是财团法人,是公益法人还是营利法人。社团法人和财团法人之区别标准主要在于其成立之基础,前者基于人,后者基于财产。

---

① 〔日〕姊齿松平:《祭祀公业与台湾特殊法律的研究》,台湾众文图书股份有限公司1991年版,第24页。
② 郑玉波:《民法总则》,中国政法大学出版社2003年版,第164页。

就祭祀公业而言,如从派下的角度来看,具备社团法人的特征;如从保证祭祀顺利进行而设置的独立财产角度来看,则当属财团法人无疑(如前述昭和二年的判例则重在从独立财产的视角来观察祭祀公业,将之定性为财团法人)。在日本立法例中,有将法人分为公益法人和营利法人的传统,是以法人之目的事业为标准而区分。所谓"公益",指的是社会全体利益,而非不特定的多数人利益;所谓"营利",指的是积极营利,将其利益分配于其构成分子。① 祭祀公业是为不特定多数人的利益而非为了公益而存在,很难说它是公益法人;它原是以祭祀先祖为目的,只有在祭祀有余时才在派下间进行利益分配,并非直接以营利为目的,亦很难说它是营利法人。祭祀公业的这种多面相特征,将它归于社团法人还是财团法人都有一定道理,但也存在不相吻合之处;将之归之于公益法人抑或营利法人皆不甚妥当。故日本学者姊齿松平主张参酌祭祀公业具体情况具体分析,而不作统一归类。如要进一步划分,无派下的祭祀公业类似于财团法人,有派下的祭祀公业类似于社团法人,同时也类似于营利法人。如此一来,简单问题反而复杂化,难以在司法审判实际中进行有效地操作。故放弃此类强行将祭祀公业在现代法人体系中进行准确归类的做法,笼而统之认定为"习惯法上的法人",并进而指出,"无需勉强探究其与民法上法人类似之点,只要研究祭祀公业本身之法人性质即可。"②

姊齿松平本为日本占据时期研究台湾祭祀公业的权威法学者,且为日本在台高等法院法官,其关于祭祀公业为习惯法上法人之见解成为日据时期台湾祭祀公业定性的官方权威学说,为多数判例所遵循。这种习惯法上的法人说不仅关涉到法人的定性问题,避免了围绕祭祀公业在法人定性方面的大量争论,且直接影响祭祀公业案件的法律适用。将祭祀公业定性为习惯法上的法人,那些跟祭祀公业相关的习惯皆可能被司法机构采信而获得习惯法上的效力,成为裁决此类案件的准据,从而扩大了裁判该类案件的法源范围,能够较大程度地防止相关司法判决与祭祀公业习惯相悖的情形发生。

最终将祭祀公业定性为习惯法上的法人,表明那种将起源于大陆、在台湾生长的祭祀公业惯例精确纳入现代民法学中的法人框架存在相当困难;如

---

① 郑玉波:《民法总则》,中国政法大学出版社2003年版,第166—167页。按照郑教授的说法,近代中国的法人制度将法人分为公益法人和营利法人两种,实模仿日本立法例的产物,"严格言之,原不甚妥",因为二者并非对待名词,"公益"应该与"私益"相对,"营利"应该跟"非营利"相对,在这种法人分类中,将"公益"和"营利"并列,易产生归类上的困难。

② 〔日〕姊齿松平:《祭祀公业与台湾特殊法律的研究》,台湾众文图书股份有限公司1991年版,第25页。

强行将之纳入该法律框架之中,难免有削足适履之弊。只有在现代民法学体系和传统惯例之间妥协和折衷,将之定性为习惯法上的法人,才可能将传统惯例和现代法律规则及其背后的法理共同作为裁判此类案件的法源,在个案判决中根据具体情况获得尽可能妥当的司法判决。

二、光复后的"公同共有"说

祭祀公业一般而言由享祀者、祭祀、独立财产和派下等几个相互联系的部分所构成。日本占据时期的祭祀公业法人说主要是从独立财产视角来观察祭祀公业所得出的结论。如从派下来观察,祭祀公业的性质则与前述法人说迥异,而呈现出一种"共有"性质,这是祭祀公业定性上"公同共有"说的学理出发点。

台湾光复后,司法当局一改日本殖民机构对祭祀公业的法人定性,沿袭了民初大理院和最高法院对大陆祭田的定性,将台湾祭祀公业定性为公同共有物。"最高法院"1950年台上字第364号判例列举了将台湾祭祀公业定性为公同共有物的主要理由,主要有下述三点:第一,日本在台司法当局对祭祀公业的定性不能拘束民国司法机构;第二,即便肯定日本在台司法当局的法人定性对台湾祭祀公业产生了事实上的影响,这种影响也属于习惯之范畴,只有在不与法律抵触时方发生效力;第三,现行民法有"法人非依民法或其他法律之规定不得成立,在民法施行前亦须具有财团及以公益为目的社团之性质而有独立之财产者,始得视为法人"之规定,故前述习惯与法律规定相悖,认定祭祀公业为法人的见解不能成立。① 第一点系属政治问题,第二、三点是从法源位阶上阐述将祭祀公业定性为法人见解不能成立的主要法律根据所在。该判例并没有正面揭示祭祀公业为公同共有物的法律根据所在。②

既不能从判例中直接归纳出将祭祀公业定性为公同共有物的根据,那就只能从法理和事实相关联的角度来进行演绎式的推理,这是台湾私法所采纳的见解。从习惯事实上来看,"(1)在台湾,一般观念上,并无以享祀人即死者为财产权之主体者,且亦无认定公业为人格体之想法。(2)公业财产之处分行为,必须经派下全体之一致,其典卖契字,鲜有使用公业名义之例。"③公

---

① 台湾"法务部":《台湾民事习惯调查报告》,台湾法务通讯杂志社1995年版,第773—774页。
② 该判例在正面论证时仅笼统指出,"台湾之祭祀公业,如仅属于某死亡者后裔公同共有,不过某死亡者后裔公同共有祀产之总称,尚难认为有多数人组织之团体名称。"转引自同上书,第767—768页。
③ 台湾"法务部":《台湾民事习惯调查报告》,台湾法务通讯杂志社1995年版,第766页。

同共有法律规定恰好与此等事实相吻合,且这些规定自晚清以来一直为我国民法所继承,当局遂将祭祀公业定性为公同共有物。

此种演绎推理从学理上说自有其缺陷:从不同事实面相可能得出相异的结论。如从祭祀公业有以自己的名义为法律行为的习惯事实来观察,民法中所规定的法人或非法人之团体皆与该事实吻合,那是否可认定祭祀公业为法人或非法人团体。简言之,靠演绎法推断出的事物一般性质,其条件和结论之间只有必要性而缺乏充分性,不足保证结论在逻辑上的圆满。

从学理上观察,公同共有说的缺陷既如此,从台湾社会发展的事实来看,它所引起的问题亦不容忽视。台湾自光复后经过数十年的发展,已逐步完成了从农业社会向工商业社会的转型,人口流动加强,人们的法意识逐渐养成,包括土地在内的不动产迅速增值。所有这一切都使得原先在公同共有规范下存在的问题更加暴露。关于这些问题,《调查报告》有详尽的论述[①],这里仅举一例以说明之。

将祭祀公业定性为公同共有物,照公同共有的法律规定,对祭祀公业进行包括处分在内的重要法律行为时须得全体派下之同意。在工商业社会,派下散居各地,亲属关系因年湮代远而更疏远,召集全体派下非常不容易;如因公业财产而涉讼,适格的当事人为全体派下或管理人,在没有管理人或管理人出缺的场合,如何维护祭祀公业的法益遂成为问题。有鉴于此,《调查报告》的作者主张制定关于祭祀公业的特别法令以规范之。

三、祭祀公业的"实在综合人"说

戴炎辉教授是较早对台湾祭祀公业进行研究的著名学者,他基于对东西方法律史的比较研究,提出关于祭祀公业定性的"实在综合人"说,大意如下:

> 大理院、"最高法院"及"台湾私法",皆以通常祭田为公同共有(合手的共有 Gemeinschaft zur gesammten Hand),但我以为系类似日尔曼法的法人(Körperschaft),即所谓"实在的综合人"(reale Gesammtperson)。详细地说,祭田系由派下全体所组织,由各派下所支持,紧密地站在各派下的上面之共同团体。祭田团体通常有字号(公号),以其字号所有财产,得为法律行为及诉讼行为。其能独立为权利义务的主体,乃是祭田团体为单一体(Einheit)的表现。惟祭田团体,从其对派下的关系而说,

---

① 台湾"法务部":《台湾民事习惯调查报告》,台湾法务通讯杂志社 1995 年版,第 771—782 页。

非好似与派下毫无关系的第三人而与之相对者。此表现于物权法时,祭田财产系祭田团体与总派下的总有(Gesammteigentum);所有权的内容,于某些关系之下,分属于团体与派下。详细地说,标的物的处分及某种收益权,专属于团体本身;其他的使用收益权,则以派下的资格,属于各派下。而债务法上,各派下就团体债务,应负担连带责任。上述各点,均因祭田团体仍保持其原有的"合伙原则"(gemeinschaftliches Prinzip)而来。此系祭田之复多性(Vielheit)的表现。惟有应予注意者,所谓祭田之中,再有与上文不同性质的祭田,尤其是清代台湾的所谓"丁仔会"是。丁仔会系族人为祭先睦族的目的,共同出捐而设立的族产。凡原设立人的每一男子孙,均得享受同一利益(预会、分胙、领花红等),非由原出捐人承继其权利。这种祭田似为财团的性质。①

与"法人"说和"公同共有"说相比,戴炎辉先生"实在综合人"说的特色是兼顾祭祀公业的"复多性",即"团体的单一性"和其保持的"合伙原则"。在戴先生看来,要准确地为祭祀公业定性,就必需把握其性质的"复多性",因它在物权法和债权法上皆有极充分且非常具体的表现。本于对中外法律史的了解,从这种"复多性"的视角观察,戴先生认为祭祀公业在性质上类似于日尔曼法的法人,即所谓"实在的综合人"。

就学说本身而言,其重要意义在于透过这种祭祀公业的理论定性,将祭祀公业纳入近代法律体系之中,且能更周全地认识并照顾跟祭祀公业相关的传统习惯。似可认为,不论是"法人"说、"公同共有"说还是"实在综合人"说,皆是基于西方社会的法律事实而构建出来的法律理论,不同的在于其时代差异,其中前两种学说主要是基于西方近代社会的法律事实而后一种学说则产生于西方古代社会。法律事实之时代差异决定了因此而产生的法律理论发生作用的时代差异。中国的祭田习惯,即便是已具有某些近代特征的祭祀公业习俗,一般而言,从法律的眼光来看,都属于传统中国的法律性事实。故以"法人"说或"公同共有"说来定性包括祭祀公业在内的祭田,并以相应的法理来规范、整合祭田习惯,不仅要面对中西法律文化的差异,而且还要跨越社会的不同发展阶段,遭遇古今问题;如以戴先生的"实在综合人"说来定性祭祀公业,并以相应的理论来规范之,就只需面对中西法律文化的差异,而可最大限度回避古今问题。中国法律近代化是在模范西方法的基础上展开的,中西法律文化差异问题是中国法律近代化——不论是宏观层面的法意

---

① 戴炎辉:《中国法制史》,台湾三民书局1966年版,第196—197页。

识、法观念的生成,还是微观层面上的具体制度建设——不能回避的难题。选择异质文化中属于相近发展阶段且较为恰当的理论模式来规范本土文化中的某个具体制度或事实,应是最理想的选择。戴先生的"实在综合人"说对祭祀公业的定性,具有较大妥当性的学理根据即主要在于此。

主要作为农业社会习惯的祭祀公业进入工商业社会之后,难免会出现某些困难情形。前述祭祀公业派下的确定因人口的流动不居而产生的困难就是一例。戴先生基于对祭祀公业习惯的"复多性"认识,考虑到祭祀公业的"实在综合人"特性,反对单纯以"法人"说或"公同共有"说来规范之,而是认可这两种理论主张的合理性,同时也注意到其局限性,即只抓住了祭祀公业习惯的某一面相。要解决派下确定的困难,不能直接从现有的民法框架中找到相应的具体规则,因在现有的民法框架中,最适合祭祀公业习惯的规则要么在"法人"项目之下,要么在"公同共有"项目下;因此需要结合二者,来制定特别法规以规范之。其具体思路就是,"凡以'死者名义''公号''公业'等名义为所有人,而不以个人名义登记其所有权者,就其不动产,命利害关系人于一定期间内提出申报,政府设一查核机构予以审查,如无人提出异议,则迳行核定其共有人;如有异议,则命关系人提出主张或举证,由复审机构审定之。一经审定即具有创设之效力,不得再行异议。而后令其设立社团法人或财团法人。"《调查报告》的作者对这点评价甚高,认为它"似为一劳永逸之解决办法"。① 戴先生这个解决方案,是基于其对祭祀公业"实在综合人"的定性,既看到社会已工商业化,也考虑了祭祀公业先后经历了法人和公同共有规范两个阶段,祭祀公业本身的"复多性"更为彰显,要通过特别立法加以规范之,以减少围绕祭祀公业而产生的纷争。在特别立法之中,要通过不动产登记、申报、异议和复查等程序间接承认祭祀公业的"共有"性质,最终达到以"法人"进行规范之目的,在尽量照顾祭祀公业习惯之"复多性"情况下,完成其近代改造,确不失为一妥当之办法。

关于台湾祭祀公业之性质认定问题,自日本占据台湾以来,司法当局都是力图以欧陆近代法律制度来规范它,以实现祭祀公业的近代化。司法当局通过调查台湾祭祀公业旧惯,结合日本民法的法律规定情形,侧重于祭祀公业团体的单一性特征,将之定性为习惯法上的"法人",并结合祭祀公业习惯和日本民法中法人规则对之进行规范。及至光复,直至1949年后,司法当局沿袭了民初大理院和"最高法院"对大陆祭田性质的认定,忽略了大陆祭田和祭祀公业在习惯上的差别,以及日本殖民司法当局数十年来以法人定性祭

---

① 台湾"法务部":《台湾民事习惯调查报告》,台湾法务通讯杂志社1995年版,第782页。

祀公业这个习惯性事实,侧重从派下的角度观察祭祀公业的"合伙"特征,将之定性为公同共有物。及至台湾经济起飞,整个社会从农业社会向工商业社会的迅速转型,公同共有规制下的祭祀公业纠纷日渐增多且程度加剧,以戴炎辉教授为代表的一批学者基于祭祀公业习惯的"复多性",将之定性为"实在综合人",主张在现行民法之外特别立法,在特别法中将其派下"合伙"及其团体"单一性"皆充分照顾到,也即是将"公同共有"说和"法人"说之长结合起来,通过特别法的施行,达到实现祭祀公业近代化之目的,有其合理之处。

结　语

　　受家族观念的影响,自宋代以后,祭田作为一重要的土地类型,在南中国非常普遍。历代官府一般将祭田案件视为"细故"纠纷之一类,主要运用祭田惯例和情理作为裁断主要依据,让有限正式成文法条在背后发挥威慑教化的作用,以达到定分止争、维护族内族际和睦之目的。降及晚清,随着整个法律和司法的近代转型,祭田纠纷被视为民事案件之一种,也开始了近代转型。在这个极其艰难的转型中,清末民初的地方新司法机构进行了创新之尝试;民初大理院在审理祭田案件的过程中,通过创设判解,逐步形成了一套以"公同共有"为核心的祭田规范;国民政府最高法院继续沿着大理院努力的方向,在继承大理院相关法律成果的基础上,针对案件审理过程中发现的疑难问题,更有所创新。经过各级法曹近半个世纪的努力,祭田案件之审理终于大致完成了从传统到近代的法律和司法转型。而在苏区、根据地,出于彻底改造基层社会、调动社会资源和发动贫苦群众之考虑,中国共产党及其领导下的各级政府将祭田视为阶级剥削之手段,最终于20世纪50年代初消灭了祭田制度,这可视为祭田案件从传统到近代演变的另一条路。如将祭田案件的审理从传统到近代的法律和司法转型置于近代中国整个社会大转型的视野下来观察,我以为这两个问题尤其值得深思:一是如何处理法律继受过程中的外来规则和固有习惯的关系问题,这可说是法律内的问题;另一个是祭田所支撑的家族制度在近代中国国家和社会转轨过程中到底应发挥什么样的功能,具有何等之价值,这看似一个"法外"问题,但实际上与法律和司法转型紧密相关,甚至可说在一定程度上会决定转型之快慢乃至最后的结局。下面将尝试对此分别展开进一步分析或提出问题。

一、法律继受中的外来规则与固有习惯

　　本部分拟从祭田案件审理及其近代转型结合中国法律和司法近代化这个大背景,来具体考察外来规则和固有习惯的复杂关系,进而探求司法审判能否促进二者之间的良性互动。

　　民初大理院在无法可据的情况下,将祭田定性为公同共有物,并通过对

诸多祭田案件的审理,以判例要旨和解释例的方式创设了一系列相关规则,其内容涉及祭田的创设、管理、收益分配和实质处分等方方面面。这些规则,主要是基于外来的"公同共有"法理,有时也考虑到了传统祭田习惯。这些规则基本上为当时的下级法院在司法实践中所遵循。国民政府最高法院以自己创设判解的方式基本重述了大理院判解的祭田"立法"内容,且着力解决了审理祭田案件最棘手的当事人适格问题,基本上完成了祭田法制和司法审判从传统到近代的转型。在转型过程中,司法机关将这些新规则作为裁断祭田案件的主要法源,在公同共有法理指导下的外来规则和祭田固有习惯之间势必互相影响。在这个交互影响的过程中,跟祭田相关的某些固有习惯得到了改造,同时这些外来规则也有了发展的机会。

(一)"公同共有"理论对祭田习惯之渐进改造

自晚清制定《大清民律草案》开始,我国即基本照搬了瑞士民法关于"公同共有"的一般规定,仅在形式上作了点变动:即将《瑞士民法典》的三个条文按照符合中国人的逻辑层次分解为六个条文(《大清民律草案》第1063—1068条)。① 此后,不论是民国民律草案还是国民政府颁布的《中华民国民法》,关于"公同共有"的法条皆没什么变化。

考虑到《中华民国民法》于1931年正式生效以前的二十多年时间内,所有民法(草案)皆无正式法律效力,不能成为司法机关的裁判依据;就是在这些民法(草案)关于"公同共有"的条文中,也仅在案语中以例举的方式,认为基于公同继承、合伙契约和夫妻共有财产契约才构成公同关系,其物质载体才是公同共有物。故具有中国特色的祭田是否就是公同共有物,尚需司法机关明确认定。民初大理院抓住了此一契机,通过创设判例要旨的方式,将祭田定性为公同共有物,以公同共有法理为标准,对传统祭田习惯进行了取舍,实际上对祭田习惯进行了改造。尽管判例要旨中也常有"尊重传统习惯或惯例"或"除习惯法则外"这样的语词②,但其主要用意是向公众传达大理院尊重祭田习惯这样的信息,以增强其判例要旨的正当性;当然也不排除它有尊重祭田习惯的主观意图和客观事实的存在。③ 大理院在司法审判中运用

---

① 俞廉三、刘若曾编:《大清民律草案》第四册,修订法律馆1911年铅印本,第38—40页。
② 郭卫编辑:《大理院判决例全书》,台湾成文出版有限公司1972年版,第165—173页。
③ 这么说并不是认为大理院完全蔑视祭田习惯,事实上不论是大理院对祭田个案的审理,还是其创设的判例要旨,皆可以发现大理院尊重某些祭田习惯的事实。我之所以如此说,只是想表明大理院的实际作为与它在判例要旨中通过语词所传达的对祭田习惯完全尊重并不吻合,在尊重祭田习惯的同时也完成了以公同共有法理对祭田习惯的改造。简言之,实际情形不是判例要旨语词所传达的在尊重习惯的前提下运用公同共有法理,而是以公同共有法理作为取舍祭田习惯之标准。这种做法,在中国社会的其他领域屡见不鲜,即在"我注六经"的名义下完成"六经注我"的工作。

"公同共有"法理来改造传统祭田习惯,最显著的例子就在祭田的实质处分方面。

本来,设置祭田最重要目的是祭祀祖先。子孙对祖先的祭祀在传统中国社会是一种永恒义务,绝不应因年湮代远而有所疏忽。故为祖先祭祀专门提供物质基础的祭田亦应随着子孙的繁衍而传之久远,不能擅废。这一习惯性事实,亦为大理院判例要旨所承认,如"四年上字第771号"判例要旨即是。然就在这一则判例中,大理院却采信了与之相反的祭田惯例,即祭田在必要情形下可以由各房全体进行实质性处分。①

征之社会实际,祭田应永久保存下去既是祭田设立的初衷,更为社会主流意识形态所认可和鼓励,作为长期以来的习惯在实际生活之中也多能得到很好地遵从。而以分析和典卖的方式对祭田进行实质处分虽然作为客观事实确实在一定范围内存在,但祭田派下各房因为生计困难或者管理中的原因而处分祭田,使得祖先祭祀无所依凭,当时当地的社会舆论是要将之视为不肖子孙,为人所鄙弃。故此种事实性存在能否被称为"习惯"或者说是"惯例"实在是大有疑问。而大理院却将之当成确定无疑的"惯例",且认为它"无害于公益,亦不背于强行法规"。即便认同处分祭田是一种普遍被承认的"惯例",面对这两个关于祭田处分截然相反的习惯,大理院为什么舍此而取彼?其取舍的标准何在?大理院是以"公同共有"法理为标准来选择性地尊重跟祭田相关的习惯,达到对祭田习惯进行实质性改造的效果。那如何看待这种改造呢?

民国时期有一些学者对司法判例所肯定的在一定条件下处分祭田的正当性提出了批评。如柯凌汉先生即认为,按照公同共有法理,公同共有物经公同共有人全体同意时,得处分之,亦得分割之。判例将祭产视为公同共有物,则经全体族人同意时,得将祭产处分或分割净尽,不免废弃祖先之祭祀,违反设置祭产之本意。② 史尚宽先生也持有类似见解,认为祭田属于民法上并无特别明文规定,而判例将之归入于公同共有范围。但祭田中所包含的公同关系,近于总有,其处分权能需要特殊观察,而不应以抽象法理一刀切。因此等公同财产,以供一定之用途目的而设置,除非其目的不能达到,不得分割。判例以为有必要情形,经共有人全体之同意,即得分割,殊有未当。盖民法明定公同关系存续中,各公同共有人不得请求分割公同共有物。在原供一

---

① 黄源盛纂辑:《大理院民事判例全文汇编》(未刊稿)第七册,国科会民初司法档案整编专题研究计划,第113—117页。

② 柯凌汉:《祭产与书田之性质》,载《法律评论》第16卷第14、15期合刊,1948年8月。

定用途之目的尚非不能达到时,其公同关系仍应认为继续存在也;且此等类似之公同共有,根本无物权的应有部分存在,各公同共有人自无从为处分。① 虽然两位先生批评的立论基础有所区别,但皆认为在公同共有法理规范下,对祭田的实质性处分太过容易,以至于违反了祭田应由子孙长期保存的惯例。在柯氏看来,是以公同共有对祭田的错误定性所直接产生的改变祭田永久保存惯例之结果;在史氏这里,之所以导致改变祭田永久保存惯例的结果,一是因为判例并没有严格依照公同共有法理,二是没有看到祭田是带有"总有"色彩的特殊公同共有。

前引两位先生的批评皆不是他们论述运用"公同共有"法理对祭田惯例进行改造这方面的专文,柯氏在其论文中是要论述用财团法人来规范祭田较之公同共有为好;史氏专著此节则是要一般性地谈论公同共有法理。因此,他们的评述是服务于其整篇文章或整本著作之需要的,对于本书主题,难免有意犹未尽之处。我将略为引申。

要评述判例以公同共有法理对祭田传统习惯,尤其是在处分方面对永久保存祭田习惯的改造,需要从两个不同的层面来观察:(1) 公同共有法理对祭田习惯进行改造的方式;(2) 被改造的习惯在当时社会的合理程度,换言之,即判定该习惯在当前社会是否仍然属于公序良俗。试分别检讨如下。

从改造方式上来看,不论是民初大理院还是国民政府最高法院所创设的关于祭田案件的判例,一般都是在承认祭田习惯正当性的前提下,有时是选择某种祭田习惯作为判决依据,有时则以近代化的法言法语来表达传统祭田习惯,双管齐下,最终达到在事实上改造祭田习惯,使祭田习惯能更好地适应近代社会;而不是采取直接否定祭田习惯合法性,将所有的祭田习惯一概认定为保守、落后的东西,进而直接以较新的、代表先进立法例的公同共有法理作为判决依据。也就是说,这些判例所采取的是一种打着尊重习惯的名号,实际上运用近代法理以改造习惯,即将那些与近代法理暗合的习惯以新的方式表达出来继续适用,而将那些与近代法理相悖的习惯以不予采择的方式悄悄废弃之,达到渐进改造固有习惯之效果。这种方式,为论证判决理由的正当性和说服力提供了较大的空间,便于当事人和潜在的当事人接受。

关于祭田是否应该永久保存,观察大理院和最高法院在判例要旨所表达出来的立场,实际上传达了这样一个信息:祭田应尽可能保存;如没征得派下各房全体同意,直接侵犯了其他各房之利益,当然不合法;设有人故意违反祭田管理、收益分配之成规,在族内制造纷争,而以保存祭田为名,损害了其他

---

① 史尚宽:《物权法论》,中国政法大学出版社 2000 年版,第 183—184 页。

各房的利益,那就应分析。这就间接证明大理院和最高法院在保存祭田这个问题上并没有僵化的主观成见,在公同共有关系中应保护所有公同共有人的利益,故祭田案件的判决一切以保护祭田所有管业权人的利益为准,保证了说理的充分和正当。实际上,潜移默化地改造了祭田应永久保存这个传统观念和惯例。故可认为,大理院以现代法理改造祭田处分习惯这种方式是较为妥当的。其实,分析史尚宽先生的批评,其理由集中于两点:一是判例并没有严格遵守公同共有法理之一般规定,而对规定作了扩大解释,导致了祭田保存习惯之破坏;二是单纯以公同共有定性并以相关的法理规范祭田不妥,因为祭田是带有总有性质的特殊公同共有。他并不反对以现代法理来规范祭田习惯,而是对此种方式肯定的基础上要寻求更为妥当的现代法理以准确规范之。

从永久保存祭田之习惯是否适应当时社会这个角度来看,实际关涉价值判断。大理院之所以不坚持、在判决中不采信的根本原因是他们认为,该习惯发展到当时已不适应近代社会。柯凌汉先生的批评则是立基于保存祭田以维持祖先祭祀仍是良好习惯这个判断上。其实,任何问题一旦直接牵涉到价值判断,就难免有见仁见智的主观考虑在内。即便如此,也并非不能对之作进一步的阐释。

在传统中国社会,祭田的设立和维持自然有助于尊祖敬宗睦族,发挥了良好的作用。但这种良好作用的发挥是与整体社会环境分不开的,比如说家国同构的政治结构、以孝悌为核心的社会意识形态对宗族的认同和支撑等。即便如此,但一种制度在长期运作之后,其所能产生的作用与其设立初衷难免会存在不同程度的背离,这一点在祭田制度中表现得尤其明显:祭田设立之初,所有管业权人之间因为相近的血缘而维持着密切关系,其尊祖睦族的功能尚能较好地发挥;随着年湮代远,祭田的管业权团体逐步扩大,管业权人之间的血缘越来越远,其关系也更加淡漠,甚至频繁出现纷争,处理得不好,祭田的存在反倒成了纠纷的根源。传统社会祭田纠纷较多的原因即与此紧密相关。但由于大环境的制约,设立和维持祭田尚无太大问题。

步入近代社会之后,整个社会舆论环境是朝着不利于祭田维持的方向不断发展:在与西方面对面大规模接触之后,在中西比较当中,越来越多的中国人将传统的宗族、宗法国家等相关观念和制度视为中国贫穷落后的重要根源,故在原先尊祖敬宗观念支配下的子孙应永远保存祭田以供祖先祭祀的做法不再被认为是天经地义。有人根据祭田的实际支配现实出发,认为祭田名义上虽然是族内公产,实际上掌握在族内有钱有势的人手中,成为剥削、压迫贫困族人的工具①；有人看来,尽管他们承认祖先祭祀是中国传统文化优越性的重要体现,祭田的存在也有其睦族之功能,但面对众多的祭田纷争,还是主张迁就这种纷争的现实,在具体的祭田纷争中来考虑该系争祭田是否有其存续价值。绝大多数法曹中人,尤其是大理院和国民政府最高司法当局的法官们,采取的是以个案审理的方式创设一般性判例,以公同共有这个外来法理为据,承认在一定条件下对祭田进行实质性处分的正当性。自20世纪初以来,司法判例中所体现出来的是成就祭田实质处分的条件越来越宽松,比如从对"全体同意"之含义所进行的阐释上面来说,就有一个从全体族人同意到多数同意再到各房代表同意,甚至到族人的事后实际追认这个变迁过程。② 不论大理院和最高法院的法官们有没有自觉意识到此种社会意识形态的变迁趋势,但在对祭田习惯的改造上,尤其是关于祭田的实质处分方面,其制作的判例是与这一趋势大致吻合的。

再就经济发展演变而言,祭田作为家族公产,不允许子孙进行实质性处分的习惯基本上能与整个社会相对静止的自然经济形态相适应。在那些祭田规模较大的地方,祭田在承担祭祀费用之余,其收益还给贫苦族人提供借贷、甚至免费救济,既能让族人直接体会到同族之间的血缘温情,同时也有助于低经济发展水平之下的社会安定。清代有祭田免于查封等行政强制处分之例文,在客观上也为祭田承担此种社会职能提供了一定的保证。③ 大理院在"六年抗字第154号判例"重申了此种规定,指出,"族中公共祠产,当其设置之初,原以永供祠堂祭享或其他族中公用,为一定之目的,与寻常之共有物,自难相提并论。故在未经公同议定废止以前,不得由族人私擅处分,尤不得因族人负有债务之故,即由执行衙门施行查封拍卖等处分,以之抵债。"④

---

① 《广东省志·国土志》,广东人民出版社2004年版,第112—116页。
② 大理院四年上字第977号判例要旨有:族人处分祖遗祭田以共有物之常规言之,自当以得族人全体之同意为有效要件,惟依地方旧有之习惯或族中特定之规约,各房房长可以共同代理全体族人,以为处分;抑或各房房长集众会议,可依族人多数议决以为处分者,则依该习惯或规约处分行为,虽未得族人全体同意,亦应认为有效。(郭卫编辑:《大理院判决例全书》,台湾成文出版有限公司1972年版,第168页。)到1928年2月24日最高法院民事第一庭对孟人柱等与孟学颜等因变卖祭田涉讼上告案作出判决,制作了"上字第169号"判例要旨:族人处分祀田,就公同共有物性质而言,自以有必要情形并得族人全体同意为有效条件,但依地方习惯,各房房长得共同代理全体族人以为处分,或各房房长集族众会议,依多数议决以为处分,或于处分后经族众追认其事者,亦应认为有效。参见郭卫编辑:《最高法院判例汇编》第一册,上海法学编译社1928年版,第44—45页。
③ 《大清律例》规定,"凡亏空入官房地内,如有坟地,及坟园内房屋、看坟人口、祭祀田产,俱给还本人,免其入官变价。"《户部则例·田赋门》中的"存留坟地"条规定"凡八旗及汉员应行入官地内,有坟园祭田数在三项以下者,免其入官。若在三项以上,除给还三项外,余地悉行入官。"薛允升并认为这两个规定属于"良法美意"。参见薛允升著述、黄静嘉编校:《读例存疑重刊本》第二册,第369页。
④ 郭卫编辑:《大理院判决例全书》(下册),台湾成文出版有限公司1972年版,第756页。

祭田制度与经济发展大体适应的情形因中国社会步入近代而逐渐发生了变化。近代社会的经济形态有从农业经济过渡到工商业经济的发展趋势。工商业社会和农业社会的一个显著区别是物质和人口的流动性加强,以此促进资源和人力的合理配置。综观整个近代社会,尽管工商业的发展不甚充分,甚至在列强的包围之中很受限,但工商业获得显著发展也是事实。故作为中国田地重要组成部分的祭田,如果仍坚持后世子孙(即祭田管业权人)不能对之进行实质性处分,那将直接影响到该土地的流通、改良和最大价值的利用,与工商业经济之下物质的商品化趋势相背离,不利于整个社会经济的发展。这也就是很多传统国家在近代化过程中都要进行土地制度方面改革的原因所在。民国大理院和最高法院通过判例把祭田定性为公同共有物,将传统的祭田管业权人以其所属之房份为单位,视为公同共有人,依照因公同共有关系之消灭而引起公同共有物合法处分的法理,判定在成就一定条件的情况下,可以对祭田进行典卖和分割,从而在一定程度上改变了祭田应由后世子孙永久保存的习惯,符合中国社会经济逐渐转型这个发展态势。

既然祭田在成就一定条件下可以分割,那些对分割祭田有强烈欲望的子孙相应地会在祭田的管理、收益分配上,甚至进行盗卖(典)等多种方式来制造纠纷,从而以此为口实,请求法院判定祭田分割。有这种可能性的存在,故柯凌汉先生担心会有不肖子孙钻此法律空子将祭田处分、甚至分割殆尽,以致废弃了祖先祭祀。这一点自有其道理,但也并非绝对。祖先祭祀之目的除了表达后世子孙对祖先的纪念和尊崇外,一个着眼于现实的考虑是让子孙们意识到同出一源,都流淌着来自于祖先的血液,以此加强族人之间的和睦和互助。既然子孙不肖,对此不予念及,反而在族人之间制造纠纷,那强行维持祭田的意义当然大打折扣。再则,如后世子孙真要表达对祖先的孝思,对祖先定期祭祀,并不一定非要先有祭田之存在。

综上所述,民国最高司法机关运用公同共有法理裁决祭田案件,在一定程度上改变了祭田的习惯,尤其是在传统中国影响较大的子孙不能对祭田进行实质性处分的惯例,大体上是顺应了中国走向近代的整个社会意识形态和经济发展态势;尤其值得一提的是通过这种充分说理的形式对传统祭田惯例进行渐进改造,充分注意到了外来规则(包含其背后的法理)和固有习惯之间的衔接,在个案判决之中有力地化解了二者之间可能发生的激烈对抗。

(二)"公同共有"理论因祭田习惯在近代中国的发展

祭田习惯植根于中国传统文明,具有自身的独特之点。"公同共有"理论来自于西方法,对中国人来说,属于一种异质文化,但二者在表现形式上有很多共同之处。这是大理院和国民政府最高法院法官们将祭田定性为公同共有物的主要原因所在。自晚清以来，为了新制定的民商法能适应中国国情，当局启动了全国性的民商事习惯调查；到民国时期，出于民商事纠纷的调处和审判的需要，也进行了民商事习惯调查，但根据现今得到整理的调查报告来看，①其中甚少关于祭田的习惯。在用公同共有法理裁决祭田案件之初，法官们无法对既已存在的祭田惯例作一总体把握，公同共有法理与祭田习惯之间的复杂关系尚未得到充分展现的机会。随着更多的祭田纠纷被提交到从事法律审的大理院和最高法院，当事人在其上诉状和答辩词中就有列举祭田惯例作为攻击防御的手段，法官们在审理这类案件的过程中，势必促使他们深入探究祭田习惯，对之逐渐有了全方位了解，主动设法弥合祭田惯例和公同共有法理之间的冲突才有可能。在这种弥合过程中，一方面是改造了祭田习惯，使之更符合公同共有法理；另一方面公同共有法理也受到了祭田习惯的影响，因法官有意识的主导，也有些适合中国祭田惯例的新发展。这种发展，主要表现在下述两个方面。

第一，在诉讼程序上，按照通常的公同共有法理，以公同共有物为诉讼标的的案件，在诉讼法上属于固有的必要共同诉讼，也就是说共同诉讼人被当作一个不可分割的整体，必须一起去进行起诉或应诉，否则就是当事人不适格。如此一来，对方当事人要提起诉讼，就首先需要调查清楚所有的公同共有人，否则，在提起诉讼后，一旦被法院或对方发现还缺少公同共有人，那就会产生败诉、甚至是判决后无法执行的危险。因公同共有物不利于对物的最大效益的利用，且容易引发纠纷，所以在传统民法理论中，何种共同关系能引发公同共有之成立，原则上应依法律之特别规定，这就是通常所说的"类型强制原则"②，故公同共有物的类型较为固定。常见的公同共有关系大体限于合伙、共同继承遗产、夫妻约定的共同财产等，其公同共有人的范围较为明确，因此等公同共有物而涉讼时，在当事人适格方面尚不致引起太大困难。如将祭田作为公同共有物，情形就不同了：也许在设立之初，确定所有的公同共有人尚还困难较少；及至时间推移，公同共有人的范围逐渐扩大，且随着近代中国有从农业社会向工商业社会转变的趋势，人口流动性增加，且相应地

---

① 参考俞江、尹华蓉整理：《安徽宪政调查局编呈民事习惯答案》，载李贵连主编：《近代法研究》，北京大学出版社2007年版，第一辑，第154—258页；南京国民政府司法行政部编、胡旭晟等点校：《民事习惯调查报告录》，中国政法大学出版社2000年版；施沛生编：《中国民事习惯大全》，上海书店出版社2002年版。

② 张双根：《共有中的两个问题——兼谈对〈物权法（草案）〉"共有"章的一点看法》，载《比较法研究》2006年第2期。

人口调查和登记一直没有真正建立起来,故要确定祭田的所有公同共有人实在是一件难事,因此,在祭田案件中,当事人的适格问题迟早会严重起来。

在以公同共有法理裁判祭田案件的初期,因为人们法律知识的相对欠缺,不能有效地利用它来进行法律上的攻击防御。在这种情况下,也许薛祀光先生的办法能应付于一时:只要判例对于公同共有财产团体的诉讼能力,维持旧来的态度,则足可弥补祭田公同共有说在当事人适格方面的缺陷。① 随着近代法观念的逐渐普及,原先没有人利用此种缺陷来作攻击防御之方法,并不能保证以后也没有人提出,绝大多数人没有如此做也并不就意味着根本没有人要做,法院也不能对这个问题长期保持沉默。大理院"第902号解释例"即足可证明这个问题已为司法者所意识到。因司法机关并不株守诉讼主体适格问题而从宽受理案件,故这个问题被暂时搁置起来。但问题终归还要从理论上加以解决。到1942年11月19日,国民政府最高法院民庭会议作出了关于以公同共有物为标的之案件当事人适格问题的决议,其中的第6点专门议及祭田问题,终于解决了这个难题。

考虑到该决议是今后国民政府各级法院审断祭田案件所应遵守的规则,故似可推断:在祭田涉讼案件里,将管理人或各房房长当作适格当事人,也即是说他们在这类案件中具有当事人能力。之所以如此规定,因他们是祭田及其管业权团体(所有派下)的代表。实际上,这已经走出了将祭田和其管业权团体(派下全体)视为"有当事人能力之非法人团体"的决定性一步。② 祭田既然被定性为公同共有物之一种,这个关于祭田的决议是应该可以对之进行一定程度抽象的,即在因公同共有物而涉讼的案件中,如该公同共有物设有管理人或代表人,在所有的公同共有人难以确定的情况下,可以赋予该管理人或代表人以权利能力,间接将这个因公同关系结合起来的公同共有物和全体公同共有人视为一"有当事人能力之非法人团体",以此方法来解决当事人适格问题,能在很大程度上减轻因此而生的私权长期不确定之困境。要观察这一思路对公同共有理论之发展,可以参照日本的"入会权"。虽然日本民法没有规定公同共有,但其固有的入会权却是与公同共有最为近似的。直到平成时期,最高裁判所的判例还对团体代表人的权限课以实质性的制约,要求代表人在实施诉讼前必须获得成员的同意。③ 两相比较,可见中国

---

① 薛祀光:《祀产的立法问题》,载《社会科学论丛》第2卷第1号,1930年。
② 参见黄阳寿:《有当事人能力之非法人团体之权利能力论》,台湾汉兴书局有限公司1996年版,第18—25页。
③ 〔日〕高乔宏志:《民事诉讼法——制度与理论的深层分析》,林剑锋译,法律出版社2003年版,第150—151页。

司法机构在解决祭田纠纷当事人适格问题上对公同共有理论的发展。

近代中国在审理祭田案件中发展公同共有法理的另一表现是在公同关系的理解和探讨上。在公同共有理论中,公同关系的确定实具关键地位,公同共有物的存在只是公同关系存在延续的物质结果。何谓公同关系,学理上一般不进行抽象定义,而多以列举方式来加以说明。在德国民法中,公同共有关系仅限于合伙、共同继承、夫妻约定财产等几个方面;直接继受了瑞士民法公同共有部分的《大清民律草案》和《民国民律草案》,乃至后来的《中华民国民法》,虽未具体列举公同关系之类型,也未对公同关系下定义,细绎条文,似可因法律规定或契约之间的公用结合而生,其成立具有较大的随意性,但实际上公同共有的类型仅限于合伙、夫妻约定的共同财产、遗产之共同继承及因特殊习惯而产生的公同共有。①

既然公同关系是公同共有物得以存在的前提,如将祭田定性为公同共有物,那其公同关系为何,则是需要追究的问题。对这个问题的回答,直接影响到公同共有人的范围,公同共有物的管理、使用、收益分配和处分等方方面面的问题。一个说法是祭田管业权人之间因为公同继承而产生了公同关系。在这种说法的背后,暗含着这样的推理:将祭田的最初所有权赋予享祀者,现今的管业权人之间同做为享祀者的公同继承人,从而产生了公同关系。但这种说法受到了法学者的合理质疑,比较有代表性的是柯凌汉。在他看来,如以公同继承为祭田得以作为公同共有物存在的公同关系,"则遗产分割后,共同继承消灭,则祭田之公同共有关系……亦将随之而消灭,"②故它不能解释祭田的公同共有性质。第二种说法是大理院的观点,认为是习惯上的子孙对祭田的共同管业自然产生了公同关系。我以为这走入了循环论证的怪圈:从子孙共有祭田之事实(惯例)推导出子孙间结成了公同关系,又由这种公同关系得出祭田为公同共有物,由子孙共有。也许在大理院看来,重要的是将祭田定性为公同共有物这种做法产生的结果,而非证明其间的公同关系。

大理院之所以对于其下级法院将祭田认定为财团法人的做法只是笼而统之断定其为法律见解错误,没有充分说明其中的具体理由,其重要原因就是没能论证祭田之所以作为公同共有物存在的公同关系为何,从而错过了通过深究中国惯例并结合公同共有法理达到发展这种法理的契机,但值得注意的是尚有一些法学者在质疑大理院将祭田定性为公同共有物是否合理的时候认真思考了这个问题,为发展公同共有法理提供了思想资源。从这个广义

---

① 史尚宽:《物权法论》,中国政法大学出版社 2000 年版,第 179—184 页。
② 柯凌汉:《祭产与书田之性质》,载《法律评论》第 16 卷第 14、15 期合刊,1948 年 8 月。

上来说,这些学者,甚至包括大理院法官们制作的祭田判例要旨在内,都为在近代中国发展公同共有法理提供了进一步思考的起点。

将祭田定性为公同共有物,是整个民国时期司法界的主流做法,在几十年的司法实践中,法官们和法学者面对固有祭田习惯和公同共有法理之间既吻合又有冲突的复杂情况,在当事人适格这个程序问题上,以及在寻求并论证其间的公同关系这个实体问题上,对公同共有理论都有一定的发展,或为今后的进一步发展提供了思考的契机。

(三) 从台湾祭祀公业评估民国时期对祭田案件的审理

曾经是中国重要土地制度的祭田为中华人民共和国建立初期的土地改革所彻底否定,使我们无法直接审视自晚清以来在祭田案件审判中所积累起来的经验和可能产生的问题。但在台湾,起源于大陆祭田制度的祭祀公业却得到了延续,现今仍然存活着,司法机关在裁断这类案件时仍是沿着晚清民国时期的路子,即是以公同共有物来定性祭祀公业,并在此基础上以公同共有法理为判决的主要依据。可以合理地推断,台湾祭祀公业的审断现状也许能在很大程度上帮助我们评估自近代以来用西方法理裁决祭田案件的做法。

在台湾,有学者和司法官员对于以公同共有法理来裁判祭祀公业案件提出了质疑,认为围绕祭祀公业案件的审断所出现的诸多问题是与司法当局将祭田定性为公同共有物直接相关的。影响较大的是在《台湾民事习惯调查报告》中调查并撰写"祭祀公业"编的刘绍猷先生,他认为,"对此组织松弛、派下关系模糊之制度,在法律上反以须得全体公同共有人同意始得行使权利义务之公同共有关系视之,祭祀公业各项问题之症结即在此。"① 这种说法自有其道理,但尚可作进一步的引申。提出此种质疑的台湾学者多强调祭祀公业在日据时期曾经有将之定性为法人的经历,在他们看来,围绕祭祀公业出现的问题是因为日据司法当局将祭祀公业定性为习惯性法人,导致了祭祀公业的法人化,在光复后,遽然将之重新定性为公同共有物,在这种不同规则的规制下,难免出现诸多问题。我也承认这种判断无疑是围绕祭祀公业所出现问题的根源之一,但绝不认为它是主要原因。日据台湾司法当局虽有近二十年以法人规则来规制祭祀公业的实践,但从理论上来说,它是将祭祀公业定性为习惯法上的法人,较多地保存了固有的惯例;从实际上来看,在法人规制下,祭祀公业惯例究竟发生了多大的改变还很难说,例如祭祀公业的管理,日据之前以轮管居多,日本殖民当局为了方便土地登记,要求各祭祀公业设立

---

① 台湾"法务部"编:《台湾民事习惯调查报告》,台湾法务通讯杂志社 1995 年版,第 771 页。

专任管理人,结果造成祭祀公业在名义上以专人管理为多,但实际上仍是轮管为主。① 可见,要真正改变行之已久的祭祀公业惯例很难。还有,光复之后,最高法院在判例中也承认以法人规范祭祀公业为一种习惯,只要不与民法的相关规定矛盾,仍非全无适用的余地。综合上述理由,将台湾光复后以公同共有定性祭祀公业出现的问题主要归于日据时期将祭祀公业定性为法人的司法实践,并以此为根据来论证以法人来重新规范祭祀公业的必要性,并不是特别妥当。

那到底以公同共有物定性祭祀公业所出现问题的主要原因何在? 不论是祭田还是祭祀公业,其设立和存续的根据主要在于农业社会和宗法思想。在上古中国,宗法制是支撑国家和社会的基本制度,长期以来形成以尊祖敬宗睦族为主要内容的宗法思想。虽然后来宗法制解体,但宗法思想却保存下来,以各种不同的方式表现出来。出于尊祖敬宗睦族的需要,产生了祭田制度,在台湾发展为祭祀公业。因为处于农业社会,低下的经济发展水平和对土地的依赖决定了人口的低流动性;人与人关系的相对简单决定了血缘关系的重要性。这一切都为祭田制度的维续提供了可能。长期以来,形成了内容较丰富的祭田或祭祀公业惯例。随着近代以来的社会转型,法和司法要模仿西法实现近代化,那就要在西方法体系中寻求适当的理论及理论指导下的规则来规范祭田或祭祀公业。民初大理院注意到了祭田惯例和公同共有之间的相似性,最终选择了以公同共有物定性祭田、以公同共有法理作为裁断此类案件的主要依据。而同时在台湾,因为日本民法没有关于公同共有的规定,选择了法人理论来规范与祭田近似的祭祀公业。从西方民法的所有权演变历程可以看到,单独所有权较之共有能更好地适应近代社会,尽管共有仍为近代社会所必需。近代中国受外力的影响开始了近代化历程,但此一历程是分阶段进行的,祭田惯例也要随着整个社会的转型而发生变化,且这种变化也是分阶段展开的,而非一蹴而就完成转型。既然不可避免要选择较适当的西方法理论来定性并规范祭田和祭祀公业,不论是法人说还是公同共有说,皆与传统惯例有相近的一面,也有不同之处。考虑到公同共有说更适应规范传统社会经济形态和思想观念,法人说更适应现代社会,因此,要完成改造祭田惯例使之适应近代社会、实现祭田案件裁判的近代转型,先在转型初期以公同共有规范之;等到整个社会经济逐渐工商业化的社会转型下一阶段,再以法人理论规范祭田或祭祀公业,不失为一理想选择。如何实现从公

---

① 台湾"法务部"编:《台湾民事习惯调查报告》,台湾法务通讯杂志社1995年版,第733—736页。

同共有规范向法人规范的转变,台湾学者所主张的特别立法思路就很有价值,即为祭祀公业进行以法人说为主导的特别立法,然后在裁判中实施之。按照这种思维模式,民初大理院以公同共有法理来裁判祭田案件在当时是一种妥当的选择;同时期日据台湾当局以法人理论来规范祭祀公业则是选择了超前的法理;光复后,尤其是台湾20世纪六七十年代整个社会经济基本工商业化后司法当局仍抱着公同共有法理来裁断祭祀公业案件,则是一种抱残守缺的保守态势,落后于时代发展。

不论是对祭田持公同共有说还是法人说,这种外来的法理皆与植根于固有文化的祭田制度有很多不吻合之处,当利用外来法理改造传统习惯以实现其近代化成为不可避免的时候,具体到祭田案件的审理,就是要选择最相适应的理论以规范之。经过晚清修律到大理院以创设判例要旨的方式将祭田定性为公同共有物,在判决中将公同共有法理和传统祭田习惯尽可能结合起来综合考虑,寓改造习惯于尊重习惯的语境中,既潜移默化地对习惯进行了合乎公同共有法理的改造,同时又发展了来源于西方的公同共有法理。大理院的这种做法为各下级法院所遵循,也被国民政府最高法院所继承,他们共同承担了祭田案件审理走向近代化的任务。

虽然新中国的土改和对旧法的否定使得祭田案件审断近代化的任务中断,祭田在中国大陆已成为历史名词,但晚清民国时期的法曹在这方面的努力,以及他们在这个过程中所获得的经验教训都很珍贵。在现今所展开的新一轮继受西方法制度,进行大规模的立法工作和司法改革之时,这种经验教训弥显珍贵。尽管祭田不复存在,但从历史观来说,现在和晚清民初一样,皆处于社会大转型之中,在法律领域都是要完成法律和司法的近代化;所面临的问题也有其相同之处,即如何妥善处理固有法律传统和继受的外来法律制度、文化之间的关系问题。

中国民法典的制定是当下中国法学界的盛事。目前《物权法》已颁布生效,民法典的其他部分也正在紧锣密鼓地制定中。诚如有民法学者所指出的,对于这一宏大的工程,民法理论以及整个法学理论的准备不足是显而易见的,很重要的一点就是社会调查做得不够。① 这一点在《物权法》的立法过程中表现得比较明显。正是因为在立法过程中缺乏深入的社会调查,很可能导致其所立之法在实践操作中的可行性降低。一个可能的弥补方法就是司法官,尤其是处于较高审级主要负责法律审的司法官,借鉴民国时期最高司

---

① 孙宪忠:《中国民法典制定现状及主要问题》,载《吉林大学社会科学学报》第45卷第4期,2005年7月。

法机关任职的法官们的做法,在外来规则和固有习惯之间妥善斟酌,一方面在了解习惯的基础上用外来规则背后的法理来渐进改造习惯;另一方面以固有习惯为资源,创造性地发展外来规则,使之中国化。

二、祭田、家族与近代国家和法律的转型

人与人之间形成较为稳固的关系是人类社会存在和发展的前提。在人类社会发展初期,人与人之间的关系,占支配地位同时也是最自然的,乃基于血缘和地缘而生。在血缘关系的基础上形成了家族,在地缘关系的基础上形成了村社。随着社会的演进,人与人之间的关系逐渐突破了血缘和地缘的界限,发展出更为复杂多样的关系类型。这种关系的多样化和复杂化,必定会削弱原先那些基于血缘和地缘而生的社会关系在整个社会中的重要地位。在那些基于血缘而生的社会关系中,个人对家族存在不同程度的依附,相应也要为家族承担义务。这种依附和义务的具体内容决定了个人的具体"身份",同时构成了家族制度的核心内容。而当人与人之间的关系趋于复杂化,个人同时具有多重"身份",原先单一"身份"对个人所享有的支配地位就因为"身份"的多样性而逐渐淡化,"个人"本身的独特地位得以凸显,而且还会在这个过程中通过人与人间的合意(通常情况下表现为"契约")创造出新的社会关系,产生相应的权利义务。在这个抽象的社会演进过程中,家族的作用呈逐渐减弱的态势。

相对于这个一般规律,传统中国社会自有其特殊性,即宗法制在上古的实践和宗法思想在宗法制解体后的持续深远影响,传统中国社会的家族特征尤其突出。表现在法律领域,就是法思想和制度上的家族主义特征。

到近代,尽管中华法系遭遇空前危机,但家族所发挥的作用依然不可低估。中国法律近代化是整个社会近代转型的一个重要方面,中国社会之所以发生近代转型是外患加剧内忧的结果,其应对的方式是学习西方进行革新,因此,其转型之内容就是"西化"的分阶段展开。因此,社会转型发展到一定阶段,必然引起法律以"西化"为主导的转型。既然法律要"西化",那免不了对中西法律进行比较。先有这种比较,然后才有可能确立"学习"或者说"继受"西方法的具体内容和步骤。同时随着中国法"西化"的逐渐展开,中西法律比较也在走向深入。在比较过程中,作为传统中国法显著特征的"家族"从一开始就进入了这些比较者的视野。在晚清礼法之争中,尽管双方坚持的观点各异,但他们有一个共同的知识前提:中国是家族社会,西方是个人社会。法派坚持进化或者类似进化的逻辑,认为人类的发展须经历家族本位向社会本位的进化,以家族为核心的中国法向以个人为核心的西方法进化亦是

一必然规律①;而礼派则多坚持家族主义与个人主义并无高下优劣之分、法律必须与风俗民情相合的类型学立场,将法律与社会的适应性问题视为变法的主要根据。②

到五四运动前后,中国学习西方的重点由"制度"转入"文化"阶段,中西文化比较研究成为当时思想界的热点问题。此一时期,尽管还有人坚持文化保守主义立场替中国传统文化辩护,但更多的是将中国"家族主义"文化视为中国文化不长进的"万恶之源"而痛加批判。这种文化比较思潮在法学领域也产生了较大影响。郁嶷③曾有篇系统阐释中西法律异同的文章,将中西法律差异归纳为六个方面,其中第二个就是"中法以家族为本位,西法以个人为本位"。在他看来,中法之所以以家族为本位,是因为儒家思想、家国同构和农业社会所致。④

国民政府时期,为配合民族国家重建,法律领域兴起了"重建中华法系"的说法,其中很重要的一点是如何评判传统的家族主义立法。分别以居正、陈顾远等人为代表的司法者和法学者基本上都讨论过家族与新法系重建之关系。如梅仲协先生,作为当时著名的民法学家,激烈批评新民法废除宗祧继承的做法。⑤ 学者们围绕家族制度都在发表自己的看法,已充分说明在他

---

① 其中以杨度的论述(在资政院会场为说明《大清新刑律》草案立法主旨的演说)最具代表性,见李启成点校:《资政院议场会议速记录——晚清预备国会论辩实录》,上海三联书店2011年版,第301—308页。

② 劳乃宣的相关论述可为其代表,参见劳乃宣:《新刑律修正案汇录序》,载《新刑律修正案汇录》,京师京华印书局清末刻本。

③ 郁嶷(1890—?),字宪章,湖南人,天津北洋法政大学毕业之后留学日本,早稻田大学法科毕业,归国后历任江宁地方审判厅长、国民政府法制局编审,奉天省立法政专门学校教授、京师大学法科讲师、朝阳大学、中国大学教授,保宁河北大学法律系主任,北平大学法学院讲师、河北省立法商学院法律系教授兼系主任,后任北京大学教授。主要著作有《中国法制史》(北平震东印书馆1931年)、《继承法要论》(朝阳大学1931年)、《亲属法要论》(朝阳大学1934年)等。

④ 他的具体分析如下,"吾国不然,宗教晚起,输自异域,教义神怪,民鲜信从,而儒家持论,特重孝治,深入人心,牢不可破,其足以存族制者一。国家之设,不过一姓之私产,发达幼稚,组织未宏,人民观之,不啻秦越,朝代兴亡,何关痛痒,而家族则所以安身托命者,爱护之念,实逾等伦,颜氏家训曰,孝子忘国而安家,移孝作忠,墨经从戎,叹为异数,其足以存族制者二。以农立国,划土奠居,邱墓所在,子孙世守,同居共爨,传为美谈,别财异居,悬为厉禁,故今日中国之大家族,合数百户为一村落者,数见不鲜,夷考其故,实农业有以致之,其足以存族制者三。"尽管作者主张法律文化的相对性,以为中国不能照搬西方法,但亦足见家族制度所遭受的巨大批判,因为社会上没有大量对家族及其影响下的中国法进行批判,作者也没必要撰文申辩。参见郁嶷:《中西法制之差异》,载《法律评论》第210期,1927年。

⑤ "宗祧继承,乃我国数千年来之旧制,民族之繁衍,文化之发扬,端有赖乎斯制之深入人心……抗战七载,吾人藉以制暴敌之死命者,岂在器良械精,与城池固强,而贵乎有此四万万五千万之人民,与万众一心之坚强意志而已。而此巨数之人口,果何自而来,乃宗祧继承制度之所赐也。尝见寠人携男挈女以行乞,非不知沿门呼号,饥寒交迫之苦,有甚于一死,而所以吝此一死,排万难而勉任养育之劳者,盖不忍视若敖氏之鬼,不享血食,而望其子孙成器,显亲扬名于后世耳。"故主张在不限男女的情况下保持宗祧继承。参见梅仲协:《民法要义》,中国政法大学出版社1998年版,第20—21页。

们的思想观念中,家族制度对中国法的影响实在太大、太深远。

如将《大清律例》《大清民律草案》和《中华民国民法典》关于家族部分的法律条文略加对比,即可发现:随着法典的近代化,家族的影响在慢慢减弱。《大清律例》可说是一部家族主义的法典,维护家族的条文屡屡可见,如置于律首的"服制图"、户律里的"立嫡子违法""别籍异财"及"卑幼私擅用财"诸条,不胜枚举。《大清民律草案》在民初曾因不甚措意本国固有法源而被国会认为不可用。就是这样的一个法律草案,起草者却声称在"亲属"部分采取了符合中国家族情形的"家属主义"立法原则。① 直到《中华民国民法典》,采取了社会本位的立法原则,关于"家族"的规定更大为削弱。②

这些证据都说明家族制度在中国法律近代化过程中扮演了重要角色,考虑到家族作为传统中国法的核心部分,故不论是要理解中国传统法还是近代法,家族都是一个不应回避的题目。

(一)祭田制度有助于家族自治功能之发挥

传统中国自汉代即开始了法律儒家化(更准确地说应为"儒家思想法律化"),到唐代基本完成,故《唐律疏议》乃"以礼为中心,以君主专制、等级制度和宗法制度为支柱"③,构筑全部法律理论体系。按照戴炎辉教授的说法,唐律刑罚权源于天,"道德者,天理之具现,而道德之基本,在于父子、兄弟之人伦";"以父子、兄弟之伦理,推及于国家社会"而有《唐律》之条文。④ 从这个法律产生原理来看,将《唐律》视为一部家族主义法典,亦不为过。之后中国历代传世法典,尤其是《宋刑统》《大明律》和《大清律例》都继承了唐律这一家族主义特征。

至中唐以后长时期的藩镇割据和宦官干政,历经五代乱政,至北宋立国,

---

① 编纂者在"亲属编"的案语中明确指出,"此次编纂亲属律,其根本主义应取家属主义,不取个人主义,于婚姻亲子之前,先冠以家制一章,但虽取家属主义,须宗自为宗,家自为家,方于中国家属制度相合。"关于"家属"和"家族"二词的区别,清末修律者曾有解释,"吾国律例,凡包括族亲、姻亲之处均用'亲属',律中所云'亲族',盖专指同宗亲之亲而言。亲属包括全体,亲族不过指亲属中之一种。"由于"家"是"族"中的一部分,这里所谓"亲族",实际上与"家族"无异。参见《中华民国暂行民律草案·亲属编》第八册,法政学社 1912 年印本,第 2—3 页。我曾经核对,这里所谓的《中华民国暂行民律草案》实际为《大清民律草案》,因清末修律大臣仅奏呈前三编,要查阅已经起草而来不及奏呈的亲属和继承两编,民元法政学社的刊印本该算是较早的了。

② 参见《中华民国民法·亲属·家》,载《六法全书》,中国法规刊行社编审委员会编,上海书店 1948 年版,第 96—98 页。其实民国时期的民法学者,如胡长清、史尚宽诸人,多将之与自《大清民律草案·亲属》及以后的多次修正案进行了比较,有较精确的归纳。参见史尚宽:《民法总论》,中国政法大学出版社 2000 年版,第 65—66 页;胡长清:《中国民法总论》,中国政法大学出版社 1997 年版,第 23—24 页;梅仲协:《民法要义》,中国政法大学出版社 1998 年版,第 20—21 页。

③ 《唐律疏议》,刘俊文点校,法律出版社 1999 年版,"点校说明"。

④ 戴炎辉编著:《唐律通论》,台湾元照出版公司 2010 年版,第 23 页。

社会依然危机重重。统治者一方面强化君主专制制度,另一方面弘扬文治,改革科举。随着时间的推移,社会发生了重大变化,以至于有学者将之归纳为"唐宋变革"。这种变化,择其要者,即:君主独裁,贵族没落,皇帝成为绝对权力的主体;科举成为选拔官吏的主要途径,是政治和社会地位的来源,形成了科举士人政治。① 士人政治的出现,士大夫有了更大的动力和实力推进改革。"经过七八十年的酝酿,宋代不少士大夫开始在'三代'理想的号召下,提出了对文化、政治和社会进行大规模革新的要求"。② 由于没有了贵族,平民与君主直接相对,为免于君主及其治下各级官府之苛虐,宋代儒者多以三代宗法乡党为据,主张强化家族、乡邻等组织的自治职能。就是在这样的大背景下,范仲淹创建了义庄制度,张载尝试井田制度③,蓝田吕氏兄弟创建乡约制度,朱子创立了祠堂、祭田制度。这些制度一旦建立之后,很快为其他士大夫及其所在家族仿效,影响很大。

降及明代,朱元璋废除了行之上千年的丞相制度,进一步强化了君主专制。明代皇帝不再承认要与士大夫"共治"天下,只是在工具层面上认为士大夫对治国理政有用而已。如此一来,士大夫在庙堂行道的空间狭小了很多,遂转而在民间花工夫,希望造出一个黎民百姓能相对自治的空间,从而能在一定程度上免于朝政之苛虐。这就是说,儒家士大夫改造社会的重点或者说路线从以往的"得君行道"渐渐转向了"觉民行道"。余英时先生有深入的研究和精当的概括,云:

> (王阳明)龙场顿悟的最大收获是他找到了"行道"的新路线。他决定向社会投诉,对下层老百姓说法,掀起一个由下而上的社会改造的大运动……"致良知"之教以唤醒社会大众的良知为主要的任务,所以我称之为"觉民行道"……阳明死后,"觉民行道"的理想终于在王艮的泰

---

① 参见柳立言:《何谓"唐宋变革"?》,载《中华文史论丛》2006 年第 1 期。钱穆先生在论述宋学之兴起时,亦强调唐宋间的巨大变化,云:"中国历史,应该以战国至秦为一大变,战国结束了古代,秦汉开创了中世。应该以唐末五代至宋又为一大变,唐末五代结束了中世,宋开创了近代。晚清末年至今又为一大变,这一大变的历史意义,无疑是结束了近代,而开创了中国以后之新生。我们若要明白近代之中国,先须明白宋。宋代的学术,又为要求明白宋代一至要之项目与关键。"(钱穆:《宋明理学概述》,九州出版社 2011 年版,第 1 页。)

② 余英时:《朱熹的历史世界——宋代士大夫政治文化的研究》(上册),三联书店 2004 年版,第 195 页。

③ 吕大临所撰"横渠先生行状"云:"先生慨然有意三代之治,望道而欲见。论治人先务,未始不以经界为急;讲求法制,粲然备具,要之可以行于今,如有用我者,举而措之尔……方与学者议古之法,共买田一方,画为数井,上不失公家之赋役,退以其私正经界,分宅里,立敛法,广储蓄,兴学校,成礼俗,救菑恤患,敦本抑末,足以推先王之遗法,明当今之可行。此皆有志未就。"(陈俊民辑校:《蓝田吕氏遗著辑校》,中华书局 1993 年版,第 589 页。)

州学派手上,得到最大限度的发挥而"风行天下"。①

在阳明先生悟得"行道"新路线并加以身体力行之后不久,夏言上疏嘉靖帝要求解除平民祭祖的代数限制,也可视为儒家士大夫以创建基层社会组织为核心的社会改造运动之一部分。因这批以"觉民行道"为己任的儒家士大夫共同努力,以宗族、乡党等社会关系为基础,以族田、义田等为物质载体,通过民间宗教崇拜、撰修族谱、制定家法族规、乡规民约等手段,他们为大多数黎民百姓创造了一个相对自治的生存空间。

这种社会改造运动,尽管是撇开朝廷由在朝在野士大夫为主体来引领民众创造民间自治空间,但该运动所要直接达到的目标是尊祖敬宗睦族睦邻,有利于建立稳固的社会秩序,所谓"人人亲其亲长其长而后天下平",这也是历代帝王所希望的。所以到清代,这种活动获得了朝廷的承认,如《圣谕广训》所言"敦孝弟以重人伦,笃宗族以昭雍睦,和乡党以息争讼"。自康熙年间开始,即有地方官朔望宣讲圣谕的制度,表明了朝廷希望将这种民间社会的自治运动纳进官方体制的努力。试看这段关于"笃宗族以昭雍睦"的宣讲文字:

> 什么叫做"宗族"?就如一个人,父母生下了便有个兄弟,这个兄弟是嫡亲的,渐隔了一枝就是堂兄弟,再隔了一枝就是从堂兄弟,一层层隔下来,便一层层疏远去,所以期功缌麻、尊长卑幼各分个五服之亲。那五服之外,虽然无服,不知原是一个始祖生出来的,血脉总是连贯,枝叶本是同根,不比路人一样。如今人家也有多至几千丁的,也有几百几十丁的,分散各所,吉凶庆吊竟不往来,岁时伏腊全不聚会,昭穆长幼也不序列,比着异姓的一样相看,或至相争相讼、相仇相杀,不知这个争讼仇杀只因为分了个你我,你不肯让我,我不肯服你,便生下许多事来,假若认定祖宗一体,毕竟多一个人丁也是祖先的血食,出一个好人也是祖先的光彩。遇着高曾祖父的一辈,想他与我高曾祖父实是一行……岂可看得疏阔,反生戕害……凡为孝子慈孙,又当祭祀祖先,追远根本,必定于家中设立蒸尝祭田,遇着四时八节,或去坟上,或在家中,定行祭奠。②

有朝廷提倡鼓励于上,士大夫领导践行于下,经时间之累积,族内和乡内自治逐渐成为一种得到广泛认可的习惯做法,成为皇权专制帝国的一大特征。社会舆论大力鼓励那些对宗族邻里乐善好施之人,散见于那些获得朝廷

---

① 余英时:《史学研究经验谈》,上海文艺出版社2011年版,第74—75页。
② 周振鹤撰集:《〈圣谕广训〉集解与研究》,上海书店出版社2006年版,第11—16页。

认可,由士大夫主持编纂的地方志书中。如编于清末,为响应学部号召,为编订耒阳乡土课本及其参考书资料的《耒阳乡土志》即登载表彰了这类人:

> 曹懋勋,诸生,性长厚,家颇丰,喜赈恤。族人婚嫁不及者,捐赀助之,约有十余家。于舍旁另置一仓,贮谷百石,价昂不售,分借族邻之匮乏者。秋成不计息,极贫不取偿,不足又以他仓补之仍百石,以待来年。如此已循四十载。年七十二,忽语子曰:吾今去,回忆生平,未尝有一事不体认天理,子孙当继吾志。无疾而卒……伍启愚,字明山,性朴实,以勤俭起家,尝捐逋减租推食解衣,以赈族里之贫乏者。凡邑中义举及续捐科举田,慨然捐赀不少吝。道光初,阖族共捐社谷一千四百石有奇,明山捐五百石为之倡。①

有笃宗族、和乡党的教化在前,有家族主义特征明显的法律责罚于后;有正式律令在庙堂颁行,有家法族规在民间运作,宗族家族在清代中国社会充分发挥了自治功能。

基层社会的家族宗族之所以能充分发挥自治之力量,是与其强大的物质基础紧密相关。祭田制度的存在,保证了族人对祖先的祭祀得以按期举行而延续下来,且在祭祀之外,还能直接从祭田盈余中获得实质上的好处,自然会增强族人对家族宗族本身的向心力。这个道理,被大儒们讲得很明白。如孟子云:周代封建制之所以能维持久远,仁政之所以必始自经界,盖"卿以下必有圭田,圭田五十亩。"朱子注释曰:"此世禄常制之外,又有圭田,所以厚君子也。圭,洁也,所以奉祭祀也。"正是有这种维护宗族、家族的制度存在,同族同井之人能"出入相友,守望相助,疾病相扶持",达致"百姓亲睦"。② 尽管作为基本政治制度的封建已废,中国自秦汉以后即进入皇权专制帝国时期,到唐宋以后,贵族基本消亡,民众直接面对朝廷,为免于朝政之苛虐,封建之下宗族家族之间的互助与自治的精义完全可以借鉴效法,用王夫之的话说,"天下有定理而无定法","夫善法三代者,法所以有,问其所以有,而或可革也;法所无者,问其何以无,而或可兴也"。③ 在皇权大一统,以血缘为标准的贵族世家不复存在的新情况下,要达致族人之间"出入相友,守望相助,疾病相扶持"之目的,家族创设祭田制度就是法其"定理"之下创设的新"定法"。

更需指出,任何制度的兴废皆可于短期内完成,但制度背后的思想延续

---

① 刘德馨修:《耒阳乡土志》,耒阳县学务公所1906年活字本,第57、61页。
② 朱熹撰:《四书章句集注》,中华书局1983年版,第256页。
③ 王夫之:《读通鉴论》,中华书局1975年版,第142、873—874页。

时间则更长,变革起来当更艰难。虽然到宋代,以血缘为基础的贵族制度在社会上基本上不复存在,但该制度存在了数千年之久,贵族思想意识却依然存在。在这个新时代,决定一个人、甚至一个家族政治和社会地位高低的标准是能否在科举上获得成功。要想在举业上获得成功,一般而言,需要一定的天赋、闲暇和物质基础。故创设祭田制度,积累一定数量的家族公产,进而利用这家族公产,创办族内、房内义学,让族房内的俊秀子弟上学,为其参加科举尽可能提供便利。比如说根据该子弟在科举道路上的具体成就设置数额不等的奖励等。如此一来,这类俊秀子弟在科举路上获得成功的可能性遂大增。及至那些获得成功的子弟出仕以后,有了官俸收入,原先为其提供了资助的族房当然亦要求他捐出一部分官俸所入,来补助族房内公产,由此形成了一个家族保持地位、族人也能从中受益的良性循环。这样,尽管基于血缘的贵族没有了,但一个家族以内的族人通过科举连续数代获得成功即有了可能,这样的家族自然也就成为当地乃至超越省区的书香望族,在一定程度上能部分满足普通人们渴望成为贵族之心理要求。换句话说,作为制度的贵族制不复存在,但实际上某些家族却得以另一种举业代代相传的形式成为"新贵",成为其他家族仿效的对象。关于这批"新贵"之形成和作用,何启民通过与魏晋隋唐的世家大族相比较,指出:

> 中古的世家大族……日渐消融,到北宋初年,已零落殆尽。新兴的阶层,经历一段时间后,也许会形成新的世族,然而再也不会有中古时代世家大族的光彩。他们对于政治、经济、社会、学术,已不再有举足轻重的影响力。在世人心目中,最多因他们家族历史的悠久,出过一些人物,交游广阔,在地方上地位比较特殊,而给予相当的注意,以及适当的敬意。他们可能是地方社会的安定力量,却不再是历史的中心。①

这里所说的"新兴的阶层""新的世族",主要就是科举世家。尽管其地位和权势不能与魏晋隋唐的世家大族相比,但仍然是"地方社会的安定力量"。这些科举世家,成为绅士的重要来源。关于这些绅士在19世纪社会中的作用,张仲礼先生有深入研究,指出:

> 绅士作为一个居于领袖地位和享有各种特权的社会集团,也承担了若干社会职责。他们视自己家乡的福利增进和利益保护为己任。在政府官员面前,他们代表了本地的利益。他们承担了诸如公益活动、排

---

① 何启民:《鼎食之家——世家大族》,载杜正胜主编:《中国式家庭与社会》,黄山书社2012年版,第60—61页。

解纠纷、兴修水利工程,有时还有组织团练和征税等许多事务。他们在文化上的领袖作用包括弘扬儒学社会所有的价值观念以及这些观念的物质表现,诸如维护寺院、学校和贡院等。①

部分因为这类绅士主导下的乡村家族自治,才使得中国的皇权专制对百姓生活之影响较之于现代专制主义为有限,百姓客观上有了一个能相对自主的日常生活空间。

祭田制度乃中国家族主义政制和法制的重要组成部分,它主要是为了满足传统中国人尊祖敬宗睦族情感而设计的重要制度举措。在宋以后这个发生了重大社会变化的时代,它是士大夫面对君主专制主义日渐强化、欲行道于民间而发起的社会改造运动的一部分。它以其财力助成世代举业,既加强了对朝廷的影响力,也部分满足了族人希望家族世代繁荣的愿望。这种种因素在一起,使得祭田制度有助于明清以降的宗家族自治。

(二) 家族自治与近代国家和法律的转型

清朝廷自道光、咸丰以降,遭遇西方列强,在军事上屡败,割地赔款,丧权辱国,不一而足。为救亡图存,朝野不得不改弦更张,从而开启了中国从传统到近代的艰难大转型。在这个大转型中,国家和法律的转型是两个重要方面。

先来看一下国家的转型,大致可分两个层面、两个阶段:先要从"天下国家"转变为"民族国家";然后是要什么样的民族国家,即从"帝国"转变到"民国"。

传统中国历代王朝皆可归入天下国家之范围。何谓"天下国家"？简言之,是视自己为天下唯一的文明中心,自有教化四周蛮夷戎狄之责,"天下一家"、"王者无外"。《尚书》和《周礼》有其空间上的理想规划②,《中庸》则为天下国家之实现提供了较具体可行的方案,"凡为天下国家有九经,曰:修身

---

① 张仲礼:《中国绅士——关于其在19世纪中国社会中作用的研究》,李荣昌译,上海社会科学院出版社1991年版,第48页。

② 《尚书·禹贡》在划列中国的九州之后,次以四裔之"五服",云:"五百里甸服:百里赋纳总,二百里纳铚,三百里纳秸服,四百里粟,五百里米。五百里侯服:百里采,二百里男邦,三百里诸侯。五百里绥服:三百里揆文教,二百里奋武卫。五百里要服:三百里夷,二百里蔡。五百里荒服:三百里蛮,二百里流。东渐于海,西被于流沙,朔南暨声教,讫于四海。"孔颖达《正义》疏曰:"五服之外,又东渐于海,西被及于流沙,其南与北虽在服外,皆以闻天子威声文教,时来朝见。"(《尚书正义》,十三经注疏标点本,北京大学出版社1999年版,第167—171页。)《周礼·夏官司马·职方氏》云:"乃辨九服之邦国:方千里曰王畿,其外方五百里曰侯服,又其外方五百里曰甸服,又其外方五百里曰男服,又其外方五百里曰采服,又其外方五百里曰卫服,又其外方五百里曰蛮服,又其外方五百里曰夷服,又其外方五百里曰镇服,又其外方五百里曰藩服。"郑玄注云:服者,服事天子也。(《周礼注疏》,十三经注疏标点本,北京大学出版社1999年版,下册,第877页。)相关研究可参考渡边信一郎:《中国古代的王权与天下秩序——从中日比较史的视角出发》,中华书局2008年版,第43—90页;何新华:《"天下观":一种建构世界秩序的区域性经验》,载《二十一世纪》2004年11月号。

也,尊贤也,亲亲也,敬大臣也,体群臣也,子庶民也,来百工也,柔远人也,怀诸侯也。"儒家经典中的这些理想性论述,对历代朝廷和士大夫影响深远。顾炎武即明确区分了"亡国"和"亡天下"之别。① 本来,天下国家作为一种理想规划,从来都没能真正完全实现过。到近代,晚清朝廷遭遇西方,天下国家的基本架构,即"天朝体制"出现了不能按常规应对的危机,在列强的强烈要求下,先是成立了总理衙门,向列强派出驻外使节,后又将总理衙门改为外务部,位列各部之首。到20世纪初,更成立了作为预备国会的资政院和责任内阁。这些变化,是清朝廷为救亡图存,借鉴西方各民族国家相关制度的结果。

既然必定要进行从天下国家向民族国家的转型,那这个民族国家究竟应该是什么样的?在西方列强中,民族国家有帝国、有共和国,有专制国、有立宪国。如果说在整个19世纪,对于当时中国究竟应建立一个什么样的民族国家还不是特别明确的话,那到20世纪前二十年,这个问题基本上解决了。1904—1905年日俄战争的结果,使得中国朝野在建设立宪国这一点上基本形成共识,由此有了晚清最后几年的预备立宪改革。随后辛亥革命的成功和洪宪帝制的失败,历史帮助中国民众选择了共和国。至此,近代中国所建设的民族国家就是立宪共和国。也就是说,近代中国的国家转型是要完成从"帝国"到"民国"的彻底转变。正是充分注意到了这一宏大的历史场景,张君劢先生这一论断才有了充分的根据:"所谓近代国家,就是一个民主国家,对内工商业发达,注意科学研究,乃至于军备充实;对外维持其主权独立,领土之完整,且能与各大国相周旋;至于政府机构方面,一定有内阁、议会以及选举制度。这都是现代国家的特色,亦即近代国家应具备的种种特点。"②

近代中国要在国家层面上进行从"帝国"到"民国"的转型,相应地,法律也要转型。其转型的内容,可从法律和司法所要承担的职能方面进行部分归纳,即从治吏治民以保障君权向治吏以保障民权方向发生根本性转变。秦汉之后,专制帝国代替了封建天下,历代靠打天下成功的帝王及其继承者,最关心的是皇位稳固。为达到这一目的,他们大致以儒家学说为核心来推行教化于先,以法家学说提供的手段来威慑于后。以什么样的威慑为最有效?按照韩非子为专制君主给出的办法,君主除"暗用术"之外,还要"明用法"。因此

---

① 《日知录》卷十三"正始"一条说:有亡国,有亡天下。亡国与亡天下奚辨? 曰:易姓改号,谓之亡国。仁义充塞,而至于率兽食人,人将相食,谓之亡天下⋯⋯保国者,其君其臣,肉食者谋之;保天下,匹夫之贱与有责焉耳矣。参见顾炎武:《日知录校注》(中册),陈垣校注,安徽大学出版社2007年版,第722—723页。

② 张君劢:《宪政之道》,清华大学出版社2006年版,第136页。

秦汉之后历代王朝的法律和司法的核心指导思想是如何去治吏和治民。对皇帝来说，吏又比民的威胁为大，故其真正重心是"治吏"。① 这也就是有些法史学者认为传统中国行政法制发达的思想原因所在。②

随着近代中国要从"帝国"转变为"民国"，法律也要相应转型，即从"帝国"的法律转型到"民国"的法律。因"民国"与"帝国"的最大差别是一个主权在君、在帝，一个主权在民。故法律转型就是要完成法律职能从以保障君权为核心向保障民权为核心的根本转变。

近代中国要从"帝国"转变为"民国"，尽管只有"帝""民"一字之差，但其难度超乎前人和时人的想象。政权合法性基础就是其中重要一环。在"帝国"时代，政权合法性基础是"天命"。因朝代更迭，故"天命"无常。如何能证明"天命"所归？在秦汉以后"打天下"的格局里，实际上的"力"和粉饰性的"德"（最明显的反证是揭露前朝之"失德"和"缺德"）共同决定了"天命"所归。③ 传统中国的"革命"理论和"犯上作乱"就是"天命"所归与否的一体两面：以"力"取天下成功了就是"顺天应人"的"革命"之举，失败了就属违反"天命"的"犯上作乱"之行。到近代以来，"帝国"被推翻之后要转变为"民国"，"民命"就取代了"天命"，成为"民国"政权的合法性基础。相应地，判断一政权是否获得"民命"，那就是有无代表"民命"的国会等全国性代议制机构存在。民初的诸多政争，如讨袁护国之争、新旧约法之争、北方新旧国会之争以及南北之争，甚至军阀之间的电报战等，皆是要争"民命"的代表权。及至南北各路新旧军阀皆自认代表了"民命"，势力小的则主张地方自治（包括县自治、省自治和联省自治），势力大的就高唱中央集权和武力统一，谁都可以说自己代表了"民命"。"民命"代表之混乱，导致"民命"的真正内容和价值被抽空，由此出现了"革命"。它是近代中国政权合法性从"天命"转向"民命"过程中一重要阶段。在这个阶段，"革命"逐渐取"民命"而代之，并与特定政党紧密相连，它本身即是"民命"，且是"民命"发展的新阶

---

① 参见李启成、李贵连：《帝制法治的两面——"断罪引律令"与比附援引制度的思想基础》，载《清华法学》2012年第6期；李贵连：《法治是什么：从贵族法治到民主法治》，广西师范大学出版社2013年版，第65—72页。

② 举其著者，如日本学者织田万注意到行政法无所不在这一现象时，简单将之定性为法律不分化、不发达，实乃不解传统中国法精神的偏激之论，"在中国，则法之各部，未全分化，故行政法之意义，徒见其泛博耳。按查《大清律》及其条例，固属刑法，然亦往往登载行政法上应规定之事项。而至彼法章之分类，未分化也。故法典以外各种成文法，则亦可视以为行政法之渊源，固不俟论。"（织田万：《清国行政法》，李秀清等点校，中国政法大学出版社2002年版，第47页。)

③ 相关研究参见牟宗三：《政道与治道》，吉林出版集团2010年版，第3—6页；徐复观：《中国人性论史》，上海三联书店2001年版，第18—21页。

段、高层次。各种社会力量在"革命"大旗下集结,彻底打倒了"革命"对象,"革命"成功,统一政权。及至政权统一,和平建国开始,"革命"作为政权合法性基础地位逐渐丧失,又会慢慢回归至"民命"轨道上来,以宪政、法治为基石的政治、法律架构终会艰难确立,"民命"才会实至名归。政权合法性基础之转型有一个从"天命"到"民命",中间经历"革命"阶段,终至落实"民命"的过程。① 政权合法性基础的转型成功,才有可能实现从"帝国"到"民国"的真正转型。于此可见,近代中国国家转型之艰难复杂。

因法律转型而导致法律职能上的根本变化,即从"保障君权"转向"保障民权",尽管也只有一字之差,但它所涉及的范围之广、程度之深,自然决定了完成这个转变的艰巨性。就其范围而言,在立法方面:立法机构需以民意为基础重新设立、立法之程序要参照科学合理的议事规则严格规定、立法之内容不能与公序良俗乃至民权保障这个根本目标相抵触、法律体系和立法之技术需审慎考虑等;在司法方面:以实现司法独立、尊重司法权威为导向的新司法机构需设立、法官要按照新的标准选拔、律师制度须真正建立、民刑案件必须分离、罪刑法定原则需在刑事司法中贯彻等;在法学教育方面,要开展新式法学教育,既注重专业知识和技能的培育,更要贯彻以保障人权为核心的现代价值观的形塑。盖"徒善不足以为政,徒法不能以自行",虽有良好的制度,如无优良的、起码是合格的法律、法学人才,立法和司法的目标肯定难以达到。

近代中国国家和法律的转型既如是其复杂和艰难,因种种原因,我们在某个阶段走了弯路甚至是回头路,可能都是无法避免的事,但重要的是我们要在事后认识到我们曾经在哪个阶段、哪个方面走错了路。这其中,一个很重要的问题是如何对待传统。正因转型的复杂和艰难,决定了我们不应对传统采取历史虚无主义态度而予以全盘否定,而是要发掘传统中的优良因子。但困难不在这类应不应该的原则性问题上,而是如何在实际操作之中妥当拿捏分寸。也就是说,要从传统中汲取养分不是问题,问题在于从传统的哪些方面如何汲取养分。

如前述反思尚无大谬,那作为传统重要组成部分的宗家族乃至其经济基础的祭田制度,皆可作如是观。在传统中国,它们即发挥了非常重要的作用。

---

① 关于政权合法性基础"'天命''民命'与'革命'"这个中国从传统向近代政法转型中的大题目,是个十分重要且非常复杂的问题,这里我只是简要叙述了基本思路,主题所限,没有列举详细的资料来进行论证,以后我将撰写专文来进行探讨。

张伟仁先生以其宽博深厚的学养,在晚年反思传统观念与现行法制时,从规范位阶的视角,指出:"由于传统观念认为法律是一种疏简不全的规范,所以……在实务上,历代法制还允许家族等血缘团体,乡保等地缘团体以及行帮等职业团体订立一些内部遵行的章程,如家训、乡约、行规等等,以辅助法律来维系这些团体的内部秩序……这些做法虽然有一点借鉴了国家的立法功能,但是只要所作的规定与现存的法律以及其他高阶规范没有正面的冲突,对于政府的权威没有重大的侵损,官府都不予禁止,因为执政者很清楚法律的阙失,不得不靠这些章程来加以补充。"宗家族除了发挥这类法律上的重要补充功能外,其实,亦如张伟仁先生所言,"人们对于维持社会正常运作的一切,都不会特别注意;只有不正常的,尤其是有害于自己利益的事物,才会引发他们强烈的反映"①,人们可能一辈子不跟朝廷正式律令直接打交道,但总是生活在宗家族之中,家法族规实际上在规范着人们的生活,所谓"百姓日用而不知"。自明清以降,士大夫力争以宗族、乡党为核心建设民间自治空间的一重要考量即在于此。从这个意义上来说,宗家族制度是中国传统社会的根基,祭田制度则是这一根基的有机组成部分。

步入近代大转型过程中以及转型成功所建设的"民国"和以"保障民权"为基础的新法制中,它是不是就不再重要了呢?尽管转型的最终结果难以准确预测,但在转型过程中,它依然可发挥,事实上也发挥了重要的作用。我在这里简要举个例子来说明此点。

在晚清资政院,很多议员在议事时所表现出来的风骨让百年后的我们肃然起敬,他们敢于直接指斥时政,提出较为可行的改进措施,在面临内外巨大压力之际,不惜以去就相抗争,一个特别重要的原因是他们在社会上有根,即他们所在的宗家族、乡党为他们提供了物质基础和社会资源,不当议员照样可回到生长于斯的家乡去做自己愿意做的事情。有了这个"根",使得他们在面对朝廷时更有底气,所谓"无欲则刚",自能相对进退裕如。② 这在事实层面上证明,在批驳杨度所坚持的中国由家族主义进化至国家主义过程中家族成为阻碍之论点时,劳乃宣所指出的这一点有其道理,在清廷已行预备立宪的情况下,"假以岁月,加以提撕,家国一体之理渐明于天下,天下之人皆知保国正所以保家,则推知其爱家之心,而爱国之心将油然而生,不期然而然

---

① 张伟仁:《磨镜——法学教育论文集》,清华大学出版社 2012 年版,第 250—252 页。
② 参见李启成:《儒学信仰、法政新知与议员风骨——从晚清资政院议员之操守谈起》,载《比较法研究》2013 年第 1 期。

者……本乎我国固有之家族主义,修而明之,扩而充之,以期渐进于国民主义,事半功倍,莫逾乎是。"①

到五四前后,对家族主义的批判成为一时代思潮,家族革命之说蔚然成风。这是因传统宗家族制度因长期提倡出现了某种制度上的僵化,在很多场合确有压抑个人,尤其是女性自由发展的弊端,不得不以"过正"的方式来"矫枉"。但"过正"毕竟不是常轨正道,在完成其批判职能之后,还是应恢复常态,让家族制度发挥其有利于基层社会自治之职能。

晚清北洋时期,地方自治搞得还算有声有色。推其原因,很重要的一点是明清两朝的儒家士大夫长期实践,即以宗族、乡党为基础,力图为大多数黎民百姓创造了一个相对自治的生存空间。降及晚清,随着西方地方自治思潮的传入,人们逐渐发现这种地方自治恰与明清士大夫所一直努力创建的民间社会空间有相通之处,因此诸多地方士绅愿意投身到此种自治活动中来。可见,家族制度在适当条件下直接有利于家族内的整合,从而可促进地方自治,进而对完成近代中国的转型产生积极作用。

之所以说是"在适当条件下",盖任何特定制度都只是社会制度,乃至整体社会环境的一部分,而社会制度和社会环境有其系统性。换言之,具体制度所发挥的社会功能须具备适当的社会条件,或者说要有社会配套设施。就转型期中的宗家族制度而言,诚然有压制个人权利和自由之危害,但可通过正式的国家立法,肯定个体所具有的各种权利,并为行使这种种权利提供便利条件,还可通过具体案件的司法审判予以适当的救济。作为宗家族经济基础的祭田制度,因管理不善易发生收益分配和处分方面的纷争,但可完善管理方面的规定,明确管理人之权利义务,以减少发生纷争的概率;它在工商业社会有交易不便的缺点,可考虑通过立法限制其规模,在司法方面如民国法曹那样确定成就处分之要件,适当放宽当事人适格之条件等。易言之,可通过创造适当社会条件,将其可能的流弊加以限制,让其积极作用得以发挥出来。

自20世纪20年代以后,以革命的方式通过政治军事手段改造整个国家和社会成为历史基调。以宗家族和相邻社区划分社会人群不复具有重要意义,而是在打破宗族乡党的前提下以阶级划分社会人群,重新分配社会资源、整合社会团体。相应地,祭田被视为阶级压迫和剥削的物质载体而在制度上被彻底废除。

---

① 劳乃宣:《新刑律修正案汇录序》,载《桐乡劳先生遗稿·新刑律修正案汇录》,1927年刻本。

已然发生的一切不会逆转,昨日不能再现,祭田制度以及以此为支撑的宗家族制度皆不可能如传统或近代初期那般出现于中国大地,也许,如近代中国国家在从"帝国"到"民国"的转型中,政权合法性基础从"天命"到"民命"的转变中经历了"革命"阶段之后终归会回到"民命"上来,基于血缘关系的家族团体作为一客观的存在,如何较好地发挥其自治功能、推动地方自治、进而切实有利于"社会"建设,是我在考察祭田制度及相关案件审理转型历程之后,除如何妥善处理外来规则和固有习惯之关系这一难题外,所提出并思考的另一问题。

参考文献

中文文献

一、资料

1. 《安徽宪政调查局编呈民事习惯答案》，载俞江整理，李贵连主编：《近代法研究》第1辑，北京大学出版社2007年版。
2. 《北京图书馆藏家谱丛刊·闽粤侨乡卷》第一册，北京图书馆出版社2000年版。
3. 《重刻丘文庄家礼仪节》，清乾隆三十五年（1770年）刻本。
4. 黄源盛纂辑：《大理院民事判例全文汇编》（未刊）第七册，国科会民初司法档案整编专题研究计划。
5. 郭卫编辑：《大理院解释例全文》，台湾成文出版社有限公司1972年版。
6. 郭卫编辑：《大理院判决例全书》，台湾成文出版社有限公司1972年版。
7. 《大明律》，怀效锋点校，法律出版社1999年版。
8. 《大清法规大全》，台湾考正出版社1972年版。
9. 商务印书馆编译所编：《大清光绪新法令》，上海商务印书馆1909年版。
10. 《大清新法令》点校本，商务印书馆2010年版。
11. 沈之奇撰：《大清律辑注》，怀效锋等点校，法律出版社2000年版。
12. 《大清律例》，田涛、郑秦点校，法律出版社1998年版。
13. 吴坛：《大清律例通考校注》，马建石等编，中国政法大学出版社1992年版。
14. 俞廉三、刘若曾编：《大清民律草案》，修订法律馆1911年铅印本。
15. 《大清现行刑律案语》，修订法律馆1909年印本。
16. 丘濬：《大学衍义补》全二册，吉林出版集团有限责任公司2005年影印本。
17. 余莲村辑：《得一录》，近代中国史料丛刊三编第92辑，台湾文海出版社有限公司2003年版。
18. 《德国民法典》，杜景林等译，中国政法大学出版社1999年版。
19. 《调查民事习惯问题》，修订法律馆1908年印本。
20. 叶觉迈修，陈伯陶纂：《东莞县志》，成文出版社1967年影印本。
21. 薛允升著述：《读例存疑重刊本》，黄静嘉编校，台湾成文出版社有限公司1970年版。
22. 《二程集》，中华书局1981年版。
23. 《法国民法典》，罗结珍译，中国法制出版社1999年版。
24. 《樊山公牍》，上海大达图书供应社1934年版。

25. 《樊山判牍》,正编续编两卷,上海大达图书供应社1934年版。
26. 《范文正公集》,上海商务印书馆1937年版。
27. 《福建省志·民俗志》,方志出版社1997年版。
28. 司法部编印:《改订司法例规》,1922年版。
29. 汪庆祺编:《各省审判厅判牍》,李启成点校,北京大学出版社2007年版。
30. 陈启晖:《广东省地政局调查实习日记》,载萧铮主编:《中国地政研究所丛刊:民国二十年代中国大陆土地问题资料》,台湾成文出版社、(美国)中文资料中心1977年印行。
31. 广东民政厅编:《广东全省地方纪要》,广州东明印书局1934年版。
32. 《广东通志》,商务印书馆1934年版。
33. 《广东省志·国土志》,广东人民出版社2004年版。
34. 瑞麟等修,史澄等纂:《广州府志》,台湾成文出版社1967年影印本。
35. 《海宁查氏族谱》卷十六。
36. 仁和琴川居士编辑:《皇清名臣奏议》卷五十,1902年石印本。
37. 陆世仪撰:《家祭礼》,1899年刻本。
38. 朱熹:《家礼》,载朱杰人等主编:《朱子全书》第七册,上海古籍出版社、安徽教育出版社2002年,第856—958页。
39. 朱福成:《江苏沙田之研究》,载萧铮主编:《中国地政研究所丛刊:民国二十年代中国大陆土地问题资料》,台湾成文出版社、(美国)中文资料中心1977年印行。
40. 《礼记正义》,李学勤主编,《十三经注疏》(标点本),北京大学出版社1999年版。
41. 杨一凡、徐立志主编:《历代判例判牍》第九、十、十二册,中国社会科学出版社2005年版。
42. 沈家本:《历代刑法考》,邓经元等点校,中华书局1985年版。
43. (清)蓝鼎元撰:《鹿洲公案》,群众出版社1985年版。
44. 经世文社编:《民国经世文编(法律)》,沈云龙主编:《近代中国史料丛刊》第50辑,台湾文海出版社1970年影印本。
45. 南京国民政府司法行政部编:《民事习惯调查报告录》,胡旭晟等点校,中国政法大学出版社2000年版。
46. 谢森等编:《民刑事裁判大全》,卢静仪点校,北京大学出版社2007年版。
47. 张惠言撰:《茗柯文四编·嘉善陈氏祠堂记》,中华书局"四部备要"本。
48. 郑梦玉等修,梁绍献等纂:《南海县志》,同治十一年刊本,台湾成文出版社1967年影印。
49. 郑荣等修,桂坫等纂:《南海县志》,清宣统二年刊本,台湾成文出版社1967年影印版。
50. 《聂亦峰先生为宰公牍》,1934年。
51. 李福泰、修史澄等纂:《番禺志》,台湾成文出版社1967年影印版。
52. 梁鼎芬等修,丁仁长等纂:《番禺县续志》,台湾成文出版社1967年影印版。

53. 《钦定大清会典事例(嘉庆朝)》,载沈云龙主编:《近代中国史料丛刊三编》第69辑,第682册,台湾文海出版社1992年影印版。
54. 《钦定大清通礼》,吉林出版集团有限责任公司2005年影印版。
55. 襟霞阁主编:《清代名吏判牍七种汇编》,台湾老古文化事业股份有限公司2000年版。
56. 贺长龄、魏源等辑:《清经世文编》,中华书局1992年版。
57. 黄庆澜编:《上海地方审判厅司法实纪》,上海中国图书公司1912年铅印本。
58. 沈鲤:《文雅社约》第2卷,北京大学图书馆电子图书。
59. 直隶高等检察厅书记室编:《司法纪实》,天津华新印书局1914年铅印本。
60. 朱熹撰:《四书章句集注》,中华书局1983年版。
61. 徐松:《宋会要辑稿》,稿本,食货六十一,"民产杂录"。
62. 许文濬著:《塔景亭判牍》,俞江点校,北京大学出版社2007年版。
63. 《台湾民事习惯调查报告》,台湾法务通讯杂志社1995年版。
64. 临时台湾旧惯调查会编:《台湾私法·物权编》,台湾大通书局有限公司1997年版。
65. 《唐律疏议》,刘俊文点校,法律出版社1999年版。
66. 薛允升撰:《唐明律合编》,怀效锋等点校,法律出版社1999年版。
67. 《温国文正公文集》,四部丛刊本。
68. 秦蕙田撰:《五礼通考》,台湾圣环图书有限公司1994年版。
69. 孙鑫源编:《现行律令判牍成案汇览》,上海文明书局1915年石印本。
70. 张枬、王忍之编:《辛亥革命前十年时论选集》,三联书店1960年版。
71. 陈全伦等主编:《徐公谳词——清代名吏徐士林判案手记》,齐鲁书社2001年版。
72. 《续文献通考》卷115,"宗庙考·大臣家庙"。
73. 方孝孺撰:《逊志斋集》,宁波出版社2000年版。
74. 唐慎坊:《虤庐判状随录》,商务印书馆1918年铅印本。
75. 张光祖:《言行龟鉴》卷四,"家道门"。
76. 梁启超:《饮冰室文集》,云南教育出版社2001年版。
77. 梁启超:《〈饮冰室合集〉集外文》,夏晓虹编,北京大学出版社2005年版。
78. 陈高华等编:《元典章》,天津古籍出版社2011年版,"礼部·礼制·葬礼"。
79. 恽毓鼎:《恽毓鼎澄斋日记》第二册,浙江古籍出版社2004年版。
80. 苑书义等主编:《张之洞全集》第二册,河北人民出版社1998年版。
81. 潘万里:《浙江沙田之研究》,载萧铮主编:《中国地政研究所丛刊:民国二十年代中国大陆土地问题资料》,台湾成文出版社、(美国)中文资料中心1977年印行。
82. 《浙江高等审判厅民事判词辑录》,浙江省图书馆藏。
83. 施沛生编:《中国民事习惯大全》,上海书店出版社2002年影印版。
84. 《中华民国暂行民律草案》,法政学社1912年印本,"亲属继承编"。
85. 《中华民国民法制定史料汇编》,台湾"司法行政部"1976年印行。
86. 黎靖德编:《朱子语类》第六册,中华书局1986年版。

87. 赵俊修,李宝中纂:《增城县志》,同治十一年刻本,卷一"风俗"。
88. 郭卫编辑:《最高法院判例汇编》第1—9册,上海会文堂书局1930年版。
89. 田炯锦编:《最高法院民刑庭总会议决议录类编》,台湾大学图书馆藏书。
90. 申报馆编:《最近之五十年》,上海商务印书馆1923年版。
91. 王醉乡、周东白编辑:《最新分类大理院判决解释例大全》,上海大同书局1925年版。
92. 《最新六法全书》,中国法规刊行社1948年版。
93. 《最新司法判词》,上海商务印书馆1914年版。

二、专著

1. 〔韩〕卢仁淑:《朱子家礼与韩国之礼学》,人民文学出版社2000年版。
2. 〔加拿大〕卜正民(Timothy Brook):《明代的社会与国家》,陈时龙译,黄山书社2009年版。
3. 〔美〕本杰明·卡多佐:《司法过程的性质》,苏力译,商务印书馆2000年版。
4. 〔美〕D.布迪、C.莫里斯:《中华帝国的法律》,朱勇译,江苏人民出版社1998年版。
5. 〔美〕邓尔麟:《钱穆与七房桥世界》,蓝桦译,社会科学文献出版社1995年版。
6. 〔美〕马士:《中华帝国对外关系史》,张汇文等译,上海书店出版社2000年版。
7. 〔日〕富井政章:《民法原论》第一卷,陈海瀛等译,王兰萍点校,中国政法大学出版社2003年版。
8. 〔日〕沟口雄三:《中国前近代思想的演变》,中华书局1997年版。
9. 〔日〕牧野英一:《法律上之进化与进步》,朱广文译,孟祥沛点校,中国政法大学出版社2003年版。
10. 〔日〕清水盛光:《中国族产制度考》,宋念慈译,台湾文化大学出产部1986年版。
11. 〔日〕姊齿松平:《祭祀公业与台湾特殊法律的研究》,台湾众文图书股份有限公司1991年版。
12. 〔日〕滋贺秀三等:《明清时期的民事审判与民间契约》,王亚新、梁治平编,法律出版社1998年版。
13. 〔日〕滋贺秀三著:《中国家族法原理》,张建国、李力译,法律出版社2003年版。
14. 〔英〕干格士编著:《泰西民法志》,胡贻谷译,上海商务印书馆1912年版。
15. 〔英〕S·斯普林克尔:《清代法制导论:从社会学角度加以分析》,中国政法大学出版社2000年版。
16. 蔡枢衡:《中国法理自觉的发展》,清华大学出版社2005年版。
17. 曹杰:《中国民法物权论》,上海商务印书馆1948年版。
18. 曹汝霖:《曹汝霖一生之回忆》,载台湾《传记文学》丛刊之十五,传记文学出版社1980年版。
19. 陈顾远:《中国文化与中国法系——陈顾远法律史论集》,范忠信等编校,中国政法大学出版社2006年版。
20. 陈捷先:《中国的族谱》,台湾行政院文化建设委员会1984年印行。
21. 戴东雄:《中世纪意大利法学与德国的继受罗马法》,台湾元照出版公司1999年版。

22. 戴炎辉:《清代台湾之乡治》,台湾联经出版事业公司1979年版。
23. 戴炎辉:《中国法制史》,台湾三民书局1979年版。
24. 费成康主编:《中国的家法族规》,上海社会科学院出版社1998年版。
25. 费孝通:《乡土中国生育制度》,北京大学出版社1998年版。
26. 费孝通:《中国绅士》,中国社会科学出版社2006年版。
27. 冯尔康:《18世纪以来中国家族的现代转向》,上海人民出版社2005年版。
28. 《美国学者论中国法律传统》,高道蕴等编,中国政法大学出版社1994年版。
29. 耿文田:《中国之司法》,上海民智书局1933年版。
30. 龚汝富:《清代江西财经讼案研究》,江西人民出版社2005年版。
31. 顾敦鍒:《中国议会史》,苏州木渎心正堂1931年,上海书店出版社1991年影印版。
32. 郭湛波:《近五十年中国思想史》,上海古籍出版社2005年版。
33. 胡长清:《中国民法总论》,中国政法大学出版社1997年版。
34. 黄静嘉:《春帆楼下晚涛急——日本对台湾的殖民统治及其影响》,商务印书馆2003年版。
35. 黄明芳:《财团法人之祭祀公业之理论与实际》,台湾永然出版股份有限公司1996年版。
36. 《广东族群与区域文化研究调查报告集》,黄淑聘主编,广东高等教育出版社1999年版。
37. 黄阳寿:《有当事人能力之非法人团体之权利能力论》,台湾汉兴书局有限公司1996年版。
38. 黄源盛:《民初法律变迁与裁判(1912—1928)》,台湾政治大学法学丛书,2000年印行。
39. 黄宗智:《清代的法律、社会与文化:民法的表达与实践》,上海书店出版社2001年版。
40. 吉同钧:《审判要略》,法部律学馆1910年石印本。
41. 吉同钧:《乐素堂文集》,中华印书局1932年铅印本。
42. 居正:《居正先生全集》,陈三井、居蜜合编,台湾"中央研究院"近代史研究所1998年版。
43. 李贵连:《近代中国法制与法学》,北京大学出版社2002年版。
44. 李贵连:《沈家本年谱长编》,台湾成文出版社有限公司1992年版。
45. 李剑农:《中国近百年政治史(1840—1926年)》,复旦大学出版社2002年版。
46. 《民事诉讼法》,李穆编译,天津丙午社1907年版。
47. 李卫东:《民初民法中的民事习惯与习惯法》,中国社会科学出版社2005年版。
48. 李文治、江太新:《中国宗法宗族制和族田义庄》,社会科学文献出版社2000年版。
49. 梁敬錞:《在华领事裁判权论》,上海商务印书馆1930年版。
50. 《增订本今古奇观》,林冠夫评选,迟赵娥等注释,河南人民出版社1998年版。
51. 林济:《长江流域的宗族与宗族生活》,湖北教育出版社2004年版。

52. 刘志扬:《民法物权》,上海大东书局1936年版。
53. 卢静仪:《清末民初家产制度的演变——从分家析产到遗产继承》,台湾元照出版有限公司2012年版。
54. 吕思勉:《中国制度史》,上海教育出版社2002年版。
55. 麦惠庭:《中国家庭改造问题》,商务印书馆1930年版。
56. 那思陆:《清代州县衙门审判制度》,文史哲出版社1982年版。
57. 潘光旦、全蔚天:《苏南土地改革访问记》,三联书店1952年版。
58. 瞿同祖:《瞿同祖法学论著集》,中国政法大学出版社1998年版。
59. 尚小明:《留日学生与清末新政》,江西教育出版社2002年版。
60. 室直清:《文公家礼通考》《丛书集成续编》第66册,台湾新文丰出版公司1988年版。
61. 史凤仪:《中国古代的家族与身份》,社会科学文献出版社1999年版。
62. 史尚宽:《民法总论》,中国政法大学出版社2000年版。
63. 史尚宽:《物权法论》,中国政法大学出版社2000年版。
64. 苏亦工:《中法西用:中国传统法律及习惯在香港》,社会科学文献出版社2002年版。
65. 眭鸿明:《清末民初民商事习惯调查之研究》,法律出版社2005年版。
66. 王伯琦:《近代法律思潮与中国固有文化》,清华大学出版社2005年版。
67. 王宠惠:《王宠惠先生文集》,台湾中国国民党中央委员会党史委员会1981年版。
68. 王尔敏:《晚清政治思想史论》,广西师范大学出版社2005年版。
69. 王泽鉴:《民法物权·通则·所有权》,中国政法大学出版社2001年版。
70. 王志强:《法律多元视角下的清代国家法》,北京大学出版社2003年版。
71. 吴经熊:《法律哲学研究》,清华大学出版社2005年版。
72. 谢怀栻:《大陆法国家民法典研究》,中国法制出版社2004年版。
73. 谢振民编著:《中华民国立法史》,张知本校订,中国政法大学出版社2002年版。
74. 熊月之:《西学东渐与晚清社会》,上海人民出版社1994年版。
75. 杨鸿烈:《中国法律思想史》,商务印书馆1998年影印本。
76. 杨立新:《共有权研究》,高等教育出版社2003年版。
77. 杨幼炯编著:《近代中国立法史》,上海商务印书馆1936年版。
78. 易家钺:《西洋家族制度研究》,商务印书馆1922年版。
79. 俞江:《近代中国民法学中的私权理论》,北京大学出版社2003年版。
80. 张伟仁辑著:《清代法制研究》,台湾"中央研究院"历史语言研究所1983年印行。
81. 张研:《清代族田与基层社会结构》,中国人民大学出版社2001年版。
82. 郑玉波主编:《民法物权论文选辑》,台湾五南图书出版公司1984年版。
83. 郑玉波:《民法总则》,中国政法大学出版社2003年版。
84. 郑玉波:《民法物权》,台湾三民书局股份有限公司1988年版。
85. 郑爰诹编著:《现行律民事有效部分集解》,上海世界书局1928年版。
86. 周大烈、陈国祥编:《民法总则》,天津丙午社1907年铅印本。
87. 周振鹤撰集:《〈圣谕广训〉集解与研究》,上海书店出版社2006年版。

88. 朱勇：《清代宗族法研究》，湖南教育出版社 1987 年版。

三、论文

1. 陈柯云：《明清徽州族产的发展》，载《安徽大学学报（哲学社科版）》1996 年第 2 期。
2. 陈鹏：《所有权变迁论》，载《法律评论》第 777、778 期双周合刊，1948 年。
3. 戴炎辉：《祭田与祭祀公业》，载台湾《法学协会杂志》第 54 卷第 11 号。
4. 戴炎辉：《香灯租——关于分支所有权，物的负担之若干考察》，载《传统中国社会的民刑法制——戴炎辉教授论文集》，戴炎辉文化教育基金会 1998 年。
5. 董康：《前清司法制度》，载《法学杂志》第 8 卷第 4 期，1935 年。
6. 费觉天：《中国政治不能上正轨底真因及今后应走的道路》，载《东方杂志》第 19 卷第 11 号，1922 年 6 月。
7. 方孝岳：《近代法律思想之进化》，载《东方杂志》第 18 卷第 16 号，1921 年 8 月。
8. 〔日〕夫马进：《讼师秘本〈萧曹遗笔〉的出现》，载寺田浩明主编：《中国法制史考证》丙编第四卷，中国社会科学出版社 2003 年。
9. 傅衣凌：《中国传统社会：多元的结构》，载包伟民编选：《历史学基础文献选读》，浙江大学出版社 2007 年版，第 120—131 页。
10. 黄源盛：《民国初期的民事审判与民间习惯（1912—1928）——以大理院裁判史料为中心的考察》，载台湾"中央研究院"史语所编：《第二届国际汉学会议论文集》，1989 年。
11. 黄章一：《清末民初法人制度的萌芽——以大理院民事裁判为中心（1912—1928）》，北京大学法学院 2006 年博士学位论文。
12. 江庸：《五十年来中国之法制》，载《清华法学》，第八辑，清华大学出版社 2006 年版，第 244—264 页。
13. 居正：《司法党化问题》，载《东方杂志》第 32 卷第 10 号，1935 年 5 月。
14. 居正：《为什么要重建中国法系》，载罗福惠等编：《居正文集》，华中师范大学出版社 1989 年版。
15. 科大卫：《祠堂与家庙——从宋末到明中叶宗族礼仪的演变》，载《历史人类学学刊》第 1 卷第 2 期，2003 年 10 月刊，第 1—20 页。
16. 柯凌汉：《祭产与书田之性质》，载《法律评论》第 16 卷第 14、15 期合刊，1948 年 8 月。
17. 刘恩荣：《论大理院之解释与其判例》，载《法律评论》第 37 期。
18. 刘广安：《儒家法律特点的再认识》，载《比较法研究》2005 年第 3 期。
19. 刘淼：《传统农村社会的宗子法与祠堂祭祀制度——兼论徽州农村宗族的整合》，载《中国农史》2002 年第 21 卷第 3 期。
20. 刘铮云：《义庄与城镇——清代苏州府义庄之设立与分布》，中央研究院历史语言研究所集刊，第五十八本第三分册，1987 年刊。
21. 潘维和：《中国古代民事法思想背景之研究》，载《法学论集》，台湾中华学术院 1977 年。
22. 王日根：《义田及其在封建社会中后期的社会功能浅析》，载《明清民间社会的秩序》，岳麓书社 2003 年版,第 109—129 页。

23. 伍廷芳:《中国之司法改良及其前途》,陆守经译,载《司法公报》第 49 期,1915 年 12 月。
24. 许华安:《清代江西宗族族产初探》,载《中国社会经济史研究》1994 年第 1 期。
25. 薛祀光:《祀产的立法问题》,载邓孝慈总编辑:《社会科学论丛》第 2 卷第 1 号,中山大学法科该刊编辑委员会。
26. 郁嶷:《中西法制之差异》,载《法律评论》第 210 期,1927 年 7 月。
27. 愈之:《中国田赋制度改革议》,载《东方杂志》第 14 卷第 6 号,1917 年 6 月。
28. 俞江:《论分家习惯与家的整体性——对滋贺秀三〈中国家族法原理〉的批评》,载《政法论坛》2006 年第 1 期。
29. 余艳:《清代中期的义庄与江南社会》,载香港城市大学中国文化中心编:《九州岛学林》,2011 年夏季号,上海人民出版社 2012 年版,第 165—186 页。
30. 张双根:《共有中的两个问题》,载《比较法研究》2006 年第 2 期。
31. 张伟仁:《中国传统的司法和法学》,载《现代法学》2006 年第 5 期。
32. 〔日〕滋贺秀三:《清代州县衙门诉讼的若干研究心得——以淡新档案为史料》,载《日本学者研究中国近代史论着选译》第八卷"法律制度",中华书局 1992 年版,第 522—546 页。
33. 左云鹏:《祠堂族长族权的形成及其作用试说》,载《历史研究》1964 年第 5—6 期。

四、工具书

1. 〔德〕罗布存德(W. Lobscheid):《新增华英字典》,冯镜如、岳超增订,(日)文经号出版,1897 年。
2. 汪荣宝、叶澜编:《新尔雅》,上海明权社 1903 年版。
3. 《汉译新法律词典》,徐用锡译,京师译学馆 1905 年刻印本。
4. 颜惠庆等编辑:《英华大辞典》,上海商务印书馆 1908 年版。
5. 《英德法日政法名词表》,上海商务印书馆 1912 年版。
6. 朱采真编:《中国法律大辞典》,上海世界书局 1931 年版。
7. 汪翰章主编:《法律大辞典》,上海大东书局 1934 年版。
8. 郑竞毅编著:《法律大辞书》,上海商务印书馆 1936 年版。
9. 《说文解字》,中华书局 1963 年版。
10. 张伟仁主编:《中国法制史书目》,台湾"中央研究院"历史语言研究所专刊之六十七,1976 年。
11. (清)梁章钜:《称谓录》,中华书局 1996 年版。
12. (清)郑珍:《亲属记》,中华书局 1996 年版。

外文文献

1. 〔日〕多贺秋五郎:《宗谱の研究·资料篇》,东洋文库论丛第四十五,日本东洋文库刊 1960 年。

2. *Funerary Ritual and the Building of Lineage in Late Imperail China*, Harvard Journal of Asiatic Studies, 49:2(1989/12), pp. 465—499.
3. Freedman, Maurice, *Lineage Organization in Southeastern China*, University of London, Athlone Press, 1958.
4. Freedman, Maurice, *Family and Kinship in Chinese Society*, Stanford University Press, 1970.
5. Freedman, Maurice, *Chinese Lineage and Society: Fukien and Kwangtung*, London: Athlone Press, 1966.
6. John Dardess, *The Cheng Communal Family: Social Organization and Neo-Confucianism in Yuan and Early Ming China*, Harvard Journal of Asiatic Studies, 34(1974), pp. 7—52.
7. Michael Szonyi, *Practicing Kinship: Lineage and Descent in Late Imperial China*, Stanford University Press, 2002.
8. Otto Gierke, *Community in Historical Perspective*, Cambridge University Press, 1990.
9. Otto Gierke, *Political Theories of the Middle Age*, Cambridge University Press, 1951.

索 引

本索引仅涉及人名、书名和部分关键词，按照条目汉语拼音顺序排列，同一音序下的条目按首字音序排列，后面的数字为本书页码。

《大理院解释例全书》 14

《大理院民事判例全文汇编》 14，194，213，216，217，235，238—240，243，245—247，250，313，338

《大理院判决例全书》 14，189，190，191，192，193，211，217，221，237，242，243，245，249，251，299，312，316，338

《大清律例》 4，12，28，33，82，83，86，103，108，132，133，168，178，222，223，251，316，326，338

《各省审判厅判牍》 13，166—169，171，192，339

《历代判例判牍》 12，13，96，97，102，104，107，109，115—118，147，297，339

《名公书判清明集》 32，33，40—43，181

《圣谕广训》 27，28，100，150，328

《司法院解释最高法院判例分类汇编》 14，259

《台湾民事习惯调查报告》 10，11，15，31，292，293，295，297—299，301，306，307，309，321，322，340

《台湾私法》 10，11，15，295

《晚清民律草案》 164

《义门规范》 26

《中国族产制度考》 3，9，22，27，29，141，341

《中华民国民法》 163，244，254—256，262，266—268，272，273，312，320

《朱子家礼》 34—36，44，54

《宗谱の研究・资料篇》 75

《最新分类大理院判决解释例大全》 14，220—222，341

《最新司法判词》 13，173—175，177，180，194，341

程颐 37，44

戴炎辉 10，11，12，228，292，293，295，307，308，310，326，342，344

法律继受 1—3，262，263，272，311

范文正公 22，24，61，64，70，150，169，339

范仲淹 22，28，68，149，150，169，327

公同共有 71，164，165，175—180，182，183，194，195，197，199，200，202—209，213—219，

224—237,239,240,242—245,247,248,251,252,255,256,259—269,271—274,295, 296,299,302—304,306—323

固有习惯　1—5,7,11,16,18,162,311,312,314,317,324,337

黄勉斋　32,34

黄宗羲　22,30

祭祀公业　10—12,15,18,236,292—310,321—323,341,342,344

祭田　3,4,7—19,21,25,27—30,33,34,38—40,43,49,50,52,54,55,58—62,64—84, 86—105,107—111,113—122,136,137,140—142,144—149,151—155,157,159,163, 164,166,167,169,171—175,177—185,192,194—199,202—219,221—223,225—256, 259—263,266—269,272—276,278,281,283,284,287—303,306—309,311—324, 326—331,334—337,344

家族公产　11,21,27,29,38,71,78,93,275,276,279,283—291,316,330

居正　1,257,258,262,325,342,344

劳乃宣　1,325,335,336

梁启超　1,340

聂亦峰　13,102,103,123—125,128—135,141,153,339

欧阳修　46

丘濬　30,34—36,45,46,338

屈大均　24,49,52,58,61

瞿同祖　4,5,7,8,21,126,129,343

申时行　25,44

司马光　36,37

外来规则　1—5,7,11,16,18,311,312,317,324,337

汪辉祖　126,149

王安石　35

王艮　65,327

王阳明　65,327

夏言　44,45,47,65,328

萧铮　50,62,339,340

阳明　65,327,328

义田　3,8,10,21—28,50,52,58,60—62,66,68—71,83—86,94,104,111,112,149,150, 169,178,272,281—284,291,293,328,344

义庄　10,21—28,62,64,69—71,85,150,209,282,288,291,327,342,344,345

中华法系　1,2,4,7,10,87,324,325

朱熹　33,34,36—40,43—45,49,64,139,327,329,339,340

姊齿松平　11,236,293—295,304,305,341

总有　81,203,227—233,235,251,272,274,308,313—315

后　记

本书初稿是我于2005—2007年间在北大法学院进行博士后研究时撰写的出站报告。

一

由于时间太过仓促，加之自己学养有限，总感觉有些事实层面的东西尚未真正厘清，更遑论解释上的融洽！我于2004年曾出版了博士论文《晚清各级审判厅研究》，当时不觉得什么，慢慢地，感到有太多让自己不满意的地方，尤其是论述中国传统司法这一章，基本上是人云亦云，没什么新意。无奈研究成果一经刊印，作者亦不再能支配，它完全有了自己的独立性。念及该书对读者产生误导在所难免，作为作者，不免内疚于心。我也想过进行修订再版，但手头上总有些事需尽快做，腾不出充裕的时间来；且以我的个性，很不愿从事这种重复性较高的劳动，故至今尚未着手。有此前车之鉴，我决定把这部书稿先放放，陆陆续续查找、补充基本材料，微调、修正先前的研究结论，完善既有的基本思路和框架。就这样，一晃六七年过去了。其间以该书稿申报了国家社科基金后期资助项目并得以立项，结项时间也已过去了一两年，实不能再容我缓缓修订下去了。遂于去年下半年集中时间和精力，加快了修订速度，终至今年年初正式完稿。尽管仍有不满意之处，但我毕竟是已尽现有之心力，也许事后可少点后悔。

想起来，自博士毕业已是十年多了，我也步入了不惑之年，可心中的困惑并未稍减。这十年，我先后在厦门大学、北京大学法学院工作，以讲授中国法律史为业，过着单纯而充实的备课上课、阅读写作生活。能过一种符合自己个性和爱好的生活，无疑很幸运。近些年来，多少博士、博士后谋高校教职之艰难；即便有了教职，也不能专心从事自己所热爱的中国法律史教学和科研工作，而需分心旁骛甚或是将主要精力投入那些更实用的部门法教学中去。如此一比较，尤感幸运。既属幸运，自当珍惜。

二

以上只是一方面。

从自己的专业来说,我最开始是从晚清法律和司法改革这个近代法的专题进入中国法律史这个学科的,原计划从梳理晚清法律变革起步,待初有头绪后,再顺次进行民国法制的考察。盖民国法制因受僵化的意识形态束缚较大,少有严肃的学术性作品出版,属急需填补的学术"空白"区。但计划赶不上变化,当我在梳理晚清司法变革略有深入之时,开始渴望了解传统司法之一斑。在查阅已有的研究状况时,见其研究结论与我自己阅读原始文献所留下的印象差异甚大。那时虽不敢自信,但这激发我了解传统中国法制及其背后思想依据的兴趣。尤其是最近几年,我的读书兴趣基本上转移到传统中国的"治道"和文化方面的原典上去了。在阅读过程中,我愈感困惑:在传统基本断裂的当今,出于法律史教学和研究,乃至一般交流所需,如何准确理解并恰当表述传统法制度及其背后的思想依据?盖传统法属于"治道"之一部,"治道"及背后的文化自成系统,而今人所用的语词、惯习的思维方式从本质上与传统迥异,分属不同的文化体系。既是系统,在观察和理解的过程中,难免会出现古语所说的"常山之蛇,击其首则尾应,击其尾则首应,击其中则首尾俱应"的困难情形。除了这种表述和交流的现实困难之外,一个更深层次的问题是在文化自信尚未确立、国族主体性还没充分畅发的当今,研究者如何以平和的心态来探究传统法制的产生、演变等内容并将其背后的道理讲清楚?只有做好了这些基础性工作,才谈得到超越"法其法"而进入"法其所以为法"这一层次上来。但要做到这一点谈何容易?朱子在《读书法》中强调读者要"虚心""平心""静心",要"以书观书",不要"以己观书"。朱子生活之时代,书院讲学之风盛极一时,很多读书人朝夕从朱子游,亲炙于朱子,朱子尚感慨很少有会读书之人。可见,今日研究者欲平心静气精读传统法及其相关文献并妥当解释,乃何其困难之事,何况笨拙如我!知其难,不免困惑:自讨苦吃,所为何事?这是专业内的困惑。

跳出本专业,更有对人生的困惑。读书做学问,自我愉悦和满足固然是根本,但绝对不能仅满足于此,总要多少有裨于世道人心,适当发挥其经世致用之功能。在道术已为天下裂、学术分工愈来愈细的时代,我等自以为费尽脑汁写出的专著和论文,又能有多少读者呢?如再把那些受作者的"权力"所支配的读者,如直接授课的学生、要报考所在专业的硕士、博士研究生等去掉,出于自己喜好而阅读的读者数量就更少得可怜了。以如此其微的读者数,所谓经世致用,岂非多半是句空话?做出来的学问本身既不能充分发挥其社会功能,同时反观我们的社会和国家,庸俗功利思潮甚嚣尘上,宪政、法治依旧长路漫漫,而我们对此却无能为力,那学问本身又焉能让自我愉悦和满足呢?与其如此,有时间读本小说、看部电影、听场戏剧等,所带来的自我愉悦和满足就未必比啃专业书籍低,通常可能还更高些。这都迫使我自己经常思考:读书做学问自身的真价值何在?且人到中年,自然有更重的家庭责任要负。一介书生,如何能充分尽责安心?每读顾贞观《金缕曲》"季子平安否?便归来,平生万事,哪堪回首。行路悠悠谁慰藉,母老家贫子幼"句,都觉得是在说给自己听。这种种因素集中在我自己身上,就形成了因强烈挫败感而致的人生危机:我当初选择学术路是不是错了,是不是还要沿着这条路走下去?如不好好解开这一"结",我纵埋头继续苦读专业书籍,再写出更多专业论文和著作,那何异于饮鸩止渴,只会让人生危机更深更严重!

正当倍感迷惘和苦闷无法排解之际,我读到了徐复观先生和余英时先生关于中国思想史的著述。在两位先生的大著中,我看到了历史上诸多大儒所体现出来的高尚人格:他们深深服膺人饥己饥、人溺己溺这一孔孟正宗,力图行道于当代;坚信"道"之必行,故能视外在压力于不顾,虽殒身而不恤,或谏诤于暴君,或对君主专制制度本身进行抗议。为了进一步追寻这些古圣先贤的足迹,我除了阅读两位先生的其他论述外,接着读其老师熊十力先生和钱穆先生的相关著述,从中获益良多。在这期间,我开始静下心来读《四书》和宋明诸大儒之经典名篇。渐渐发现自己对孟子、象山、阳明、太冲等心学著作更有兴味。较之其他著述,我读起来更有感觉。阳明先生《传习录》中这段论精金分量之喻的话让我茅塞顿开。针对学生希多务得,从而为圣人争分量,先生指出:

> 盖所以为精金者,在足色而不在分两。所以为圣者,在纯乎天理,而不在才力也。故虽凡人,而肯为学,使此心纯乎天理,则亦可为圣人。犹一两之金,比之万镒,分两虽悬绝,而其到足色处,可以无愧……不务去天理上着工夫,徒弊精竭力,从册子上钻研,名物上考索,形迹上比拟。知识愈广而人欲愈滋,才力愈多而天理愈蔽。正如见人有万镒精金,不务锻炼成色,求无愧于彼之精纯,而乃妄希分两,务同彼之万镒。锡铅铜铁,杂然而投。分两愈增,而成色愈下。既其稍末,无复有金矣。

其实,我自己人生困惑的主要根源不就是"日与物相刃相靡"而希多务得吗?惟希多务得,遂有与人、物争竞求名之意,而不是注力于内在修持。诚于中而自然形于外;不诚于中而希冀形于外,虽有一时一处偶合,但终难免于伪。如此，自然心不安不定，难免焦虑与茫然。大致搞清楚此种病根后，再回头看大儒们之著述，更觉亲切有味；其高尚的人格和担当，更激励我心向往之，尽管不能至。

三

在这方面与本书相关的，我愿意指出两点：

自中学开始即在老师的要求下背诵过《岳阳楼记》，但实未咀嚼出其中的味道。我在追溯祭田、义田义庄的起源时，绕不开范氏义庄。通过阅读文正公个人传记和宋代文化学术重建这类资料，我慢慢体会到范氏义庄之建立，实本于文正公内在的仁心，有仁心自然发而为仁行。义庄即是此仁心仁行推扩到家族层面的制度设施，沿此再推而扩之不已，即是民胞物与、天地万物一体之仁，也就是"治道"之正。明乎此，《岳阳楼记》中的那些名句，如"居庙堂之高则忧其民，处江湖之远则忧其君，是进亦忧，退亦忧。然则何时而乐耶？曰：先天下之忧而忧，后天下之乐而乐"，绝非无病之呻吟、单纯的文字雕琢，而是文正公内在仁心的自然流露。惟有真人格，才有真性情、真血脉，也才有传诵千古的真文字。

朱子在与陈亮辩论王霸义利时曾沉痛指出，"千五百年之间……只是牵补挂漏过了时日。其间虽或不无小康，而尧舜三王周公孔子所传之道，未尝一日得行于天地之间。"随着宋以后皇权专制愈加强化，在庙堂之上行"道"的机会越来越渺茫，那些悯生民之苦难，坚信道之必行的儒家士大夫，一直在探索"行道"之可行新途径，如伊川先生倡导的宗子制，横渠先生试验井田制等。尽管经多次失败，他们并未放弃，也不可能放弃探索。按照余英时先生的研究，至阳明先生出，于千死万难之中，始悟出行道的新路，那就是由之前的"得君"转向"觉民"，由士大夫主导在民间创设一专断恣意皇权不能顺利到达的相对自治空间，让民自救，这也符合《大学》明德新民之义。祭田、乡约等制度乃创设这自治空间的最重要制度举措。随着阳明心学在晚明风行，这些制度设施也随之普及开来。这就可很好解释为何祭田规模和数量于明清两朝在经济文化发达的江南、华南地区迅速增长，进而可明晰祭田制度在传统治道演进中的价值和意义，亦能解释祭田制度及其纠纷之解决在近代转型过程中的曲折和艰难。

四

回想起来，我于 2005 年博士后进站之初即选择本书主题作为研究对象，并得以顺利展开研究，首先不能不感谢李师贵连先生。本来，我当时对年鉴学派比较感兴趣，希望能借鉴其研究方法，来探究行政区划、交通状况、一般民众的经济情形等社会因素对传统司法的影响，简言之，即研究法律和司法外的社会结构要素与传统司法之关系。我将自己的想法与先生进行沟通后，先生指出：该选题虽有其价值，但直接牵涉的领域太广太多，资料更是数不胜数，在博士后短短两年期间，断不能有较成熟的研究成果，可俟诸以后。考虑到我以前的研究侧重于法史中司法程序方面，而司法程序雷同性较高，继续做下去意义不是太大，不如转向实体问题之研究，因此建议我着力研究祭田案件的审理及其近代转型，盖祭田与作为中国传统核心内容之一的家族密切相关，有望通过此研究深入中国法的核心。如此，以后的法史学术研究之路自然也就拓宽加深了。与先生聊完后，我仔细想了想，深感先生说得在理，且为我在学术道路上继续前行考虑得长远细密，遂决定就此题目开始研究。在本书的构思、撰写过程中，常常与先生探讨，先生总能准确点出我思考的缺失和弥补的途径。据我观察，盖因一方面先生指导学生，不论是硕士、博士、还是博士后研究人员，学生的每个选题，先生基本上都会仔细阅读该选题相关的基础文献，加以自己长时间累积起来的深厚学养，故多能一语中的、对学生切实点拨；另一方面，先生本是广东客家人，对家族、祭田有切实的生活体验，在这方面的知识绝非仅仅来自于书本，故能见到我所搜集的资料所揭示出该问题之重点和不足。我自 1999 年有幸得识先生并随后正式就弟子列，十多年来，蒙先生为人为学多方教益，实难以纸墨形容！师恩深重，难报万一，唯有切实修省，庶几少负于教书育人之本职。

还要感谢黄源盛教授，是他助成了我以本研究题目到台湾政治大学访学，其间得以实地观察台湾的祠堂和祭产。至今尚能记起初见这类祠堂时的兴奋、震惊和感动。不仅如此，黄教授还联系了数家祭产的管理人，方便我与其座谈，得以了解现今台湾祭产的实际情况，对写作本书提供了很大的帮助。

我在前几年细读徐复观和余英时两位先生著述之时，发现与我给本科生和研究生所讲的"中国法律思想史"课程有关。尤其是研究生课程，我不想每年授课的内容重复，且一直认为中国传统法律思想和制度都是"治道"的组成部分，故需广泛阅读中西思想史领域的经典著述。所以，我要感谢历年所教的学生：上课带来的压力和相应的动力促使我不时读书思考，让我实实在在体会到教学相长绝非虚言。

  本书写作伊始,即有小儿相伴。从他看似顽皮的举动,我切实发现其内在的善良本性,由此不经意间自然流露出对父母和朋友的深爱。这一点让我特感动,更让我坚信良知良能为人所固有,没有丝毫欠缺。我希望他今后的人生中,不论外在环境如何,皆能保有此种善根,尽可能推而扩之。

  最后,我引阳明先生《再过濂溪祠用前韵》诗一首自励并与那太多我放在心里要感谢的人共勉,来结束这颇显冗长的后记:

    曾向图书识面真,半生良自愧儒巾。
    斯文久已无先觉,圣世今应有逸民。
    一自支离乖学术,竟将雕刻费精神。
    瞻依多少高山意,水漫莲池长绿萍。

李启成
2014 年 3 月于北京大学陈明楼研究室